清华大学法学教材大系

环境法总论

THE ENVIRONMENTAL LAW

邓海峰 著

法律出版社
LAW PRESS·CHINA

兼容古今、面向未来的清华法学教育

站在21世纪第二个10年的新起点，作为“年轻而古老”的清华大学法学院，我们深深地感受到机遇与挑战并存，一直在思考如何谱写清华法律人的新篇章，延续清华人的光荣与梦想。

历史，对于大到整个国家、小到一个学院，都是至关重要的。清华大学成立于1911年，在1952年院系调整之前，成立于1929年的法学院是清华大学四大学院之一。在近百年发展历程中，清华大学为国家培养了砥柱中流的法律大家。举其要者，如梅汝璈、向哲濬、钱端升、陈体强、王铁崖、端木正等。从1952年至1995年，尽管清华法学院的建制不在，清华大学其他院系的毕业生依然延续着清华法律事业的“香火”。清华法律教育，可谓弦歌不辍。为适应社会主义法治建设的需要，配合清华大学建设世界一流综合大学的战略布局，1995年9月，清华大学正式恢复建立法律学系，并于1999年4月复建法学院。得益于清华稳定的名师队伍、充满活力的教授团队、优质的精英教育和宽松的文化氛围，我们强调“知识传授、能力培养、价值塑造”的“三位一体”培养模式，形成了独特的“清华学派”，一代代清华法律人活跃在国家法治建设的最前列。

为了致敬清华法学院的历史，经全院老师集体讨论，一致同意编写和出版一套代表清华大学水平和特色的法学系列教材，向经典致敬，向“年轻而古老”的清华法学院致敬。

除了面向历史，这套教材也注重当下，致敬新时代，因为当下的一切都会是未来的历史。站在新时代，我们希望通过这套教材体现清华大学法学院对当前法学教育面临挑战的应对和对未来法学教育的探索，引领新时代德法兼修法治人才培养。

全面依法治国是一项长期而艰巨的历史任务，法治人才在法治建设中承担着重大使命，发挥着重要作用。我们的法学教育必须立意高远，不仅仅教会学生运用法律技术，更要站在全面推进依法治国的高度培养人才，让法治领域人才辈出，为法治中国建设贡献力量。希冀于多年后当我们回顾21世纪第二个10年的时候，这套教材和它所代表的清华法律人的智慧和精神也能经历时间的考验，成为大家传颂的“经典”。因为这套教材不仅仅体现了清华法律人的知识水平，更体现了我们对法学教育的思考，对法治人才培养的创新，对新时代社会问题的回应。

当前法律教育面临着研究问题和研究方法革新的双重挑战。智能手机、大数据、云计算、物联网、人工智能等，层出不穷的技术进步给我们带来了一个千年未有的大变局。我们的生活、生产模式，更重要的是我们的思维方式，都面临着重新调整。以人工智能为代表的新兴技术对法学人才培养提出了更高的要求，社会对法学人才培养有了更多期待；法学研究的重点也向新兴领域延伸，包括生命科技、信息科技在内的新技术应用不仅预示着法学研究重点的变更，也推动着法学人才培养思维模式的转变。这既对法学深度参与创新驱动发展战略的实施、推进原始创新和协同创新、加快成果转化提出了新任务、新要求，又为法学学科转变发展模式、在若干重要研究领域实现突破提供了可能性。

法学作为一门社会科学，研究内容上，要不断回应社会需求，增强法学回应社会问题的能力。研究方法上，要处理好法学教育中理论与实践、传统与新兴、本土与世界的关系，推动法学教育迈上新高峰。习近平总书记曾提出，法学学科是实践性很强的学科，法学教育要处理好知识教学和实践教学的关系。要打破高校和社会之间的体制壁垒，将实际工作部门的优质实践教学资源引进高校，加强法学教育、法学研究工作者和法治实际工作者之间的交流。这对中国法学教育的改革发展提出了殷切期望，提供了基本宗旨。我们要积极推进法学教育改革创新，就法治人才培养而言，要善于利用各种新兴技术和手段，提升理论的水平和层次，增强学生回应和解决实践问题的能力培养。新时代法学人才培养的总体目标，是通过培养既精通法律规则又兼具家国情怀与人文精神，同时熟悉信息技术的高端复合型人才，为社会发展与科技创新的法治化提供智力保障。

这套清华大学法学教材，力求让最新的法学思想通过更有力的载体得到最广泛的传播，将实现从“以教师为中心”到“以学生为中心”的转变，实现从“教”到“学”的转变；编写风格上，将改变过去以平铺直叙为主的教材写法，注重综合应用图表、二维码等丰富多彩的形式，把新鲜的司法经验和生动的案例实践带进书本，突出社会调查、大数据分析等利用人工智能等技术的实证研究方法，增强阅读体验感；教材内容将注重历史积淀与新时代发展紧密结合，回应时代的挑战和法学教育的转变。当然，每位学者都有自己的特色，一如清华法学院的优良传统，这套系列教材也呈现百花齐放、和而不同的特点，让读者们领略清华法学院每位学者的生动个性，带来难忘而特殊的阅读体验。

最后，希望清华法学教育借此系列教材，走出明理楼，贡献于中国未来的法学教育和法治建设！祝各位读者阅读愉快！

申卫星

2020 年 6 月 10 日

目　录

第一章　环境法的概念与体系

本章要点

环境法作为一个新兴的法律部门，主要调整人们在开发、利用、保护环境等活动的过程中所产生的法律关系，具有自身的法律规范体系。作为一门独立的法学学科，环境法学主要对有关环境立法及其他与环境有关的法律现象进行归纳与总结。本章主要从以下几个方面阐述环境法的基本问题与内容：介绍与环境有关的基本问题，明确环境法的产生及发展背景，以厘清与环境有关的基本概念；阐明环境法的基本内容，梳理环境法的发展历程，以展示环境法的演进脉络；分析环境法的体系，以突出环境法律体系内部的特性；详细阐述环境基本法的内容，并对环境法法典化的相关学说予以评析。

关键词｜环境　环境法　发展历程　法律体系　环境基本法

第一节　环境、环境问题与环境保护

案例研读

2014年10月至2015年4月，被告人白某在未取得危险废物经营许可证的情况下，从被告人吴某等人处收购沾染有矿物油、涂料废物及废有机溶剂等物的废旧包装桶，雇佣工人清洗或者切割后出售。操作过程中，白某指使工人将清洗废旧包装桶产生的废水倾倒在地上，通过铺设的管道排放至周围环境中。法院一审判决认为：被告人白某违反国家规定，非法处置危险废物3吨以上，严重污染环境；被告人吴某明知白某无经营许可证，向其提供危险废物，严重污染环境，构成共同犯罪。[1]

〔1〕《白家林、吴淑琴污染环境案》，载最高人民法院网：http://www.court.gov.cn/zixun-xiangqing-33791.html，最后访问日期：2018年1月25日。

白某与吴某的行为对环境究竟构成何种危害？

□ 评析

案例中被告白某与吴某非法处置危险废物的行为，实际上既造成了环境污染，又破坏了生态系统。被告指使工人将不加处理的废水直接排放至环境中，不仅会造成相应水体的严重污染，还会使包括水环境在内的生态系统受到影响，危害水生动植物的生存。在现实生活中，环境污染和生态破坏这两种危害后果往往很难截然分开，一种不利于环境的行为可能既会带来污染，又会带来生态破坏，所以实践中对待环境问题，往往采用预防与治理相结合的措施，综合运用多种手段，以最大限度地降低人类活动对自然环境和生态系统的负面影响。与此同时，环境保护的成果也会影响人类社会经济的发展。我国将环境保护作为一项基本国策就是因为其关系到国家经济、社会的可持续发展，关系人民的福祉和生活水平的提高程度，甚至关乎民族的永续发展。

就规范角度而言，环境法主要是指调整人们在保护与利用环境的活动中所形成社会关系的法律规范的总称。就学科划分的角度而言，环境法是指基于对与环境有关的法律问题进行归纳与总结所形成的规范内容，而环境法学则是以环境法这一法律部门作为研究对象的一个新兴的法学学科。环境法学与其他法学学科关系密切，有其独特的体系和结构，并因其与“可持续发展”“生态文明”紧密相关，而具有鲜明的时代性和科技伦理价值。

一、环境

（一）环境的概念

“环境”一词包含着丰富的内涵，从不同视角来理解这一语汇能够得出不同的结论。但总体而言，环境是对影响某一中心事物的外界因素集合的总称。正是因为环境的概念会因为中心事物的不同而不同，所以环境也被认为是一个颇具变化性的词汇，具有较强的相对性。基于此，我们在对某一环境的内涵进行研究时，首先要做的就是明确这一特定环境下的中心事物究竟为何。比如，物理学中的“环境”是指“物质运动时通过物质空间的场所”，而生物学中的“环境”是指“一切有机体生存必需的外部条件总和”，地理学中的“环境”是指“围绕人类的自然现象的总和”，等等。[1] 而在环境科学中，学者则将“环境”定义为围绕生物圈的空间和其中可以直

---

〔1〕 参见战友主编：《环境保护概论》（第2版），化学工业出版社2010年版，第1页。

接或间接影响人类生活和发展的各种自然以及社会因素的总体。[1]

尽管不同学科对环境概念的理解有所不同,但都认为环境是一个围绕生物而展开的空间概念,这构成了我们理解环境法视角下的环境概念最为重要的基础。除此之外,环境科学中的基本概念和原理可以为我们研究环境法提供极为可靠的理论基础,因为环境法及与之有关的很多研究都建立在自然科学所建构的体系基础之上。

(二)环境法中的环境

在世界各国的环境法典或环境法律中,对环境概念的表述大致有三种:

第一种是概括式,即提炼出环境的一般特征,通过对实践中各种具体情势的归纳来界定环境所应具有的共性因素,比如,1991年颁布的《保加利亚环境保护法》规定:"环境是指相互关联并影响生态平衡、生活质量、人体健康,文化与历史遗产和景观的自然与人工因素的综合体。"[2]再如,1993年颁布的《越南环境保护法》第1条规定:"环境包括在人类周围,影响他们生产、生活、生存以及影响人与自然发展的有关自然及人为因素。"[3]

第二种是列举式,顾名思义,就是将具体的环境要素罗列出来,以直观的方式展示环境及其组成内容。比如,1986年的《印度环境保护法》中将环境定义为:"包括水、空气、陆地以及三者之间的相互关系和三者与人类、其他生物、植物、微生物及其他物质间的相互关系。"[4]

第三种是概括加列举式,即将上述两种规定方式加以综合。典型的如我国《环境保护法》第2条规定:"本法所称环境,是指影响人类生存和发展的各种天然的和经过人工改造的自然因素的总体,包括大气、水、海洋、土地、矿藏、森林、草原、湿地、野生生物、自然遗迹、人文遗迹、自然保护区、风景名胜区、城市和乡村等。"

(三)环境的分类

法律会对人的行为进行类型化划分以便更好地发挥其调整社会关系的作用,环境法亦是如此。在环境法的体系范围内,类型化的首要对象当属环境的概念。实践中,学者们依据不同的标准对环境进行了如下几种较为典型的类型化划分:

1. 自然环境[5]与人工环境[6]。按照形成方式的不同,环境可以被划分为自

---

〔1〕 参见江伟钰等编著:《国际环境保护法学》,中国环境科学出版社1993年版,第1页。

〔2〕 陈泉生等:《环境法学基本理论》,中国环境科学出版社2004年版,第6页。

〔3〕 Article 1 of Law on Environmental Protection of Vietnam 1993.

〔4〕《印度环境保护法》第2条,参见杨翠柏主编:《印度环境法》,四川出版集团、巴蜀书社2008年版,第4页。转引自李挚萍:《环境基本法比较研究》,中国政法大学出版社2013年版,第55页。

〔5〕 陈百明:《何谓生态环境?》,载《中国环境报》2012年10月31日,第2版。

〔6〕 陈百明:《何谓生态环境?》,载《中国环境报》2012年10月31日,第2版。

然环境与人工环境。自然环境是指在围绕生物的空间范围中,可以直接或间接影响到生物生存和发展的各种自然形成的物质和能量的集合。自然环境基本未受到人类力量的干预或受到的干预不足以改变其基本特征,如原始的热带雨林。人工环境,就是由于人类活动而形成的环境要素或空间,如人们建造的公园、城市等。我国《环境保护法》采取的就是这种分类方式,该法的第2条将自然环境(大气、水、海洋、土地、矿藏等)与人工环境(人文遗迹、城市等)都纳入了环境的范围。

2. 生活环境〔1〕与生态环境〔2〕。此种划分方式是以环境之于人类的功能为基础提出的。生活环境是指与人类生活关系密切的各种外在条件的总和,包括自然条件和社会条件,在生活环境之下还可以存在其他亚类,比如人工环境和自然环境。生态环境则是指影响人类生产生活的各种自然要素或条件的总和,生态环境较生活环境类型更为复杂,因为它是一种关系到人们生存和发展的复合型生态系统,其在生物学上的意义更加浓厚。

3. 土壤环境、〔3〕大气环境、〔4〕地质环境、〔5〕水环境〔6〕等。依照环境要素的不同可以将环境分为大气环境、水环境、地质环境、生物环境、土壤环境等。土壤环境是一种较为分散的组成体系,因为土壤环境是由岩石经过一系列复杂的物理、化学和生物反应以及其他诸多因素的影响而形成的具有疏松表层的生态环境,其包含有各种微生物、植物和动物等,还有许多以固态、液态和气态存在的有机物和无机物。大气环境是生物赖以生存的物质基础,具有非常复杂的物理、化学和生物特性。地质环境主要是指存在于地表下的坚硬壳层,有时我们也将其称为岩石圈,生物的生存和发展同样离不开地质环境,地质环境可以通过一定的方式参与生物的物质循环和能量流动。生物环境即是由除了人类之外的其他全部生物组成,生物环境同样存在一些亚类,根据环境要素的不同,可以将生物环境再分为草原环境、森林环境等。水环境也就是地球上以各种形态存在的全部水体,包括大气水、地表水和地下水,水环境同样是生物生长发育必不可少的物质基础。这种分类方式的优点在于可以突出每一特定环境种类的中心要素,从而使我们在研究特定类别的

---

〔1〕 Declaration of the United Nations Conference on the Human Environment, Principle 8. http://webarchive.loc.gov/all/20150314024203/http%3A//www.unep.org/Documents.Multilingual/Default.asp?documentid%3D97%26articleid%3D1503.

〔2〕 陈百明:《何谓生态环境?》,载《中国环境报》2012年10月31日,第2版。

〔3〕 王华东、于澂:《对环境科学的初步认识》,载《环境保护》1978年第1期。

〔4〕 王华东、于澂:《对环境科学的初步认识》,载《环境保护》1978年第1期。

〔5〕 林景星等:《生态环境地质学——21世纪新兴的地球学科》,载《地质通报》2003年第7期。

〔6〕 王华东、于澂:《对环境科学的初步认识》,载《环境保护》1978年第1期。

环境时能够更具有针对性。

还有许多其他的分类方式,如按照环境覆盖的范围可以将环境分为城市环境、乡村环境、区域环境、全球环境等。

(四)环境与人类

环境要素以及由其所构成的环境状态对人类有非常重要的作用,因为环境本身能够深刻影响人类的生产和生活。

1. 人类产生于环境又依赖于环境

自然界存在的历史远久于人类。史前时代,地球上不存在任何生命,随着各种物理、化学和生物反应的发生,地球上首先产生了能够维持生物存在的水、空气、土壤等环境要素,紧接着产生了原始生命,继而逐渐形成了生态系统和生物圈。随着生态系统的不断进化,各物种经历了从低级到高级这一漫长的发展历程。可以毫不夸张地说,没有外界环境因素的产生,就没有人类存在的基础。

尽管现在人类的智慧已经发展到比较高级的程度,各种人工智能代替了很多传统且略显笨拙的技术手段,但是人类仍不可能完全独立于环境而存在,比如,人类必须要呼吸空气、获得食物和洁净的水等,以维持自身生命。不仅是人类,其他生物亦是如此,生物的各种活动都需要与环境发生一定的物质和能量交换,尽管这些交换实现的方式和原理可能不同,但其本质都是从外界环境中汲取自身所需要的物质和能量。所以环境可以为人类及其他生物的生存和繁衍提供最基础的要素,人类对环境的依赖状态在短期内也难以从根本上被改写。

2. 人类对环境的利用

(1)对资源的利用

人类在社会经济发展的过程中不可避免地要利用各种资源,自然环境中蕴含有多种多样的资源,人类可以在开发利用资源的过程中获取和积累大量的财富,从而为社会整体的进步与发展奠定物质基础。

可以为人类所利用的资源一般被划分为可再生资源和不可再生资源两种。可再生资源主要是指可以通过自然力以某一特定增长率增加或者保持其蕴藏量的自然资源。所以人们在对这种资源进行利用的过程中不能无所顾忌,一定要将对资源的开发维持在合理的限度内才能保证这类资源能够为人类永续利用。此类资源有很多,如土地资源、生物资源等。不可再生资源是指经过人类的开发利用,在相当长的一段时期内都无法得到再生的资源,也就是我们常说的具有稀缺性的资源,如煤炭、石油等化石燃料。需要指出的是,将这些资源定义为不可再生资源并不是因为它们完全不能再生,而是与人类的生存繁衍周期相比,其再生周期过于漫长以致人类对此种资源的利用必须加以更严格的限制。

(2)对环境容量的利用

人类在生产生活的过程中会产生各种各样的废物并将这些废物排放到环境中,由环境通过自身的净化作用来对这些废物进行处理,这其中同样涉及各类复杂化学、物理及生物反应的发生,如对有毒废物的挥发、稀释、降解、氧化还原等。

与分解转化废物有关的环境特性被称为环境容量,环境容量是某一环境区域对人类活动所造成影响的最大容纳量。[1] 任何容器都有它的容纳极限,如果将环境也视为一种特殊的"容器"的话,环境同样有它自身的容纳极限,环境容量就是环境的容纳极限。无论是大气、土地、水环境,又或是其他的特定环境,一旦其所承受的污染物数量超过该环境的容量限制,这一特定种类环境要素的内在平衡就会受到严重影响以致出现环境污染或者生态破坏。

环境容量会受到很多因素的影响,比如环境要素的性质、所容纳污染物的物理或者化学特性等,有些污染物性质不稳定,在被环境消解的时候可能会耗损更多的环境自净能力。所以人类在利用环境容量,向环境排污的过程中,需要结合污染物的特性与环境容量的限制,以使我们对环境容量的用益始终在其限度之内,从而不损及环境质量。

(3)人类可以从环境中得到精神享受

随着社会的进步,人们已经不再满足于追求物质世界的富足,而开始更多地关注精神世界的健康。对于生活在现代都市的人们,在繁忙的工作之余,多乐于选择在节假日去户外观赏自然景致,从而实现精神与心灵上的放松与享受,满足对于美好生活的向往。优美的景观便是愉悦身心、陶冶情操的重要物质载体。可见,在文明程度不断提高的社会中,优美的景观同样是环境为人类提供的重要资源。

二、环境问题与环境保护

(一)环境问题

1. 环境问题的基本概念

环境问题的应对是催生环境法产生和发展的重要原因,所以环境问题是我们学习和研究环境法的过程中需要讨论的基本内容。

环境问题是指由于自然或人为原因造成的环境质量下降或生态失衡以至于给人类的生产和生活又带来诸多不利影响的社会问题。人类在利用环境的过程中也在改变着环境,与此同时,环境也在按照自身的规律不断演化和运行。当这两者发生碰撞或不相协调时,通常就会造成环境问题。因此,环境问题是在人类与环境相

---

[1] 姚立英等:《大气环境容量核算有关问题探讨》,载《环境科学与管理》2012年第10期。

互发生不利于彼此的影响下产生的。

2. 环境问题的种类

环境问题同样可以依据不同的分类标准进行划分，如依据产生原因的不同，可以将环境问题划分为广义环境问题和狭义环境问题，广义环境问题包含由自然原因引起的环境问题和人类活动引起的环境问题，而狭义的环境问题则仅指由人类活动引起的环境问题；依据受影响环境要素的不同，可以将环境问题细分为大气污染、水污染、土壤污染等；依据污染物的来源或性质不同，可以将环境问题分为噪声污染、固体废物污染、光污染等。但目前理论上采取较多的分类方式是将环境问题分为原生环境问题和次生环境问题，其中原生环境问题也称为第一环境问题，次生环境问题也称为第二环境问题。

(1)原生环境问题。原生环境问题一般是指因为环境自身的演变所造成的环境问题，如地震、台风、火山爆发、水旱灾害、泥石流等。原生环境问题多肇始于自然灾害，即难以通过人类的力量加以控制的，纯粹依靠自然力量所造成的自然环境条件的不利变化。由于这类环境问题是由自然本身所引起的，没有或者极少存在人为因素的参与，所以一般难以被人类准确预见，因此对此类环境问题应坚持预防为主、防治结合的应对策略。

(2)次生环境问题。次生环境问题是指由于人类活动所造成的环境问题，可以将其进一步划分为环境污染问题与生态破坏问题。前者是因为人类不加限制或限制不当地排放污染物和有害物质而引起的环境质量的下降和环境条件的破坏。后者的产生则是因为人类在开发利用环境资源的过程中实施的不当行为致使环境自身的修复能力受到严重破坏，进而危害到人类或其他生物的生存和发展。比如，达到一定密度的植被可以保护土壤不被水或风等外力侵蚀，人类过量采伐森林就会导致植被更新的速率难以满足采伐速度，从而导致林木蓄积量下降和植被破坏，严重时便会降低土壤的抗蚀能力，造成水土流失。

3. 环境问题的产生与发展

原生环境问题早在人类出现以前就已经存在，但次生环境问题则是随着人类的产生而逐渐严重的。人类生存和发展需要从环境中获取物质和能量，环境的状态与条件深刻地影响人类的进化与繁衍；与此同时，人类对环境的利用和改造反过来也会对环境施加一定的影响。在人类漫长历史的原点，整体种群的生产力水平低下，只会使用一些简单的工具，加之猿人的数量较少，对环境要素的需求极小，所以早期的人类活动对环境的影响是极为有限的，自然环境完全可以通过自身的修复和更新能力抵消人类所施加的不当影响。直至封建社会中晚期，人类都不具备引发大规模次生环境问题的能力，所以此阶段的环境问题主要表现为原生环境问题和极少的点源次生环境问题。但随着科学技术的进步,尤其是在工业革命以后,人类的生产力水平得到了飞速发展,人类对自然环境进行开发利用的能力与需求也变得相当巨大,这使人类对环境和资源的利用超出了以往任何阶段,以点源次生环境问题的出现为标志,人类进入了环境污染时代,此后,各种次生环境问题层出不穷,在部分国家和地区,次生环境问题已经严重到了危害人类自身生产和生活的程度。

总体来说,环境问题的产生与发展大体可以分为如下几个阶段。

(1)环境问题的萌芽期

人类社会早期处于原始的猎捕阶段,人们使用的工具非常简单,当时的人们主要依靠采摘和猎捕来维持基本生活。早期人类对环境的依赖度非常高,但是改造环境的能力则很弱,因此在这一时期,人类对于环境的干预十分有限,人类活动也很难造成严重的环境问题,此时的所谓环境影响多是由于不加节制的采摘或乱捕造成某一聚居区内生物资源受到破坏而导致的生活来源不足。在人类可以利用火源后,也存在用火不当而烧毁森林的问题,但是这些问题都可以通过迁移来解决。所以从总体上来看,这一时期的人类活动对自然环境的影响不大,但也已经出现了一些区域性的环境质量下降,因此可以说此阶段是环境问题的萌芽期。

(2)环境问题逐步显现

在人类进入奴隶社会和封建社会以后,出现了比较稳定的农业、畜牧业,到了封建社会还出现了手工业和一定规模的工商业,随着人口数量的增加和生产力的长足进步,人类对环境资源要素有了更大需求。到了封建社会后期,随着人类生产和生活模式的不断变化,一些在原始社会未曾出现的新型环境问题应运而生,其中次生环境问题尤为明显。首先,为应对人口数量的增加,土地被大量开垦、森林被成片砍伐,人类的开发利用行为开始触及生态系统的完整性,原有的生态平衡状态开始被打破,随之出现了如水土流失、土地荒漠化等次生环境问题。其次,在封建社会发展起来的手工业和工商业也使早期的环境污染问题开始以点源化的形式出现。

(3)环境问题的加重与恶化

工业革命将人类带入工业化时代。一方面,工业的发展大幅提高了人类的生产力,也增强了人类开发利用环境的能力;另一方面,工业的发展使污染物的排放数量急剧增加,环境资源的消耗量明显增大,这两方面综合起来带来了前所未有的环境污染与生态破坏。

这一时期的环境污染主要来源于工业“三废”,即“废水、废气、废渣”。首先,机器化的工业生产有赖于动力供应,而动力则来自对煤炭、石油等化石燃料的消耗。

这些燃料燃烧所产生的废气、废渣等废弃物排放到环境中，就成为环境污染的诱因之一；另外，工矿类企业的集聚和工业城市的出现进一步加重了点源环境污染。这一时期也发生了许多轰动世界的恶性环境污染，如“二十世纪八大公害事件”。[1]由于这些污染事件所带来的严重后果，人们开始意识到治理环境问题的重要性，也意识到环境问题是威胁人类生存与发展的重大挑战。

（4）新时期的环境问题[2]

从20世纪70年代以来，世界范围内的自然灾害显著增加，受灾的人数和灾害所致损失的数据也在迅速增长。进入21世纪以来，各国都在密切关注与环境保护有关的各项议题，尤其是关于全球气候变化的议题。国际社会针对各种严重的环境问题展开了大量的谈判并提出了一系列旨在解决环境问题的对策和行动，各国内部也在致力于解决本国的环境问题。随着各国政治、经济、文化等交流的不断加深以及生态系统自身的自然演进，新出现的环境问题也呈现出了新的特征，它们不再局限于区域内部，而是开始向全球范围蔓延，比如生物多样性的破坏、气候变化的负面效应都具有全球性的特点，这样的问题仅凭一国之力无法解决，必须寻求各国的通力合作才有可能应对。现阶段全球存在的环境问题很多，但相对来讲，困扰全人类的最为严重和急迫的环境问题主要有以下十个：

第一，全球气候变暖。人类对化石燃料等含碳物质的大规模利用向大气排放了大量二氧化碳、甲烷、一氧化二氮、氯氟碳化合物、四氯化碳、一氧化碳等具有温室效应的气体，部分科学家的研究证明，随着大气组成的变化，全球气候出现了逐渐变暖的趋势。气候变暖将会对全球环境产生多种负面影响，较高的温度会使极地冰川融化，海平面每10年将有可能升高6厘米，这将使一些海岸地区被淹没，严重威胁到当地区居民的正常生存。全球变暖也可能影响到降雨和大气环流，使气候反常，并造成旱涝灾害，这些都可能进一步导致生态系统发生不利于人类可持续发展的变化。由此可见，全球气候变化将对人类的生产和生活产生极为重大的影响。

第二，臭氧层的耗损与破坏。在离地球表面10～50千米的大气平流层中集中了地球上约90%的臭氧气体，在离地面25千米处臭氧的浓度达到最大，形成了厚度约为3毫米的臭氧集中层，被人们称为臭氧层。臭氧层能够吸收太阳光中的紫外

---

[1] 公害事件，是指因为环境污染而造成在短时期内人群大量发病甚至死亡的事件，20世纪的八大公害事件包括比利时马斯河谷烟雾事件、美国洛杉矶光化学烟雾事件、英国伦敦烟雾事件、美国多诺拉烟雾事件、日本富山“痛痛病”事件、日本熊本水俣病事件、日本四日市哮喘病事件和日本米糠油事件。

[2] 下述环境问题均来自全球十大环境问题，载中国政府网：http://www.mnr.gov.cn/zt/hd/dqr/39/dzyhj/200804/t20080417_2052695.html，最后访问日期：2019年1月31日。

线，保护地球上的生命免遭过量紫外线的伤害，并将能量贮存在上层大气，起到调节气候的作用。但臭氧层比较脆弱，如果遇到一些破坏臭氧的气体，便会因发生化学反应而被破坏。臭氧层遭到破坏，将使地表紫外线辐射强度增加，危害地球生命的生存与健康。研究表明，紫外线辐射能破坏生物蛋白质和基因物质脱氧核糖核酸，造成细胞死亡；增加人类皮肤癌的发病率；导致白内障而使眼睛失明；抑制植物如大豆、瓜类等的生长；穿透10米深的水层，杀死浮游生物和微生物，从而危及水生生物的食物链和自由氧的来源，影响生态平衡和水体的自净能力。

第三，生物多样性受到威胁。生物多样性的内容包括基因多样性、物种多样性和生态系统多样性。在漫长的生物进化过程中会产生一些新的物种，随着生态环境条件的变化，也会使一些物种消失，所以生物世界的多样性呈现不断发展变化的趋势。近百年来，由于人口数量的急剧增加和人类对资源的不合理开发，加之环境污染等各种负面影响，地球上的各种生物和生态系统均不同程度地受到了冲击，生物多样性也受到了较大损害。有学者估计，世界上每年至少有5万个生物物种灭绝，平均每天灭绝的物种达140个。在21世纪初，全世界野生生物的损失已达到其总数的15%～30%。在中国，由于人口增长和经济发展的双重压力以及对生物资源的不合理利用，生物多样性所遭受的损失也较为严重：大约已有200个物种灭绝；约有5000种植物在近年内处于濒危状态，约占中国高等植物总数的20%；还有大约398种脊椎动物处在濒危状态，占中国脊椎动物总数的7.7%左右。[1] 由此，保护生物多样性和物种的可持续生存环境就成了人类的重要任务。

第四，酸雨。酸雨是指大气降水中酸碱度（pH值）低于5.6的雨、雪或其他形式的降水，酸雨是大气污染的表现之一。酸雨对人类环境有多方面的影响：酸雨降落到河流、湖泊中，会严重危害鱼、虾的正常生长；酸雨会导致土壤的酸化，破坏土壤营养，使土壤贫瘠化；酸雨还会危害植物的生长，造成作物减产。此外，酸雨会腐蚀建筑物。近十几年来，酸雨灾害地区的一些古迹特别是石刻、石雕或铜塑像的损坏已超过以往数百年甚至上千年的影响。世界上最严重的三大酸雨区分别是北美、西北欧和中国，而且在我国已经形成了东北、东南、华南和西南四大酸雨带，由此可见，我国的酸雨问题已经相当严重，急需得到系统、有效的治理。

第五，森林锐减。在地球生态系统中，作为绿色屏障的森林正在以平均每年4000平方公里的速度消失。森林数量的减少使其涵养水源的功能受到极大影响，也使很多物种失去了栖息地。与此同时，森林的减少又造成植被对二氧化碳的吸

---

〔1〕 参见自然资源部耕地保护司：《中国和全球目前分别面临哪些常见环境问题？》，载土流网：https://www.tuliu.com/read-30338.html，最后访问日期：2019年2月6日。

收减少进而加剧了温室效应的负面影响。作为地球上最大的陆地生态系统和全球生物圈的重要一环，森林承担着地球基因库、碳库、蓄水库和能源库的功能，对维持整个地球生态系统都具有重要作用，因此加强对森林资源的保护已经刻不容缓。

第六，土地荒漠化。全球的陆地面积约占60%，其中沙漠和沙漠化面积已占近29%，每年有600万公顷的土地变成沙漠，由此造成的经济损失高达423亿美元。全球共有干旱、半干旱土地约50亿公顷，其中33亿公顷土地遭到荒漠化威胁，这使每年有600万公顷的农田、900万公顷的牧区几乎失去生产力，土地荒漠化问题的严重性已不容忽视。

第七，大气污染。大气污染的主要因子包括悬浮颗粒物、一氧化碳、臭氧、氮氧化物、铅等。由于大气污染，每年有30万～70万人因吸入含有烟尘的污染空气而提前死亡，2500万名的儿童患慢性喉炎。对大气污染的治理已经成为各国应对环境问题的一个重要领域。

第八，水污染。全球每天有多达6000名未成年人因饮用水卫生状况恶劣而死亡，水污染问题已经成为目前世界上最为紧迫的公共卫生危机之一，特别在那些人口急剧增长的发展中国家，水污染问题尤为严重。农村人口大幅度地向城市集中，是导致全球水污染现象日益严重的主要原因。据统计，目前水中污染物已达2000多种，主要为有机化学物、碳化物、金属物。在我国，只有不到11%的人饮用符合我国卫生标准的水。水污染不仅加剧了灌溉用水资源的短缺，还严重威胁饮用水安全、粮食生产和国家的粮食安全。全球水污染情况日益严重，应该对此加以及时的防控和处理，以促进水资源的良性循环。

第九，海洋污染。由于人类活动，世界上近海区的氮和磷元素增加了50%～200%；过量营养物导致沿海藻类大量生长，波罗的海、北海、黑海和中国东海等海区都出现了赤潮现象。由于海洋污染，红树林、珊瑚礁、海草都受到严重破坏，近海鱼虾数量锐减，渔业损失惨重。

第十，危险性废物越境转移。危险性废物是指除放射性废物以外，具有化学活性或毒性、爆炸性、腐蚀性和其他对人类生存环境存在有害特性的废物。在全球化浪潮的影响下，各国的经济往来日益增多，关系也日益密切，这使废物的越境转移在现实中既有需求又存在可能。在危险废物越境转移，特别是发达国家向发展中国家进行危险性废物转移的过程中，接受国一般法律规定均不甚完备，或者即便为合法接收，但受制于不掌握处置有害废物的技术，转移到接受国的危险废物可能会使接受国和接受地区人民的身心遭受严重损害，还会给这些地区带来环境污染和破坏。

（二）环境保护

正因为环境问题的发展趋势令人担忧，所以各国都开始努力寻求应对国内外环境问题的方式和方法。除了国家之外，各种非国家行为体也积极参与其中，可以说在当今世界，保护环境已经成为最重要的国际性议题之一。环境保护一般是指，人类为了解决现实或潜在的环境问题、保护人类赖以生存和发展的环境、协调人类与环境的关系、保障经济社会的可持续发展而采取的各种行动的总称。[1] 1972 年联合国人类环境会议以后，"环境保护"这一术语被广泛采用。环境保护行动可采取的方法有很多，如政治、经济、法律、科学、宣传教育等层面的方法，加之环境保护涉及自然和社会科学的许多领域，所以它的综合性较强。

1. 环境保护的概念

环境保护的目的是解决环境问题，因此在学理层面，人们通常根据拟解决环境问题的性质和发展阶段的不同，从如下三个层次来理解环境保护的概念：

（1）提出环境保护的目的是解决环境问题。如前所述，早期的人类虽完全依赖于环境生活，但就整体而言，当时的人类活动对环境的负面影响很小，即使对环境造成了一些不利影响，也可以通过人类迁移的方式给予环境足够的时间和空间来进行自我修复。因此，尽管当时已出现一些原生环境问题，但自然生态系统仍可以维持良好的自我平衡。随着人类社会的发展，科技水平和生产力都有了巨大的进步，人类不再满足于基本生活的需要，转而开始追求大量财富的积累，经济利益的驱使令违反生态平衡和自然规律的行为不断涌现，次生环境问题开始出现并逐渐加重，这一切迫使人类社会出现了保护环境的迫切需要。

（2）环境保护的有关行动由人类实施。有关环境保护的行动，其实施主体是人类，是人类为了解决环境问题而采取的一系列行为，有着明确的目的与动机。尽管也存在一些其他的行为，其实施效果会对环境保护产生积极的影响，但是这些行为的主要目的并非是保护环境，只能说这些行为所带来的"副产品"客观上起到了保护环境的作用，所以不能将此类行为与环境保护的专门行为混为一谈。例如，征收消费税的行为虽然在客观上可能会起到保护环境的作用，但是其直接目的是控制消费，并不在环境保护专门行为的范围之内。[2]

（3）环境保护是多种措施的总称。环境保护包含针对环境问题所提出的各种应对方式，所以环境保护行为会受到环境问题性质的影响，这使环境问题的应对方式具有了全面性和综合性。事实证明，解决环境问题确实需要采用多样化的方式

---

〔1〕"Environmental – protection dictionary definition, environmental – protection defined", https://www.yourdictionary.com/environmental – protection.

〔2〕参见高家伟：《欧洲环境法》，中国工商出版社 2000 年版，第 4 页。

和手段，如前文所提到的政治、经济、法律、科学，甚至宣传教育等措施，而且实施这些行为的主体范围也非常广泛，不仅包括国家行为体，社会团体、个人等也都应该纳入其中，以保证环境保护行为的有效性。

2. 环境保护的内容

环境问题主要包含两个部分：环境污染与生态破坏，与此相对应的环境保护措施也应该分为两个部分，即污染防治与生态保护。

（1）污染防治。在工业革命之后，随着城市化和工业化进程的加快，人类对环境容量的需求与生态系统对环境要素的供给之间的矛盾日益尖锐，污染物的长期超负荷排放最终引发了严重的环境质量问题，人类进入了污染时代。由于环境问题具有滞后性，如果环境污染带来的负面影响全部依靠事后治理，不仅代价极大，而且治理效果不佳，这就要求人类必须同时致力于环境污染的预防工作，将预防与治理相结合作为应对环境污染的有效方式。

（2）生态保护。与环境污染的产生进程不同，人类在原始社会就已经有了各种破坏生态的行为。为了获取生产生活资料，人类不断地向大自然索取，比如采摘和猎捕都是对自然和生态不同程度的破坏。随着人类对自然环境利用的深度和广度的不断拓展，生态系统面临的威胁也与日俱增。为了保护生态系统的完整性，也是为了维系人类的永续发展，我们必须在尊重自然生态规律的基础上开发利用各类资源要素，采取诸如限制捕猎、限制开垦等方式以实现人与生态系统的良性互动。

第二节 环境法的内容与发展历程

■ **案例研读** 日本四大公害案

日本水俣病事件：从1949年起，位于日本熊本县水俣镇的一家氮肥公司开始制造氯乙烯和醋酸乙烯，由于制造过程要使用含汞（Hg）的催化剂，大量的汞便随着工厂未经处理的废水被排放到了水俣湾。1954年，水俣湾开始出现一种病因不明的怪病，被命名为“水俣病”。此病的患者既包括人也包括当地的猫。症状主要表现为步态不稳、抽搐、手足变形、精神失常、身体弯弓高叫，甚至出现死亡。经过近10年的分析，科学家才确认：氮肥工厂排放废水中的汞是致病因素。汞被水生生物食用后在体内被转化成甲基汞，这种物质通过鱼虾进入人体和动物体内后，会侵害脑部和身体的其他部位，引起脑萎缩、小脑平衡系统被破坏等多种危害，毒性极大。在日本，食用了水俣湾中被甲基汞污染的鱼虾人数达数十万人。[1]

日本富山"痛痛病"事件：19世纪80年代，日本富山县平原神通川上游的神冈矿山开始从事铅、锌矿的开采、精炼及硫酸生产。但在工艺流程上，采矿过程中及堆积的矿渣中所产生的含有镉等重金属的废水则长期被直接排放至周围的环境中。于是当地的水田土壤、河流底泥中产生了镉等重金属的沉淀堆积。这些沉积的镉通过稻米进入人体后，首先会引起肾脏障碍，逐渐导致软骨症。在妇女妊娠、哺乳、内分泌不协调、营养性钙不足等诱发原因存在的情况下，妇女会得上一种浑身剧烈疼痛的病，医学上称为痛痛病或骨痛病。严重患者会出现全身多处骨折并在痛苦中死亡。从1931年到1968年，神通川平原地区被确诊患此病的人数为258人，其中死亡128人；至1977年12月，又死亡79人。[2]

日本四日市哮喘病事件：1955年日本第一座石化联合企业在四日市投产，1958年四日市海湾捕的鱼开始出现难闻的石油气味，当地海产品的捕捞量因此下降。1959年，昭石石油公司投资186亿日元的四日市炼油厂也投产了，这使四日市成为"石油联合企业城"。然而，石油冶炼产生的多种有毒有害气体和金属粉尘使当地天空终年烟雾弥漫，很多人出现头疼、咽疼、眼疼和呕吐等不适。从1960年起，当地患哮喘病的人数激增，一些哮喘病患者甚至因不堪忍受病痛而自杀。到1979年10月底，四日市确认患有大气污染性疾病的患者人数达到775,491人，典型的呼吸系统疾病有支气管炎、哮喘、肺癌等。[3]

日本米糠油事件：1968年3月，在日本九州、四国等地有几十万只鸡突然死亡。经检验，发现饲料有毒，但因未弄清是何种毒物，故未能进一步追究。接着，在北九州的爱知县以西一带出现一种怪病，患者一开始眼皮发肿，手掌出汗，全身起红疹，继而恶心呕吐，肝功能异常，肌肉疼痛，咳嗽不止，严重的甚至死亡。到1968年8月，患者达5000多人，其中16人死亡，整个日本陷入了恐慌混乱之中。随后，日本卫生部门通过解剖分析，在死者五脏和皮下脂肪发现了一种有毒的物质：多氯联苯。经过调查，发现是九州大牟田市一家粮食加工公司食用油工厂在生产米糠油时，为了降低成本，在脱臭过程中，使用多氯联苯液体作热载体，因生产管理不善，使多氯联苯混进米糠油中，导致了严重的中毒事故。

[1] 参见杨伟利：《日本水俣病》，载《环境》2006年第3期。
[2] 参见莫若斌、曲伯华：《1931年日本发生富山"痛痛病"事件》，载《环境导报》2003年第16期。
[3] 参见张庸：《日本四日市哮喘事件》，载《环境导报》2003年第22期。

生产米糠油副产品的黑油被用作家禽饲料出售，致使大量家禽死亡。[1]

□ 评析

18世纪60年代开始的工业革命，促进了工农业的大发展，为人类带来了巨大财富。但与此同时，由于自然资源遭受不合理的开发和利用，农业生产使用大量农药、化肥和其他化学品，造成大量生产性废弃物及生活性废弃物被排入环境，严重污染了大气、水、土壤等自然环境，使生态遭受了破坏，人类生存的环境质量和人类自身的健康都受到严重威胁。近100年来，全世界已发生数起环境污染造成的严重公害事件，[2]在日本发生的这四起就是典型的代表，此种态势促使日本颁布了《公害对策基本法》以应对本国严重的环境污染与公害问题。但受到环境污染所带来的不利影响的国家并非只有日本，环境问题具有的逸散性使各国都深受其害。随着时代的发展和公众环境意识的显著增强，各国的环境法都有了长足的发展，但以目前的形势来看，环境法律与政策的效能还无法满足解决环境问题的需要，人们还需要采取进一步的措施以提升自身可持续发展的能力。

就研究对象的性质而言，我们所谓的环境法通常可以从两个角度进行理解：一是指以立法形式存在的环境法律文本或环境法律体系，如一国以环境整体或部分环境要素命名的法律文件或由其组成的法律集成；二是指代表学理意义的环境法，一般称为环境法学，即对与环境法有关的问题进行系统性研究的学科。因此，在使用环境法这一概念时需要辨明其所指代的对象。

一、环境法的基本内容

（一）环境法的定义

关于环境法的定义，学者们表述的角度存在一些差异，归纳其共性，多数学者认同，环境法是由国家强制力保证实施，调整人们在开发、利用和保护环境的过程中所产生的社会关系的规范。[3]

这个定义包含三层含义：首先，环境法是由国家强制力保证实施的，这就意味着环境法由国家制定或认可，并因此而取得强制力和规范效力，这是法律的普遍特

---

〔1〕《日本米糠油事件》，载中国环境网：http://www.cenews.com.cn/historynews/200804/t20080422_537215.html，最后访问日期：2018年1月27日。

〔2〕《解读工业革命以来对环境的影响与危害》，载中国碳排放交易网：http://www.tanpaifang.com/tanguihua/2013/0829/23572.html，最后访问日期：2019年2月6日。

〔3〕参见陈泉生：《环境法的概念》，载《法学杂志》2003年第6期。

征，也是法律区别于其他规范的特征之一。其次，环境法的目的是在开发、利用环境的过程中规范人们的行为，以此来防止环境污染和生态破坏，进而实现一国有关环境管理的初衷和目标。最后，环境法调整的社会关系不同于其他法律关系，其针对的是在开发、利用和保护环境的过程中所产生的社会关系，也就是说，环境法只调整环境用益领域的社会关系，这是环境法区别于其他法律部门的特征。

（二）环境法的特征

与其他部门法相比，环境法的特征特色鲜明。

1. 科技性。正因为环境法的提出是为了解决环境问题，所以环境以及环境问题自身的属性会影响环境法的性质，环境问题的成因及其解决之道始终受制或得益于科学技术的局限、发展和进步，如在追寻环境问题的根源和提出应对环境问题的方法时都会评估当下最新科学技术手段的安全性及有效性。所以作为对各种自然规律及科技成果共性经验集成的环境法势必会以是否满足科学规律的基本要求作为制度建构的科学前提。当然，为控制科学技术的合理使用，对相应科技手段的规制也自然要在环境法律法规的内容中有所体现。这都使环境法成了一个既对科学技术充分尊重，又对科技手段审慎适用的科技友好型法律部门。

2. 综合性。环境问题的性质极为复杂，因此有关环境问题的应对就更需要综合运用多种手段。为了经济社会的发展，人们频繁且大量地开采资源，不断地向环境中排污，可以说随着人类社会的进步与发展，人类向大自然的索取变得越发无度，这就使环境法调整的利益种类和可能面临的利益冲突呈现多元复杂的特点，这也就意味着其所依赖的调整手段必然超越传统法律部门的界限，需要综合地采取政治、经济、法律、技术等各种手段方能奏效。

3. 共益性。环境法的目的是保护人类赖以生存的环境，使人类可以持续地从环境中获得生存繁衍所需的物质和能量，各国环保目的的最终实现都会为全人类带来福祉，包括人类在内的整个生物群落也会因为生态系统的可持续运行能力得以增强而从中受益，这使环境法成为人类与地球共益的守护者。

由于人类社会所面临的环境问题已经发展到全球共振的程度，所以环境问题的解决早已脱离单个国家自主奋斗的阶段，需要各国共建信任、通力合作，这也使维护人类环境共益的环境法在全球治理体系中的地位更加凸显。

（三）环境法律关系

1. 环境法律关系的定义与特征

作为环境法调整对象的环境法律关系，是环境法主体之间依据环境法律法规的规定在开发、利用与保护环境的过程中所产生的具有权利义务内容的一类社会关系。[1] 基于法律部门功能的差异性，不同的法律规范调整的社会关系不同，而且每一法律部门往往只调整特定领域的权利义务关系，如民法主要调整民事法律关系，刑法主要调整刑事法律关系，而环境法显然以调整专属于环境领域的权利义务关系为其基本使命。

环境法律关系具有一般法律关系的共性，但也具有不同于其他法律关系的特征，以此可以将环境法律关系与其他社会关系作出区分：

(1)环境法律关系是以环境法规范为基础形成的权利义务关系。环境法律关系创制于环境法律，所以只有存在有效的环境法律规范，才会产生环境法律关系。反之，若现有的环境法律规范不够完善或可行性较差，环境法律关系在实践中就会面对诸多挑战，环境法律主体的权益实现就会存在巨大的不确定性。所以一国建立完善的环境法体系就显得尤为必要。需要特别指出的是，与其他部门法相比，环境法的调整模式具有一定的特殊性，环境社会关系通常具有"人——环境——人"这样以环境为媒介来反映人与人之间权利义务关系的间接性[2]所以如果孤立地去剪切环境法律关系中的某个片段或者某些环节，往往使人产生环境法的调整对象似乎不仅限于传统的人际法律关系的错觉。但是，当我们放眼环境法律关系的完整链条，由环境利益的最终享有者和环境负担的末端承担者的角度去看待环境法律关系的构成，就会发现环境法律关系并未跳脱权利义务关系的本质。

(2)环境法律关系是体现人与自然和谐相处要求的人际关系。一般的法律关系中往往只体现人与人之间的关系，环境法律关系同样体现人与人的关系，比如人们为了开发某一地区的矿产资源进而展开某种合作，双方签订合作开发合同，这在本质上体现的是合同当事人间的利益关系，即由合同法所确认的债权债务关系。但如前所述，环境法律关系从表现形式上来看，还会体现人与自然的某种连接关系，然而我们却不能将这种表面化的连接关系简单等同于与人与人之间的法律关系并立的同等属性的法律关系。因为环境法律关系对于人与自然关系的表面展现是建立在对其表面下所体现的人际关系的建构和规制基础之上的。一切法律关系都是人与人之间的权利义务关系，人与自然无法建立具有思想意志内容的权利义务联系，所以对于某些具有人与自然关系外观的环境法律关系，我们只能认为在这种环境法律关系的内核中包含着普通法律关系和环境的因素。去除这些环境因素，环境法律关系就会转变为普通的法律关系。当然，环境法律关系的形成要尊重自然规律并受制于人与自然应和谐相处的生态法则，在这个意义上，有学者认为应

---

[1] 参见朱春玉:《环境法律关系新解》，载《郑州大学学报》(哲学社会科学版)2018 年第6 期。

[2] 参见吕忠梅主编:《环境法学概要》，法律出版社 2016 年版。

该将环境在环境法律关系中扮演的角色定位为沟通各个环境法律关系主体的“媒介”，只有将环境作为媒介，才能保证环境法律关系的形成。[1]

(3)环境法律关系具有综合性。一种法律关系一般只涉及特定类型主体，主要由某一特定法律部门所调整，但是环境法律关系有比较强的特殊性，其产生的法律基础并非只有环境法，民法、行政法甚至刑法都可以产生环境法律关系。环境法律关系涉及的主体、客体范围也因此更加广泛。除了平等民事主体之外，各种国家机关也是环境法律关系的主体，而且有时国家机关等公法主体与私法主体的地位并不平等，二者属于行政指导的关系；环境法律关系涉及的客体组成也非常复杂，不仅包括传统的民事法律关系客体，如水、土地等，还包括诸如环境容量等无形的环境要素以及各种与环境有关的行为等。基于环境法律关系主体的广泛性、内容的牵连性和客体的复杂性，这种法律关系在影响范围和利益层次的认定与处断原则上较其他部门法律关系都要更为综合一些。

2. 环境法律关系的要素

传统的环境法律调整方法带有比较浓重的行政色彩，所以环境法律关系多表现为管理或指导类的行政性关系。随着近年来一系列以市场机制为理念基础的调整方法的引入，环境法律关系也融入了一些平权型法律关系的特点。这些基于法律关系自身发展变化的因素都在环境法律关系的构成要素中有所展现。

(1)环境法律关系的主体

环境法律关系的主体，是指依照环境法律享有权利并承担义务的法律关系参与者，一般认为环境法律关系的主体包括国家与国家机关、企事业单位、社会组织以及个人等。[2] 这也是比较通常的主体分类方式。也有学者依据环境法具有的强烈行政性色彩对环境法律关系主体作出新的分类，将环境法律主体分为监管主体和受制主体。[3] 本书仍采用民事主体类型化的分类方式将环境法律关系的主体划分为国家、国家行政机关、法人及其他组织、自然人等。

国家对外享有环境保护的国际法权利，承担环境保护的国际法义务，可以缔结国际条约和参与有关环境议题的谈判等；对内作为环境的监管者履行环境保护的监管职责并享有环境管理的权力。

---

〔1〕 参见金瑞林主编：《环境法学》，北京大学出版社2013年版。

〔2〕 针对环境法律关系的主体，学者们的表述略有差异，但总体上均将主体的类型界定为如上几种。参见金瑞林主编：《环境法学》，北京大学出版社2013年版，第20页；蔡守秋主编：《环境资源法教程》，高等教育出版社2004年版，第83页；张梓太主编：《环境与资源保护法学》，北京大学出版社2007年版，第20～21页。

〔3〕 参见吕忠梅主编：《环境法学概要》，法律出版社2016年版，第111～112页。

国家行政机关包括各级人民政府、生态环境主管部门以及其他相关的监督管理部门，如农业部门、渔业部门等。这些行政机关在环境保护中也行使相应的监管权力，同时接受社会各界对自身权力的合法性监督。

法人及其他组织是环境法律关系中比较广泛的主体，法人和其他组织既享有开发利用环境的权利，又要在管理机关的监督和管理下依法履行如防止污染与生态破坏、对损害承担责任等法律义务。

个人作为环境法律关系的主体，同样享有开发利用环境的权利。环境为人类提供了最基本的生存空间和生活资料，与人类的发展密切相关，生存权是人类享有其他一切权利的基础，因此对环境进行开发利用的最基本主体就是自然人。我国《环境保护法》第6条第1款规定"一切单位和个人都有保护环境的义务"，第4款规定"公民应当增强环境保护意识，采取低碳、节俭的生活方式，自觉履行环境保护义务"，通过这样的条文规定可以看出，环境法律关系中的自然人主体不仅享有广泛的环境权利，同样也需要承担保护和善待环境的义务。

(2)环境法律关系的内容

环境法律关系的内容，是指环境法律关系主体所享有的权利和所承担的义务。环境权利是环境法律关系主体依照法律所享有的某种资格或利益，表现为主体可以依法作出一定行为或要求他人作出或不作出一定行为的资格或可能性。与此相对，环境义务则是环境法律关系主体依法或依约定所应承担的责任，义务主体必须作出或不作出一定行为。环境法律义务通常表现为对义务主体资格或利益的限制，因此具有较强的约束性。需要指出的是，这二者通常是相辅相成的，环境法律关系主体一般在享有环境权利的同时也需要承担相应的义务。

环境法律关系中的权力与义务、权利与义务也可以分为不同种类，如从管理与被管理的角度可将有关权力义务、权利义务划分为环境管理主体的权力和义务与环境管理相对人的权利和义务。管理主体的权力主要包括规范制定权、行政处理权、环境司法权等，而其义务主要有依法勤勉管理和监督环境活动以使其符合国家的环境管理宗旨与目标等。管理相对人一般是指企事业单位、社会组织或自然人等主体，这些主体的权利主要是依法开发利用权、环境信息知情权、环境决策参与权等，其义务一般是适当开发利用环境、积极履行环境保护承诺、接受环境管理等。

(3)环境法律关系的客体

环境法律关系的客体，是指在环境法律关系中权利义务所指向的对象，借鉴民法的客体分类方式,可以将环境法律关系的客体分为两大类,即物和行为,[1]这里的行为不同于一般法律关系中的行为,特指与环境有关的行为。

环境法律关系的客体具有一般法律关系客体的特点,但随着人类活动范围的扩大和认识与改造自然能力的增强,环境法律关系的客体范围也在不断拓展。

作为环境法律关系客体的"物"主要是指可以为人类力量所支配的具有某些特定环境功能的物质,尤其是自然资源和环境要素,也可将这二者合并称为环境资源。环境资源不同于传统的物的概念,之所以这样说是因为形如矿藏、海域、森林、草原、滩涂或野生动植物等资源要素虽然可以算作传统民法上的物,但是在环境法的语境中,人们时常会将自然资源作为一个抽象的整体来看待,这时就无法将此种层面的"客体"纳入传统民法物的概念范围。此处的环境资源应有其独特含义,可认为是由法律所承认的,人类生存和发展所需要的客观物质条件的总称,它既可指某一特定环境要素,也可指代某些环境要素所组成的环境资源集合体。在这个层面上,它们可以成为环境法律关系的客体,却不再是传统民法意义上的法律关系客体。此外,现代法律除了关注环境资源的经济价值,还关注环境资源的生态价值和其他与人类关系密切的功能性价值。比如,在传统民法上界定较为困难的环境容量资源等无形的环境功能体,在环境法意义上就是典型的法律关系客体。因此,在新的时代背景下我们应该站在生态整体主义的视角来审视和判断作为环境法律关系客体的物的范围及其内涵。

作为环境法律关系客体的"行为"主要是指由环境法律关系主体依照法律法规所创制和实施的与环境有关的各项活动,如开发利用环境、保护和改善环境的行为等。此处所谓的行为既包括积极的作为也包括消极的不作为,这一点与其他法律关系中作为客体的行为要素是一致的。不同的是,与环境有关的行为并非都可以作为环境法律关系的客体,一些不具有环境法律意义的行为便被排除在客体范围之外。一般而言衡量一种行为是否具有环境法律意义主要取决于是否有针对该项行为的环境法律规定,以及此种行为实施或不实施会否产生环境法意义上的法律后果。事实上,制定和修改环境法律的过程也是一个不断扩大环境法律关系客体范围的过程,如我国 2014 年修订的《环境保护法》新增的"按日计罚"规定就是对作为环境法律关系客体的行为类型的拓宽——重复排污行为被纳入处罚的范围。

---

〔1〕 参见郑晓剑:《对民事法律关系"一元客体说"的反思——兼论我国民事法律关系客体类型的应然选择》,载《现代法学》2011 年第 4 期。

二、环境法的发展历程

从20世纪下半叶开始，随着工业化和城市化进程的加快，人们向环境排放了大量的废弃物和污染物，这使各种环境问题变得越发严重，逐渐威胁到人类自身的生存与发展。严重的生态危机促使人们在反思传统生产和生活方式的过程中，追问既有法律体系与制度的有效性。实践证明，并非为应对环境危机而产生的既有法律部门难以回应发端于环境危机的挑战，于是制定专门的环境法律并以此为据组建专门化的环境行政管理机构来应对日益严峻的环境挑战便成为各国立法者与治理者的共识。

（一）外国环境法的演变与发展

环境法的产生有其特定的历史背景，其产生不仅是为了迎合严峻的环境形势，也是为了完善环境治理的法律体系。

1. 第一次工业革命前的环境法发展

这一时期各国普遍没有制定专门的环境法规范，只是有些法律规定的实施在客观上产生了保护环境的效果。没有专门的环境法律产生主要与当时的社会生产方式仍处于前工业时代、环境问题尚不严重紧密相关。当然，如果我们仔细梳理，依然能从当时一些国家的既有规定中发现有关环境保护或人与自然关系有关的法律痕迹，比较早期的如公元前18世纪《汉谟拉比法典》中就有关于森林、土地保护和开垦的规定，甚至还存在一些防止水源污染的规定。公元前3世纪，印度皇帝阿绍克颁布的《摩奴法典》中也有关于保护野生动物和森林的法令。目前所能找到的最早的欧洲环境法律是英国国王爱德华一世在1306年颁布的禁止在伦敦使用露天燃煤炉具的条例，其中规定了不准伦敦工匠和制造商在国会开会期间用煤，以防止煤烟污染。[1] 通过梳理，我们发现这一时期仅有的少量关于环境保护的条文也是分散在不同的立法之中，相互之间没有形成有机的联系，更未形成专门的环境法体系，还不具有环境立法的实质性意义。

2. 第一次工业革命后至20世纪60年代

人类经历了三次工业革命后，工业“三废”的排放加之人口的快速增长使城市的环境问题变得越发严重。为了应对这些问题，一些国家开始颁布针对性较强的专门性立法以适应新的社会环境。例如美国于1785年制定了关于土地勘测与开发的法律；在19世纪中期，美国宪法还确立了联邦资源管理制度以及卫生安全保护制

---

〔1〕 参见马骧聪主编：《环境资源法》，北京师范大学出版社1999年版，第34页；蔡守秋主编：《环境资源法学》，人民法院出版社2003年版，第47页；颜运秋主编：《环境资源法学》，中南大学出版社2009年版，第17页；汪劲：《论现代环境法的演变与形成》，载《法学评论》1998年第5期。

度的基本框架；为了快速处理土地纠纷，美国还在1864年制定了《煤烟法》，在1866年制定了《矿业法》等。在这方面，英国也是先行者。英国国会在1863年颁布了《制碱业管理法》，1857年颁布了《防烟法》，1860年颁布了《公共改良法》等一系列法律。日本的贡献则主要体现在地方立法层面。1888年大阪府制定了《煤烟管理令》，1912年日本还制定了《工场法》以在全国范围内规制煤烟的排放。[1] 与此同时，也有一些国家开始制定保护自然资源的专门性法律，如日本、俄国等就制定了保护森林的法律，此后一些国家还探索建立了国家公园和国家自然保护区制度。

总体而言，这一时期与环境有关的立法步伐开始明显加快，产生了大量的与环境保护有关的专门性立法。另外，除了对传统的如大气污染和水污染等环境问题作出应对之外，此时的各国立法还关注了防治噪声、固体废物、农药、有毒有害化学品、放射性物质污染等有关环境保护的问题，这促进了环境法作为一个独立法律部门的生成进程。

3. 20世纪60年代至今

进入20世纪60年代，随着"二战"后各国对本国经济采取的非环境友好型政策相继奏效，环境问题及其所带来的负面影响越来越大，尤其是关于环境与发展的关系问题成了各国面对的新型矛盾。在这种形势下，环境立法开启了蓬勃发展的时代。各国依次颁布专门性的环境立法，以应对越发严峻的环境问题和由此引发的社会矛盾。我们今天所熟知的美国联邦环境政策法、日本的公害对策防治法均出自这个时期。这一时期的另一个显著特点体现在环境立法理念的进步方面。随着人们对环境问题成因的系统化分析，各国开始注重对环境整体加以维护和改善，而不再仅仅关注某些局部的环境问题。比如，美国在20世纪80年代颁布的《超级基金法》、修订的《清洁空气法》和《清洁水法》，以及日本同时期颁布的《环境基本法》，都受到了这一趋势的影响。但是受制于各国政府经济优位理念的影响，这个时期的环境立法在提升各国可持续发展能力上的作用仍较为有限。

4. 环境法的发展趋势

21世纪环境法的发展面临着新的机遇与挑战。随着全球性环境危机应对形势的越发紧迫和可持续发展观在全球范围内的普遍确立，各国开始加大环境立法与执法的力度，在全球性环境治理机制的探索方面，也出现了一些喜人的变化，比如《巴黎协定》的签署和《世界环境公约》谈判进程的启动等都具有重要的里程碑意义。国际社会在重大环境挑战方面所达成的共识有力地推动了国际环境治理与各

---

〔1〕 参见吕忠梅主编：《环境法学概要》，法律出版社2016年版，第48～49页。

国国内环境问题的应对，这在一定程度上提升了环境法在国际和各国法律体系中的地位。但是近年来国际社会上出现的诸如退出《巴黎协定》等逆全球化的事件也值得我们警惕。这说明环境问题的解决，特别是国际环境治理的有效实现还有漫长的路要走。而克服前路的困难则有赖于对包括环境立法在内的环境法治的信仰与捍卫。

（二）中国环境法的演变与发展

1. 古代的环境立法

我国古代并没有现代意义上的环境立法，但有一些与环境保护有关的理念与习惯。我国传统哲学中有所谓“天人合一”等理念，这是古代先贤对人与自然关系的先进认识。[1] 此外，由于我国古代社会属于典型的农业型社会，受重农抑商思想的影响，为了维持人们的基本生活需要，统治者和知识分子阶层通常都主张会对利用环境的行为进行一定的规制，这在客观上也起到了保护环境的作用。早在公元前3世纪，荀子就曾在《王制》中提道：“草木荣华滋硕之时，则斧斤不入山林，不夭其生，不绝其长也……”[2]这体现了使自然资源得到永续利用的思想。在殷商时期，法律中即有禁止在街道上倾倒生活垃圾的规定，《韩非子·内储说上》就曾记载：“殷之法，刑弃灰于街者。”[3]这体现了防止人口集中居住带来区域性或局部环境污染的生活经验。西周时期也出现了早期的保护森林、动物和水源的法令，在当时的《伐崇令》中有“毋坏屋、毋填井、毋伐树木、毋动六畜、有不如令者，死无赦”[4]的规定。及至秦朝，统一的中央集权封建王朝业已形成，为促进农牧业的发展，国家制定了保护自然环境与资源的规定，且都比较严格，如《田律》、[5]《仓律》、[6]《金布律》[7]等都有关于按照季节合理开发、保护环境要素的要求。唐、宋、元、明、清的律法在借鉴《秦律》的基础上也都有关于森林、土地、野生动物保护的内容。

2. 中华民国时期的环境法

在中华民国时期，尽管工业也有了一定的发展，但农业仍占据国民经济的主导地位，加之民国时期战乱频发，时局动荡，所以立法者并没有将过多的精力放在环境保护上。这一时期几乎没有防治污染的专门性法律，只有一些关于自然保护的立法，例如《渔业法》（1929年）、《土地法》（1930年）、《森林法》（1914年）、《狩猎

[1] 参见王秀红、李娟丽：《中国古代环境思想现代化之路》，载《湖北社会科学》2006年第3期。
[2] 倪方六：《中国古代怎么搞环保》，载《中国减灾》2013年第8期。
[3] 黔容：《秦刑弃灰原因?》，载《社会科学辑刊》1982年第5期。
[4] 赵兴华：《我国古代对自然保护的认识》，载《内蒙古林业》1984年第3期。
[5] 刘太祥：《简牍所见秦汉行政法的基本特点》，载《南都学坛》2016年第4期。
[6] 刘太祥：《简牍所见秦汉行政法的基本特点》，载《南都学坛》2016年第4期。
[7] 刘太祥：《简牍所见秦汉行政法的基本特点》，载《南都学坛》2016年第4期。

法》(1932 年)和《水利法》(1942 年)。尽管上述法律与环境保护有一定的关系,但由于没有得到认真的实施,也就没有达到很好的环保效果。

与此同时,中国共产党领导的各革命根据地则颁布了一些有关自然保护的法规,典型的如《闽西苏区山林法令》(1930 年)、《晋察冀边区垦荒单行条例》(1938 年)、《晋察冀边区禁山办法》(1939 年)、《陕甘宁边区森林保护条例》(1941 年)、《晋察冀边区兴修农田水利条例》(1943 年)、《东北解放区森林保护暂行条例》(1949 年)等。

3. 中华人民共和国成立后的环境法发展

(1)环境法的产生

1949 年中华人民共和国成立,百废待兴,我国为了保护农业制定了一些有利于环境保护的规定,确立了有关自然资源全民和集体所有的制度。1954 年颁布的《宪法》规定:"矿藏、水流,由法律规定为国有的森林、荒地和其他资源,都属于全民所有。"这是我国第一次把重要的自然资源及环境要素规定为全民所有,从所有权的角度确立了全民所有自然资源的宪法秩序。其他比较具有代表性的关于自然资源保护的规定有《矿业暂行条例》(1950 年)、《国家建设征用土地办法》(1953 年)、《水土保持暂行纲要》(1957 年)、《森林保护条例》(1963 年)、《水产资源繁殖保护条例》(1964 年)、《矿产资源保护试行条例》(1965 年)等。

为了顺应全球兴起的环保浪潮,联合国人类环境会议于 1972 年在瑞典首都斯德哥尔摩召开,我国也派出代表团参加了这次在世界环境保护进程中具有重要意义的会议。在参加人类环境会议后,我国于 1973 年 8 月召开了第一次全国环境保护工作会议,正式将环境保护提上了国家管理的议事日程,并制定了我国第一份真正以应对环境问题为主旨的综合性文件——《关于保护和改善环境的若干规定》,该规定确立了"全面规划、合理布局、综合利用、化害为利、依靠群众、大家动手、保护环境、造福人民"的工作方针,还设置了一系列原则和政策。在全国环境保护会议之后,我国迅速成立了国务院环境保护领导小组,同时督促各地成立相应环保机构,对环境污染状况进行调查评价,开展以消烟除尘为中心的环境治理。此外,对污染严重的地区,如官厅水库、富春江、白洋淀、武汉鸭儿湖以及北京、天津、淄博、沈阳、太原、兰州等城市进行重点治理。[1] 在这一时期,我国开启了针对环境污染问题的立法尝试,制定了如《工业"三废"排放试行标准》(1973 年)、《防止沿海水域污染暂行规定》(1974 年)、《生活饮用水卫生标准》(1976 年)等规范性文件。1978 年

---

〔1〕 参见《中国近 40 年环保史——经验与反思,不忘初心》,载中国水网:http://www. h2o - china. com/news/265149. html,最后访问日期:2019 年 2 月 6 日。

《宪法》也首次规定"国家保护环境和自然资源,防治污染和其他公害",从而为我国环保事业和环境立法工作奠定了宪法基础。

(2)环境法制的跨越式发展

从1979年开始,中国实行改革开放政策,经济步入高速发展的轨道,也是在这一年,我国《环境保护法》正式颁布。自1979年至1992年的14年时间里,我国对环境保护的理论体系、制度政策体系、法律法规体系和行政管理体制进行了不断地完善,初步确立了有中国特色的环保道路。

其一,在1983年的第二次全国环境保护工作会议上确立了环境保护作为我国一项基本国策的地位,这为我国开展环保工作打下了坚实的基础,这既表明了我国摒弃"先污染,后治理"的环保劣后发展的落后理念,也与20世纪90年代提出的可持续发展模式相呼应。其二,在1989年的第三次全国环境保护工作会议后相继制定或完善了以"三同时"、环境影响评价、排污收费、城市环境综合整治定量考核、环境目标责任制、排污申报登记、排污许可、限期治理以及污染集中控制等为代表的具有中国特色的环境保护制度。其三,以制度实践为依据,构建了环境保护法律法规和标准体系。1989年我国对《环境保护法》作了第一次修订,之后陆续制定了包括《水污染防治法》《大气污染防治法》《海洋环境保护法》等在内的与污染防治相关的立法和环境标准,出台了《森林法》《草原法》《水法》《水土保持法》《野生动物保护法》等有关资源保护的法律,初步构建起了立足于我国国情的环保法律体系框架。[1]

在20世纪90年代之后,特别是联合国于1992年在里约热内卢召开环境与发展大会后,可持续发展理念在世界范围内得到广泛认同,我国也在这个时期进行了有益的改革探索。1993年3月,全国人大成立了环境与资源保护委员会,1994年国务院发布了《21世纪议程——中国21世纪人口、环境与发展白皮书》,并开启了又一个环境资源立法高峰时期。先后制定或修订了《固体废弃物污染环境防治法》《煤炭法》《环境噪声污染防治法》《矿产资源法》《城市规划法》《节约能源法》《防沙治沙法》《清洁生产促进法》《环境影响评价法》《循环经济促进法》《水污染防治法》《大气污染防治法》等一大批法律。通过上述法治实践,我国在对可持续发展理念本土化的过程中创造性地提出了融可持续发展理念于中国经验的科学发展观来指导环境法制工作。这种理念转化的成果不仅体现在环境法部门,这一时期其他法律部门在制定或修改法律的过程中也受到了科学发展观的熏陶,对与环境保护

〔1〕 参见《中国近40年环保史——经验与反思,不忘初心》,载中国水网:http://www.h2o-china.com/news/265149.html,最后访问日期:2019年2月6日。

有关的问题作出了不同程度的回应,典型的如《侵权责任法》等。

(3)环境法治助力生态文明

2002 年 11 月,党的十六大提出要全面建设小康社会,同时强调要使生态环境得到改善,资源利用效率得到提高,促进人与自然和谐,环境问题也被纳入经济可持续发展的重点考量因素。2007 年召开党的十七大进一步提出“建设生态文明”的战略目标,首次明确提出了建设生态文明的战略任务,清晰界定了建设生态文明的具体内涵。2012 年召开党的十八大将生态文明纳入了中国特色社会主义事业“五位一体”的总体布局,对生态文明建设的政策与制度进行了具体阐释,体现了党和国家的生态文明建设理念、政策与制度已经走向成熟。[1]

作为全面推进生态文明建设的重要法制成果,我国在 2014 年 4 月 24 日修订了《环境保护法》并于 2015 年 1 月 1 日开始施行。修订后的环保法在总结我国环境保护经验的基础上,全面强化了不同法律主体的环境法律责任,被认为是“史上最严的环保法”。环境保护法的再次修订开启了我国环境法制建设的新阶段。在环境保护法的引领下,其他与环境保护有关的单行法律也纷纷进入创制或修订的“快车道”。目前已完成修订的有《大气污染防治法》《野生动物保护法》《水污染防治法》等多部立法。为了强化环境司法的效能,最高人民法院还于 2014 年 7 月 3 日成立了环境资源审判庭,以充分发挥司法机关应对环境保护的协同作用。[2]

2017 年召开的中共十九大高屋建瓴地将生态环境问题纳入了我国社会主义初级阶段的主要社会矛盾,这充分显示了环境保护在我国未来发展进程中的重要地位。党的十九大部署了推进绿色发展、治理突出环境问题、加大生态系统保护和改革生态环境监管体制四大任务。至此,我国的生态文明建设已经被提升到现阶段社会治理的重要位置,环境保护事业被升华到了前所未有的高度,[3]这决定了未来一个时期,环境法律体系的完善与效能的提升必将成为我国法制工作的重中之重,不断取得新的成果。

---

〔1〕 参见段娟:《十六大以来中国生态文明建设的回顾与思考》,载中国社会科学网:http://ex.cssn.cn/ddzg/ddzg_ldjs/ddzg_jj/201701/t20170106_3373190.shtml,最后访问日期:2019 年 2 月 6 日。

〔2〕 参见《最高人民法院设立环境资源审判庭》,载《人民法院报》2014 年 7 月 4 日,第 1 版。

〔3〕 《中国近 40 年环保史——经验与反思,不忘初心》,载中国水网:http://www.h2o-china.com/news/265149.html,最后访问日期:2019 年 2 月 6 日。

第三节　环境法的体系

典型案例　2008 年 7 月 29 日，谢某等四人未经行政主管部门审批，擅自扩大采矿范围，采取从山顶往下剥山皮、将采矿产生的弃石往山下倾倒、在矿山塘口下方兴建工棚的方式，严重毁坏了林地植被。2014 年 7 月 28 日，谢某等人因犯非法占用农用地罪分别被判处刑罚。2015 年 1 月 1 日，北京市朝阳区自然之友环境研究所、福建省绿家园环境友好中心提起诉讼，请求判令四名被告承担在一定期限内恢复林地植被的责任，并赔偿生态环境服务功能损失；如不能在一定期限内恢复林地植被，则应赔偿生态环境修复费用；且共同偿付原告为诉讼支出的评估费、律师费及其他合理费用。[1]

谢某等人的行为对环境造成了严重破坏，但其行为除了侵害与环境有关的利益之外还损及了其他性质的利益，这其中显然存在不同法律部门发挥规范作用的空间，由此可以看出，环境法与民法及其他法律部门会产生一定的联系，那么这种联系具体如何体现？

环境法的体系即环境法自身的内部结构与层次，是由与环境保护、污染防治等环境问题相关的各种规范性文件共同组成的。每个法律部门都有其自身的体系，就法发生学而言，环境法形成独立的法律部门与体系要明显晚于其他法律部门，但由于环境法的调整对象范围广泛，所以有关环境的立法数量较多，这使其法律体系较其他法律部门显得更为庞杂。因此对环境法体系的理解和梳理需要建立在一定的方法论基础之上。运用整体主义的视角有利于我们对这个体系的理解和洞察。基于此，我们可以将环境法的体系理解为一个由与保护、改善环境和开发、利用资源等有关的各种法律规范共同组成且互为补充、互相联系的统一整体。这说明环境法的体系不是各种环境法律规范的简单叠加，而是对符合环境立法特点的各种法律法规的有机整合。就目前的体系构成而言，我国的环境法已经形成了以宪法有关环境保护的规定为基础，以《环境保护法》为主要引领，囊括各有关环境要素与环境利用行为的单行法，并辐射其他部门法中有关环境保护条款的有机统一的规

[1] 北京市朝阳区自然之友环境研究所、福建省绿家园环境友好中心诉谢知锦等四人破坏林地民事公益诉讼案，载最高人民法院网：http://www.court.gov.cn/zixun-xiangqing-16396.html，最后访问日期：2018 年 12 月 30 日。

范体系。

一、宪法中关于环境保护的规定

宪法是我国的根本大法，是其他法律制定的总章程和法律依据，任何法律都不能与宪法的精神与内容相违背。宪法中所规定的内容涉及范围广泛，为国家和社会生活确定了方向和基本准则，典型的如国家的性质与基本制度、公民的基本权利与义务、国家机关的组织与活动原则等。宪法中与环境保护相关的内容则为我国有关环境保护的法律、法规的制定提供了立法基础和制定依据。

（一）自然资源权属的规定

我国《宪法》第 9 条规定："矿藏、水流、森林、山岭、草原、荒地、滩涂等自然资源，都属于国家所有，即全民所有；由法律规定属于集体所有的森林和山岭、草原、荒地、滩涂除外。国家保障自然资源的合理利用，保护珍贵的动物和植物。禁止任何组织或者个人用任何手段侵占或者破坏自然资源。"第 10 条规定："城市的土地属于国家所有。农村和城市郊区的土地，除由法律规定属于国家所有的以外，属于集体所有；宅基地和自留地、自留山，也属于集体所有。……一切使用土地的组织和个人必须合理地利用土地。"

这两条规定明确了国家对自然资源及某些重要的环境要素的所有权，因为国家所有即全民所有，全民所有的公共财产神圣不可侵犯，这就从所有权的角度为环境资源保护提供了法律基础。与此同时，第 9 条第 2 款与第 10 条第 5 款还规定了国家作为所有权主体的义务，即保护和合理利用的义务。另外，《宪法》第 22 条第 2 款也对珍贵文物、名胜古迹等历史文化遗产的保护作了规定，这些遗产在某种程度上也可视为环境要素，其属于人工改造环境组成部分。

法条链接1.1

（二）国家的环保职责

我国《宪法》第 26 条规定："国家保护和改善生活环境和生态环境，防治污染和其他公害。国家组织和鼓励植树造林，保护林木。"这一条是国家确定的有关环境保护的总体要求，也是我国对环境保护地位的立法宣誓。该条第 2 款规定的"国家组织和鼓励植树造林，保护林木"则既是国家对自身生态保育责任的规定，也是对全社会重视以营林为基础的生态保育的要求。

（三）公民的权利与义务

《宪法》第 51 条规定："中华人民共和国公民在行使自由和权利的时候，不得损害国家的、社会的、集体的利益和其他公民的合法的自由和权利。"这一规定对公民个人权利的行使作出了限制，确定了个人行为自由的法律边界。宪法要求个人行使权利时不损害公共利益，这其中显然也包含个人对其权利的行使不得损害环境公共利益的内容。也有学者认为，这一条款是公民环境权存在的学理基础。[1]

二、环境基本法

环境基本法是以宪法为立法基础与依据，将环境作为有机整体进行规制的综合性实体法。[2] 由于其在整个环境法体系中处于统领的中心地位，也是各单行环境法律法规制定的依据。

环境基本法是环境立法发展到一定阶段的产物，[3]随着各国对环境问题的认识逐渐深入和各国法律体系的日益完善，环境基本立法也随之发展起来。尽管各国环境基本法出现的具体时间并不相同，但出现的原因大致相同。环境基本法的内容来源于对所在国家环境保护基本制度与政策的提炼和对该国体现环境资源管理与服务的基本规律的归纳与总结，因而它具有应对严重的环境危机，提升环境保护制度或政策在国家法律体系中的地位，整合与协调单行法内容并调处单行法律适用冲突的功能。

三、环境保护单行法

环境保护的单行法律法规是以宪法和环境基本法为依据，对与环境有关的特定事项或社会关系进行专门性调整的法律，同时也是环境法基本原则和基本制度在某一特定领域的具体化。[4]单行法律法规是组成环境法体系的主体。按照效力层级可以将单行法划分为法律、法规和规章等不同层次，也可以按照调整对象的不同进行分类，本书按照调整对象和作用领域的不同将环境保护单行法分为污染防治法、生态保护法和环境管理法。

（一）污染防治法

污染防治法，是指将环境污染作为规范对象的法律法规，多以某一环境要素的污染防治为核心内容。在范围上，污染防治法并非仅指单一的某部污染防治法律，而是指与特定环境要素污染防治有关的所有法律、法规等，比如环境噪声污染防治法就不仅指我国的《环境噪声污染防治法》，还应该包括其他有关噪声污染防治的实施细则、排放标准等。

---

〔1〕 参见吕忠梅主编：《环境法学概要》，法律出版社2016年版，第60页。

〔2〕 参见李明宇：《我国环境法建设的合理尺度》，载《环境保护》2008年第4期。

〔3〕 参见李挚萍：《环境基本法的发展脉络——从“人类环境会议”到“环境与发展会议”》，载《中国地质大学学报》（社会科学版）2012年第2期。

〔4〕 参见李明宇：《我国环境法建设的合理尺度》，载《环境保护》2008年第4期。

污染防治法具有一定的专业性,所以其内容要受到诸如生态学、环境科学或其他自然科学共性规律的影响。在污染防治法中,某些制度的设置要以特定领域的环境标准作为基础,以体现对自然科学规律的尊重。

我国目前与环境污染防治有关的法律主要有《水污染防治法》《大气污染防治法》《环境噪声污染防治法》《固体废物污染防治法》《放射性污染防治法》《海洋环境保护法》等,与污染防治有关的行政法规主要有《水污染防治法实施细则》《大气污染防治法实施细则》《危险化学品安全管理条例》《危险废物经营许可证管理办法》《防治陆源污染物污染损害海洋环境管理条例》等。

(二)生态保护法

生态保护法是为了防止人们在开发利用环境过程中损害各类生态环境要素而进行的立法,其主旨在于遏制和纠正人类对构成生态系统的各类生态要素的不当索取,通过立法规制使人类与自然达到一种相对和谐的状态。实践中,生态保护法以与某一或某些特定环境要素有关的开发利用活动作为主要调整对象,在形式上一般表现为单行法。与污染防治法相比,生态保护法更注重对生态学规律的遵循,也更注重对可持续发展理念的体现。但生态保护法与污染防治法并非毫无关联,由于多数环境要素本身也具有生态功能,所以二者的作用对象有时会出现重叠,二者所追求的立法目的可能存在部分交叉。从生态规律的角度来分析二者的关系我们还会发现,在多数情况下,不合理开发利用环境要素的行为在引发或加重环境污染的同时,往往也会造成生态破坏,因此,污染防治与生态保护在立法上有着相对密切的关系。

我国的生态保护法主要有《森林法》《草原法》《渔业法》《水法》《土地管理法》《矿产资源法》《野生动物保护法》《防沙治沙法》等。我国与保护有关的行政法规主要有《森林法实施条例》《渔业法实施细则》《土地管理法实施条例》《取水许可和水资源费征收管理条例》《濒危野生动植物进出口管理条例》等。这些法律与行政法规搭建了我国生态保护的基础法律框架。

(三)环境管理法

环境保护不仅涉及不同的领域,还涉及在各个领域都有规制必要的特定事项,因此就需要针对兼及各个环境保护领域的某一环境保护事项作出全面性的规定,这种针对特定事项的立法就是环境管理法。此类立法的出发点在于从全局角度来解决某一类环境管理问题,为此类问题的解决提供通用的制度和措施。实践中,此类立法在性质上多体现为政策性立法,力求将国家的宏观环境管理政策转化为具体的环境法律制度,如《循环经济促进法》是在经济发展模式转变的背景下对环境活动进行相应规制的范例,再如《环境保护税法》则是通过引入环境保护税收这一经济手段来促进环境问题的解决。

我国的环境管理法内容覆盖范围较广，既包括关于环境管理机构设置、环境管理程序等方面内容的行政性规定，也包括对某一具体环境管理事项进行集中规制的法律，如《循环经济促进法》《清洁生产促进法》《环境影响评价法》《环境保护税法》等。

四、其他法律中关于环境保护的法律规范

尽管环境保护法自身的体系很庞大，立法数量也很多，但单凭环境保护法律法规很难对与环保有关的全部法律关系进行充分的调整，因此在实践中对环境法律关系的调整仍难以避免地会诉诸其他法律部门的法律，如民法、行政法、刑法、经济法等，这些法律中往往会包含一些有关环境保护的规范内容，理论上这些内容也应被纳入环境保护法的体系。本节典型案例中的谢某等人为采矿而占用林地，在破坏植被的同时也造成了植被生态功能的严重损害，就属于环境侵权行为，此案是环境保护法修订并实施后的首例环境民事公益诉讼案件，体现出环境法与民法等其他法律部门的密切联系。此外，行政法、刑法等法律中包含大量规范环境保护行为的法律条文。

（一）民法与环境保护

在环境法中作为环境法律关系客体的“物”有时会与民法中的“物”有同一指向，这是由某些环境要素本身的属性所决定的。以煤炭资源为例，它既是环境法律关系的重要客体（其关系到对不可再生资源的利用与保护），同时也是民事法律关系的客体（其关系到人们生产与生活的燃料供应）。人类生产与生活中接触到的许多“物”其实都具有一定的“环境”属性，因此人类在对某些物进行开发利用的同时必须将这些物的环境属性纳入考量的范围。具体来说，民法中涉及环境的法律规范主要有：

1.《民法典》总则编对环境保护的关注。有些国家的民法典中规定了公民的环保义务，比如《越南民法典》就规定开展民事行为必须符合环境保护的要求，[1]这样的规定便为公民从事民事活动附加了一定的环保义务。我国《民法典》第9条也有类似规定：“民事主体从事民事活动，应当有利于节约资源、保护生态环境。”此条被大部分学者称为民法中的“绿色原则”。[2]对于是否应将绿色原则纳入民法，学界存在不同认识。有学者认为，绿色原则与绿色发展的理念一脉相承，体现了中国

---

〔1〕 参见吕忠梅：《如何“绿化”民法典》，载《法学》2003年第9期。

〔2〕 蔡守秋、张毅：《绿色原则之文义解释与体系解读》，载《甘肃政法学院学报》2018年第5期。

天人合一的传统理念,也符合可持续发展的时代精神;认为绿色原则的确立为民事主体从事民事活动增加了环境资源保护的外在约束,是推进生态文明法治建设的内在要求。与此同时,也有学者认为,民法确立绿色原则并不妥当,主张该原则不是民事法律行为的原则,民法调整的应是平等主体之间的关系,而绿色原则调整的却是个人与社会之间的关系,建议由环保法确立此类规定公民义务的行为。还有学者对《民法典》总则编作此规定之后,分则如何具体落实该原则的要求表示了担忧。〔1〕

我们认为环境法既维护以人类环境资源法益为主体的社会公共利益,也维护各类环境法律关系主体的环境私益。民法在本质上调整的是特定民事主体之间的私益关系,亦即平等主体之间的特定民事法律关系,所以与环境保护有关的法律关系及其调整规则应该主要选择由环境立法加以确认和规制。但囿于环境立法的调整方法还是更多地依赖于行政手段,且表现形式上也以规制性立法居多,若将"绿色原则"纳入民法,为社会公众确立一项民事行为的环境负担,为当事人提供一条基于私法的权益救济之路,也未尝不是法律调整机制的革新性尝试。借助于民法的基本法地位和对民事生活的根本性影响,有利于引导公众对环境保护的关注和对自身行为方式的检讨,从而有利于构建环境友好型的市民社会氛围。

还有国家也在民事法律中增加了对环保因素的考量,如奥地利、德国、瑞士、俄罗斯等国都在民法典中规定野生动物不同于一般的民事客体,以加强对野生动物的特殊保护。例如,《德国民法典》第 90 条规定动物不是物,它们由特别法加以保护,除非另有规定外,对动物准用物的规范。〔2〕

2.《民法典》物权编对环境保护的关注。物权法与环境法的关系密切,物权法主要调整与物的归属及利用相关的民事法律关系,由于作为物权客体的"物"多会与环境法上的权利客体存在重叠,因此一些国家在其物权法中也加入了与环境保护相关的规定。

法条链接1.2

我国《民法典》物权编第 247 ~ 251 条是关于自然资源所有权的规定,第 324、325、326 条是对与自然资源有关的用益物权的规定,第 328、329 条则是关于部分准物权的规定。由于自然资源所有权的客体、各类与不动产相关的用益物权的客体及准物权的客体大多同时又是环境要素或资源要素,所以以这些物为客体的物权的行使必然涉及其与环

---

〔1〕 参见马洪:《绿色原则何以入民法典》,载《学术月刊》2017 年第 10 期。

〔2〕 参见岳红强:《我国民法典编纂中绿色理念的植入与建构》,载《河南大学学报》(社会科学版)2016 年第 4 期。

境资源法所确立的公、私法要求的协调。

《民法典》物权编还通过对建筑物区分所有权的确立及对专有部分与共有部分的划分，引入了空间利用权的概念。这既扩大了作为物权法客体的“物”的范围，也为民事主体实现基于空间而产生民事和环境利益确立了法律基础。实践中，民事主体环境空间利益的保护也会因物权法的这一规定而获得请求权基础，这在法律效果上也相当于扩大了环境法律关系客体的范围。

3.《民法典》侵权责任编对环境利益的保障。环境侵权制度是环境法与民法联系最为紧密的领域。由于环境法律制度的出现与完善远远滞后于环境问题的产生，所以早期各国解决环境侵害的主要私法救济路径便是侵权法。而侵权法在解决各类环境侵权的过程中也实现了自身体系的完善和发展，最为典型的就是环境侵权实践对侵权民事责任构成要件中因果关系理论的贡献。大陆法系侵权法因果关系理论中的盖然性学说、疫学因果关系说等均来自对环境侵权实践的提炼与借鉴。为应对日益严峻的环境侵权事件，我国《民法典》侵权责任编设专章为环境污染责任分配提供私法解决依据并丰富了对环境侵权的民事救济手段。

法条链接1.3

（二）行政法对环境保护的关注

环境法律条文以行政性规范居多，环境执法也多借助于行政手段，这就决定了环境法与行政法存在紧密的联系，一些国家甚至直接将环境法纳入行政法的体系。当然，在我国两个法律部门是彼此独立的。

行政法调整的事项很多，涉及公共事务管理的方方面面，这其中自然就会涉及同样关涉环境公共利益的内容，例如，我国《治安管理处罚法》中第30、31、58、63条的规定就涉及公众的涉环境行为及其违反公法义务的处罚措施。再如，环境行政许可行为也适用《行政许可法》的规定。同理，《行政复议法》《行政诉讼法》也均适用于环保领域的行政执法。

法条链接1.4

（三）刑法与环境法益的保护

刑法对环境法益的保护主要有三种模式：（1）刑法典模式，即在刑法典中设立关于环境犯罪的专门章节，并以此为据追究侵害环境法益的行为。（2）专门环境刑法模式，即在普通刑法典之外制定单行环境刑法以规制环境犯罪，最典型的如日本。该国于1970年制定了《关于危害人体健康公害犯罪制裁法》，它以刑事法律的手段来规制与环境有关的行为。（3）附属环境刑法模式，又称为行政犯模式，即根据刑法原则同时参照部分重要法律如行政法中的附属环境刑法条款来规制环境犯罪。我国《刑法》在第六章单设一节（第六节）规定了破坏环境资源保护的犯罪，同时对于适法行为是否入罪还要参照环境法的相关规定，便是此种模式的代表。

（四）其他国内立法对环境保护的关注

环境问题的综合性决定了应对环境问题手段的综合性，多个法律部门的共同作用是解决环境问题最有效的方式之一，因此除上述三个相对具有代表性的法律部门中包含有环境保护的内容之外，其他法律部门中也有类似规范。比如，在经济法领域，我国《对外贸易法》第16条规定，“国家基于下列原因，可以限制或者禁止有关货物、技术的进口或者出口：……（二）为保护人的健康或者安全，保护动物、植物的生命或者健康，保护环境，需要限制或者禁止进口或者出口的……”除此之外，社会法（如劳动法）也含有涉及环境保护的内容。以诉讼法为代表的程序法则对环境纠纷的解决程序性作出了规定，如我国《民事诉讼法》第55条被广泛认为是确立环境民事公益诉讼的法律依据之一。

法条链接1.5

五、国际条约与环境保护

环境问题所带来的负面影响不分国界，有时不同国家的环境问题叠加起来所造成的危害后果会更加严重，如大气污染、水污染等问题都会跨越国界进而殃及非污染来源国的环境，所以环境问题具有明显的全球性。基于此，构建环境问题的全球治理机制已经越发受到各国的重视。

为了充分保障各国在国际大环境下所享有的合法权益，也为了使各国认真履行本国的环境义务，通过制定国际环境公约或行为准则的方式对各国的国际环境法律权利与义务进行界定是目前国际社会普遍接受的做法。通过缔结或参加各种不同性质的国际环境条约，各国可以进行有关环境领域的经济或技术层面的沟通与交流。国际性条约的制定、完善与实施有利于区域性和全球性环境问题的改善与最终解决，有利于促进各国在环境领域的合作。

迄今为止，在国际范围内各国已经签订了很多关于环境保护的条约、协定、议定书。国际环境条约可以分为综合性条约与专门性条约。综合性条约是指条约规制的范围相对广泛，一般会涉及多个环境要素或多种环境法律关系，如《控制危险废物越境转移及其处置的巴塞尔公约》《卡塔赫纳生物安全议定书》等。对于综合性国际环境条约的效力，我国一般认为除了我国已经明确声明保留的条款之外，条约的其他内容均可作为我国环境法律体系的组成部分在国内适用。专门性条约则是指以保护特定环境要素或防治某一特定种类环境问题为主要目的所订立的条约。相比之下，这类条约的针对性更强，更能有效地解决特定的环境问题。我国参加的这类专门性条约较多，典型的如《联合国海洋法公约》《联合国气候变化框架公约》《濒危野生动植物物种国际贸易公约》等。

第四节　环境基本法与环境法法典化

典型案例　山东省临沂市环保局发现华龙热电有限公司外排废气二氧化硫超标，2015年1月9日，临沂市环保局向华龙热电有限公司送达责令整改违法行为的决定书，责令其立即改正违法行为，并作出处罚10万元的决定。1月19日，临沂市环保局对华龙热电有限公司实施按日连续处罚，时间为1月10～19日，基数10万元，持续违法10天，每日罚款数额为10万元，按日连续处罚总计罚款数额为100万元。[1]

"按日连续处罚"是我国《环境保护法》在2014年修改后新增的内容之一，其加大了对违法排污行为的处罚力度，除此之外，新修订的《环境保护法》还增加了不少内容，被视为"史上最严环保法"。那么我国《环境保护法》在环境法体系中的地位究竟如何？

环境基本法属于综合性的实体法，一般对与环境保护有关的基本问题作出较为原则性的规定，如环境保护的目的、任务、基本原则、重要的环境法制度等。环境基本法是在各类环境单行法的基础之上提炼、归纳与整合的产物，也是立法者和执法者在检讨各类环境保护单行法功能局限的基础上的体系化变革措施。

一、环境基本法的类型

作为环境保护领域综合性程度最高的立法，环境基本法在不同国家、不同时期有着不同的具体形态。

（一）宣示型基本法

早期环境保护基本法的出现主要是为了宣示国家的环保政策，故有关条文政策性特征较为明显，鲜有法律责任条款。典型的宣示型环境基本法如《美国国家环境政策法》（1969年）、《日本公害对策基本法》（1969年）等。

（二）框架型基本法

此种法律形态出现于20世纪80年代，其主要出发点在于平衡环境立法的原则

---

〔1〕临沂市环保局按日计罚案，载中国新闻网：http://www.chinanews.com/ny/2015/03-03/7096149.shtml，最后访问日期：2018年2月20日。

性与灵活性。在制定此类基本法的国家,环境基本法主要就解决环境问题的共性认知、规律、原则与制度加以规范,如明确环境标准、环境影响评价制度的适用规则等,而将具体环境要素的保护与利用制度交予单行法来规制。既然定位于“框架”法,就意味着其内容具有较强的抽象性和概括性,需要由其他机构进行具体制度层面的细化,典型的如《南非国家环境管理法》(1998 年)、《越南环境保护法》(1994 年)、《日本环境基本法》(1993 年)等,都属于此类基本法模式。

(三)综合调整型基本法

随着人类对环境问题复杂程度的深入了解和立法技术的不断完善,实践中对环境基本法体系化程度的需求也日渐强烈,这催生了综合调整型基本法。此类立法在内容上通常涵盖国家环境保护的政策目标、基本原则、基本制度,还兼及国家环境管理机构的设置与职责、环境法律关系主体的权利义务、纠纷解决与法律责任等内容。一般认为,综合性环境立法更具有法典编纂的性质,典型的综合性环境法典包括《法国环境法典》(2001 年)和《瑞典环境法典》(1998 年);综合性程度稍弱的法典如《瑞士环境保护法》(1983 年)和《加拿大环境保护法》(1999 年)。[1] 欧洲国家的环境法法典化趋势比较明显,但即便是综合化程度最高的环境法典也无法将所有有关环境的立法全部纳入一部法典的内容,所以综合性环境基本法与其他单行环境立法并行是目前各国环境法制的常态。

各国环境基本法的名称不一,诸如环境政策法、环境保护法、环境法典等都有使用,所以仅从某部法律的名称很难判断其属性,需要结合法律内在的逻辑架构、条文内容及其与其他单行法的关系来加以综合考察。

二、环境基本法的立法目的与价值

(一)立法目的

从法哲学的角度来看,立法目的是主导法律形成的主体希望通过相关法律或制度的实施而达成的效果。立法目的不仅决定了法律自身的价值导向,还决定着一部法律的整体架构与制度设计,法律主体、客体、内容的确定与设计过程都会受到立法目的的影响。任何一部法律都会随着时代的发展而发展,法律的内容也要不断进化以适应时代的需要,但无论怎样扩充抑或缩减法律文本的内容,都不能使法律本身脱离其内在固有的价值,而固有价值最直接体现的便是立法目的,可以说立法目的是一部法律的灵魂。

环境基本法的立法目的从结构上来看一般包含两项内容:一是立法价值与理

---

[1] 李挚萍:《环境基本法比较研究》,中国政法大学出版社 2013 年版,第 30 页。

念宣示,如对公平、平等价值的重申等;二是环境立法所追求的目标或任务阐释,如国家的基本环境政策、环境管理机构的组成原则、环境责任的基本分配规则等。

各国环境基本法的立法目的大多包含上述两个部分,在表现形式上也多以"抽象加具体"的方式呈现,但也有一些国家或地区的立法只包含其中一部分。前者如《美国国家环境政策法》(1969 年)。该法第 4321 条阐明了其立法目的:"本法的目的在于:宣示国家政策,促进人类与环境之间的充分和谐;努力提倡防止或者减少对环境与自然生命物的伤害,增进人类的健康与福利;充分了解生态系统以及自然资源对国家的重要性;设立环境质量委员会。"[1]可以看出,此法的立法目的既包含了抽象的宣示性内容,又包含了具体的任务要求。后者如《菲律宾环境法典》(1977 年)。该法前言部分规定了其立法目的:"鉴于广博的环境已经成了政府一个极为重要的关切;鉴于国家领导层已经迈出了重要的一步——他们已经根据第 1121 号总统令建立了国家环境保护委员会;鉴于有必要制定一个综合的环境保护与管理计划来配合环境保护委员会的成立;鉴于只有在菲律宾的环境法典中制定具体的环境管理政策与环境质量标准,这样的计划才能被认为具有现实性和意义。"[2]《菲律宾环境法典》的立法目的显然仅包含了对具体任务分配的内容。上述两例的区别在一定程度上反映出不同国家对于环境基本法立法目的侧重点的不同解读,但总体而言,各国所追求的环境基本法的立法理念或价值并无根本性的差异。

(二)立法价值

立法价值反映了一国希望通过法律的实施所实现的深层次的长远目标,与立法目的相比,立法价值较为抽象,各国环境基本法的立法目的虽有较大不同,但立法价值却颇为相似。

1. 宣示环境保护的重要性。环境立法的根据来源于对环境问题的应对需求,而随着环境问题的日益严峻,全社会对环境立法的需求也日益迫切。因此,环境立法需要向社会公众宣示的首要价值便是对环境自身价值的尊重,而这种尊重的直接体现就是对环境保护事业、对环境立法的尊重与强化。因此作为环境法治的基石,各国环境法的首要立法价值都是宣示国家对环境价值的尊重和对环境保护事业的重视。由上文提及的《美国国家环境政策法》以及《菲律宾环境法典》的表述中,我们可以清晰地看到两国对环境自身的价值及环境保护事业的肯认与重视。

---

[1] 《美国国家环境政策法》(1969 年),载中华文本库,http://www.chinadmd.com/file/uixticasiip3oixs33wsvscx_1.html,最后访问日期:2018 年 2 月 17 日。

[2] The Philippine Environment Code,Presidential Decree No. 1152. http://policy.mofcom.gov.cn/PDFView? id = 9ef657fa - 3c8a - 49d1 - a09e - 42abeae83b8c&libcode = flaw.

2. 平衡环境与发展的关系。环境问题的出现在相当程度上缘于人类社会的发展需求。因此环境问题的解决必然需要衡平环境利益与发展利益的关系，使两者统一于可持续发展的理念之下。20 世纪 90 年代后，一些国家将可持续发展理念规定在了本国的环境基本法中，如《加拿大环境保护法》的声明和序文中都提及了可持续发展，其声明规定："环境保护对加拿大国民非常重要，此法案的主要目的是通过污染防治来实现可持续发展。"序文规定："加拿大政府力求实现以自然、社会和经济资源的生态高效利用为基础的可持续发展并承认需要在作出各项决定时通过政府和私人实体来综合考虑环境、经济和社会因素。"〔1〕随着时代的发展，可持续发展理念已经成为影响各国环境基本立法的重要因素之一，这主要是由于人们对发展与环境的关系有了认识上的转变，从"经济发展优先"转变为"环境与经济发展并重"，从两者关系截然对立转变为两者互为因果、互为目的。这就为在环境基本法中纳入平衡环境与发展的内容扫清了障碍，也使有效平衡这两者的关系成了环境基本法的立法价值之一。前述《加拿大环境保护法》就在序文中提到了在经济与环境中取得平衡的方法——综合考虑各有效要素；《尼泊尔环境保护法》（1997 年）也在序文中规定了实现可持续发展目标的方式。〔2〕

3. 体现环境公平、民主的理念。环境危机使很多社会问题暴露出来，人们也逐渐意识到在应对环境问题的过程中，也需要同时兼顾由环境问题所诱发的环境公平遭到破坏、环境民主无法彰显等一系列新的社会问题。为此，环境立法在强化环境保护正当性的同时，也需要进一步强调环境问题应对过程中的公平、效率、民主与正义的价值并将对这些价值的维护导入环境法律执行的全过程。比如《南非环境管理法》关于立法目的的规定就涵盖了关于公平理念的追求，"鉴于国家必须尊重、保护、推动和实现每个人的社会、经济与环境权并努力满足先前弱势社区居民的基本需要"，"不公平分配的财富与资源导致的贫困是引起环境有害活动发生的重要原因之一……"〔3〕

三、我国的环境基本法

（一）《环境保护法》概况

五届全国人大常委会第十一次会议于 1979 年 9 月 13 日原则通过《环境保护法

〔1〕 Canadian Environmental Protection Act, 1999. S. C. 1999, c. 33. http://policy. mofcom. gov. cn/PDFView? id = 8D77CD57 - 123C - 454B - 8B78 - 1DE26862CE14&libcode = flaw.

〔2〕 See Protection of Environment Act 2053 B. S. (1997). http://policy. mofcom. gov. cn/PDFView? id = 9adbb9b3 - f616 - 4031 - a810 - 6c8be4923eb8&libcode = flaw.

〔3〕 李挚萍：《环境基本法比较研究》，中国政法大学出版社 2013 年版，第 50 页。

(试行)》。1989 年 12 月 26 日七届全国人大常委会第十一次会议通过了《环境保护法》,该法以试行法为基础修改而成,并由十二届全国人大常委会第八次会议于 2014 年 4 月 24 日进行修订,新修订的环保法已自 2015 年 1 月 1 日起施行。[1]

从立法层级来看,我国的《环境保护法》是由全国人民代表大会常务委员会审议通过,并非由全国人民代表大会审议通过,所以我国现行的《环境保护法》并非基本法层面的立法,也不具备相应的基本法效力。但从学理的角度仍可以将此部法律视作我国环境法体系中较为基础性的法律,从内容看来,现行《环境保护法》是一部具备了整体性和综合性调整角度的法律,除立法效力层级这一缺陷外,基本具备"环境基本法"的实质性要求。

本节典型案例中,临沂市环保局在发现华龙热电有限公司存在违法行为后,迅速下达了处罚决定书,但收到处罚后,华龙热电有限公司排放废气仍然超标,故被实施了按日连续处罚,作为我国《环境保护法》2014 年修改后新增的内容之一,按日连续处罚背后有其深层次的原因。既往对排污行为的整治力度不足、罚金过低等原因造成了很多企业宁愿缴纳罚金也不愿控制排污的现象,按日连续处罚措施的实施可以在相当程度上提高企业违法排污成本的内部化,对于以追求经济利益为根本目标的企业,类似措施的实施会促使他们采取一切可行的手段来降低由此带来的成本。由《环境保护法》创设此种对各部单行污染防治法均适用的制度可以说恰到好处,也体现了环境基本法应有的制度供给高度和震慑力。

(二)《环境保护法》的主要内容

《环境保护法》从环境保护的理念、原则、基本制度体系等角度出发,对我国目前严峻的环境形势作出了较为全面的应对,同时为其他与环境有关单行法的制定提供了借鉴。《环境保护法》分为七章,共 70 条,内容如下:

1. 总则。《环境保护法》第 1 条规定的是立法目的,即"为保护和改善环境,防治污染和其他公害,保障公众健康,推进生态文明建设,促进经济社会可持续发展"。可以看出我国环保法的立法目的综合性较强,既表明了对环境问题的整体态度,又将环境问题的应对与经济和社会发展相结合,由此看出,我国环保法所追求的目标具有相当程度的长期性。第 4 条点明了环境保护在我国的地位,即环境保护是我国的一项基本国策,重申了环境保护在我国当前发展阶段的重要性,同时提出"使经济社会发展与环境保护相协调",明确了环境保护工作中坚持"保护优先"的立法理念与行为准则。总则中还明确了各主体与环境保护有关的权利和义务,如

[1] 参见吕忠梅:《〈环境保护法〉的前世今生》,载吕忠梅主编:《环境资源法论丛》(第 10 卷),法律出版社 2015 年版,第 2 ~7 页。

个人应履行一定的环保义务、采取低碳生活方式,政府对本区域的环境质量负责,不同层级的生态环境主管部门对环境有监督管理的职责等。

2. 监督管理。第二章明确了我国的环境监督管理体制以及与环境监督管理有关的各项制度,包括环境规划制度、环境标准制度、环境监测制度、环境影响评价制度、激励与约束机制及与环境保护有关的责任制度等。

3. 保护和改善环境。第三章主要围绕保护与改善环境质量所需要的制度供给而展开,规定了限期达标制度,具体环境类型保护制度(海洋环境、农业环境、城乡建设环境),生态保护制度(如生态保护补偿制度、生态保护红线制度),环境调查、监测、评估与修复制度,循环经济制度,生活废弃物分类处置回收利用制度等内容。

4. 防治污染和其他公害。第四章首先规定了资源利用和清洁生产的内容,接着对污染排放制度群作了较为详细的规定,确立了"三同时"制度、重点污染物排放总量控制制度、排污许可及排污费制度、农村污染治理制度及环境污染责任保险制度。

5. 信息公开和公众参与。第五章是本次环境保护法修订的亮点之一。法律以专章的形式全面强化了我国环境保护领域的信息公开与公众参与制度,为公民有序参与环境决策,充分享有环境权利确立了救济途径。本章所确立的公众的知情权、参与权和决策权构成了我国目前公众参与制度的最完整权利谱系,也为其他部门法的制定提供了借鉴。本章对政府环境义务(政府环境信息公开等)、公益诉讼等制度的确立则为公众维护自身的环境权益提供了切实可行的法律依据。

6. 法律责任。有过无责是此前学界对旧版《环境保护法》诸多缺陷的概括之一。本次修订,环境保护法全面强化了各类责任主体的环境法律责任,努力构建权责统一的环境保护法律制度体系。就具体内容而言,现行法将违反环境保护规定的责任形态明确为民事、行政、刑事责任三类,并就各类法律主体所实施违法行为对应的法律责任作出了从严界定。

四、环境法法典化

(一)法典化及其争论

在人类社会几千年的法律发展史中,法典一直是制度体系发展高级形态的代表。它不仅有着体系庞大、结构完整和逻辑严密的外观形式,而且是对一定法律部门中基础性规律与基本调整方式的高度概括与提炼,代表着一个国家在某一法律领域的最高立法技术。法典编纂是以制定法典为直接目的的立法活动,而所谓法典化,其实就是法典编纂作为一种运动在各个国家和地区展开和发展的过程。[1]

法典化作为法律制度发展的一种路径或者模式,拥有十分悠久的历史。自发端于欧洲的启蒙运动以后,法典化运动便盛极一时,编纂一部法典已经成为衡量民法、刑法等传统法律部门是否成熟和完善的主要标准。即使在法典化面临着越来越多争议与挑战的今天,其依然是一些重要法律部门不断发展完善的路径选择。[2]

从历史的角度来看,学界对法律体系是否应当进行法典化这一立法技术问题一直存在巨大争议,反对法典化的声音几乎伴随在历史上每一部法典的编纂过程中。[3] 大陆法系国家法制史上第一次专门就有关法典编纂问题进行的大规模"论战"发生在19世纪初德国理性主义自然法学派的代表人物蒂堡和实证主义历史法学派的代表人物萨维尼之间,[4]而论战的核心问题就是德国民法是否需要法典化。这也是被学界广泛认为具有代表性的法典编纂争论。

1. 蒂堡对于编纂全德统一民法典的主张

蒂堡是当时德国法学界自然法学派的代表,认为法律是人类理性的产物,人们凭借理性便可以制定民法典,并且认为编纂德国统一民法典的时机已经成熟。于是支持蒂堡观点的法学家便形成了所谓的"法学编纂派"。[5]

为支持自己的观点,首先,蒂堡指出了当时德国私法体系自身存在一定程度的混乱这一缺陷。其次,蒂堡对德国私法曾经参照的罗马法进行了严重的批判。认为罗马法法律规范的形式有缺陷,可获取性很低;罗马法所反映的观念和精神与德意志的现实不相适应;罗马法的确定性程度不高,缺乏权威的规范文本等。蒂堡极力强调法的规范性和实践性,把法与法学相区分,指出了以理论学说形态存在的法在司法实践层面的重大缺陷。他还提出了一部简明的法典所具有的能够体现正义、满足民众需求,体例清晰、简明、严谨等优点。他认为只有好的法典才可以做到这一点。此外,他还认为好的法典可以为学者提供一个统一的研究文本,促进和完善法学研究;可以把理论和实践直接联系起来;有助于促进和保障市民生活的幸福,同时促进德意志各邦人民之间的经济联系等。[6]

---

[1] 参见陈赞伟:《近代欧洲法典化运动:立法理性在历史层面的展开》,载周旺生主编:《立法研究》(第4卷),法律出版社2003年版。转引自张梓太:《论法典化与环境法的发展》,载《华东政法大学学报》2007年第3期。

[2] 参见张梓太:《论法典化与环境法的发展》,载《华东政法大学学报》2007年第3期。

[3] 参见张梓太:《论法典化与环境法的发展》,载《华东政法大学学报》2007年第3期。

[4] 封丽霞:《世界民法典编纂史上的三次论战——"法典化"与"非法典化"思想之根源与比较》,载《法制与社会发展》2002年第4期。

[5] 封丽霞:《法典编纂论——一个比较法的视角》,清华大学出版社2002年版,第173~174页。

[6] 参见李明磊:《蒂保对萨维尼于1814年的论战及评价——兼评萨维尼"法的民族精神说"》,西南政法大学法学院2012年硕士学位论文,第4~9页。

2. 萨维尼对于法典编纂的态度[1]

萨维尼反对当时编纂全德统一民法典的观点主要可以归结为以下四个方面：

首先，作为历史法学派的首要原则，萨维尼认为法律如同语言一样是被发现的，是一个民族的天赋与文化的一部分，而不是人为制定的。法律只能是土生土长和几乎不知不觉、盲目发展的，它不能通过立法的方式来创建。所以他认为立法者的法典编纂活动将阻碍或打断法律自然发展的过程，违背法律发展的内在规律，甚至引导其朝着错误的方向发展。在他看来，只要一个民族的法律还处于积极的演进中，就没有必要编纂法典，即使是在最适合于编纂的时候。

其次，萨维尼指出了法典这种法律形式的局限性，他认为任何法典都不可能涵盖所有的社会生活和预见未来一切有可能发生的事情，法典编纂者不是能够洞察一切和预知未来的超人或圣人，即使他竭尽全力，法典都会留有缺漏和空白，从这个意义来说，任何法典都是千疮百孔的。另外，他阐述了法典规定的普遍性与具体案件的个别性之间的矛盾，由此证明，优良法典的要素几乎没有一个时代有资格做到。

再次，萨维尼还分析了德国编纂全德统一民法典的时机和条件问题。他把法律的发展划分为三个阶段：第一阶段，法直接存在于民族的共同意识当中，表现为习惯法或自然法；第二阶段，法表现在法学家的意识当中，出现了学术法，这时的法律具有两重性，既是民族生活的一部分，又是法学家手中的一门特殊科学；第三阶段，习惯法和学术法统一起来，这个阶段才谈得上法典编纂。萨维尼认为当时德国还处于学术法阶段，没有能力制定出一部优秀的法典。

最后，萨维尼的反对意见建立在其对以往法典编纂实践的批判之上。他认为以往的法典编纂对于他们要编纂的法典的过去和现状了解甚少，认为以往的法典编纂过于草率和仓促。[2]

3. “论战”的本质

以萨维尼为代表的历史法学派并不是决然反对法典编纂，他们与以蒂堡为代表的自然法学派关于法典编纂与否的“论战”，表面上看是关于要不要在德国编纂统一民法典的“论战”，实际上是关于制定一部什么样的民法典的“论战”，即究竟是要制定一部法国式的民法典，还是要制定一部自己的德国式民法典的论战。萨维尼强调的是抛弃理性自然法理论和以理性主义为指导的法国民法典模式，应当在研究和总结德国法律史的基础上，创立能够体现德意志民族精神的法律学说，并以

---

〔1〕 封丽霞：《世界民法典编纂史上的三次论战——“法典化”与“非法典化”思想之根源与比较》，载《法制与社会发展》2002 年第 4 期。

〔2〕 参见封丽霞：《法典编纂论——一个比较法的视角》，清华大学出版社 2002 年版，第 174 ~ 179 页。

此为指导，建立具有德国特色的私法体系，编纂出具有德国特色的民法典。[1]

4. 对其他法律部门的影响

在持续不断的论争中，法典化立法却在法律领域中广泛推行，并在世界范围内普遍展开。近代以来，法典化运动在民法、刑法等传统法律领域中取得巨大成就后，开始了对新兴法律领域的拓展，商法、劳动法、行政法等新兴法律部门也逐渐在其领域内广泛推行法典化立法模式，[2]环境法也毫不例外地置身于这一潮流之中。

（二）环境法法典化理论的提出

环境法的法典化理论诞生于20世纪80年代至90年代，随着这一理论的提出，一场关于环境法法典化的法律运动在欧洲一些国家的环境立法实践中纷纷展开。德国、法国、瑞典等国家最早开始对本国的环境法律进行以法典化为方向的重组。法国是实施环境法法典化较为顺利的典型，法国于2000年颁布了《法国环境法典》，实现了环境法律的简约化和体系化。[3]

有学者认为，基于地球环境的整体性和相互依赖性，解决环境问题的环境立法有全球趋同的趋势，所以，环境法的法典化将成为21世纪环境法发展的一个新趋势。[4] 但开展对某一特定法律部门的系统化法典编纂工作的前提是理清此项工作可能带来的问题，故评析具有代表性的环境法法典化学说对我国是否采用法典化的路径实现环境法制现代化就显得尤为必要。

（三）我国环境法法典化的学说评析[5]

我们当下所探讨的环境法法典化与20世纪60年代环境法作为一个部门法刚刚出现之时所面临的社会需求和法学共同体期待早已大相径庭。当下环境法学研究主要致力于对传统法学理论构建的知识体系进行批判式的重建。[6]在这其中，跨要素、跨区域的环境问题和环境危机促使对环境立法进行深度整合已成为学界共识，据此不同学者则分别从环境基本法、形式法典化、适度法典化与实质法典化等角度提出了实践环境法体系化提升抑或内容现代化的制度进路。

1. 基本法模式。有学者认为该模式是调整我国《环境保护法》最高效的变革方式，也是法典化前的必由之路。其理由在于，《环境保护法》修订后仍然与基本法有

---

[1] 参见封丽霞：《法典编纂论——一个比较法的视角》，清华大学出版社2002年版，第180页。

[2] 参见张梓太：《论法典化与环境法的发展》，载《华东政法大学学报》2007年第3期。

[3] 参见李牧兰：《论中国环境法的法典化》，载《资源与人居环境》2009年第12期。转引自朱艳丽：《我国环境法法典化困境及突破研究》，2015年全国环境资源法学研讨会（年会）会议论文，上海，2015年7月，第634页。

[4] 参见李牧羊：《论中国环境法的法典化》，载《资源与人居环境》2009年第12期。

[5] 参见邓海峰、俞黎芳：《环境法法典化的内在逻辑基础》，载《中国人民大学学报》2019年第2期。

[6] 参见侯佳儒、王明远：《边缘与前沿：当代法学背景中的环境法学》，载《政治与法律》2016年第10期。

一定的差距，在缺乏一部完整意义上的环境基本法的现实情况下，从基本法向法典的转向无从谈起。[1] 就基本法而言，也应以生态系统为立足点，通过在现行《环境保护法》中增加于各部单行法基础上抽象出的共性内容，强化其整体性与生态化，赋予其生态系统基本法的地位。[2]

2. 形式法典化模式。部分学者认同，单行法主导的环境法制现状必然会被历史淘汰，也认同结构零散的基本法思路难以满足我国生态法治需求；但认为实现环境法的实质法典化为时尚早，建议效仿《法国环境法典》的汇编式整合路径，暂采形式法典化的立法进路。[3]

3. 适度法典化模式。也有部分学者考虑到基本法模式在其他国家暴露的弊端和缺陷以及我国环境法发展的现实需求，认为环境法应实现跨越式发展，直接进入法典化阶段。但在具体路径上主张现阶段的法典化应介于形式与实质法典化之间，以归纳现有环境法律的共有内容为主，形成包括总则编、分则编和附则编在内的适度整合结构，待时机成熟时再进行实质法典化。[4]

4. 实质法典化模式。还有学者认为尽管环境法规范分散易变，但总能寻找到合适的方式概括归纳出某些统一的特征作为环境法典的调整对象，类似于刑法典对犯罪行为的概括和民法典对法律行为的抽象。认为对实质性环境法典的否定，很大程度上应归咎于目前对环境资源共性的认识和概括能力有限。[5]

综上所述，尽管四种学说对未来我国环境法法典化的结构进路存在认识差异，但有两点共识却不容小觑。首先，学者们对改变目前环境法的体系建构现状均展现了期待。事实上，现行《环境保护法》在逻辑基础上以行政机制为主导，在立法技术上采用了将整体性的生态环境按照要素和区域进行分割的方式，而单行法层面则尽显分散和碎片化的特征，这种总分并存又各自为政的归纳式立法引发了法律

---

〔1〕 参见朱艳丽：《我国环境法法典化困境及突破研究》，2015 年全国环境资源法学研讨会（年会）会议论文，上海，2015 年 7 月，第 644 ~ 649 页。

〔2〕 参见蔡守秋：《从综合生态系统到综合调整机制——构建生态文明法治基础理论的一条路径》，载《甘肃政法学院学报》2017 年第 1 期；蔡守秋：《论我国法律体系生态化的正当性》，载《法学论坛》2013 年第 2 期。

〔3〕 “我赞成彭博士的看法，就是可以参考和借鉴法国的经验——从事一种汇编型的法典编纂活动。”参见汪劲：《环境法的法典化：迷思与解迷》，载《中国地质大学学报》（社会科学版）2010 年第 3 期。

〔4〕 参见张梓太：《论我国环境法法典化的基本路径与模式》，载《现代法学》2008 年第 4 期；吕忠梅：《新时代环境法学研究思考》，载《中国政法大学学报》2018 年第 4 期。“适度法典化”意味着整个环境法律体系中除环境法典外，还包括有关的单行性环境法律、法规和规章等。参见张梓太：《中国环境立法应适度法典化》，载《南京大学法律评论》2009 年第 1 期。

〔5〕 参见屈振辉：《中国环境法的法典化问题研究》，2003 年中国环境资源法学研讨会（年会）会议论文，青岛，2003 年 7 月，第 303 ~ 306 页。

体系内部的冲突矛盾和法律滞后现象,[1]如果说我国的环境法曾经做过体系化提升的话,那充其量也仅是在完成法律的成文化,距离建构结构严密、协调一致的环境保护法律体系[2]的初衷尚很遥远。其次,学者们对目前环境法学的研究现状亦存在隐忧。事实上,立法的现状在很大程度上是环境法学共同体研究现状的镜像呈现,立法不尽如人意恰与我国环境法学界尚未形成有如《德国民法典》立法时那般庞大而理性的法学家群体息息相关。缺乏理论共同体的催生,环境法的体系自然会因缺乏共识而“无稳定的基础和结构”。[3]而依赖尚未被学界深入论证并取得共识的理论基础而编纂的法典,则极难获得生命力,更多与其相伴的会是“去法典化”和“解法典化”现象,以致最终剥夺法典的正当性基础和生存空间。由此可见,我国目前的环境法法典化尚不具备前述不朽法典共同基因中的“坚实的科学基础”和“严谨的体系结构”这两个重要的条件。

当然,在分析现有学说的过程中,我们也感到了些许遗憾,那就是从学者们的建议中,似乎仍无法读出我国未来环境法典所能展现的时代光芒。《瑞典环境法典》开创了总分结合的动态立法体例;《法国环境法典》则致力于对制度碎片化的破解与整合;德国环境法典虽未面世,却在深入探寻环境法律行为的可行性,那么属于中国环境法典的理论印记和时代荣耀又是什么呢?目前理论界对生态系统及其要素的整体性认知缺失在立法理念和技术层面的影响是深远的。当下的浅层体系化建构,既未触及能够牵引权力与权利配置的原逻辑,也未考虑到如何有机地整合市场、政府与社会这三种机制,[4]更没有预置这些机制失灵时的调适措施。[5]一言以蔽之,现有的立法构想尚无法完成将我国的环境法典打造成为一部展现耀眼时代光芒的不朽法典的任务:一方面,它们缺乏能够包容生态环境法律关系各子域的统摄性理论体系;另一方面,它们也缺乏来源于普遍性生态规律又适用于各种特殊事物[6]的法典化制度推演逻辑。而如何弥补这其间的差距,便自然是留给当代

---

[1] 德国环境法法典化的目标之一便是实现“生态进步”,即创设全盘的概念改变针对环境的各个不同部分实行各自为政的特定环境政策的状况。参见夏凌:《德国环境法的法典化项目及其新发展》,载《甘肃政法学院学报》2010年第2期。

[2] 窦海阳:《推进环境规范的法典化》,载《中国国情国力》2018年第11期。

[3] 汪劲:《环境法学的中国现象:由来与前程——源自环境法和法学学科发展史的考察》,载《清华法学》2018年第5期。

[4] 参见王明远:《“环境法学的危机与出路:从浅层环境法学到深层环境法学”研讨会纪要》,载《清华法治论衡》2014年第3期。

[5] 在《美国国家环境政策法》中,没有为预防政府在资源环境问题上的决策失误做出严谨的制度设计,这应当给我国环境立法带来启示。参见王曦:《论美国〈国家环境政策法〉对完善我国环境法制的启示》,载《现代法学》2009年第4期。

[6] 参见[德]黑格尔:《法哲学原理》,范扬、张企泰译,商务印书馆1979年版,第220页。

学人的使命与责任了。尽管我们的理论储备尚不成熟,所提出的制度构想亦需要时间的检验,但在当下编撰环境法典的"社会土壤已经形成"[1]的时代背景下,如何整合不同层次的理论争议,在尊重自然生态规律的基础上为未来的环境法典抑或生态法典赋予时代特征,便成为摆上我们这代环境法学人案头无法回避的课题。为此,笔者主张将法典化的视角由此前的各种非实质化"重构"转换到以"生态整体主义回归"为特征的体系创新阶段,[2]探寻以热力学第二定律为基础构建法典的内在逻辑。

■ 延伸阅读

人类首次关注环境问题的著作是由蕾切尔·卡尔逊所撰写的《寂静的春天》,可参考[美]蕾切尔·卡尔逊:《寂静的春天》,吕瑞兰译,吉林人民出版社1997年版。这本书在世界范围内引发了人们对于野生动物的关注,同时这本书也引发了公众对环境问题的注意,将环境保护问题提到了各国政府的面前,并促使联合国于1972年6月12日在瑞典首都斯德哥尔摩召开了人类环境会议,由各国签署了《人类环境宣言》,开始了人类一系列的环境保护事业。

关于环境伦理学,可参考[美]罗德里克·弗雷泽·纳什:《大自然的权利:环境伦理学史》,杨通进译,青岛出版社2005年版。

系统思考低碳经济、生态足迹等话题的著作可参考[美]德内拉·梅多斯等:《增长的极限》,李宝恒译,吉林人民出版社1997年版。

人类生存的环境作为一项公共物品,引发人们广泛的讨论主要是由于英国学者哈丁提出的"公地悲剧"理论(the tragedy of the commons),具体可参考 Garrett Hardin, "The Tragedy of the Commons", *Science*, 162, 1968, pp. 1243 – 1248。

对于国际环境法的内容阐述,亚历山大·基斯所著的《国际环境法》是一本入门级的著作,该书是基斯教授的代表作之一,也是世界上第一部全面系统研究国际环境法的著作。对环境法的发展历程与国际环境法的基本内容有较为完整的叙述。具体可参考[法]亚历山大·基斯:《国际环境法》,张若思编译,法律出版社2000年版。

爱蒂丝·布朗·魏伊丝所著《公平地对待未来人类:国际法、共同遗产与世代间衡平》是在人类面对环境问题这一挑战的态势下应运而生的。本书分主要讨论了有关公平的问题与理论,还以某些特定环境领域为背景讨论了该背景之下的世代公平问题。具体可参考[美]爱蒂丝·布朗·魏伊丝:《公平地对待未来人类:国际法、共同遗产与世代间衡平》,汪劲等译,法律出版社2000年版。

关于中国环境法的进程,主要可参考汪劲:《中国环境法治三十年:回顾与反思》,载《中国地质

---

[1] 吕忠梅:《新时代环境法学研究思考》,载《中国政法大学学报》2018年第4期。

[2] 参见邓海峰、王雪珊:《环境保护法修改刍议》,载《清华法治论衡》2013年第3期。

大学学报》(社会科学版)2009年第5期;曹明德:《中国环境资源法、能源法的现在与未来》,载《法学论坛》2006年第2期。

与国际环境法有关的基本问题,可参考汪劲:《论全球环境立法的趋同化》,载《中外法学》1998年第2期。

与气候变化有关的问题,可参考李艳芳:《各国应对气候变化立法比较及其对中国的启示》,载《中国人民大学学报》2010年第4期;张梓太:《中国气候变化应对法框架体系初探》,载《南京大学学报》(哲学·人文科学·社会科学版)2010年第5期。

关于环境法典化的讨论,具体可参考张梓太:《论我国环境法法典化的基本路径与模式》,载《现代法学》2008年第4期;张梓太:《论法典化与环境法的发展》,载《华东政法大学学报》2007年第3期;彭峰:《法典化的迷思:法国环境法之考察》,上海社会科学院出版社2010年版;李传轩:《环境法法典化的基本问题研究》,载《华东政法大学学报》2007年第3期;李挚萍:《可持续发展原则基石上的环境法法典化——瑞典〈环境法典〉评析》,载《学术研究》2005年第12期;张梓太等:《我国环境法典框架设计构想》,载《东方法学》2008年第2期;邓海峰、俞黎芳:《环境法法典化的内在逻辑基础》,载《中国人民大学学报》2019年第2期。

蒂堡与萨维尼的法典化争论,具体可参考[德]弗里德里希·卡尔·冯·萨维尼:《论立法与法学的当代使命》,许章润译,中国法制出版社2001年版;[德]蒂堡、[德]萨维尼:《论统一民法对于德意志的必要性》,朱虎译,中国法制出版社2009年版。

■ 综合练习

1. 环境法的产生原因为何?环境法在其发展历程中呈现出何种特点?
2. 我国的环境法律体系由哪些法律构成?
3. 当前中国环境法法典化的推进需要解决的问题是什么?

第二章　环境法的基石与价值

本章要点

作为一个新兴的法律领域，环境法既有不同于传统部门法的理论基石和价值品格，又有与传统部门法一脉相承的技术和制度联系。作为环境法立法基石与理念内核的环境权，在理论与实务上仍存在争议，而公民环境权益的实现则有赖于国家环境管理权的行使。环境法的价值目标在于以环境资源承载力为限，促进经济社会的可持续发展。为了满足生态文明建设对环境法治提出的要求，需要进一步完善生态整体性立法、理顺环境治理体制、强化制度实践效率、促进部门法间的沟通与协作。

关键词｜环境权　环境管理权　可持续发展　生态文明　环境法治

第一节　环境权

■ 案例研读

2004年，北京市通惠家园小区杨某对小区建设单位——北京城市开发集团有限责任公司（以下简称城开公司）、北京首创股份有限公司、北京市市政工程管理处及北京地铁运营有限责任公司提起诉讼，称因受由后三位被告经营管理的京通快速路交通噪声的长期困扰，其安宁生活环境权、休息权和正常通风权受到侵害，要求四位被告共同承担侵权责任。被告则主张因交通流量增大引发的噪声污染是社会问题，应由社会统筹解决，被告不具有消除噪声污染的特定义务。法院经审理认为小区建设单位在选址与建设时，应采取减轻和避免交通噪声的措施，使其符合住宅设计规范，住宅噪声未达标的应予以适当补偿，判决城开公司给予一定补偿并采取措施降低噪声污染。同时认定道路经营公司、道路养护管理部门及地铁运营公司非适格被告。

□ 评析

本案中，原告虽然以侵权之诉提起诉讼，但法院实际上是以合同之诉来审理的。因为城开公司并不是直接的排污者，它承担责任的依据是其与杨某的购房合同。由此可见，环境权通常难以作为一项绝对权利在诉讼中得以实现。公民环境权益的实现既需要立法者将环境权的具体内涵在立法中进一步细化为不同部门法项下的具体权利义务，又有赖于行政管理者、司法者在行政管理和司法过程中加强对环境权利义务的规制与保护。当环境公共利益受到侵害时，也可以通过环境公益诉讼的方式加以救济。

一、环境权的源起

（一）环境权的形成与发展

环境权被社会关注肇始于20世纪60年代。1960年联邦德国的一位医生针对有人向北海倾倒放射性废物向“欧洲人权委员会”提出告诉，认为上述行为侵犯了基本人权，要求该委员会发布命令予以取缔。但是由于《欧洲人权条约》中没有关于环境权利的相关规定，因此该医生的告诉因缺少法律依据而没有获得支持。尽管如此，上述讼争还是引发了关于是否应当确立公民环境权的理论论争及是否应将环境权追加到欧洲人权清单的大讨论。[1]

与此同时，在大洋彼岸的美国也掀起了关于公民环境权的争论，但囿于传统宪法与财产法理论中，公民对于作为无主物的阳光、空气、水等环境要素不享有主张权利的依据，美国的争论也没有形成结论。为突破上述理论限制，美国密执安大学的萨克斯教授提出了“环境公共财产论”与“环境公共信托理论”。他认为，空气、水、阳光等人类生活所必需的环境要素，在受到严重污染和破坏以致威胁到人类正常生活的情况下，不应再视为“自由财产”，而应当是全体国民的“公共（共有）财产”。为了合理支配和保护这种“共有财产”，共有人以公益信托的形式委托国家来对这些环境要素进行管理。国家的环境管理权来源于共有人的委托，需要勤勉谨慎地履行义务，而不能滥用委托权。[2] 随后，萨克斯教授针对美国环境行政管理过程中公众参与程度低的问题，从民主主义的立场建构了“环境权”的理论架构。

公民环境权的论争促使1966年召开的联合国大会首次开始辩论人类的环境问

[1] 参见丁兴锋：《环境权入宪的冷思考》，载《理论界》2012年第7期。

[2] 参见陈泉生：《环境时代与宪法环境权的创设》，载《福州大学学报》（哲学社会科学版）2001年第4期。

题,并间接促成了 1970 年 3 月《东京宣言》的发表。该宣言提出将环境权作为一项法律权利和基本人权,表示:"我们请求,把每个人享有其健康和福利等要素不受侵害的环境的权利和当代传给后代的遗产应是一种富有自然美的自然资源遗产的权利,作为一种基本人权,在法律体系中确立下来。"在同年 9 月召开的"日本律师联合会第十三届人权拥护大会"上,仁藤一、池尾隆良两位律师作了题为"'环境权'的法理"的报告。该报告倡议将各种有关环境的权利称为"环境权",并主张清洁的空气、水和安宁的环境是每一位居住的国民之共有财产。报告指出:"为了保护环境不受破坏,我们有支配环境和享受良好环境的权利;基于此项权利,对于那些污染环境、妨害和将要妨害我们的舒适生活的行为,我们享有请求排除妨害以及请求预防此种妨害的权利。"〔1〕该报告认为,环境权不仅是一项宪法性权利,更是在环境对象受到侵害时能够排除侵害的排他性私权。与此同时,日本学者还提出了"环境共有的法理"作为环境权理论的支柱。该理论认为大气、水、日照、景观等是人类生活中不可缺少的资源,是人类共有的财产,没有取得共有人的同意而对该环境进行排他而独占的利用是违法的,居民可以加以排除。〔2〕

随着对环境权讨论的不断深入,国际社会对环境权的回应也逐渐强烈。1972 年联合国于斯德哥尔摩召开了第一次人类环境会议,会议普遍接受了环境权的观念,并在随后发表的《人类环境宣言》中加以确认。该宣言第 1 条宣告:"人类有权在一种能够过尊严的和福利的生活环境中,享有自由、平等和充足的生活条件的基本权利,并且负有保证和改善这一代和世世代代的环境庄严的责任。"欧洲人权会议经过 10 多年的谈论和研究后,也在 70 年代接受了环境权的观点,于 1973 年欧洲维也纳环境会议上制定了《人类自然资源人权草案》,确认将环境权作为新的人权并作为《世界人权宣言》的补充。〔3〕之后,在 1982 年召开的内罗毕人类环境特别会议和 1992 年召开的联合国环境与发展大会所发表的《内罗毕宣言》和《关于环境与发展的里约宣言》中都重申了《人类环境宣言》关于环境权的观点。〔4〕

---

〔1〕 徐祥民、宋宁而:《环境共有思想——日本环境权说的本土文化基础》,载《政法论丛》2011 年第 4 期。

〔2〕 参见徐祥民、宋宁而:《环境共有思想——日本环境权说的本土文化基础》,载《政法论丛》2011 年第 4 期。

〔3〕 参见陈泉生:《环境时代与宪法环境权的创设》,载《福州大学学报》(哲学社会科学版)2001 年第 4 期。

〔4〕 《内罗毕宣言》第 10 条宣称:"国际社会敦促世界各国政府和人民既要集体地也要单独地负起其历史责任,使我们这个小小的地球能够保证人人都能过着尊严的生活,代代相传下去。"《里约宣言》第 1 条宣称:"人类处在关注持续发展的中心。他们有权同大自然协调一致从事健康的、创造财富的生活。"

（二）环境权的立法与司法实践

1. 环境权的立法实践

随着环境权内涵的不断明晰，对它加以法律化被提上了议事日程。鉴于其作为一种新兴社会权益的性质，各国一般选取的是将环境权纳入宪法加以规定的路径。环境权的首次入宪是在1974年。当年的《南斯拉夫社会主义联邦共和国宪法》第192条规定：“人有得到健康的生活环境的权利。”20世纪90年代，随着可持续发展理念的提出及全球性环境危机的不断恶化，东欧剧变后的原社会主义国家、广大的发展中国家和最不发达国家纷纷在其宪法中加入了有关环境权的条款。[1]

环境权在不同国家宪法中的规定形式不同。有的国家在宪法中仅规定了公民的环境权，例如《俄罗斯联邦宪法》第42条规定：“每个人都有权享有良好环境及有关环境状况之可靠资讯，也有权要求因违反环保法律所造成对其健康或财产损害之赔偿。”有的国家在宪法中既规定了公民的环境权利，又规定了公民负有环境保护的义务，例如《西班牙宪法》第45条第1款规定：“所有人都有权利享受适于人发展的环境，并有义务保护环境。”还有的国家在规定公民环境权的同时，也规定了国家的环境保护义务，例如：《菲律宾共和国宪法》第16条规定：“国家保障和促进人民根据自然规律及和谐的要求，享有平衡和健康的生态环境的权利。”《土耳其宪法》第56条规定：“每个人都有在健康和谐的环境中生活的权利，改善环境、防止环境污染是国家的责任和公民的义务。”《韩国宪法》第35条第1款规定：“所有公民有在健康、舒适的环境中生活的权利，国家以及公民应当努力保护环境。”很多国家虽未在宪法中规定公民环境权，但规定了国家的环境保护义务，将环境保护视为国家的基本政策之一，例如，我国《宪法》第26条规定：“国家保护和改善生活环境和生态环境，防治污染和其他公害。”《德意志联邦共和国基本法》第20a条也规定：“国家有义务在宪法制定的范围内通过法律和符合法律的司法权和执行权保护后代生命的自然基础。”宪法中的公民环境权虽课以国家环境保护之义务，但其作为一项基本权利具有司法强制性；而在宪法中单纯规定国家环境保护义务则只是起到政策宣示作用，不具有司法强制性。由此也可以看出不同国家对是否赋予环境权以司法强制性存在不同考量。

美国是环境权理论的发源地之一，但美国国会并没有通过有关环境权的宪法修正案。只有美国一些州通过州的宪法修正案确定了环境权，例如，《伊利诺伊州宪法》第11条规定：“每个人都享有对于有利健康的环境的权利，每个人都可以按照议会以法律规定了合理限制和管理的适当的法律程序对任何一方，无论是政府

---

〔1〕 参见吴卫星：《环境权入宪的比较研究》，载《法商研究》2017年第4期。

还是个人,执行这项权利。"《宾夕法尼亚州宪法》第1条第27款明文规定:"人民拥有对于清洁的空气和水和保存环境的自然、风景的、历史的和美学的价值的权利。宾夕法尼亚州的公共自然资源是全体人民包括其后代的共同财产,作为这些财产的受托管理人,州政府必须为全体人民的利益而保护和保持它们。"

2. 环境权的司法实践

由于环境权的边界与救济手段难以准确把握,加之各国对其是否具有司法强制性存在不同认识,所以在司法实践中,各国法院普遍拒绝对环境权予以司法救济,即使在承认环境权的国家,其司法实践仍相对谨慎。例如,日本法院在1980年的伊达火力发电站案件中认为:"居民对环境的认识和评价存在差异,不可能共同享有排他的支配权,在立法没有规定的情况下,不能将环境权理解为私权的对象。"〔1〕美国得克萨斯州地区法院在1972年的谭勒诉阿姆科钢铁公司案(Tanner v. Armco Steel Corp)中否认了宪法任一条款可以推衍出环境权,法院认为"环境问题涉及各种利益的平衡,亦包含高度的科技背景,应经由立法或行政程序来寻求解决,法院不合适作出判断"。〔2〕尽管美国的一些州在宪法中确认了公民环境权,但法院认为州宪法关于环境权的规定并非可以自我执行(self-executing)的条款,其只是对一项新的权利的初步确认,还需要通过进一步的立法来规定权利的行使。〔3〕

也有一些国家的法院肯认了基于环境权提起的诉讼。例如,印度法院通过将宪法环境保护原则和生命健康权等基本权利结合起来,确认了环境权的存在。在1991年的苏巴什·库马诉比哈州一案(Charan Lal Sahu v. state of Bihar)中,印度最高法院认为《印度宪法》第21条所保障的生命权包括了享受免于大气和水污染的权利,从而确认了健康环境权作为生命权的内容之一。〔4〕 在菲律宾的胡安·安东尼奥·欧帕萨及其他人诉自然资源部部长案(Juan Antonio Oposa and others v. The Honourable Fulgencio S. Factoran and others)中,菲律宾最高法院肯定了未来世代人的诉讼资格和公民环境权的基本权利性质。该案中,45名儿童代表他们自己和尚未出生的后代起诉自然资源部部长,认为该部发放的大量伐木许可证导致菲律宾森林资源急剧减少,从而损害了宪法保障的环境权,故诉请自然资源部部长撤销已经发放的伐木许可证,并且停止发放新的许可证。最高法院认为虽然《菲律宾共和

〔1〕 参见陈泉生:《环境时代与宪法环境权的创设》,载《福州大学学报》(哲学社会科学版)2001年第4期。

〔2〕 王曦:《美国环境法概论》,武汉大学出版社1992年版,第105页。

〔3〕 参见陈泉生:《环境时代与宪法环境权的创设》,载《福州大学学报》(哲学社会科学版)2001年第4期。

〔4〕 吴卫星:《环境权可司法性的法理与实证》,载《法律科学》(西北政法学院学报)2007年第6期。

国宪法》将环境权规定在了第二章“关于原则和国家政策的宣告”的第二节“国家政策”中，但环境权作为公民的基本权利是与生俱来的。[1]

二、环境权及其理论争议

环境权理论自引入中国以来，就受到了环境法学者的广泛关注。然而对于环境权的性质、法律属性、主体、客体、内容等问题，学界充满了争议。总体来说，我国学界环境权理论形成了三种观点：广义环境权论、狭义环境权论及公民环境权论。[2]

广义环境权论将环境权看作一个宽泛的、开放式的权利体系。从主体上看，广义环境权论认为环境权包括个人环境权、单位环境权、国家环境权、人类环境权，甚至包括自然体的环境权；从内容上看，广义环境权论认为环境权既包括合理开发利用资源的权利，也包括享受适宜环境条件的权利，还包括保护和改善环境的义务。[3]狭义环境权论者则将环境权的外延限定的更小，认为环境权是对环境生态价值的利用和享受。从主体上看，狭义环境权将环境权的主体限定为自然人；从内容上看，狭义环境权论者认为环境权是一种生态性的实体权利，既不包括例如环境使用权的经济性权利，也不包括环境知情权、参与权和救济权等程序性权利。[4] 公民环境权论则从民法的角度研究环境权，提倡环境权的私权化。从主体上看，公民环境权论将环境权的主体局限于公民；从内容上看，公民环境权论认为环境权是由公权和私权、程序性权利和实体性权利所构成的内容丰富的权利体系，包括环境资源利用权、环境状况知情权、环境事务参与权及环境侵害请求权。[5] 还有学者认为环境权是以自负义务的履行为实现手段的保有和维持适宜人类生存繁衍的自然环境的人类权利。[6]

（一）关于环境权性质的争议

环境权的性质是探讨环境权的内容、主体和保障方式的先决条件，然而，我国学术界对于环境权的性质并未达成一致。关于环境权是否属于一项法律权利、是

---

〔1〕 参见王树义等：《环境法基本理论研究》，科学出版社2012年版，第164、172页。

〔2〕 参见王社坤：《环境权理论之反思与方法论重构》，载《山东科技大学学报》（社会科学版）2012年第1期。

〔3〕 参见蔡守秋：《自然资源法学教程》，武汉大学出版社2000年版，第248～272页；陈泉生：《环境法原理》，法律出版社1997年版，第112～117页。

〔4〕 参见王树义等：《环境法基本理论研究》，科学出版社2012年版，第137～142页；张梓太主编：《环境与资源保护法学》，北京大学出版社2007年版，第31～36页。

〔5〕 参见吕忠梅：《环境法原理》，复旦大学出版社2017年版，第52～58页。

〔6〕 参见徐祥民：《环境权论——人权发展历史分期的视角》，载《中国社会科学》2004年第4期。

否属于一项基本人权，以及是否为一项可以由民法保障的私权，学界都存在争议。

1. 环境权是否为法律权利

环境权能否被确立为一项法律权利取决于其是否具备法律权利的一般属性，为此，有学者提出环境权是否为法律权利，应当取决于公民是否有资格要求政府提供、维护良好的环境质量。如果一国法律拒绝承认公民个人具有这样的资格，那么环境权就不是法律权利或法律利益，而只能是公法上的反射利益。如果根据一国法律，环境利益的性质是反射利益，那么公民是否能够实际享受良好的环境质量，只能依赖生态环境本身的禀赋和政府环境执法的效果，即公民无法依法主张基本的环境利益，也无权获得司法救济。该学者进一步指出，在法律没有规定环境权的情况下，环境权的性质只能是习惯权利。对于环境权的法律确认，他主张既可以是宪法明确规定，也可以是宪法默示推定或司法直接认定。[1]

即使在一国宪法或法律规定了环境权的情况下，有学者认为此时的环境权也不必然具有法律权利的性质。认为法律权利存在的依据是法律规则的具体规定，且需产生对第三人行为的禁止或约束效力。此处的法律权利需由法律规则加以确认，包括了假定条件、行为模式和法律后果三大要素。各国在宪法中规定的环境权更多的只是彰显了国家的环境保护义务，而非赋予具体明确的权利，环境权内容的模糊性使其难以在法律范围内加以确认，仅由于法律规定了环境权的部分内容就认为环境权是法律权利，是以偏概全的看法。[2]

主张环境权是一项法律权利的学者认为，否定环境权是一项法律权利主要是基于环境利益是一种事实上的反射利益，而非法律上的利益。但法律上的利益和反射利益的二分论是以公共利益和私人利益的二元论为前提的，而现代国家中的所谓公共利益不过是私人利益的集合而已，故法律上的利益与反射利益的二分论在理论上难以维持。再者，判断是法律利益还是反射利益要依赖于对实定法规宗旨的解释，但法律制定的背景和条件是纷繁复杂的，法律规定的方法和宗旨也是不断变化的，很难得出准确的结论。[3] 针对环境权内容的模糊性，有学者认为环境权是一项可以客观界定的权利。该学者提出公民环境权是与公民忍受不利环境义务相对应的范畴，公民享有环境权的前提条件之一是对符合一定标准的排污行为给予宽宥，因此界定公民环境权的尺度首先是环境质量标准，其次是忍受限度。[4]

---

〔1〕 参见谷德近：《再论环境权的性质》，载《社会科学》2009 年第 11 期。

〔2〕 参见谷德近：《论环境权的属性》，载《南京社会科学》2003 年第 3 期。

〔3〕 参见吕忠梅：《再论公民环境权》，载《法学研究》2000 年第 6 期。

〔4〕 参见赵红梅、于文轩：《环境权的法理念解析与法技术构造——一种社会法的解读》，载《法商研究》2004 年第 3 期。

2. 环境权是否为基本人权

因环境权概念是以“人权”名义提出的，所以多数学者主张环境权是一项基本人权，认为从根本上看，人权来自“天赋人权”，环境权符合人权的基本属性。[1] 环境权作为一项人权已为一系列国际法所肯定，如《非洲宪章》宣称：“各民族有权享有有利于其发展的普遍良好的环境。”《人类环境宣言》的第1条原则即为：“人类有权在一种具有尊严和健康的环境中，享有自由、平等和充足的生活条件的基本权利，并且负有保护和改善这一代和将来世世代代的环境的庄严责任。”环境权虽与生存权、生命健康权、发展权等相关权利具有密切的联系，但环境权是以环境危机为背景而产生和发展出来的一项新型权利，环境权始终是以环境作为权利媒介的，“环境权既是其他人权的基础，更是对其他人权的控制”，且已有的特定人权不能成为阻碍新的人权产生的理由，故而环境权是一项独立的人权。[2]

反对环境权基本人权性质的学者则认为，尽管环境问题与所有人权问题存在着不可否认的依赖关系，但环境权只是人权的基础，而不是一项独立的人权。对良好环境权益的诉求不可能在国际和国内的法律框架之外取得，环境权作为第三代人权只能依托原有的政治和公民权利才能获得确认与有效保障。[3] 同时，有学者提出，人权处于所有权利形态的最高端，所以这种最重要的权利不应当是抽象的，而是依赖于社会的判断与承认，个人的权利诉求要通过整个社会道德观念的检验。但与环境有关的哪些权利属于人权的范畴，不同国家的看法不同，即使在同一个国家，不同阶层和利益群体对环境权也存在分歧，因而尽管环境权与基本人权和其他人权存在诸多关联，但不是人权。[4]

3. 环境权是否为由民法保障的私权

在承认环境权是法律权利的学者内部，还存在环境权是否属于由民法保障的私权的争议。主张环境权属于私权的学者认为，环境权作为公民的一项基本人权，属于私权的范畴。由于法律权利是主体为追求或维护利益而进行的行为选择，并因社会承认为正当而受法律和国家承认并保护的行为自由，故而公民作为自然人个体对侵犯自己健康舒适环境的行为可以依法提起诉讼，也可以放弃权利主张。[5] 针对私权反对说的质疑，该学者进一步指出：第一，虽然环境权只在宪法中纲领性

〔1〕 参见侯怀霞：《论人权法上的环境权》，载《苏州法学学报》（哲学社会科学版）2009年第3期。
〔2〕 参见吕忠梅：《再论公民环境权》，载《法学研究》2000年第6期。
〔3〕 参见［法］米海依尔·戴尔玛斯—马蒂：《世界法的三个挑战》，罗结珍等译，法律出版社2001年版，第36～44页。
〔4〕 参见谷德近：《论环境权的属性》，载《南京社会科学》2003年第3期。
〔5〕 参见马晶：《论环境权的确立与拓展》，载《长白学刊》2001年第4期。

规定,但可以通过宪法基本权利法律化来加以解决。第二,虽然环境权内容不定,但基于环境利益的多样性,环境权自然呈现多样性。现代人们已经开始"以容易引起人们关注的多样性的环境利益而提起诉讼,例如历史的、文化的价值、眺望利益、舒适等"。因而在具体的诉讼中虽然要基于最具体的一种权利,但这不妨碍具体权利的归类和权利的发展。[1]

反对环境权属于私权的学者则认为,环境权之所以在立法、司法以及理论上存在诸多争论,一个重要的原因就是学者们将环境权视为一种私权,试图在民法体系中完成它的确立、保护和救济。[2] 首先,环境权的目的与民法的立法目的不同。民法旨在保护公民、法人的财产权和人身权,很多环境问题恰恰就是在民法所规范的民事主体实施民事行为的过程中产生的;而环境权以保护生态环境为直接目的,其确立是为了维护公共利益。其次,环境权与民事权利的属性不同。从权利行使的目的上看,环境权行使的目的是维护环境公益,而民事权利的行使目的是维护自身私益。从权利的实现上看,民事权利的实现往往不需要义务人的积极行为,而环境权的实现则必须要义务人积极地作出某种行为。从权利的救济方式上看,民事权利遭受不法侵害时,通常可以通过侵权法来予以救济,而环境权的实现则更多需要创设有效参与国家行政管理的程序。[3]

(二)有关环境权主体的争议

学界关于环境权主体的争议主要涉及如下几个问题:其一,国家是否拥有环境权;其二,法人或其他组织是否拥有环境权;其三,自然体是否拥有环境权;其四,环境权是个人的权利还是人类整体的权利。

1. 国家是否拥有环境权

广义环境权论者认为国家享有环境权,并从国内法与国际法两个方面阐释了国家环境权的内涵。从国内法上来看,国家环境权是国家根据宪法的授权而拥有保障全体公民环境权益的权利。国家环境权是一种委托代管权,是全体公民为了保障自身的环境权益而通过宪法赋予国家保护和管理环境的权利。因此,国家环境权更多地体现为国家对环境保护的职责和义务,包括环境处理权、环境管理权、环境监督权等。从国际法上来看,国家环境权是国家依据主权原则对国家管辖范围内的环境和资源,按照本国的环境与发展政策进行开发、利用的权利。国家环境权与国际法中的国家环境资源主权及不损害国外环境资源的义务有着密切的

---

〔1〕 参见马晶:《论环境权的确立与拓展》,载《长白学刊》2001 年第 4 期。
〔2〕 邹雄:《论环境侵权》,载《贵州师范大学学报》(社会科学版)2006 年第 1 期。
〔3〕 参见朱谦:《对公民环境权私权化的思考》,载《中国环境管理》2001 年第 4 期。

联系。[1]

狭义环境权论者则反对国家享有环境权，认为国家环境权实质上是国家的环境主权或者环境管理权。国内法意义上的国家环境权实际是国家环境行政管理权，是国家拥有的与环境相关的权力，规定的是国家的职责与义务，而非环境权本身。国家对环境资源的监督、管理等职责来源于公民环境权，但绝不等同于环境权，二者是不同的概念。国际法意义上的国家环境权则是国家主权的派生权利，是国家主权不可或缺的组成部分，而不是环境权的范畴。它是由自然资源的所有权归属与自然资源保护问题所引起的，属于国家作为国际法主体自主处理本国环境事务的国家主权，是国家在本国范围内作为全民代表而应履行的环境职责。[2]

2. 法人或其他组织是否拥有环境权

广义环境权论者主张法人或其他组织也是环境权的主体。法人或其他组织享有适宜环境的权利表现为依法合理开发、利用环境资源，依法享受适宜环境的权利；具体包括法人或其他组织依法合理开发利用环境资源的权利（开发利用权）、依法向环境排放生产生活废物的权利（排污权），以及依法享有适宜的生产、劳动、经营环境的权利（劳动环境权）等。[3]

狭义环境权论者则反对法人或其他组织享有环境权，其理由为：（1）开发利用权、排污权是传统的财产权、经济自由权的内容，而并非环境权的内容。对自然资源的开发利用是人类生存与发展的必然条件，法人或其他组织对于自然资源的开发利用在法律上是作为财产权对待的。而排污权则是从经济自由权中所派生的，如果没有排污权，企业的产业活动就无法开展，企业的财产权和营业自由也就无法实现，排污是行使财产权的客观后果。（2）劳动环境权实质上是劳动者在健康、清洁的环境中工作的权利，劳动环境权真正的享有者是法人或其他组织中从事生产、劳动的人，故而劳动环境权的主体仍然是自然人而非法人或其他组织。（3）设置环境权的目的是规制污染行为，而不是为了赋予污染的权利。环境权的提出是对开发、利用环境资源权的限制，这两个具有对立内容的权利不能归属于同一种类的权利之中。[4]

---

〔1〕 参见蔡守秋：《论环境权》，载《郑州大学学报》（哲学社会科学版）2002年第2期。

〔2〕 张梓太主编：《环境与资源保护法学》，北京大学出版社2007年版，第33页。

〔3〕 参见陈泉生：《环境时代与宪法环境权的创设》，载《福州大学学报》（哲学社会科学版）2001年第4期；蔡守秋：《论环境权》，载《郑州大学学报》（哲学社会科学版）2002年第2期。

〔4〕 参见张梓太主编：《环境与资源保护法学》，北京大学出版社2007年版，第34页；王树义等：《环境法基本理论研究》，科学出版社2012年版，第140页。

3. 自然体是否享有环境权

环境权从语义上理解有两种不同的认识：一种将其理解为“对环境的权利”，在此种意义上环境只是权利的客体；另一种将其理解为“环境的权利”，即环境自身的权利，在此种意义上，自然体与人类处于同等的法律地位，均具有成为权利主体的可能。建立在后一种理解的基础上，就会提出自然体是否具有权利主体资格这一长期困扰环境法学界的问题。对这个问题的检视首先发端于伦理学领域。传统“人类中心主义”的伦理学在日益严重的生态危机之下逐渐发展出了“非人类中心主义”的生态伦理学思想。这一思想认为人不仅生活在社会中，而且生活在自然中，因此，人类道德的维度不能仅受人与人关系的限制，还应当扩展到人与自然的关系之中。基于此，“非人类中心主义”伦理观主张将动物或自然提升到与人类相同的道德地位甚至法律地位，并派生出了动物解放论、动物权利论、生物中心论、生态中心论等观点。美国著名学者克里斯托弗·D. 斯通在《树应该有诉讼资格吗？——迈向自然物的法律权利》一文中提出自然体具有法律权利，应当在行政、司法上予以考虑的法学理论观点。他认为既然法律可以赋予不能说话、没有意识的国家、公司、无行为能力人等法律资格，那么也可以赋予自然体以法律资格，并为它们设定保护人和代理人。[1] 我国也有学者主张自然体可以成为环境权的主体，认为权利主体是不断变化的，通过赋予自然体权利主体地位可以丰富人类的环境义务设置，进而维护人与自然的和谐相处。[2]

目前我国多数学者仍对赋予自然体环境权持谨慎态度，认为自然体不具有法律上的主体资格，与其说这种利益是自然体的权利，不如说这是要求人类社会在强化对自然体尊重的过程中自设的一种伦理而非法律上的义务。原因在于古典自然法崇尚人之理性，对权利的内容和权利主体地位的要求均出自人的自由意志而自然体不具有此种意义上的自由意志；主张自然体可以像法人一样成为法律关系主体的论证也显牵强。法人是多数人意志的结合和代表多数人意志的组织，本质上还是人的组合，而自然体只是自然界中的自然存在，是与人完全不同的物种，与法人在本质上是不同的。法人意志的拟制建立在法人的议决机制基础之上，而不是凭空拟制的。自然体不能表达，其意志的拟制只是出于人们的想象，这不能代表自然体本身的意志。[3] 最后，赋予非人自然体以法律地位，并非真的是要改变人类中

---

〔1〕 参见［美］克里斯托弗·D. 斯通：《树应该有诉讼资格吗？——迈向自然物的法律权利》，王明远译，载高鸿钧、王明远主编：《清华法治论衡》（第13辑），清华大学出版社2010年版，第92～141页。

〔2〕 参见蔡守秋：《论环境权》，载《郑州大学学报》（哲学社会科学版）2002年第2期。

〔3〕 参见邹雄：《论环境权的概念》，载《现代法学》2008年第5期。

心主义立场，其目的只是维护人类整体利益而将自然体作为形式主体对待，其权利仍然由人类来行使。就法律技术层面而言，无须通过一场革命式的腾挪，以破坏整个法律体系逻辑自洽性为代价来承认自然体的权利，在现有的法律制度和理论框架下即使不确立其权利主体地位，相关的利益关切也完全能够实现。

4. 环境权是个体权利还是人类整体权利

关于环境权是人类的个体的权利还是整体的权利，理论上有三种观点。

第一种观点认为环境权既是人类个体的权利也是人类整体的权利（人类环境权），人类环境权的主体是整个人类，在国内法中是指全社会、全民族的当代人和后代人的集体，在国际法中则是指各个国家的当代人和后代人的集合。[1]

第二种观点认为环境权是人类个体的权利而非整体的权利。因为当人类环境权的主体是国家、民族或当代人的集合时，环境权实质上是作为集体人权的"第三代人权"。而对于集体人权是否存在，发达国家和发展中国家存在不同认识。发达国家大多认为只有个人才能成为人权主体，否认集体人权的存在；发展中国家则主张生存权、发展权、环境权等"第三代人权"也应认定为人权。即使肯定集体人权成立，作为国际人权法层面集体人权的人类环境权也不能与国内法意义上的公民环境权同日而语。而对于后代人的环境权，始终存在代表主体合法化与合理化的质疑。即使对于诉讼代理人资格没有争议，也可以将当代人代表后代人利益而以自己名义提起的诉讼纳入公益诉讼的范畴，而无须赋予后代人权利主体的法律地位。[2]

第三种观点则认为环境权只能是人类整体的权利而不能是个体权利。认为环境权是以自负义务的履行为实现手段，保有和维持适宜自然环境的权利是人类整体对人类生存所依赖的整体环境的权利，其权利主体只能是人类整体而不能是个体的人类。从环境权的主体来看，环境权所要解决的是人类整体的问题，是所有人对所有人的关系问题，所有的权利主体都同时是义务主体；从权利客体来看，环境权的客体具有不可分性。因此认为环境权法律关系是人类整体利益（权利）与人类不同部分分别履行环境保护义务的关系，环境权是人类整体的权利。[3]

（三）有关环境权客体的争议

环境权的客体是环境权主体的权利义务所指向的对象。一般而言，广义环境权论者认为环境权的客体包括环境法规定的各种环境要素和受环境法调整的行为。其中环境要素大致有三类：一是自然环境要素，如空气、水、阳光等；二是人为环

〔1〕 参见蔡守秋：《论环境权》，载《郑州大学学报》（哲学社会科学版）2002 年第 2 期。
〔2〕 参见张梓太主编：《环境与资源保护法学》，北京大学出版社 2007 年版，第 34 页。
〔3〕 参见徐祥民：《环境权论——人权发展历史分期的视角》，载《中国社会科学》2004 年第 4 期。

境要素,如公园、人文遗迹等;三是整个地球的生物圈,如臭氧层、热带雨林以及其他生命物种。[1]

狭义环境权论者则对环境权客体的范围存在不同看法,有学者认为环境权的客体是与人类的生存和发展有直接或间接联系的各种环境要素以及由这些要素构成的圈层。一般能够成为此种客体需要满足如下两个条件:一是与自然环境之间具有生态联系,二是具有社会生态价值。[2] 有学者则认为以环境要素作为环境权的客体会导致环境权的客体与财产权客体重合,不能体现环境权专注于良好、健康环境品质的制度特性,因而主张环境权的客体应当是环境所具有的脱离其财产功能之外且能够满足人们生存和发展需要的一种独有的生态功能。事实上,环境兼具财产价值和生态价值。环境的财产价值源于作为其客体存在的诸如植物、动物、矿物、土壤、水等物质实体的有用性,而环境的生态价值则源于各类环境要素自身所具有的自净能力、纳污能力、生态承载力以及环境舒适度体验与景观优美度等美学感观。环境生态功能不是通过实体价值和形态为人类服务的,而是以脱离其实物载体的一种相对独立的功能展示来满足人类的需要。因此,环境的生态价值具有无形性、公益性、整体性和长期性等显著区别于传统权利客体的特点,需要全新类型的权利——环境权来保障。[3]

(四)有关环境权内容的争议

对于环境权的内容,学界分歧更大。有学者认为环境权的内容既包含生态性权利,也包含经济性权利;前者表现为对高品质环境的享受权,后者表现为对环境资源的开发利用权。有的学者则认为环境权的内容只包含生态性权利,不包含经济性权利。也有学者认为环境权的内容既包含实体性权利,也包含程序性权利,例如环境状况知情权、环境事务参与权、环境侵害请求权;还有学者则认为环境权的内容只包含实体性权利而不包含程序性权利。

1. 环境权是否包含经济性权利

持肯定说的学者认为环境利用权的确立为人类利用环境提供了合法性依据,只有在存在环境利用权的前提下,环境标准、环境许可、环境用益等制度才有创生的可能,以环境容量为核心的环境资源使用权交易制度才有实践的机会。[4]

持反对说的学者则认为从权利产生的时间、性质、内容与功能等角度而言,环

---

〔1〕 参见陈泉生:《环境时代与宪法环境权的创设》,载《福州大学学报》(哲学社会科学版)2001 年第 4 期。

〔2〕 参见王树义等:《环境法基本理论研究》,科学出版社 2012 年版,第 143 ~ 144 页。

〔3〕 参见邹雄:《论环境权的概念》,载《现代法学》2008 年第 5 期。

〔4〕 参见吕忠梅:《环境法原理》,复旦大学出版社 2017 年版,第 53 页。

境权不应当包括环境利用权等经济性权利。就权利产生的时间而言,环境利用权是近代宪法所确认的“第一代人权”,而环境权则产生于20世纪生态危机和环境保护运动的共同作用之下,属于“第三代人权”;就权利的性质而言,环境利用权属于财产权的范畴,而环境权则属于一项新型的权利,难以被界定为民法体系中的财产权;就权利的内容而言,环境权更多强调的是主体对环境生态性利益的享有,而环境利用权更在意的显然是基于环境要素自身的财产性收益。环境权之所以被提出在相当程度上是为了对此前存在的各类环境利用行为的负外部性进行限制和制约,因此两者的存在基础本身是相互冲突的。[1] 部分主张环境权应包含经济性权利的学者实质上是希望通过建立这种逻辑包含关系将此前没有纳入传统财产法体系的环境容量使用权一并纳入环境法的权利体系。但是他们忽略了一个事实,那就是环境容量使用权是以环境的生态功能为手段实现的经济利益,其与环境权所追求的生态性利益是相互矛盾的,将环境容量使用权纳入环境权容易导致环境权体系内部的混乱。环境容量使用权是基于环境容量而设置的权利,虽然环境容量没有独立的实体形态,但其生态价值可以通过一定的经济技术手段实现量化,从而形成民法上的物权或准物权并参照物权法的规则来保护和规范,无须纳入环境权的体系。[2]

2. 环境权是否包括程序性权利

权利得以救济的前提是边界清晰且有可执行的手段,囿于实体性环境权的内涵与外延皆较为模糊,难以成为强制执行的依据,所以有学者主张将与环境有关的程序性权利纳入环境权的体系,以期实现对环境法益的保护。这些学者认为由于环境问题涉及高度的科技背景,这要求环境政策的制定要寻求环境价值与其他价值之间的妥协与平衡,故而环境问题的解决不适合通过对绝对权利加以分配的方式来实现,宪法上的环境权应以确认民众适度有序参与环境决策为妥。程序性环境权是实体性环境权的重要保障,离开了程序性环境权,实体性环境权在现实中有被架空之风险,[3]所以在法政策上应优先确认程序性环境权。

当然,也有学者对程序性环境权提出了质疑,认为环境信息知情权、公众参与权、环境侵害请求权等虽与环境权有密切关系,但它们本身不是环境权,而是为了保障环境权的实现所设置的权利。从程序性环境权的种类来看,环境信息知情权

---

〔1〕 参见谷德近:《论环境权的属性》,载《南京社会科学》2003年第3期。

〔2〕 参见朱谦:《环境法的权利基础——基于财产权、生命健康权的考察》,载《江海学刊》2007年第2期,第139~144页。

〔3〕 参见叶俊荣:《宪法位阶的环境权:从拥有环境到参与环境决策》,载《台大法学论丛》1989年第1期。

是知情权的一种,而非环境权的范畴。知情权是现代民主政治的必然要求,是一种独立的权利形态,而非其他权利的附属。公众参与权是防止行政滥权与衡平多元利益诉求的重要机制,在环境保护的场合,参与权的设立与行使是保障公民环境权实现的途径,但其本身亦不等于环境权。环境侵害请求权,是公民环境权益受到侵害后据以向公权力机关主张权利救济的依据,其实质是受害人原权利受到侵害而派生出来的受救济权,应为一种独立的权利形态,也不应是环境权本身。〔1〕

三、国家环境管理权

(一)国家环境管理权概述

1. 国家管理环境的正当性

部分学者主张将环境权视为环境法学核心范畴,是基于对环境权的如下功能性假设:一方面,当公民的环境权益受到环境污染侵害或有遭受侵害之虞时,受害人得以环境权为据请求行政或司法救济,以维护其自身权利;另一方面,在与环境相关的权利(力)谱系中,环境权利能够发挥对环境权力的平衡与制约功能。由于通过赋予公权力机构环境权力来达到环境治理目标是现代环境法治的基本路径之一,当环境权力在实践运行中出现“政府失灵”等治理困境时,以非公权形态出现的环境权能够起到监督和制衡公权力不当行使的作用,也能够为引入公众参与提供有效的制度依据。但是这种理想化的设计在法学理论与法务实践层面均面临重大挑战。

首先,环境权自身的理论证成困境使其难以在学界获得普遍认同。如前所述,学界对环境权的内涵和范围存在巨大争议。权利获得肯认的前提是其特征清晰、边界明确,有有效的救济方式。在这方面,环境权要取信于学界还有很长的路要走。这也正是为何有不少国家在宪法中确立了环境权,却在司法实践中对其望而却步的原因。其次,公民基本权利的首要目的在于防卫国家的不法侵害,次要目的在于请求国家的积极给付。由于多数环境侵害源于私人而非国家,如果将环境权确定为宪法层面的基本权利,且以基本权利请求防止来自国家的环境侵害,则会出现混淆因果的效果,对改善环境保护了无助益;如果以基本权利请求国家履行积极给付义务,囿于环境权内涵与边界均不确定的事实,亦是效果不彰。〔2〕 再次,由于环境问题事涉高度科技背景、决策风险以及利益冲突,所以涉环境公共决策过程中通常需要进行复杂的利益衡平与权益取舍,不适合以宪法绝对权的形式确定相关权益

---

〔1〕 参见吴卫星:《环境权内容之辨析》,载《法学评论》2005 年第 2 期。

〔2〕 参见陈慈阳:《环境法总论》,中国政法大学出版社 2003 年版,第 91 页。

的处分规则，更为可行的路径反而是将相关判断诉诸环境法的原则与制度加以规范。最后，基本权利的作用是保障宪法上的个人自由，本质上具有个人专属性，而自然生态与环境资源本质上并非专属于个人，即使是作为环境权基础的“环境公共信托理论”也是将环境资源定性为全民共有，环境权的公共性与基本权利的个人专属性不符。[1] 即使不考虑环境利益特定化的难题，对于环境品质的判断也是一种价值判断，很难用法律语言来加以描述，再加上文化及生活水准的差异，以环境权作为司法依据也往往难以得出单一、明确的决定。[2]

因此，通过在宪法中确立环境权来达成环境保护目标在事实上存在巨大挑战，这使得更多的国家选取在宪法中规定国家环境保护义务（确立国家环境管理权的依据）的方式来达到环境治理的目的。例如，德国 1994 年修宪通过的《德国基本法》第 20a 条的规定：“国家基于对未来世代所负之责任，在合宪秩序的范围内，通过立法、行政机关和司法机关根据法律与法，保护自然的生命基础。”在宪法中确立国家环境保护义务既可以凸显环境保护的价值，为政策制定和相关司法救济提供宪法依据，也为人民对国家机关依法履行环境保护目标的勤勉状态进行监督提供宪法依据，因而得到了更多国家的认同。

2. 国家环境管理权确立的理论基础

国家环境管理权源于人民对其所享有的基本环境权利的“让渡”，是人们为了更多地保障环境利益，通过宪法赋予国家保护和管理环境的一项权力。实践中，当环境权利享有人之间无法解决权利冲突与协调问题时，国家环境管理权通过确认冲突双方的权利边界，裁决双方的冲突，定分止争并减少社会成本的付出。当然，国家环境管理权对于环境保护目标的实现具有重要的意义，但此种公权力的行使却意味着对于公民个人自由的限制，因此国家环境管理权需要具备坚实的理论基础。对于国家环境管理权的理论基础，学界主要存在如下几种学说。

（1）环境公共信托理论

作为有别于传统私有财产的公共财产，环境要素自从进入社会生活之日起，便具有鲜明的非竞争性和非排他性，因而在环境要素用益领域存在广泛的“搭便车”现象，这是环境领域负外部性的主要经济成因。为应对这一窘境，在福利经济学派既有研究的基础上，美国密执安大学的萨克斯教授提出了“环境公共财产理论”和“环境公共信托理论”。他认为，空气、水、阳光等人类生活所必需的环境要素，在当今受到严重破坏以致威胁到人类正常生活的情况下，不应再被视为“自由财产”而

---

〔1〕 参见陈慈阳：《环境法总论》，中国政法大学出版社 2003 年版，第 90 页。

〔2〕 参见李建良：《论环境保护与人权保障之关系》，载《东吴法律学报》2000 年第 2 期。

作为所有权的客体,环境资源就其自然属性和对人类社会的极端重要性来说,它应该是全体国民的"共享资源"和"公共财产",任何人不能任意对其占有、支配和损害。为了合理支配和保护这种"共有财产",共有人以公益信托的形式委托国家来对这些环境要素进行管理。国家的环境管理权就来源于共有人的委托,应当为全体国民包括现代人及其子孙后代管理好这个财产,而不能滥用委托权。[1] 萨克斯教授所提出的这两项理论均旨在构筑国家环境管理权的理论基础,以解决国家环境管理权的权源问题。

虽然有很多学者将萨克斯教授的"环境公共信托理论"视为环境权的理论基础,但萨克斯教授本人更多关注的却是公共信托所及的程序正义问题,强调"公共信托法与其说是设定公共领域的实质标准,还不如说它只是一个技术工具,通过它可以补救他们发现的立法和行政过程中的不足"。[2]简言之,环境公共信托理论既赋予国家权力以进行环境管理,又出于对公权力运行的警惕,而保有了公众作为信托委托人的知情权、参与权和监督权,从而兼顾了各方的权益平衡。从这个意义上讲,该理论也为环境公益诉讼提供了理论基础。

(2)福利国家理论

"二战"后,西方主要国家为了促进经济复苏,纷纷依据凯恩斯主义经济理论强化了国家对经济事务的干预程度,"福利国家"思想便是在凯恩斯主义大行其道并诱发对国家在社会管理中所应具有作用的反思过程中逐渐清晰的。该理论认为国家除了在传统意义上肩负保障公民自由和平等权利之外,还应当从社会整体目的出发,对社会福利、劳动保障、环境保护等问题予以关注和投入。[3]

社会福利是个体能力与社会责任相互作用的结果。自由主义学说宣扬人生来即有追求尊严而体面地生活的自然权利,然而个体能力的差异导致一部分个体可能难以通过自我努力实现这一目标,这就需要借助群体的力量,"通过社会结合体的运作,以提升成员生活质量"。[4] 环境问题产生的外部性和市场机制运行的盲目性,为国家站在社会公共利益的立场上入场管理和协调提供了正当性。良好的环境作为现代社会的公民所应该享有的一种普遍福利,也需要国家积极践行其所负有的环境管理义务,从而实现对公民环境权益的保障,促进公民个人自由的实现。

---

[1] 参见陈泉生:《环境时代与宪法环境权的创设》,载《福州大学学报》(哲学社会科学版)2001 年第 4 期。

[2] 参见陈真亮:《环境保护的国家义务研究》,法律出版社 2015 年版,第 72 页。

[3] 柯坚:《当代环境问题的法律回应——从部门性反应、部门化应对到跨部门协同的演进》,载《中国地质大学学报》(社会科学版)2011 年第 5 期。

[4] 王顺民:《超越福利国家——社会福利的另类选择》,台北,亚太图书出版社 1999 年版,第 364 页。

基于这一认识,福利国家理论也为国家环境管理权的确立提供了依据。

(3)公民环境权理论

公民环境权论者认为,近代个人主义国家观主张是公民的基本权利派生出了国家的义务,国家为履行义务才能拥有权力。他们认为"个人拥有一种可以要求国家为某些行为或不为某些行为的权利,这不仅是指国家不得干涉个人的自治性,也不仅是指国家必须履行其所负的义务,而且还是指国家必须将自身组织为一种尽可能保障其义务之实现的实体"。[1]因此,正是权利的存在创设了国家义务,国家义务的存在是权利需要被满足的必然逻辑。基本权利的客观价值秩序功能要求国家机关须尽到保障公民基本权利之义务,使人民财产免遭公权力或第三人的侵害,基本权利的国家义务由此产生。[2] 公民环境权作为宪法上的基本权利,本质上赋予了国家环境保护的义务,而为履行国家履行环境保护的义务,国家环境管理权便得以确立。

(二)国家环境管理权的实现路径

我国《宪法》第26条规定,"国家保护和改善生活环境和生态环境,防治污染和其他公害",这是国家环境管理权确立的宪法依据。国家环境管理权的实现需要公权力机关至少以"立法·行政·司法"为基本路径加以实现。虽然我国《宪法》规定了国家环境保护义务,但要想充分发挥其规范功能和意义,还需要环境立法予以具体化和制度化。环境立法是促进国家环境管理权与公民环境权益制度化、规范化的重要保障。环境立法的实质是社会公众通过立法活动使自身的正当利益诉求转化为国家意志,形成规范性文件的过程。由于生态文明建设的过程本身也是一个利益平衡和再分配的过程,所以环境立法又可以进一步表现为通过法律来实现经济发展利益和环境保护利益的再平衡,[3]实现公民环境权益与国家长远发展目标之间良性协调。由于环境保护的目标主要以国家环境行政权的实施为基础,因此环境行政权在环境保护中居于主导地位。环境行政权是一种积极的干预权,具体表现为国家采取各种手段和措施,积极主动地对环境用益人的意思自治施加影响,通过禁止、促进、激励、诱导、扶助等各种方式对环境用益人的适法行为进行干预,以确保环境保护目标的实现。在我国,环境行政权既是一种权力,又是一种义务,环境行政权在行使时要以宪法和法律为依据,接受法律与社会公众监督,着力改善社会

[1] [法]莱昂·狄骥:《公法的变迁·法律与国家》,郑戈、冷静译,辽海出版社1999年版,第235页。
[2] 杜承铭:《论基本权利之国家义务:理论基础、结构形式与中国实践》,载《法学评论》2011年第2期。
[3] 参见陈真亮:《环境保护的国家义务研究》,法律出版社2015年版,第156~157页。

环境和促进社会发展。[1] 司法权作为宪法层面的权力，是同立法权、行政权并列的国家公权力，在国家治理体系中具有不可替代的作用。司法权对环境法律的实施同样起着至关重要的作用。司法权的有效运作，不仅能够促进社会公众参与对环境保护工作的监督，更是保障行政机关勤勉、公正履职的关键因素。从政府环境保护义务的角度看，法院有时需要对政府义务的履行作出判断，从而促进政府或国家义务的履行，保障公民环境利益的实现。[2]

（三）国家环境管理体制

国家环境管理体制，是指国家环境行政管理机构的设置、职权的划分与协调，以及管理活动规范运行的方式。国家环境管理体制的内容包括三个部分，组织结构、权利配置结构以及职权运行机制，它们分别关注国家对享有环境行政管理权的行政机构的设置原则、各环境行政管理机构的职权划分和职权位阶，以及环境行政管理机构各自的职权运行方式等。[3]

1. 国外环境管理体制

（1）历史沿革

20 世纪 70 年代以前，由于环境问题本身的地域性特征，各国普遍认为环境保护也是地方性事务，尚未有国家在中央政府层级设立专司环境保护职责机构的实例，也没有形成统一的环境监督管理体制。

自 20 世纪 70 年代开始，随着环境问题的越发严峻和对环境治理方式的不断思索，各国开始通过环境立法设立专司环境保护职责的政府机构，环境管理权力逐渐向中央层级集中，统一的环境监督管理体制开始形成。例如，美国在 1970 年 12 月 2 日设立了联邦环境保护局（United States Environment Protection Agency，EPA），并依据地理条件和环境质量要求将全国划分为 10 个环境保护区域，在各区设立环保分局协调州与联邦政府的关系。日本于 1971 年设立环境厅，[4] 负责环境政策及计划的制定，统一监督管理全国的环保工作。英国、法国、加拿大均于 1970 年设立环境部，执掌主要环境管理权力。[5]

20 世纪 80 年代末至今，在可持续发展理念的指导下，各国环境管理机构发生了一些新变化。首先，国家层级的环境行政管理机构或议事协调机构开始纷纷建

---

〔1〕 参见陈真亮：《环境保护的国家义务研究》，法律出版社 2015 年版，第 173 ~ 183 页。

〔2〕 参见陈真亮：《环境保护的国家义务研究》，法律出版社 2015 年版，第 198 ~ 199 页。

〔3〕 参见杨朝霞：《论我国环境行政管理体制的弊端和改革》，载《昆明理工大学学报》（社会科学版）2007 年第 5 期。

〔4〕 日本环境厅已经升格为环境省，是日本中央省厅之一，负责地球环境保全、防止公害、废弃物对策、自然环境的保护及整备环境。

〔5〕 参见王权典：《环境法》，中国农业出版社 2005 年版，第 108 页。

立，这一趋势在发展中国家表现尤为明显。其次，已有环境管理机关的级别被调升，如日本在2001年的机构改革中将环境厅升格为环境省，行政长官成为内阁成员。最后，环境管理机构的管理权力不断加强，管理的范围不断扩大。这充分体现出各国环境管理体制先后经历了由薄弱到强化、从分散到集中、从单独治理到综合施策的发展历程。

（2）现行模式

由于各国的政治制度、法律传统、经济社会发展水平和环境问题严重程度不同，各国环境管理体制也不尽相同。

就职能配置而言，环境管理机构主要包括以下四种类型：其一，设立负责污染防治的管理机构，如美国、瑞士等国的环境保护局；其二，设立负责污染防治与自然保护（主要是动植物和自然保护区的保护）的管理机构，如韩国的环境部全面负责环境和自然保护；其三，设立负责环境保护和自然资源的一体化管理机构，如俄罗斯联邦国家环境保护委员会、菲律宾环境与自然资源部；其四，设立负责环境与城市建设等相关公共事务统筹应对的管理机构，如巴西的住房、城市建设和环境部，荷兰的住宅、规划和环境部。[1]

就机构设置模式而言，环境管理机构大致可以分为三种模式：其一，分散管理模式。这种模式还可以细化为绝对分散管理模式和相对分散管理模式。在绝对分散管理模式下，环境管理权由不同的行政主管部门分别行使，中央政府内不设统一管理机构和协调机构，通常环境问题不是很突出的国家乐于选取这种模式。在相对分散管理模式下，环境管理职能由政府不同部门行使，但设有中央层级的协调机构，以解决分散管理可能出现的管理漏洞和职能交叉，如意大利专门成立了“部际委员会”以协调环保相关部门之间的工作协调事宜。其二，集中管理模式。这种模式是把环境管理职权授予专门从事环境保护工作的机构，由该机构统筹负责国家的环境管理工作，如美国的联邦环境保护局和日本的环境省。在政府机构之外，这些国家多采取成立专门咨询机构的方式来解决具体的技术性和专业性问题，例如美国成立的环境质量委员会、日本成立的公害对策审议会等。其三，统一监督和分散管理相结合的混合模式。在这种模式下，通常在中央政府设立专门的环境管理机构，负责国家的环境管理和协调工作，中央政府其他有关部门也承担与本部门职责相关的环境管理职责。例如，英国于1970年成立了环境部，全面负责污染防治和协调各部的工作，而政府其他有关部门仍负责本部门的污染防治工作。[2]

---

〔1〕 参见王权典：《环境法》，中国农业出版社2005年版，第109页。

〔2〕 参见吕忠梅：《环境法原理》，复旦大学出版社2017年版，第178页。

2. 中国环境管理体制

(1)历史沿革

环境管理体制属于我国行政管理体制的一部分,自20世纪70年代以来,伴随着历次政府机构改革,我国的环境管理体制也经历了从无到有、逐步健全的发展过程。

1972年以前,我国没有独立设置环境管理机构,环境管理工作由有关部委兼管。1972年第一次联合国人类环境会议之后,为响应会议倡议,我国于1973年召开了第一次全国环境保护工作会议并于次年设立了由二十多个部委组成的国务院环境保护领导小组,主管和协调全国环境保护工作,其主要职责是:负责制定环境保护的方针、政策和规定,审定全国环境保护规划,组织协调和督促检查各地区、各部门的环境保护工作。这成为我国环境管理机构建设起步的标志。

1979年颁布的《环境保护法(试行)》专门规定了"环境保护机构和职责"一章,规定国务院和地方人民政府设立环境保护机构。随后,国务院和省、市、县级人民政府相继设立了环境管理机构,我国四级环境管理机构建设取得了突破性进展。

在1982年的政府机构改革中,国家撤销了国务院环境保护领导小组,成立了城乡建设环境保护部,并在该部内设立环境保护局作为全国环境保护的主管机构。此次机构改革后,地方相应进行了机构调整,成立了城乡建设环境保护厅(局)。自此,环境保护管理开始从属于城乡建设管理机构,环境保护工作在管理体制上经历了第一次反复。

1984年5月,国务院发布《关于环境保护工作的决定》,决定成立国务院环境保护委员会,负责研究审定环境保护的方针、政策,提出规划要求,领导和组织协调全国的环境保护工作。1988年,经国务院批准,城乡建设环境保护部下属的环境保护局改为国家环境保护局,作为国务院直属机构和国务院环境保护委员会的办事机构,统一监督和管理全国环境保护工作,这成为我国中央级环境保护专门管理机构设立的标志。

为了进一步强化国家环境行政主管部门的职能,国家在1998年的国务院机构调整中,将国家环境保护局升格为部级的国家环境保护总局,作为国务院主管环境保护工作的直属机构,同时撤销了国务院环境保护委员会。[1] 2008年,国家环境保护总局进一步升格为环境保护部,成为国务院组成部门。

2018年3月,十三届全国人大第一次会议批准了新一轮的国务院机构改革方

〔1〕 参见王权典:《环境法》,中国农业出版社2005年版,第111~112页。

案，整合有关部门环境保护的职责，组建了生态环境部。[1]

（2）现行模式

我国现行的环境管理体制是统一监督管理与分级监督管理相结合的体制。从纵向关系上看，我国环境管理体制实行分级管理，生态环境部是国家环境保护行政主管部门，各级地方政府设有相应的环境保护行政主管机构，负责所辖区域内的环境管理工作。[2] 党的十八大之后，为进一步强化对环境保护工作的统筹协调，我国对环境管理体制进行了新的探索，在此前已经进行的省级以下环境监测监察机构垂直管理试点的基础上，进一步探索试行省级以下生态环境管理机关垂直管理，建立地方各级生态环境管理机关以省级生态环境厅（局）垂直管理为主，同时向各级地方人民政府负责的双重管理体制。改革后，地方生态环境管理机关既作为同级地方政府的组成部门，同时又要接受上一级生态环境管理机关的业务领导。在横向关系上，我国环境管理体制实行统一监督管理。在2018年的国务院机构改革中，我国整合了有关部门的环境管理职责，由生态环境部统一管理生态环境相关事宜，改变了以前部门职责交叉的弊端，促进了管理体制的完善。

第二节　环境法的价值追求

■ 案例研读

无锡市蠡湖惠山景区管委会于2009年10月至2010年7月建设了无锡市动植物、欢乐园，该项目是无锡市重点生态环境工程和“为民办实事”项目。但在项目建设过程中，管委会未经批准和办理相关手续，改变了部分林地用途用于项目设施建设。中华环保联合会针对该案提起诉讼。法院经审理认为，环境是人类社会可持续协调发展的必要前提，生态环境保护是一项极为重要的工作。对于管委会未经审批占用的17,477平方米林地，由于管委会已经向江苏省林业局补办改变林地用途手续并缴纳了全额植被恢复费1,143,508元，且在建设

〔1〕 参见新华社：《国务院机构改革方案》，载中国政府网：http://www.gov.cn/xinwen/2018-03/17/content_5275116.htm，最后访问日期：2018年6月18日。

〔2〕 侯佳儒：《论我国环境行政管理体制存在的问题及其完善》，载《行政法学研究》2013年第2期。

过程中恢复和新增了一定数量的林地，未造成原有林地生态的显著损害，应当视为其已经按照法律规定弥补了生态损害。对于改变林地用途的3677平方米林地，如直接恢复原状，可能造成对社会资源的浪费，可异地恢复，以尽量达到或超过原有生态容量水平。[1]

□ 评析

法院在案件审理过程中充分体现了生态效益和经济效益平衡协调的司法政策，体现了可持续发展思想的要求。生态环境具有整体性。一方面，应当通过生态损害赔偿弥补已造成的生态损害；另一方面，对于恢复生态环境可能造成社会资源浪费的，可以采取异地恢复等方式促进整体生态环境的改善。总而言之，生态环境的改善应与社会经济发展保持平衡，不应顾此失彼，将它们对立起来。同时环保协会提起诉讼的行为体现了环境保护过程中的社会参与，有力弥补了政府在环境治理中的不足。

一、可持续发展

（一）可持续发展理论的产生与实践

20世纪60年代以来，随着各类公害事件在不同国家的持续上演，风起云涌的环境保护运动揭开了序幕。人们在反思环境危害成因的同时，也开始发出了对既有发展模式的拷问。1962年美国海洋生物学家蕾切尔·卡尔逊发表了被称为20世纪环境保护启蒙乐章的《寂静的春天》一书，书中描绘的由于农药无限制使用所造成的恐怖图景，激发了人们对发展模式合理性的深刻思考。

带着反思的深沉，1972年罗马俱乐部发表了再次令世界为之警醒的《增长的极限》报告。报告认为，由于地球的资源、能源和生态承载力的限制，人类社会的发展和增长必然会使需求与供给在未来的某一时点达至极限，进而诱发毁灭性的灾难。为了防止这一悲剧，他们提出了“零增长理论”作为对策，主张人类社会维持现有的生产和消费水平，不再一味追求增长，以达到“全球均衡状态”。该报告又一次激发了西方学术界对既有发展模式的反思。作为这种反思的成果，1981年美国世界观察研究所所长莱·布朗出版了题为《建立一个可持续发展的社会》的报告，提出世界各国要控制人口增长、保护自然资源、更多地开发可再生资源而非传统资源等建议，以实现更可持续的社会发展。

[1] 最高人民法院：《人民法院关于依法审理矿业权民事纠纷案件典型案例》，载最高人民法院网：http://www.court.gov.cn/zixun-xiangqing-23431.html，最后访问日期：2019年2月16日。

1983 年,联合国第三十八届大会在其通过的 38/161 号决议中决定创设世界环境与发展委员会以研究和协调人类面临的环境问题。该委员会于 1987 年向联合国提交了题为《我们共同的未来》的研究报告,第一次正式使用了“可持续发展”(sustainable development)这一概念。报告将可持续发展定义为“既满足当代人的需要,又不危害后代人满足其需求的发展”。报告指出:“我们认识到,需要有一条新的发展道路,不是一条仅能在若干年内在若干地方支持人类进步的道路,而是一直到遥远的未来都能支持全球人类进步的道路。”[1]报告的发表标志着可持续发展理论的正式形成。

1992 年 6 月,联合国环境与发展大会在巴西里约热内卢召开,这次会议(以下简称里约大会)把环境问题和经济、社会发展紧密结合起来,确立了环境与发展相协调的理念。会议通过的《关于环境与发展的里约宣言》和《21 世纪议程》均重申了可持续发展的思想,并为实现可持续发展明确了二十七项原则。大会通过的《21 世纪议程》作为在全球范围内实现可持续发展的行动纲领,为世界各国政府制定本国的可持续发展战略提供了可供参考的方案。本次会议标志着可持续发展从理论走向实践,人类对可持续发展思想已从理论认知阶段转化为全面实践阶段,从而开辟了人类发展史上的可持续发展时代。[2]

里约大会后,2002 年和 2012 年,世界各国首脑先后相聚在南非的约翰内斯堡和巴西的里约热内卢,分别就里约环境与发展目标提出十周年和二十周年之后,可持续发展的落实情况进行再评估。作为纪念里约目标提出二十周年的具体成果,本次联合国可持续发展大会(“里约 +20”峰会),围绕“可持续发展和消除贫穷背景下的绿色经济”与“可持续发展的体制框架”两大主题,通过了题为《我们期望的未来》的文件,呼吁各国结合本国国情为发展绿色经济制定具体的目标并采取切实行动。

2015 年 9 月 25 日,第七十届联合国大会再次举行了可持续发展峰会,会议通过了《2030 年可持续发展议程》(A/RES/70/1)。新议程紧密围绕“社会、经济和环境”这些制约可持续发展的核心领域,为未来 15 年人类社会实现可持续发展提出了十七项目标。《2030 年可持续发展议程》及相关目标的意义正如时任联合国秘书长潘基文所言,“它们是人类的共同愿景,也是世界各国领导人与各国人民之间达成的社会契约。它

法条链接2.1

[1] 世界环境与发展委员会:《我们共同的未来》,王之佳、柯金良等译,吉林人民出版社 1997 年版,第 5 页。

[2] 参见高德明:《生态文明与可持续发展》,致公出版社 2011 年版,第 56 页。

们既是一份造福人类和地球的行动清单，也是谋求取得成功的一幅蓝图”。

（二）可持续发展的内涵

1987年世界环境与发展委员会发表的《我们共同的未来》，首次对可持续发展的概念作出了系统的界定，认为可持续发展是“既满足当代人的需要，又不危害后代人满足其需求的发展”。但将这一概念具体化到每个不同的学科和领域，则会产生一些更具特色的解读。例如，生态学家认为它是“寻找一种最佳的生态系统，以支持生态的完整性和人类愿望的实现，使人类的生存环境得以持续”；[1]经济学家认为它是“在不降低环境质量和不破坏世界自然资源基础的前提下，使经济发展的净收益增加到最大限度”；[2]社会学家认为它是“在生存不超出维持生态系统承载力的前提下，改善人类的生活质量”；[3]而科技工作者眼中的可持续发展则是“转向更清洁、更高效的技术——尽可能接近零排放或密闭式工艺方法——尽可能减少能源或其他自然资源的消耗”。[4]

从可持续发展的定义和要求来看，可持续发展的内涵是极其丰富的，是对包括经济、社会、技术、文化等各个方面的变革。但总体而言，可持续发展始终是一种建基于环境资源并关乎人类长远发展的战略与模式，它指的不是一个在时间和空间上连续运行、不被中断的特定发展过程，而是针对环境资源的长期承载能力对发展进程的重要性和发展对改善生活质量的重要性而言的。[5] 可持续发展更关注人类社会发展的可持续性，强调在尊重自然规律的前提下谋求人的发展，以实现经济效益、社会效益和生态效益的有机统一。因此，可持续发展主要有如下几方面的特征：

1. 公平性。世界环境与发展委员会发表的《我们共同的未来》报告中指出，可持续发展旨在“建立一种新的、公平的全球伙伴关系的目标”，这里的“公平”指的是机会选择的平等性。而可持续发展所要求的公平性则可以具体化为两层含义：一是代内公平，即同代人之间的横向公平，它建基于国家不分大小，均平等地享有发展权这一事实，因而强调的是发展的世界性。二是代际公平，即不同代人之间的纵向公平。生态系统的承载力和自然资源的赋存都是有限的，当代人要给后代人以

---

〔1〕 刘培哲：《可持续发展——通向未来的新发展观——兼论〈中国21世纪议程〉的特点》，载《中国人口·资源与环境》1994年第3期。

〔2〕 刘培哲：《可持续发展——通向未来的新发展观——兼论〈中国21世纪议程〉的特点》，载《中国人口·资源与环境》1994年第3期。

〔3〕 刘培哲：《可持续发展——通向未来的新发展观——兼论〈中国21世纪议程〉的特点》，载《中国人口·资源与环境》1994年第3期。

〔4〕 参见刘培哲：《可持续发展——通往未来的新发展观——兼论〈中国21世纪议程〉的特点》，载《中国人口·资源与环境》1994年第3期。

〔5〕 参见胡涛等：《中国的可持续发展研究——从概念到行动》，中国科学出版社1995年版，第53～58页。

公平利用自然资源的权利，[1]此处强调的是发展的伦理性。

2. 持续性。可持续发展在我国港澳台地区又被译为“永续发展”，这说明它指的不是一时、一地、一族、一隅的发展，而是一条永远承载全人类美好生活向往的道路。从本质上来讲，决定人类社会能否实现可持续发展的关键在于资源禀赋的耗竭速率与生态系统承载力的可持续性。因此，可持续发展要求人们根据制约人类社会实践永续发展的条件调整自己的生产与生活方式，在生态可能的范围内践行环境友好的生产与生活标准。

3. 共同性。世界各国的种族、历史、文化、信仰、国情和发展水平均不相同，这决定了各国可持续发展的目标、政策、手段和路径也不尽相同。但人类社会可持续发展的总目标却是共同的，均要求世界各国为了当代人和后代人的共同利益，保护环境与适度利用自然资源，以实现可持续发展的道路。环境问题具有全球共同性，这决定了作为环境问题应对之策的可持续发展也必然具有全球共同性，需要全球的共同行动。正如布伦特兰女士在《我们共同的未来》报告前言中所写的，“今天我们最紧迫的任务也许是要说服各国认识回到多边主义的必要性”，“进一步发展共同的认识和共同的责任感，这是这个分裂的世界十分需要的”。而《关于环境与发展的里约宣言》也强调：“致力于达成尊重所有各方的利益，又保护全球环境与发展体系的国际协定，认识到我们的家园——地球的整体性和相互依存性。”

（三）可持续发展与法律价值的变革

“价值”是“人们所利用的并表现了对人的需要关系的物的属性”，[2]它体现了人与物关系中主观需要与客观属性的辩证统一。沈宗灵先生认为法的价值包涵了三种意义：其一，法促进哪些价值；其二，法本身有哪些价值；其三，在不同价值或同类价值之间发生矛盾时，法根据什么标准来对它们进行评价和选择。[3] 由于法律自身对利益调整的状态具有复杂性，加上法律所满足的人的需求具有多层次性，所以法律本身所维护的便是一个复杂而多层次的社会价值体系。[4] 在这其中，包含着秩序、自由、平等、正义等价值准则，而法律的价值体系也经由这一系列价值准则的交互作用最终得以形成。当然，法律的价值体系不是一成不变的，它必然伴随着占主流地位的社会思想意识的变化而变化。随着可持续发展理论为世界各国所公认，可持续发展及其内涵对传统法律价值体系的扬弃便不可避免。而这种扬弃，

---

〔1〕 马林转等著：《环境与可持续发展》，冶金工业出版社2016年版，第161～162页。

〔2〕 [德]马克思、[德]恩格斯：《马克思恩格斯全集》(第19卷)，中共中央编译局编译，人民出版社1963年版，第406页。

〔3〕 参见沈宗灵：《法理学》，北京大学出版社2014年版，第40页。

〔4〕 刘波：《论当代环境法律基础价值的内涵》，载《武汉大学学报》(哲学社会科学版)2009年第3期。

必然会使法律的价值体系在彰显对自然秩序尊重的同时，更加富有伦理正当性。

1. 秩序价值

秩序，按中国的传统解释指人或事物所在的位置，含有整齐、守规则之意；按现代解释是指人和事物存在和运转具有一定一致性、连续性和确定性的结构、过程和模式等。[1] 秩序可划分为社会秩序和非社会秩序（自然秩序），“法的秩序是被特定化了的社会秩序，是由法所确认和保护的人们间互动的有条不紊的状态和结果。它包括法确认和保护的经济秩序、政治秩序、文化秩序、生产生活秩序和社会公共秩序等”。[2]法律本身就是为建立和维护某种秩序才建立起来的：一方面，法律通过为秩序提供预想模式、调节机制和强制保证来实现法律对于秩序的追求；另一方面，秩序价值是法的其他价值的基础，没有秩序，生存、安全、效益都会受到威胁并缺乏保障，而公平、正义、法治也只能是奢望。[3]

长久以来，人们一直认为社会秩序和非社会秩序是互不相关的两个领域，社会秩序关注的是以人为核心的社会关系的有序运行，而非社会秩序关注的则是客观运行的自然界。可持续发展观对法律及其运行机制提出了更高的要求，那就是在关注人类社会秩序的同时，也要关注自然界的有序性，尽可能维持和促进自然的有序运行。这既凸显出了包含有生态秩序调整意涵的环境法区别于传统部门法的特质，又明确表达出了现代环境立法要求原有的法律秩序价值将生态秩序囊括其中的正当要求。

2. 公平价值

古罗马法学家塞尔苏斯有言，“法律乃公正善良之术”，因此法律一直是公平正义观念的显性表达。但不同的时代，人们对公平内涵的理解并不完全相同，正如博登海默所指出的那样，“历史上对什么的确构成而什么又不构成不合理的歧视的问题并不存在普遍一致的看法”，“给予人们和群体平等和不平等的程序，往往是依据客观的生产状况而定的，依基本上无法控制的社会现实状况而定的，依社会进化的一般状态而定的，以及现有的认识和理解水平而定的”。[4]

传统法的公平价值指向的对象是当代人群体。这种以“代内公平”为价值取向的法律虽然在破除封建神权统治观念方面起到了积极的历史推动作用，但其在人与生态自然关系上的片面性却助长了人类无限度地掠夺生态资源、破坏生态环境

---

[1] 参见卓泽渊：《法的价值论》，法律出版社 1999 年版，第 177 页。

[2] 卓泽渊：《法的价值论》，法律出版社 1999 年版，第 187 页。

[3] 参见刘波：《当代环境法律基础价值的内涵》，载《华东政法学院学报》2005 年第 2 期。

[4] [美]E. 博登海默：《法理学：法律哲学与法律方法》，邓正来译，中国政法大学出版社 2004 年版，第 312 ~ 314 页。

的行为。[1] 可持续发展理念下公平价值则跨越了这种局限，在代内公平的基础上，又赋予法律的公平价值以两重新的内涵：一是代际公平，[2] 即当代人的发展不能建立在牺牲后代人发展可能性的基础上，自然资源应该在世代间进行合理的分配。代际公平突破了时空的限制，将后代人的利益也纳入了法律的价值体系。二是种际公平，即人类作为生物物种之一，和地球生物圈的其他物种应是平等的，人类应当尊重其他生物生存的权利，寻求人与自然、人与生态的和谐共生。种际公平要求法律在承认人的价值的基础上将公平价值承载体拓展至其他生物物种，以公正地对待自然与人类自身。

3. 效率价值

效率也是法律的重要价值之一，只有在提高效率、增加社会财富的基础上，才能真正实现社会公平，实现更高层次的平等。因此追求效率既是社会治理的基本尺度，也是法律保障权利义务关系、分配社会资源的基本手段。[3] 但是可持续发展基础上的效率观却不同于传统法学对效率价值的理解。首先，传统法学侧重于对环境资源使用价值和经济效益的肯认，而忽视生态系统内在的价值和生态效益。可持续发展的效率观既承认环境资源的使用价值与经济效益，又承认生态系统的内在价值和生态效益，追求经济效益、社会效益和生态效益的统一。其次，传统法学的效率是从内部经济的角度考虑投入和产出的关系，追求的是以最小的投入获取最大的产出，却没有考虑经济活动的外部性问题。可持续发展的效率观不仅考虑经济活动的内部效率，更注重经济活动外部正效益的放大和外部负效益的削减，努力实现整体效益的统一。最后，传统法学的效率观主要强调运用经济分析方法进行利益衡量，可持续发展的效率观则既重视运用环境影响评价的方法又重视运用法律的经济分析方法，进行经济利益、社会利益和生态利益的统筹平衡，追求局部和整体效益、直接和间接效益、代内效益和代际效益的统一。[4]

---

〔1〕 参见陈泉生：《可持续发展与法律变革》，法律出版社 2000 年版，第 199～200 页。

〔2〕 代际公平包含三个基本原则：其一，“保护选择”原则，即要求各世代保护自然和文化遗产的多样性，以便不会对后代人解决自身问题和满足自身价值观造成不适当的限制，未来世代有权享有同其以前世代相当的多样性；其二，“保护质量原则”，即要求各世代维持地球的质量，从而使地球质量在传给未来世代时的状况不比其从前代继承时有所下降；其三，“保护取得和利用”原则，即各世代的每个成员都有权公平的获取其从前代继承的遗产并应当保护后代人的获取权。参见［美］爱蒂丝·布朗·魏伊丝：《公平地对待未来人类：国际法、共同遗产与未来世代间平衡》，汪劲等译，法律出版社 2000 年版，第 37～47 页。本书第六章对此有详细阐述。

〔3〕 参见张文显、于宪：《法的一般理论》，辽宁法学出版社 1988 年版，第 111 页。

〔4〕 参见蔡守秋：《环境秩序与环境效率——四论环境资源法学的基本理念》，载《河海大学学报》（哲学社会科学版）2005 年第 4 期。

二、生态文明与环境法治

(一)生态文明的产生

文明是人类社会发展的产物,它以社会生产的积极成果展示着社会的发展和进步。人类凭借自身的智慧和劳动既缔造了丰厚的物质文明,也创造了灿烂的精神文明。从人类的发展历程来看,人类文明的发展史也是人类适应、认识、改造和回归自然的历史,按照人类社会生产方式的不同,人类文明先后经历了原始文明、农业文明和工业文明三个阶段。

在原始文明时期,人类主要以群居方式通过简单的采集和狩猎维持生存。由于缺乏认识和改造自然的能力,对于人类而言,"自然界起初是作为一种完全异己的、有无限威力和不可制服的力量与人们对立的,人们就像动物一样慑服于自然界,因而,这是对自然界一种纯粹动物式的意识"。[1]人们依赖于自然界的力量,敬畏与顺从着自然法则。

到了农业文明时期,新的劳动工具的出现以及对"火"的驾驭使人类改造自然的能力发生了质的飞跃。农耕和畜牧取代原有的采集成为农业文明时期主要的物质生产活动,人类对自然界的天然依赖降低了。随着主体的能动性和自信心的增强,人们开始把自己提升到高于其他万物的地位。[2]

18 世纪的工业革命使人类快步进入了工业文明时期。随着科学技术与社会生产力的飞速发展,人与自然的关系也发生了深刻的变化。一方面,生产力的高度发展和人口的快速增长,使人类社会对生态系统的要求急剧增加,而具有强烈周期性变化规律的可再生能源和资源已经不能完全满足人类社会的要求;另一方面,随着工业文明的发展和科学技术的进步,人类干预自然、改造自然为我所需的能力和手段也日新月异,而不断扩大化的工业生产在消耗大量自然资源的同时,也将巨量的工业代谢废弃物直接排入生态系统,从而污染了生态环境,[3]直至出现地域性和全球性的生态危机。人们在饱尝黑色文明带来的经济富足的同时,开始呼唤新的文明形态以实现更合乎道德与伦理需求的发展。

(二)生态文明的内涵

生态文明是人类文明发展的一个新的阶段,是人类通过对传统工业文明理性

---

〔1〕 参见[德]马克思、[德]恩格斯:《马克思恩格斯选集》(第 1 卷),中共中央编译局编译,人民出版社 1995 年版,第 81 ~ 82 页。

〔2〕 参见李祖扬、邢子政:《从原始文明到生态文明——关于人与自然关系的回顾和反思》,载《南开学报》1999 年第 3 期。

〔3〕 参见徐春:《生态文明在人类文明中的地位》,载《中国人民大学学报》2010 年第 2 期。

反思而实现自我超越的结果。[1] 对于生态文明的内涵，学界并未达成共识。我们所理解的生态文明，至少应有基于理念维度和秩序维度的双重阐释空间。于前者，它是人类所追寻的一种文明样态；于后者，它则是推进制度实践的一种秩序范式。[2] 作为人类文明的新型样态，生态文明是对工业文明的替代和超越。它描述了人类在处理同自然的关系时所达到的文明程度和伦理高度；它以尊重、顺应和保护自然为主旨，以人与自然、人与社会的和谐共生为表现，以民族未来的永续发展为着眼点。而作为展现实践理性的一种秩序范式，生态文明则是形成一个共同体的经济、政治、文化乃至社会生态秩序的制度推手。

对于法律与文明的关系，德国新黑格尔主义法学大家约瑟夫·柯勒曾有过精辟概括。他认为法律是与文明相对的，而且不同的法律与特定时空的文明相对。"对过去而言，法律是文明的一种产物；对现在而言，法律是维系文明的一种工具；对未来而言，法律是增进文明的一种手段"。[3] 循此思路，生态文明自当为生态法治的创生提供价值原点与革新动力；而创生后的生态法治则应以生态文明的制度维系和秩序增进作为存在依据。在这种意义上，法治的意蕴当已凝结在生态文明的秩序范式之中，并成为维系和增进这一文明秩序的规范基础。[4]

（三）生态文明的法治路径

1. 我国生态文明建设历程

从 20 世纪 90 年代起，我国开始探索走出一条符合可持续发展理念并区别于传统工业文明的新工业化发展道路。1996 年《国民经济和社会发展"九五"计划和 2010 年远景目标纲要》明确将转变经济增长方式、实施可持续发展作为现代化建设的一项重要战略。2002 年，党的十六大提出"可持续发展能力不断增强，生态环境得到改善，资源利用效率显著提高，促进人与自然的和谐，推动整个社会走上生产发展、生活富裕、生态良好的文明发展道路"的全面建设小康社会目标，为生态文明建设思想的提出奠定了初步基础。2007 年，党的十七大在深入分析我国经济社会发展面临的主要问题的基础上明确提出要"建设生态文明，基本形成节约能源资源

---

〔1〕 参见蔡守秋、敖安强：《生态文明建设对法治建设的影响》，载《吉林大学社会科学学报》2011 年第 6 期。

〔2〕 我们对于生态文明具有两种维度的判断得益于人类与法律文化学者克吕贝和克鲁克霍恩对作为文明表现形式之一的法律文化内涵的概括。他们认为"文化系统一方面被作为行动的产物来考虑，另一方面也被作为进一步行动的条件因素来看待"。See A. L. Kroeber and C. Kluckhohn, Culture: A Critical Review of Concepts and Definitions, Cambridge, Kraus Reprint Co., 1952, MA, p. 181.

〔3〕 See Kohler, Moderne Rechtsprobleme, 2ed., 1913, p. 1. 转引自 Roscoe Pound, Jurisprudence, Vol. 3, St. Paul. Minn, West Publishing Co., 1959, p. 5。

〔4〕 参见邓海峰：《生态法治的整体主义自新进路》，载《清华法学》2014 年第 4 期。

和保护生态环境的产业结构、增长方式、消费方式”,将到2020年把我国建设成为生态环境良好的国家作为全面建设小康社会的重要目标之一。2011年《国民经济和社会发展第十二个五年规划纲要》进一步指出,要加快“两型社会”建设,提高生态文明水平。2012年,党的十八大将生态文明建设作为“五位一体”总体布局的重要组成部分,作出“大力推进生态文明建设”的战略部署。党的十八届五中全会确立了“创新、协调、绿色、开放、共享”五大发展理念,为中国“十三五”乃至更长时期的发展描绘了一幅可持续发展的新蓝图。2017年,党的十九大在“人类命运共同体”理念的基础上提出了“既要创造更多物质财富和精神财富以满足人民日益增长的美好生活需要,也要提供更多优质生态产品以满足人民日益增长的优美生态环境需要”的科学论断,为新时期下的生态文明建设提供了坚实的理论基础。[1]

2. 生态文明与生态法治建设

生态文明建设是个全方位的系统性工程,涉及社会生活的各个领域,需要综合运用思想文化、道德伦理、经济政策、法律制度等各种手段,其中,法治建设居于核心和基础的地位。[2] 为此,《中共中央关于全面推进依法治国若干重大问题的决定》明确提出:“用严格的法律制度保护生态环境,加快建立有效约束开发行为和促进绿色发展、循环发展、低碳发展的生态文明法律制度。”生态文明建设的根本特征是长期性,法律的稳定性能够满足生态文明建设政策和机制稳定的基本要求,使生态文明的战略和政策法定化、制度化。生态文明建设的另一个特点是科学性,建设生态文明必须遵循经济社会发展规律和自然生态规律。只有通过系统的生态法治建设,把这些规律和特点法定化,变为具有法律效力的行为准则,才能为生态法律关系提供指引、预测、评价和强制,以保障生态文明建设的顺利进行。[3]

---

〔1〕 参见俞海等:《中国共产党十八大以来我国生态文明建设:新思想、新实践和新启示》,载《环境与可持续发展》2017年第5期。

〔2〕 钱水苗、巩固:《面向生态文明的环境法制建设路径探析》,载《环境污染与防治》2011年第6期。

〔3〕 参见蔡守秋:《论我国法律体系生态化的正当性》,载《法学论坛》2013年第2期。

第三节　环境法与传统部门法的关系

■ 案例研读

临刚公司与金核公司签订《合作勘探开发协议》，约定以临钢公司现金出资、金核公司矿权出资设立项目公司。在临钢公司向金核公司补偿3500万元后，由金核公司将自己持有的目标矿权注入项目公司。金核公司应保证目标矿权不存在权利瑕疵。后临钢公司发现目标矿权的矿区位于一野生动物自然保护区核心区域，认为金核公司未告知该情形构成违约，主张解除合同。但金核公司主张自然保护区在矿权取得前就已设立，矿权从取得到年检、续展均按照地方性法规履行了相关的审批手续，不存在权利瑕疵，反对合同解除。[1]

□ **评析**

违反法律、行政法规强制性规定的合同无效。我国法律规定禁止在自然保护区内进行砍伐、开矿、采石、挖沙等从事损害生态环境和损害环境公共利益的活动。当事人之间签订的在自然保护区内勘查、开采矿产资源的合同，即使已经得到国土资源主管部门批准，也未有管理部门对该项目的矿产开发行为明确提出禁止，人民法院仍应对合同效力进行特别审查，若合同违反法律、行政法规的强制性规定，损害环境公共利益，应依法认定合同无效。

将社会关系按照调整对象与调整手段的不同划分为不同的法律关系是立法者基于立法政策与立法技术的需要所做出的技术性处理，但是这种处理不可能也无必要将紧密关联的社会关系隔绝开来。因此，尽管环境法律关系在性质上具有一定的独立性，但是它仍然与其他社会关系具有紧密的联系，这就决定了在环境法律关系实现的过程中，不仅需要环境法的调整，也需要其他相关法律部门的共同参与。此外，作为一个新兴的法律部门，环境法的理念、制度和调整方法在相当程度上借鉴于相关的部门法，这进一步密切了环境法与其他部门法的联系。

---

〔1〕 最高人民法院：《人民法院关于依法审理矿业权民事纠纷案件典型案例》，载最高人民法院网：http://www.court.gov.cn/zixun-xiangqing-23431.html，最后访问日期：2019年2月16日。

一、环境法与宪法的关系

作为国家法律体系中一个具体的法律部门，环境法的规范依据源自宪法原则与宪法精神。宪法中关于环境与资源保护的规定为环境立法提供了基础和依据。近代宪法的核心内容在于关注对个人自由、平等权利的法律保障。19 世纪末至 20 世纪初，伴随着对自由资本主义发展弊端和个人主义的反思，团体主义、干涉主义在西方发达国家应运而生。团体主义主张社会是由个人构成的有机整体，促进社会利益是国家的重要责任。干涉主义强调政府除了保障公民的自由和平等权利之外，还应当从社会整体目的出发，对社会福利、劳动保障、环境保护等问题予以关注和解决，并对以个人主义和自由主义为基础的社会经济活动进行必要干预。[1] 基于环境保护与团体主义、干涉主义的要求，一些国家通过在宪法中规定环境保护的条款，或者通过原有宪法条款的扩大解释，确立国家的环境保护职责。我国《宪法》第 26 条明确将环境保护作为国家的一项重要职责，为国家的环境管理活动和公民的环境权益奠定了宪法基础。也有一些国家将"环境权"作为公民的一项基本权利或基本人权在宪法中加以规定，从而为本国的环境立法和环境活动确立依据。

法条链接2.2

二、环境法与民法的关系

民法主要调整平等主体间的财产关系和人身关系，而环境法中除了包含国家环境管理方面的制度及行政法律关系外，相当一部分是涉及民事主体的环境权利与环境义务的法律问题。在国家尚未大量制定环境保护法律之前，环境纠纷和污染损害的救济和补偿是基于民法物权请求权制度或民法侵权制度加以解决的。民法与环境法的制度关联还表现在：民法中的绿色原则提倡民事主体实施环境友好型的民事行为，限制民事主体实施侵害他人或社会环境利益的权利滥用行为；物权法中关于相邻关系的条款直接规范着不动产相邻关系人开发利用环境要素过程中的行为，为处理相邻人之间产生的环境纠纷提供了法律依据；环境法有关环境损害赔偿的规定与侵权责任法之间具有特别法与一般法的关系，当环境法中对特定侵权事项没有作出规定时，可以适用民法特别是侵权法的一般性规定。

当然，环境法在求解环境问题的自我理念与制度革新中，也对民法既有的价值、调整对象、民事主体制度、民事权利体系等产生了一定的冲击，促使民法进行理

---

〔1〕 参见柯坚：《当代环境问题的法律回应——从部门性反应、部门化应对到跨部门协调的演进》，载《中国地质大学学报》（社会科学版）2011 年第 11 期。

论体系和制度设计上的创新。例如,传统物权法并未将环境资源的生态价值融入其概念和制度,而通过对环境容量资源的物权化或准物权化可以实现对环境资源的合理配置,防止因环境容量资源的非竞争性和非排他性用益造成生态破坏。又如,现代侵权法因果关系理论的最大贡献来源是环境法。正是由于环境侵权所体现出的主体不平等性与不可互换性、侵害对象的广泛性与损害后果的滞后性等特点,使得盖然性理论、疫学理论被侵权法接受,使无过错责任原则、过错推定原则为环境侵权民事责任构成所采纳。此外,传统的侵权法仅调整因环境侵权而造成的财产权损害和人身权损害,而不保护因环境侵权造成的生态损害,因此将生态损害纳入环境责任法的体系对于生态环境保护同样具有重要的意义。

三、环境法与行政法关系

环境保护是国家的一项基本职责,需要通过以行政机关为代表的国家机关的具体行动加以落实,所以行政手段和方法是环境法各项调整机制中运用最多的。其一,大量的环境法律制度是以行政法规范的形式确立的,如环境保护规划制度、环境影响评价制度、排污许可制度等。其二,环境行政机关的管理权限必须由行政组织法予以确认。其三,有关环境纠纷的行政处理,也要遵守行政许可法、行政处罚法、行政复议法和行政诉讼法等的有关规定。[1]

当然,环境危机是基于科学不确定条件下风险社会的必然产物,这要求传统行政法在面对环境危机时也需有所突破。传统行政法以约束和控制政府权力为核心,以限制行政机关的自由裁量权为重要的法律调整目标,这与基于环境问题的地域差异性、因果复杂性、科学不确定性等特点对行政机关提出的灵活处断的需要之间存在内在的紧张关系。此外,由于我国的自然资源国家所有权制度和政府主导的资源管理模式,使资源用益与保护呈现出较强的行政监管特点。而仅依靠行政监管不足以对环境与资源要素实行有效的保护,需要越来越多地适用行政指导、行政合同、行政奖励等偏柔性的行政手段,使行政主体与相对人在环境保护领域向合作、共治的方向发展。[2]

四、环境法与刑法的关系

环境法与刑法的关系主要体现在两者对于环境犯罪问题的调整上。刑罚作为法益保护的“最后手段”,只有在国家、社会或个人以其他手段无法有效保护该法益

---

〔1〕 参见汪劲:《环境法学》,北京大学出版社2014年版,第37页。

〔2〕 参见吕忠梅:《环境法原理》,复旦大学出版社2017年版,第101~103页。

时才被使用。由于现代环境危机的严峻性和强化环境保护的紧迫性，在民事规范和行政措施等不足以起到环境保护的规范效果时，只能暂时“休眠”刑法的谦抑精神，激活刑罚这一“最后手段”来弥补其他法律规范的不足，从而实现保护环境法益的目的。

为此，传统刑法制度在面对日益严峻的环境犯罪时，也进行了必要的革新。我国《刑法修正案（八）》将原“重大环境污染事故罪”改为“污染环境罪”，从而为将生态法益纳入刑法保护法益创造了条件。当然，刑法在对环境法益进行保护时还需要更加贴近环境犯罪的特点。例如，传统刑法多以自由刑为主要刑罚手段，由于环境犯罪的主观恶性较传统犯罪偏弱，且主要与经济发展密切相关，因而应该更加注重以财产刑为主的刑罚手段，这也是各国多采用财产刑和自由刑并用的方法来惩治环境犯罪的原因。从长远来看，环境法在利用刑法手段实现环境保护目标的过程中也还面临刑法的谦抑性与不断扩展的环境犯罪适用范围之间的矛盾。

五、环境法与经济法关系

环境法与经济法同属法学的新兴学科，二者之间的关系也非常密切。环境与资源保护与经济发展有着密切的联系，环境问题本质上仍是一个有关投入与产出的经济问题。环境问题是社会经济生产活动的必然产物，对环境与自然的污染和破坏必然制约经济的发展，而环境问题的解决也依赖于技术支持和物质保障投入。[1] 这说明环境法与经济法在深层法律调整目的方面具有价值位阶上的一致性。在环境法自身理论体系的建构方面，经济学与经济法学的贡献也不可小觑。环境属性的理性分析来源于经济学家的贡献，而对于环境所具有的非竞争性与非排他性的解决方案，也来源于庇古税理论和环境产权学说。因此，经济行政手段与产权手段构成了环境法律制度群的主体。在环境管理模式努力从传统的末端管控向全过程治理转变的过程中，在全球环境民主治理日渐深入人心的背景下，环境法与经济法的关系只会更加紧密。环境法将更广泛地采用诸如排污收费制度、环境税制度、环境保险制度、生态奖励或补贴措施等经济法律机制来控制污染与保护环境。

六、环境法与诉讼法的关系

环境纠纷的解决既有可能涉及民事法律关系，也有可能涉及行政法律关系，甚至可能涉及刑事法律关系，所以环境实体法与传统的诉讼程序法具有紧密的关联。当然，环境法律关系的发展和演变也给传统的诉讼理论和诉讼制度带来了新的挑战。传统的民事侵权纠纷主要依靠私益诉讼寻求问题的解决，而环境污染和生态

---

〔1〕 参见王权典：《环境法》，中国农业出版社2005年版，第26～27页。

破坏类案件不仅涉及当事人的私益，在保护法益的范畴中经常出现的是环境公益。因此为了防止环境污染对不特定多数人的利益造成损害，法律特别允许与案件无直接利害关系的第三人代表公众对可能或已经造成环境公益损害的民事主体或国家行政机关提起公益诉讼。例如，我国《环境保护法》第 58 条规定，“对污染环境、破坏生态、损害社会公共利益的行为，符合下列条件的社会组织可以向人民法院提起诉讼”，即允许符合一定条件的机关和社会组织提起环境公益诉讼。再如，《人民检察院提起公益诉讼试点工作实施办法》也特别允许检察机关代表国家和公众提起环境民事公益诉讼和环境行政公益诉讼。此外，由于环境污染类案件本身所具有的特殊性，在案件受理标准和责任认定的过程中也往往需要依靠诉讼法的革新来完成法益保护的使命。例如，为衡平环境侵权诉讼中原、被告的举证责任负担，我国民事诉讼法规定在环境侵权的场合实行举证责任倒置，原告只需证明被告污染行为具有导致其损害发生的可能性即可认定原告完成了初步举证责任。再如最高人民法院《关于审理环境侵权责任纠纷案件适用法律若干问题的解释》第 10 条也对涉环境侵权类案件证据的来源与认定标准作出了补充性规定，明确“负有环境保护监督管理职责的部门或者其委托的机构出具的环境污染事件调查报告、检验报告、检测报告、评估报告或者监测数据等，经当事人质证，可以作为认定案件事实的根据”。

法条链接2.3

七、环境法与自然资源法的关系

自然资源一般指自然产生的原料，可以满足人类需求，并可用于商业用途，而环境的范围则更广，代表更丰富的内涵和价值，因而自然资源往往以其经济价值为人们所知，自然资源法也被长时间作为经济法部门下的一个分支。就法发生学的角度而言，自然资源法的产生要远早于环境法。我国自西周时期起便孕育出了自然资源保护思想，旨在保障统治者对自然资源的持续利用。后续封建时期的土地立法，民国时期的《渔业法》《森林法》等立法，新中国成立后制定的《宪法》（1954 年）以及颁布的《矿业暂行条例》《森林保护条例》等自然资源保护规定，均是自然资源法先于环境法产生的证明。而我国环境法的发端则始于 20 世纪 70 年代。据此，自然资源法与环境法是一种相对独立、互不包含的关系。

随着环境资源化、资源生态化趋势的日渐明朗，自然资源法与环境法的关系不再僵化与隔绝，而是开启了理念的融合与制度的对接。环境容量概念的兴起和论证，令环境本身具备了被纳入准物权客体的法理基础，进而为将以生态系统服务功能为核心表现形式的生态环境要素纳入财产权的话语体系扫清了障碍。基于这一理论突破，传统上泾渭分明的环境法与自然资源法因生态要素客体栖生载体与保护手段的趋同化，开启了互渗融通与体系化整合的趋势。这使我们逐渐意识到，环境和自然资源只不过是同一客观实在性的两个不同方面，是人们在不同阶段的生产实践中基于自身需要对栖生于同一客体的不同功能进行的差异化认知。自然资源法以生态经济的内部性活动产生的涉资源类生态社会关系为调整对象，环境法以生态经济的外部性活动产生的涉环境类生态社会关系为调整对象，两法结合后的调整对象为完整的生态经济社会关系，保护的则是生态整体利益。环境法与自然资源法之间最好的关系配置便是同时置于生态法项下，并肩推进生态法治。随着2018年国务院机构改革方案将资源与生态要素的行政管理权逐渐划转至自然资源部和生态环境部，我国资源与生态要素属地化分配与碎片化管理的旧有模式被打破了，但是这种整合与生态整体主义对行政管理的需求仍存距离，资源与生态要素持续分立对生态法治整体性的阻隔仍需破解。[1]

延伸阅读

关于环境权的系统讨论，可参考吴卫星：《环境权理论的新展开》，北京大学出版社2018年版；环境权与人格权的讨论，可参考刘长兴：《环境权保护的人格权法进路——兼论绿色原则在民法典人格权编的体现》，载《法学评论》2019年第3期。

关于环境法规范体系化过程中的价值判断，可参考曹炜：《论环境法法典化的方法论自觉》，载《中国人民大学学报》2019年第2期。

关于生态文明与环境法治的讨论，可参考王建学：《论生态文明入宪后环境条款的整体性诠释》，载《政治与法律》2018年第9期；李艳芳：《论生态文明建设与环境法的独立部门法地位》，载《清华法学》2018年第5期；王灿发：《论生态文明建设法律保障体系的构建》，载《中国法学》2014年第3期。

关于环境法与传统部门法的讨论，可参考吕忠梅：《环境法回归 路在何方？——关于环境法与传统部门法关系的再思考》，载《清华法学》2018年第5期；汪劲：《环境法学的中国现象：由来与前程——源自环境法和法学学科发展史的考察》，载《清华法学》2018年第5期；张震：《中国宪法的环境观及其规范表达》，载《中国法学》2018年第4期。

综合练习

1. 关于环境权，理论上存在哪些争议？
2. 可持续发展观对于法律价值的完善体现在哪些方面？
3. 生态法治的实现路径是什么？
4. 环境法与传统部门法有哪些共通与不同之处？

---

〔1〕 参见邓海峰：《环境法与自然资源法关系新探》，载《清华法学》2018年第5期。

第三章　环境法的基本原则

本章要点

环境法的基本原则是环境法在创制和施行中所共同确立的，贯穿于整个环境法律体系之中，具有普遍性、强制性和相对稳定性的准则。它既是环境立法的依规，也是环境执法、司法活动的基本准绳。因此，它是学习环境法首先应当掌握的基础性内容。本章从环境法基本原则的概念、特征入手，详细介绍了包括保护优先原则、预防原则、公众参与原则、损害者担责原则和协同合作原则等五项基本原则。[1] 通过学习，应当掌握上述基本原则的含义、生成过程与适用规则等核心内容。

关键词｜保护优先　预防　公众参与　损害者担责　协同合作

第一节　环境法基本原则概述

一、环境法基本原则的概念

通常"原则"一词的含义较为丰富，它会在保持质的规定性的基础上，随着适用的情境和语境的不同而体现出量的差异性。例如法国的法学用语辞典，就以列举的方式将"原则"的含义划分为七类。举其要者，大体包括：其一，指非法律的一般规范，从这种一般规范可以导出法律规范。其二，作为法律规定的法规范的一般条款。如各国宪法序言中的"一般性原则"。其三，即使在法律文本中没有写明亦具有法律拘束力的法的一般原则。[2] 这种意义上的原则也可以称为未有法律条文的法律原则。[3] 当原则这一语词与法学方法论相结合时，就产生了作为其下位概念

---

〔1〕 在上述基本原则中，保护优先原则、预防原则、公众参与原则、损害者担责原则是2014年修订的《环境保护法》根据我国环境保护与社会发展的实际需要总结凝练的法定原则，而协同合作原则则是学者根据环境保护的国际与国内实践的需要归纳总结的理论成果。

〔2〕 参见梁慧星：《民法总论》，法律出版社2001年版，第46页。

〔3〕 参见［日］星野英一：《未有条文的民法"原则"》，载《法学教室》1993年第5期。

的“法律原则”。

法律原则在大陆法系通常被认为是“以社会通念、公序良俗、信义诚实之原则等言词表现的，最终存在于社会生活的根本理念中以为补充法欠缺的工具”。[1]在英美法系国家，“原则表达了详细的法律规则和具体的法律制度的基本目的，因为人们把原则看作使这些基本目的始终如一、紧密一致、深入人心，从而使其完全理性化的东西。因此，法律原则正是规则与价值的交汇点”。[2]我国法理学界认为法律原则是法律规范的基础或在法律中较为稳定的原理和准则。[3] 作为法的要素之一，法律原则体现了法律与社会的价值观念之间的密切联系，发挥着法律规则所无法替代的作用，诸如为法律规则和概念提供基础或出发点，对法律的制定和法律规则的理解具有指导意义。它们也可以作为疑难案件的断案依据，当某一案件的特殊事实导致适用原有规则不公正时，法律原则可作为断案依据。此外，许多法律原则还可以直接作为审判的依据，此时这些原则的作用与规则无异。[4]

法律原则按照其所属层次的位阶顺序可以划分为宪法原则和部门法原则，按照其调整范围的广狭程度可以划分为基本原则和具体原则。基本原则是法律在调整各种社会关系时所体现的最基本的精神价值，反映了它所涵盖的各部门法或子部门的共同要求。具体原则则是基本原则的具体化，构成了基本法律原则所调整的法律领域所包括的次级层次法律领域的指导思想和直接出发点，反映了该次级层次的特殊性。[5] 本章所讨论的环境法基本原则在层次上属于法律部门原则，是调整环境法律部门的原则性规范；在调整范围上属于基本原则，体现着环境法的本质和根本价值，是环境法律关系的指导思想和出发点，是环境法律体系中的灵魂，决定着该法律部门的统一性和稳定性。[6]

关于环境法基本原则的概念，目前学界尚存在争议。[7] 我们认为，环境法的基本原则是指环境法在创制和施行中所共同确立的，贯穿于整个环境法律体系之中，具有普遍性、强制性和相对稳定性的准则。它是以我国社会主义宪法原则为指导

---

〔1〕 参见《全订法学词典》，东京日本评论社 1971 年版，第 529 页。

〔2〕 参见[美]M. D. 贝勒斯：《法律的原则——一个规范的分析》，张文显等译，中国大百科全书出版社 1996 年版，第 315 页。

〔3〕 参见张文显：《二十世纪西方法哲学思潮》，法律出版社 1996 年版，第 391 页。

〔4〕 参见张文显：《法理学》，高等教育出版社、北京大学出版社 1999 年版，第 74 页。

〔5〕 参见公丕祥主编：《法理学》，复旦大学出版社 2002 年版，第 339 页。

〔6〕 参见[美]M. D. 贝勒斯：《法律的原则——一个规范的分析》，张文显等译，中国大百科全书出版社 1996 年版，第 469 页。

〔7〕 参见蔡守秋主编：《环境法学》，人民法院出版社、中国人民公安大学出版社 2003 年版，第 113 ~ 120 页；王灿发：《环境法教程》，中国政法大学出版社 1997 年版，第 72 页；韩德培主编：《环境保护法教程》，法律出版社 1998 年版，第 63 页；吕忠梅：《环境法》，法律出版社 1997 年版，第 58 页。

确立起来的，以实现环境法的目的和完成环境立法任务为目标的法律准则。[1] 它既是环境法基本理念于法律制度层面上的具体体现，又是环境法的本质、技术原理与国家环境政策于法律规范层面上的集中反映。[2]

■ 拓展｜环境法基本原则概念的分类学说

有学者曾以对原则的功能定位为标准，将学界已有的环境法基本原则概念划分为三类。其一，环境管理准则说。该说认为环境法的基本原则是调整因开发、利用、保护、改善环境而产生的社会关系的根本的或主要的准则，它是整个环境管理活动的指导思想和出发点，构成环境法的灵魂，决定着环境法整体的统一和协调。[3] 其二，环境法律规定或体现说。该说主张环境法的基本原则是在环境保护法中规定或体现的，对环境保护实行法律调整的基本指导方针。其三，环境法指导准则说。该说提出环境法的基本原则是指贯穿于整个环境法之中，所有环境法律规范都必须遵循和贯彻的，调整并决定一切环境法律关系主体所有行为的指导思想和基本准则，是环境法性质的集中体现。应当承认，尽管上述三种学说对环境法基本原则的表述不尽相同，但它们的概括均从不同的角度反映出了作为环境法基本原则的法律规范所应具有的质的规定性，因而上述三种学说并无本质上的不同。

二、环境法基本原则的特点

（一）地位上的基本性

环境法的基本原则是对宪法原则在环境法律部门适用时的具体化，是对一般环境法律规范中所蕴含的质的规定性的抽象化，因此，它代表着环境法的根本价值，体现着环境法律适用的基本原理。它的内容需要在各项环境立法中得以体现，并贯穿于整个环境法律体系；它的效力需要在各项环境法律规范中得以彰显，并作用于各类环境法律关系。所以，无论是对环境立法而言还是对环境法律的适用而言，环境法的基本原则均居于基础性的地位，发挥普遍指导的作用。

---

〔1〕 参见窦玉珍、马燕主编：《环境法学》，中国政法大学出版社2005年版，第64页。

〔2〕 参见汪劲：《环境法学》，北京大学出版社2006年版，第151页。

〔3〕 王灿发、傅学良：《论我国〈环境保护法〉的修改》，载《中国地质大学学报》（社会科学版）2011年第3期。

(二)范围上的特殊性

作为一类以法律部门为基础形成的法律制度体系的基本原则,环境法基本原则的内涵来源于对宪法原则的继受和对环境法领域内共同规律的认识和抽象,因此它有明确的调整范围。就理念而言,它更多地体现环境法的价值追求和人文关怀;就内容而言,它更多地体现环境法的特殊属性和差异化需求。因此,环境法的基本原则不是对我国法制建设中共同原则、通用原则抑或其他法律原则的简单重复,而是将环境法区分于其他法律部门的重要尺度。

(三)时效上的相对性

法律不是建筑在法学精神王国中的空中楼阁,而是根植于朴素物质世界中的行为准则,因此作为对社会客观存在的一种理性反映,法律的基本原则必然也会随着社会物质条件和主流价值观念的变化而变化。事实上,虽然环境法的基本原则是由国家的环境立法所确立的,但是因为各国在一定时期或者某一国家在不同时期环境问题的重点不同,很自然地就使各国的环境立法对其所包含的基本原则的概括和解释发生同向的位移。上述现象说明,尽管作为法律原则的一种,环境法的基本原则相对于具体法律规范具有较强的稳定性,但这种稳定性是相对的,它会受到法律原则在适用上是否具有时效性的影响。

(四)内容上的抽象性

环境法的基本原则不是对环境法律规范的简单整合或排列组合,而是对环境法根本价值和基本原理的概括和总结,是对环境法律关系本质需求的提炼和升华,因此具有高度抽象化的特点。也正是由于具备上述特点,才使环境法基本原则的确立具有了突出的理论意义与实践意义。

三、确立环境法基本原则的意义

法理学研究成果表明,法律的基本原则在促进法律的创制和改善法律的适用等方面具有重要的作用。我们认为,确立环境法基本原则的意义也突出地体现在上述两个方面。就法律的创制层面而言,环境法基本原则的明确直接决定了该法律部门内部相关制度的性质、内容和基本价值取向。它使整个环境法律体系的理论基础得以明晰化。在法律创制的过程中,基本原则为立法者和适法者提供了一种建基于法律逻辑关系和法律位阶关系的工具,运用这一工具,环境立法者和适法者可以防止和消弭各种不同环境立法内部的矛盾,增强环境法制的协调与统一。环境法律基本原则所具有的时效上的相对性还赋予这些原则以法律制度导向的功能。当环境法制所涉及的人们的行为方式和生存方式发生深刻变化的时候,立法者可以通过引入新的基本原则或赋予既存原则以新的含义的方式,引导整个环境法制沿着适应社会需要的方向发展。[1]

就法律的适用层面而言，确立环境法基本原则的意义则更为明显。首先，它们为环境法律的解释和推理提供了基本的指南。由于我国环境法律制定的时间存在较大差异，适用范围又不可避免地会产生部分重叠，这就使对法律进行必要的解释和推理成为环境法律适用过程中的常见现象。基本原则具有立法上的预见性、位阶上的权威性、内容上的科学性、适用上的包容性，能够为环境法律的解释和推理提供权威的基准。其次，具有科学上的不确定性是环境法律区别于其他法律部门的一个重要特征。该特征在客观上的效果就是容易导致环境立法存在真空地带或技术性立法漏洞。环境法基本原则的抽象性，使其具有了适用范围广，能够克服成文法严格规则主义缺陷的优势；这样就使环境法基本原则可以适时发挥补充法律漏洞，强化法律调控能力的功能。最后，由于涉及环境资源的违法行为的种类和严重程度存在较大差异，各类环境侵权行为的样态也日渐多样化，这就使环境立法在保留部分羁束处断标准的同时，还要创设相当幅度的自由裁量处断标准，这就难免导致司法和执法环节的武断或不当。而环境法的基本原则在司法环节上就可以发挥作为裁判依据的评价功能，有效限定自由裁量权的范围。[2]

第二节　保护优先原则

■ 案例研读

某市是一座历史文化名城，拥有许多著名的高校和风景旅游景点。近年来，随着城市的发展，该市西北部城区的交通拥堵状况日益严重。经过专家分析，该地区交通拥堵之所以严重，除了该地区机动车保有量和人口流量大幅增加之外，高校和风景旅游景点较为集中，校园和公园占用较大空间导致的该地区道路拓宽潜力有限，通过能力严重不足是重要原因。为缓解道路交通的压力，该区政府决定以某全国著名高校校园的东西两侧为基点，投资兴建一条城市一级干道，从该校校园中间穿过，将原来被该校校园截断的两条主干道连通。设计人员在设计该条道路的具体建设方案时注意到，该道路将通过的路线恰好

---

〔1〕　参见葛洪义主编：《法理学》，中国人民大学出版社2003年版，第134～135页。

〔2〕　参见罗丽主编：《环境法教程》，中国法制出版社2014年版，第37～58页。

位于该校校园的中心地带,按照由西至东的走向,道路将学校的教学区和办公区一分为二。在道路沿线的一侧分布着多栋新建的教学楼和实验楼,其中不乏高端的教学科研精密仪器,而在道路沿线的另一侧则坐落着已经被评定为全国重点文物保护单位的该校老校区。设计人员认为未来道路通行后所产生的振动、噪声和汽车尾气可能对这些精密仪器和老校区的保护建筑产生不利影响。此外线路施工还需拆除部分重点保护建筑。为此,他们提出了三套设计方案:第一,采用传统平面道路设计,建成后的道路与学校校园原有路面平齐,但采取减振降噪措施。该方案的优点是投资较小,施工周期短,但其缺点是即使采取目前最先进的减振降噪措施,其效果也仅能达到该市在15年前颁布的相关环境标准的要求而无法满足精密仪器和设备对周边环境质量的要求,且尾气控制措施无法达标,保护建筑则需拆除。第二,采用高架跨线桥设计方案,通过铺设桥梁的方式使道路于空中直接穿越校园。该方案的优点是减小了道路振动和噪声对精密仪器和教学科研活动的影响,保护建筑只需部分拆除,但其缺点是投资将出现较大增加,且无法根治振动和噪声的影响,对减少尾气的影响作用不明显。第三,采用修建隧道的方式使道路由地下穿越校园。该方案的优点是在隧道达到一定深度且走向设计合理的情况下,能够满足精密仪器和设备对周边环境质量的要求,且尾气控制措施能够达标,对教学活动也不会产生直接的不利影响,保护建筑无须拆除,但其缺点是施工难度增加,投资成倍增长,且施工周期大幅延长。某市应如何选取最终的施工方案?

□ **评析**

本案的核心是城市发展过程中能否以保护优先原则为利益衡量的基础,将环境保护置于优先于经济和社会发展的地位。城市的发展有赖于交通等基础设施的完善,城市交通效率的提高对高校的发展也具有促进作用。因此,完善高校周边的交通设施与高校的发展并不矛盾。但需要思考的是当城市的发展与环境保护的目标发生冲突时,应如何在确保环境保护目标得以优先实现的前提下,促进城市的交通建设。本案中,方案一、方案二虽然均做出了努力,但仍然无法完全排除对高校的影响。为维护该著名高校的教学科研秩序,保护建筑文化遗存,遵循保护优先的原则,该市应以方案三作为首选。

一、保护优先原则的含义

所谓保护优先原则是指在国家的行政管理过程中,应当把环境保护作为行政决策的优先事项,当生态利益与包括经济利益在内的其他利益发生冲突时,应当优先保障社会的生态利益和国家的生态安全。保护优先原则是我国《环境保护法》在既有的协调发展原则的基础上，通过对其内涵加以改造而确立的一项新原则。[1]作为其制度前身，协调发展原则在一些教科书中，也被表述为“环境保护与经济建设、社会发展相协调原则”“可持续发展原则”“环境利益衡平原则”等。由于协调发展原则阐述的是环境与经济和社会发展之间的相互关系，因此它在我国环境法的基本原则中居于核心地位。其实质是要求在经济和社会发展的过程中，必须保护环境和自然资源，保障国家的生态安全，不能以牺牲环境质量和自然资源禀赋为代价谋求片面的经济发展，也不能因为环境保护和自然资源保育的需要而否定人类提升物质文化生活质量的合理需求。但是，随着我国环境污染与资源退化形势的日益严峻，该原则将不同利益等量齐观、平衡对待的调整尺度已经无法满足生态文明社会建设对环境保护制度的迫切期待。而保护优先原则在继承了协调发展原则注重利益衡量与利益平衡这一特征的基础上，进一步明确了生态利益相对于其他利益的优势地位，从而为全面提升环境保护工作的力度与价值位阶奠定了法律基础。

二、保护优先原则的提出及其内容

（一）保护优先原则的提出

事实上，保护优先原则之所以能够被提出并最终确认为环境法的基本原则，是环境资源的自然属性与法制社会对人类行为的调整方式发生互动性实践的结果。就客观方面而言，人们之所以强调要重视环境保护，完全取决于环境资源是人类生存和发展的物质基础这一基本事实。环境资源是人类赖以生存和繁衍的基础条件，既是人类取得各种自然资源的物质源泉，更是人类生产、生活的场所和空间。人类为了更好地生存和发展，必须占有环境、利用环境，并保证这种占有和利用关系具有可持续性，也就是说环境资源之于人类的可资利用的价值要求人类必须重视这种自然赋存的保有和养护。就主观方面而言，人们之所以强调生态利益要优先于其他利益，还取决于随着环境问题的日益严峻，人们认识到基于对环境资源的占有和利用而产生的矛盾已经上升到必须由法律加以规范，且生态利益必须取得优势地位的境地。

自人类产生开始，如何求得生存与发展便是这一群体始终必须面对的重大问题。为了求得种群的繁衍和民族国家的生存，人类在过去的岁月中，特别是在产业革命以后，开始对环境资源进行大规模的开发利用。当我们以环境保护的观点来审视西方发达国家工业化的过程时，不难发现，虽然工业化促进了经济和社会的发

---

[1] 我国《环境保护法》第5条规定，“环境保护坚持保护优先、预防为主、综合治理、公众参与、损害担责的原则”。这是我国环境立法首次将“保护优先”确立为基本原则。

展,满足并提高了人们对物质和精神生活的需求,但是必须看到发达国家走过的是一条以牺牲环境、盲目发展为特征的"先污染后治理"之路,其结果导致了人与环境关系的日趋恶化,人们因对环境资源的占有和利用而矛盾频生。面对日益严峻的环境危机,人们开始反思人类的"进化之路",并在此基础上先后提出了"零增长理论""无关论""经济发展优先论"等内涵迥异的学说,以期为人类过去或未来的发展提供伦理与法律支撑。然而,上述学说均因为其自身所具有的片面性而无法得到全人类的普遍认同。开启可持续发展法制化曙光的是1972年在瑞典首都斯德哥尔摩召开的联合国人类环境会议。大会通过的《人类环境宣言》中提出"我们只有一个地球"的口号,号召人类采取大规模的行动保护环境,使地球不仅成为当代人生活的场所,也应适应未来子孙后代的生存和发展。1987年《我们共同的未来》研究报告,提出了"可持续发展"的重要思想,指出人类发展应当坚持"既满足当代人的需要,又不对后代人满足其需要的能力构成危害"。从此,可持续发展观逐渐成为被国际社会普遍认可的发展观。1992年6月在巴西里约热内卢召开的联合国环境与发展大会通过的《关于环境与发展的里约宣言》和《21世纪议程》。里约会议的召开标志着可持续发展思想从理论阶段转化为全面实践阶段。《关于环境与发展的里约宣言》的酝酿过程为各国立法将保护优先原则纳入环境立法奠定了坚实的理论基础。在这前后,韩国、日本及俄罗斯等国相继在其国内的环境立法中将协调发展原则提升到了保护优先原则的层次。[1]

作为里约宣言的签字国,我国从可持续发展思想确立之初就将其明确为国内环境法制的基本目标和价值追求,并力求在制度设计层面全面而完整地体现这一思想的内涵。作为保护优先原则前身的协调发展原则的确立就是上述努力的重要成果。回溯我国的环境法制进程,协调发展原则作为我国环境保护的指导思想始于20世纪70年代初期。1973年8月,我国召开了第一次全国环境保护工作会议,在同年11月国务院批转的根据会议精神起草的《关于全国环境保护会议情况的报告》中明确提出了"经济发展和环境保护,同时并进,协调发展"的方针。在此后颁布的一系列有关环境保护的政策文件当中,"协调发展"的思想被多次重申。1979年9月13日,我国颁布了《环境保护法(试行)》。该法第5条规定:"国务院和所属各部门、地方各级人民政府必须切实做好环境保护工作;在制定发展国民经济计划的时候,必须对环境的保护和改善统筹安排,并认真组织实施;对已经造成的环境污染和其他公害,必须作出规划,有计划有步骤地加以解决。"试行法的上述规定首

〔1〕 参见1990年《韩国环境政策基本法》第2条;1993年《日本环境政策基本法》第4条;2002年《俄罗斯联邦环境保护法》第3条。

次以基本法的形式对协调发展原则在我国环境保护法制中的地位给予了明确。1989 年 12 月 26 日颁布的《环境保护法》再次重申了这一原则。该法第 4 条规定："国家制定的环境保护规划必须纳入国民经济和社会发展计划，国家采取有利于环境保护的经济、技术政策和措施，使环境保护工作同经济建设和社会发展相协调。"随着我国环境保护形势的发展，继续采行环境保护与经济和社会发展相协调的制度尺度已经无法应对各类严峻的环境问题。鉴于此，我国在 2006 年 3 月 14 日颁布的《国民经济和社会发展第十一个五年规划纲要》中首次提出对国土空间主体功能区划的限制开发区域实行"保护优先、适度开发、点状发展"的总体要求。[1] 此后，保护优先原则又先后被 2011 年 1 月 8 日修订的《自然保护区条例》、2006 年 12 月 1 日生效的《风景名胜区条例》和 2014 年 4 月 24 日修订的《环境保护法》等重要的法律法规确认。[2]

法条链接3.1

（二）保护优先原则的内容

结合对可持续发展战略的理解，我们认为保护优先原则应包含以下内容：

1. 正确处理好经济建设、社会建设和环境建设之间的关系，以实现经济、社会和环境的可持续发展和良性互动。它要求经济建设、社会建设必须充分考虑环境的承载力和自然资源的赋存水平，在实现量的扩张的同时，注重质的平衡与提高。当三者发生矛盾时，经济建设与社会发展要服从于生态利益的保护。

2. 将环境资源保护规划纳入国民经济和社会发展规划，并按照规划的要求充分保障其中有关环境资源保护的内容优先实施，使环境保护与自然资源的开发利用免受经济建设和社会发展的不利影响。

3. 以实现可持续发展为目标，实现人与人之间、人与环境之间的和谐共处。实现协调与可持续的发展要求满足全体人民的基本需要和给全体人民机会以满足他们要求较好生活的愿望，要求促进和鼓励在生态可能范围内的消费标准和合理的所有人均可向往的标准，要求应当从提高生产潜力和确保人人都有平等的机会两方面满足人民的需要，要求应当尽可能地降低非再生资源的耗竭速率以减少对将来选择的妨害，要求保护动植物物种，要求将大气质量、水和其他自然因素的不良影响减少到最低限度以保持生态系统的完整性。[3]

4. 在尊重发展权的基础上，保障国家的生态安全。保障国家生态安全是保护优先原则的题中应有之义。对于一个主权国家而言，生态安全的重点主要是土地、

---

〔1〕 参见《国民经济和社会发展第十一个五年规划纲要》第二十章第三节。

〔2〕 参见《自然保护区条例》第 18 条，《风景名胜区条例》第 13 条，《环境保护法》第 5 条。

〔3〕 参见世界环境与发展委员会：《我们共同的未来》，王之佳等译，吉林人民出版社 1997 年版，第 53 ~ 56 页。

水源、天然林、地下矿藏、大气等自然资源的安全。具体包括生物系统的稳定与健康，自然资源供给充足，人口和食物系统安全，以及外交和国际贸易领域的生态环境安全等。生态安全是决定一个国家是否具有独立发展能力与潜力的重要物质基础，是决定国家竞争力的重要因素。因此，不同的法律主体在开展对自然环境有直接或间接影响的活动时，必须经过科学论证，按照相关法律法规的要求，采取适当的生态救济机制或威胁防范措施，保障国家的生态利益和国民的生态福祉。[1]

三、保护优先原则的落实

按照法理学对法律基本原则的分类，环境法上的保护优先原则属于政策性原则，这一属性决定了其属于不具有法律拘束力的法律规范，它的适用更多地体现在单项环境资源保护法律制度的确定和对编制有关发展政策、计划的指导方面。[2] 具体包括：

1. 将环境保护纳入国民经济和社会发展规划与决策。按照福利经济学的理论，环境资源的保护因其具有典型的外部性而遭受着“市场失灵”的尴尬处境，因此各国普遍将环境保护作为国家的一项基本职能。在我国，国民经济和社会发展规划是政府进行宏观调控和社会管理的重要依据和手段，规划一经制定，便具有行政法上的普遍约束力。因此，要实现环境保护优先于经济建设和社会建设，就必须将环境资源保护规划纳入国民经济和社会发展的规划之中。事实上，自1979年《环境保护法（试行）》为将环境保护纳入国民经济和社会发展规划创设法律依据以来，上述要求已经逐渐在我国国民经济和社会发展规划的编制过程中得到体现。为突出这项要求，1989年颁布的《环境保护法》、2002年10月28日制定的《环境影响评价法》和2003年8月27日制定的《行政许可法》还分别就环境资源保护规划列入国民经济和社会发展规划中的依据、环境保护篇章在各级政府编制的发展规划中的效力，以及行政许可的设定同生态环境协调发展的关系等问题作出了具体规定。

2. 建设以资源节约和环境友好为特征的循环经济社会。所谓循环经济社会是指在经济、社会发展过程中，对环境和资源的保护从开发到生产、流通、消费、废弃再到回收实行全过程的监督管理，通过再生、循环利用使经济和社会的发展顺应生态规律基本要求的发展模式。我国目前的环境污染和资源破坏，主要来自经济生产活动，尤其是工业生产活动。把环境保护纳入有关部门的经济管理与企业管理，是从微观上控制环境污染，使环境保护规划得到具体落实的重要举措。而循环经济

---

〔1〕 参见窦玉珍、马燕主编：《环境法学》，中国政法大学出版社2005年版，第68页。
〔2〕 参见汪劲：《环境法学》，北京大学出版社2006年版，第165页。

就是这种资源节约型、环境友好型生产与管理制度的典型模式。20 世纪 80 年代以后，以日本和德国为代表的西方发达国家便开启了以建构循环经济社会为目标的环境治理实践，我国也于 21 世纪初提出构建循环经济社会的发展理念，并相继制定或修订了《节约能源法》《清洁生产促进法》《固体废弃物污染环境防治法》《循环经济法》等法律。可见，在当今社会建立以资源节约和环境友好为特征的循环经济发展模式是保护优先原则得以实现的理想制度选择。

3. 制订环境保护规划，明确政府的环保责任。国民经济和社会发展规划是指导国民经济和社会发展的总纲，具有原则性和宏观性的特点。要想将环境资源保护的制度和措施落到实处，使环境保护工作与国民经济和社会发展总体规划相衔接、相协调，还必须在上述发展规划的基础上制订国家以及地方层面的环境资源保护规划。此外，“徒法不足以自行”，环境资源保护目标的实现，环保规划的施行还必须有完善的法律和执行机制的保障。结合我国的现实国情，并参照国外的相关经验，我们认为完善这种执行机制的首要任务就是明确政府的环保责任。这种责任主要表现在：制定符合环保要求的产业政策，合理调整产业结构，搞好区域环境规划，加强环境监督管理，协调环境保护工作，协助企业控制污染，落实城市环保设施建设，组织城市环境综合治理等。[1]

第三节　预防原则

■ 案例研读

和平村地处边远的干旱地区，且人多地少，除村子周边长满耐旱的沙棘植物之外，粮食单产很低，村民始终无法解决温饱问题。2016 年，祖籍在该村的香港商人王先生回村省亲，看到家乡的贫困面貌，决定给该村捐赠 100 万元人民币，用于发展该村的经济，以改善村民的生活。对于如何使用王先生的捐款，村委会成员形成了三种不同的意见。第一种意见认为，3 年前邻村盖起了砖窑厂，通过土法烧砖赚了一些钱。本村的劳动力过剩，而且土地单产很低，不如用这些钱盖一处砖厂，直接挖土烧砖卖钱，解决村民的温饱问题。第二种意见认为，近年来本村许多剩余劳动力到县城的电镀厂打工，他们基本掌握了电镀的加

〔1〕 参见钱水苗等编：《环境法》，高等教育出版社 2005 年版，第 84 页。

工工艺，不妨将他们召回，用捐赠款新建一家电镀厂，或者与县城的电镀厂联营，以改变本村的落后局面。第三种意见认为，应当发挥本村盛产沙棘的有利条件，兴建一家沙棘果加工厂，这样既可变废为宝，又可以吸收剩余的劳动力，会很快致富。

□ 评析

结合本节对预防原则的介绍，预防原则的核心要旨在于“防患于未然”，在城市和农村的发展规划中强调环境先行。鉴于这一要旨，应优选对环境没有损害且与当地资源优势结合紧密的方案三作为投资首选。

一、预防原则的含义

环境法上的预防原则是指为避免或消除环境损害，应当事前对开发和利用环境资源的行为可能造成的环境质量下降、功能减损或资源破坏采取必要的防范措施。在我国，环境政策和法律一般将其表述为“预防为主、防治结合的原则”或“预防为主、防治结合、综合整治的原则”，[1]其基本含义是：在环境保护工作中要把事前防止环境污染和生态破坏等环境问题放在首位，做到防患于未然；同时对于不可避免的或者已经产生的环境污染和生态破坏，要采取措施积极治理，以保护人类赖以生存的生态系统和人类自身的健康与安全。预防原则是基于环境问题的高危性和迫切性被提出并得以确立的，它是对国内外环境保护事业经验教训的科学总结。就我国这样生态环境系统较为脆弱的发展中国家而言，将预防原则确立为环境法的基本原则具有重要的意义。

首先，有利于提高投资效益，构建节约型社会。当今世界的多数西方发达国家在实现工业化的过程中都经历了“先污染、后治理”的过程。它们的发展是以牺牲环境质量和国民身体素质为代价的。当他们认识到这种不可持续的发展模式无以为继之后，纷纷动用大量的财力和物力恢复已经千疮百孔的生存环境。与西方国家相比，我国目前正处在资金短缺而又面临产业升级的重要机遇期，如果我们继续走西方国家“先污染、后治理”的老路，那么我们将会因为丧失了对“后发优势”的把握而付出比它们更多、更为昂贵的代价。事实证明，只有树立预防为主，防治结合的环境治理思想，才能够将有限的社会财富投入到效益最大、效果最好的建设领域。而这正是构建节约型社会的题中应有之义。

其次，有利于转变社会行为模式，提高社会文明程度。“先污染、后治理”发展

---

〔1〕 徐祥民主编：《环境法学》，北京大学出版社2005年版，第124页。

模式的一大弊害就是扭曲公众对环境的重视程度，人为降低公众的环境价值理性。这种模式不仅造成普通民众对环境问题的漠视，更为企业等生产主体逃避环保责任洞开了伦理之门。因此，将预防原则确立为环境法的基本原则有利于纠正公众对环境资源价值属性的不当认知，促进企业等生产主体对环境成本投入的重视，从而扭转环境无价、资源低价的错误认知，提升全社会的文明程度。

最后，有利于实现经济效益、社会效益和环境效益的统一。从我国环境污染的成因上来看，众多的环境问题主要还是因对环境和自然资源开发利用的无序和不合理造成的。因此，确立预防原则，注重在开发和利用的全过程中保护生态环境和自然资源，同时积极治理此前遗留的环境问题，就会使经济发展的速度、社会发展的力度和环境承载力的强度有机地结合在一起，从而实现经济效益、社会效益和环境效益的协调统一。

二、预防原则的提出及其内容

预防原则被世界各国普遍接受并确立为环境法的基本原则不是偶然的，它是各国在总结以往发展经验和教训的基础上，对环境问题成因作出理性反思的重要成果。随着全球环境质量的不断恶化，人们痛苦地认识到，只有摆脱“先污染、后治理”的传统发展模式，寻求环境与发展的和谐与平衡，既有的发展成果才能得以保存。因为：(1)环境问题的成因复杂，并具有滞后性和隐蔽性。作为一个复杂的动态系统，环境系统不仅会受到来自人类的干扰和破坏，而且还会受到其自身运行规律的调整和影响。所以当某种环境问题产生之初，人类很难在较短时间内对其产生全面而准确的认识并作出合理而有效的处断。因此，当注意到人类在认识事物上具有相对的缺陷，而作为认识对象的环境问题又具有滞后性和隐蔽性的特点时，采取事先的预防或补救措施就成为人类必须采取的选择。(2)“先污染、后治理”的传统发展模式具有明显的经济不合理性。环境污染或生态破坏形成之后再进行治理，从经济上来说具有明显的不合理性。不仅投资甚巨，而且效果不彰。例如英国伦敦为治理泰晤士河污染先后花费了100多年的时间，耗费了巨额资金。许多经济学家据此推断，预防污染的费用与事后治理的费用的比值可达1∶20。[1] (3)因环境污染和生态破坏导致的环境问题往往具有不可逆转的特点，一旦发生就很难彻底清除或恢复原状。加之科学技术本身具有不确定性危险，许多目前看似合理的治理方式可能会潜藏着技术上的风险。因此与其因治理污染而承担未来诸多的不确定风险，不如更为理性地采取事前防范的措施将风险化解到最低程度。

---

〔1〕 参见曹明德、黄锡生主编：《环境法》，中信出版社2004年版，第39页。

基于对环境问题上述特点的理性认识,1980 年 3 月 5 日联合国环境规划署等机构发布了《世界自然资源保护大纲》,在其中首次提出"预防的环境政策"。该大纲认为:"试图预测重要的经济、社会及生态事件,比试图只对这些事件作出反应的政策,越来越重要。"据此,1985 年 3 月 22 日通过的《保护臭氧层维也纳公约》最早以国际多边公约的形式确认了预防原则。与此同时,该原则又为 1982 年 5 月 18 日发布的《内罗毕宣言》和 1992 年 6 月 14 日发布的《关于环境与发展的里约宣言》等国际多边法律文件所重申。

在我国,"预防为主、防治结合"原为针对传染病和职业病防治提出的指导性原则。直到 20 世纪 70 年代以后,随着环境保护概念的提出和环境法作为一个法律部门诞生,"预防为主、防治结合"的表述开始进入相关的法律文件中。1978 年,我国还将体现预防原则意含的"防治污染和其他公害"写进了《宪法》。1979 年制定的《环境保护法(试行)》在《宪法》条文的指导下,将"防治污染和其他公害"明确为立法的重要指导思想,并以此为据规定了诸如"三同时"等体现上述指导思想的制度性规范。1989 年和 2014 年,全国人大常委会在制定和修订《环境保护法》时均延续了将"防治污染和其他公害"作为立法指导思想的法制传统,并在制度层面对其作出了进一步的完善。考察我国的现行环境立法,预防原则的内容主要包括:

1. 预防原则的核心要旨在于"防患于未然",因此它要求将环境资源保护工作纳入国民经济和社会发展的全局考虑,并从宏观决策的高度予以把握。《环境保护法》第 13 条关于"县级以上人民政府应当将环境保护工作纳入国民经济和社会发展规划",以及第 14 条"国务院有关部门和省、自治区、直辖市人民政府组织制定经济、技术政策,应当充分考虑对环境的影响,听取有关方面和专家的意见"的规定即是对该原则内涵的反映。

2. 实行城市环境综合整治并在新农村建设过程中强化环境保护的优先地位。各级人民政府在财政预算的编制中,应优先支持农村饮用水水源地保护、生活污水和其他废弃物处理、畜禽养殖和屠宰污染防治、土壤污染防治和农村工矿污染治理等环境保护工作。[1]

3. 在治理既存污染源的同时,严格防止产生新的环境污染和生态破坏。加强对规划、建设项目等可能影响环境的活动的管理和监督,严格执行体现"预防为主、防治结合"思想的"排污许可"、"三同时"、"环境影响评价"及"环境监察"与"环境监测"等法律制度。

4. 在进行决策或实施可能影响环境的行为时,秉持科学态度、尊重自然规律。

---

〔1〕 参见《环境保护法》第 50 条。

在理解预防原则时,应注意从两个方面把握其实践性。一是运用已有的知识和经验,对开发和利用环境资源的行为可能带来的环境危害应于事前采取措施以避免危害的发生;二是在科学不确定的条件下,应基于现实的科学知识去评价环境风险,即对开发和利用环境资源的行为可能带来的尚未明确或者无法具体确定的环境危害要进行事前的预测、分析和评价,促使开发决策避免可能造成的环境危害及其风险的出现。[1]

三、预防原则的贯彻

就效力而言,由于预防原则需要经由具体的环境政策和法律制度的协助方能适用于司法实践,因此该原则没有直接的法律拘束力,也归属于政策性法律原则之列。在实践中,贯彻预防原则应从以下三方面入手:

1. 全面规划、合理布局,有计划、分步骤地进行环境资源的开发与利用。预防原则要求对环境资源的开发利用要有全局观念,要合理有序。据此,我国的环境政策与法律中专门确立了"全面规划与合理布局"的环境保护措施。这里的"全面规划"就是对工业、农业与第三产业,城市与乡村,生产与生活,经济发展与环境资源保护等各方面关系进行统筹考虑和平衡,制定科学的国土利用规划、区域规划、城市规划、流域规划以及环境资源保护方案和污染、破坏治理方案,平衡各方面利益。而"合理布局"则主要是指在工业及其发展过程中,要对工业布局的合理性作出专门论证,并且对不合理的老工业布局予以改变,使工业布局不会对周围环境和人民生活环境造成污染和破坏的不良影响。基于对预防原则内涵的理解,我们认为此项要求在我国农村城镇化的过程中也具有重要的适用价值。

2. 严格执行体现"预防为主、防治结合"思想的法律制度,在积极治理已有污染的同时,防范新的污染和破坏产生。环境法律的生命在于执行,只有控制污染与生态破坏的法律能够落到实处,各项立法预设的价值目标才能得以实现。因此,贯彻预防原则的根本性保障是严格落实诸如"环境保护规划""环境影响评价""三同时"等体现该原则内涵的制度措施。

3. 增强风险防范意识,审慎地对待具有科学不确定性的开发利用活动。由于科学具有不确定性,因此以对科学规律具有准确把握为判断前提的环境决策行为就不可避免地会受到人为判断失误或风险预见错误的影响。这就要求决策者必须秉持科学的态度和严谨求实的作风,对无法作出风险判断的行为采取审慎的决策态度。应探索建立重大事项决策失误的责任追究制度,以确保环境决策的科学化、

---

〔1〕 参见汪劲:《环境法学》,北京大学出版社2006年版,第154页。

民主化和法制化。[1]

第四节　公众参与原则

一、公众参与原则的含义

公众参与原则是指公众有权通过法定的程序或途径参与一切与公众环境权益相关的环境开发、利用与保护等活动之中,并有权获得相应的法律保障,以确保环境决策的科学、公正与民主。由于该原则充分体现了我国当代法制传统中的“从群众中来,到群众中去”的立法工作路线,因而在我国的环境法制中其又有“依靠群众保护环境的原则”、[2]“合作原则”[3]和“环境民主原则”[4]等不同的称谓。

由于公众参与原则中所使用的“公众”一词并非严格的法律术语,因此在理解和适用公众参与原则时需要注意对公众这一概念及其范围的把握。就法律层面而言,这里所谓的公众特指对决策所涉及的特定利益作出反应的,或与决策的结果有法律上的利害关系的一定数量的人群或团体。它不仅包括不特定的公民个人,也包括与特定利益相关的政府机构、企事业单位、社会团体或者其他组织。通常各国在界定参与环境开发与决策的公众范围时会以“受到决策或开发行为直接影响”或“与决策或开发行为存在利害关系”作为判断公众是否具有参与资格的标准。一般而言,一项环境开发决策的公众参与范围大体上可以包括如下四类公众:(1)受到开发活动影响或与开发活动及其后果存在利害关系的居民;(2)具备辨识相关开发活动是否合理的专业知识的专业人士;(3)以环境保护为主要目的的社会团体以及其他与开发活动及其后果存在利害关系的社会团体;(4)除作出相关环境决策的生态环境机关以外的其他与拟议行为有关的行政机关。[5] 当然,在具体的环境决策中,公众的范围会根据拟议事项的特点而有所不同,但公众范围的确定始终要以确保拟议的环境决策充分反映民意为第一考量。

在环境法中确立公众参与原则,是民主理念与法治思想的有益结合,是环境利

---

〔1〕 参见罗丽主编:《环境法教程》,中国法制出版社2014年版,第42~60页。

〔2〕 韩德培主编:《环境保护法教程》,法律出版社1998年版,第75~76页;周珂:《环境法》,中国人民大学出版社2005年版,第48页。

〔3〕 陈慈阳:《环境法总论》,中国政法大学出版社2003年版,第189页。

〔4〕 吕忠梅等著:《环境法学》,中国法制出版社2001年版,第98页。

〔5〕 参见汪劲:《环境法学》,北京大学出版社2006年版,第175~178页。

用的效率观与环境决策的效益观的有机统一，是公民环境权理论于环境法制层面的具体体现，因而该原则的确立对完善我国的环境法治具有重要的意义。它有利于广开言路，充分调动社会公众参与环境保护的积极性；有利于增强环境管理部门科学决策、民主决策的自觉性；有利于维护环境法律法规执行的严肃性；有利于保障公众政治参与的高效性和有序性。因此，应进一步明晰该原则的内涵与实施路径，使其理论优势转化为提升我国环境法治水平的现实动力。

二、公众参与原则的提出及其内容

公众参与原则的法理基础来源于公民环境权理论的提出，因此公众参与原则的提出可以追溯到20世纪60年代关于公民环境权理论所展开的大讨论。[1] 1960年联邦德国引发的关于是否应当确立公民环境权的理论论争，使得1966年召开的联合国大会首次开始辩论人类的环境问题，并间接促成了1970年3月《东京宣言》和1972年6月16日《人类环境宣言》的通过。由于《人类环境宣言》中包含有“人类有权在一种能够过着尊严和福利的生活环境中，享有自由、平衡和充足的生活条件的基本权利，并且负有保证和改善这一代和世世代代的环境的庄严责任”的明确宣示，该宣言的通过即标志着公民环境权得到了国际社会的认可。作为上述理论突破的具体成果，公众参与原则于1969年被美国《国家环境政策法》率先确认，[2]并相继得到了《内罗毕宣言》《世界自然资源保护大纲》《关于环境与发展的里约宣言》等国际文件的认可。[3] 1998年6月25日，在丹麦的奥胡斯，欧盟各国的环境部长一致通过了《在环境问题上获得信息、公众参与决策和诉诸法律的公约》（以下简称《奥胡斯公约》）。该公约集中体现了近年来国际社会在环境管理方面倡导环境民主、促进公众参与决策，重视发挥民间社团在决策中的作用等一系列的新思想和新机制，成为各国确立公众参与原则的重要参考。

公众参与原则在我国法律体系中的出现源于2002年10月28日颁布的《环境影响评价法》中有关公众参与的条款。2003年8月27日颁布的《行政许可法》中专门就涉及公众重大影响的行政许可规定了听证制度，其中环保问题是该制度适用最广泛的领域之一。2006年2月22日，作为生态环境部前身的国家环保总局按照

---

〔1〕 参见本书第二章环境权的相关介绍。

〔2〕 1969年《美国国家环境政策法》第102条规定：“美国联邦政府所有机构的立法建议和其他重大联邦行动建议在决策之前……需要向公众公开，征求公众的意见。”

〔3〕 参见1982年《内罗毕宣言》第9条；1992年《关于环境与发展的里约宣言》第10条。

《环境影响评价法》的授权,[1]专门制定了《环境影响评价公众参与暂行办法》,并于2018年4月16日修订为《环境影响评价公众参与办法》,从而在程序上为公众参与我国的环境决策提供了制度保障。目前,公众参与原则在我国环境法上的直接根据是《环境保护法》总则第5条和第五章信息公开和公众参与的相关规定。《环境保护法》第5条明确将公众参与确定为我国环境保护的基本原则。而第五章则通过新增的六个条文在具体制度层面确保了该项原则的落实。[2]

参照《奥胡斯公约》和《环境保护法》第53条对公众参与原则的规定,一般认为公众在参与环境决策的过程中享有三方面的权利,即获取环境信息的权利、参与环境决策的权利和监督环境保护法律法规实施的权利。[3] 而实践中,公众参与原则的内容则主要体现在以下三方面:

1. 环境资源立法环节应引入公众参与。公众参与原则要求在各类环境资源立法的过程中,除了立法机关的组成人员和立法机关的专业技术人员以外,应允许公众参与到法律制定的环节中,使其有机会了解法律制定的背景和立法机关拟定条文的出发点,并保障公众有针对相关立法发表意见的机会和途径。现代社会的立法面对的是利益日益多元化的公众阶层和组成日益复杂化的社会结构,因此强化立法环节的公众参与是化解社会利益冲突、提高法律适用性的有效途径。

2. 环境资源管理和监督环节应引入公众参与。环境资源行政中立的最好方法就是允许不同利益主体参与重大行政决策的过程并监督行政决策的实施。作为涉及社会公众利益并带有明显公益性的环境决策行为,应当努力寻求在私人利益与社会公益之间构建决策的平衡点,以尊重私人利益的正当性并维护社会秩序的稳定。而引入公众参与到环境管理之中,便是实现上述平衡的有益途径。此外公众的参与和监督对纠正行政机关决策时的部门利益惯性,降低决策和执行成本都具有积极效果。

3. 环境资源司法救济环节应引入公众参与。环境资源的公共物品属性导致其遭受损害时,不易找到直接的权利主体或容易发生权利群体集体性懈怠的情况。上述情况的存在,严重威胁公众的环境权益和整个社会的生态利益。为此,国外往往通过扩大解释原告诉讼主体资格的方式,赋予与环境资源侵害事件非具有法律

---

〔1〕目前该机构已在2018年3月十三届全国人大第一次会议的政府机构改革方案通过后改组为生态环境部。

〔2〕《环境保护法》第53条规定了公众参与的权源基础,明确了公民、法人和其他组织依法享有获取环境信息、参与和监督环境保护的权利。第54条至第57条明确了政府部门、企事业单位贯彻该项原则的法定义务与相应权利。第58条则为环境公益诉讼提供了法律根据。

〔3〕Luca Del Furia:"The Effectiveness of Provisions and Quality of Practices Concerning Public Participation In EIA in Italy", *Environmental Impact Assessment Review* 20, 2000, p.464.

上直接利害关系的主体声请司法救济的权利，来实现在环境资源司法环节引入公众参与，以维护社会公益和环境资源的可持续性发展。作为我国民事程序法的《民事诉讼法》已于第55条规定了环境公益诉讼的程序性条款。作为环境资源实体法的《环境保护法》在第58条对“环境公益诉讼”的规定进一步完善了公众环境权益的法律救济基础，为公众参与原则的落实提供了较为充分的法理基础。[1]

法条链接3.2

三、公众参与原则的适用

公众参与原则与损害者担责原则一样在各国的环境法制中设有具体的制度与其意含相对应，因此该原则属于具有法律拘束力的原则。实践中对该原则的适用主要体现在以下几方面：

1. 在环境立法过程中，纳入与公众参与原则意涵相当的权利和制度规范。前文已言公民环境权的确立是公众参与原则的法理基础和法制前提。因此除其种程度上可以作为环境基本法的《环境保护法》应对公民享有的环境权利及其内容作出规定之外，就法律制度的体系化而言，《环境影响评价法》《行政许可法》等已经包含有公众参与条款的法律法规及尚未明确公众参与原则或相关条款的环境保护法律法规均应尽快完善公众环境权益程序保障与法律救济的相关规定。

2. 按照公众参与原则的内在要求不断完善各级环境行政机关的信息公开制度。《环境保护法》第53条要求“各级人民政府环境保护主管部门和其他负有环境保护监督管理职责的部门，应当依法公开环境信息、完善公众参与程序，为公民、法人和其他组织参与和监督环境保护提供便利”。国务院于2007年4月5日颁布的《政府信息公开条例》第9条第1项也明确要求各级行政机关对于“涉及公民、法人或者其他组织切身利益的”事项应当主动公开。环境信息关乎社会发展与公众的健康，显然属于前述应予公开的信息之列。因此我国各级环境行政主管机关及与环境行政相关的各类辅助机关应当按照《政府信息公开条例》的要求，依托“政府上网”和“政务公开”等行政改革措施，建立和完善环境信息公开制度，切实保障将公众参与环境决策由理念层面转化到现实施政层面。为促进该项制度的落实，各级机关还应当建立对违反上述公开义务的机关及其工作人员进行监督和问责的保障机制。

3. 完善公众参与的司法保障制度。公众参与制度的推行不仅要拥有实体权利的法权基础，还必须拥有程序权利的保障。目前，我国的公众参与司法保障制度主

---

[1] 该条赋予符合法定条件的社会组织可以对污染环境、破坏生态，损害社会公共利益的行为向人民法院提起诉讼。

法条链接3.3

要由以下几部法律加以确立。《环境保护法》第58条确立了环境民事公益诉讼制度。十二届全国人大常委会第二十八次会议通过了修订《民事诉讼法》和《行政诉讼法》的决定。两法分别通过修订第55条和第25条为人民检察院提起环境民事公益诉讼和环境行政公益诉讼提供了法律依据。[1]

4. 积极引导和规范民间环保组织的发展，使其承担起广泛参与环境决策的重任。就法社会学的角度而言，我国公众普遍具有"息讼"和"搭便车"的社会心理，这是我国与英美国家法律文化的重大差异，也是构建我国公众参与制度时不得不察的重要因素。为使公众参与制度发挥应有的效果，积极培育、引导和规范适格的公众利益代表就显得尤为必要。在目前我国的各种社会组织中，民间环保组织的民间性和代表性最强，也具备参与公共事务的热情和条件。因此，各级民政部门和生态环境部门应积极培育、引导和规范它们的行为，使其有序参与到环境保护的决策中来。《环境保护法》第9条新增了关于"各级人民政府应当加强环境保护宣传和普及工作，鼓励基层群众性自治组织、社会组织、环境保护志愿者开展环境保护法律法规和环境保护知识的宣传，营造保护环境的良好风气"的规定，我们希望这一规定能够得到切实的落实，以促进我国环保民间组织的健康发展。

第五节 损害者担责原则

■ 案例研读

红叶河是一条全长约50公里的内陆河，A村位于红叶河的下游，新中国成立初期曾长期从事种植业生产。后来，因红叶河连年水患，经当地政府建议，该村于20世纪70年代初对旱田进行了改造，发展水产养殖业。C选煤厂和D印染厂分别位于红叶河的上游，都是在20世纪90年代初发展乡镇企业时兴建起来的村办企业，隶属于与A村相邻的B村。由于C、D均常年向红叶河排放污水，致使A村水产养殖场的鱼苗时常因水体污染而大量死亡。请结合损害者担责原则的内容，说明治理红叶河水体污染的费用应由哪些主体承担？水产养殖场可否请求C、D两企业赔偿其因污染导致的鱼苗损失费用？

[1] 参见《民事诉讼法》第55条第2款、《行政诉讼法》第25条第4款。

□ 评析

按照损害者担责原则，治理红叶河水体污染的费用应由长期向该河中排污的C选煤厂和D印染厂承担。我国《环境保护法》第64条规定，“因污染环境和破坏生态造成损害的，应当依照《中华人民共和国侵权责任法》的有关规定承担侵权责任”。《侵权责任法》第65条进一步规定，“因污染环境造成损害的，污染者应当承担侵权责任”。据此，水产养殖场可以请求C、D两企业赔偿其因污染导致的鱼苗损失。

一、损害者担责原则的含义

损害者担责原则是指：环境资源的开发、利用者有义务在开发、利用的过程中保护环境与自然资源并承担相关的费用，对因开发、利用行为造成的环境损害、资源破坏或他人权益的减损承担相应的法律责任；环境资源的管理者应恪尽职守，对其管辖领域内的环境质量和资源的数量与质量负责并承担相应的法律责任。该原则是环境法中的固有原则之一，其确立的目的在于落实各类环境损害和资源破坏的责任主体，使危害环境者承担相应的责任，并建立起有效的环境资源保护工作责任制。因此，该原则在我国环境法中也曾被直观地称为“谁污染，谁治理原则”、[1]“损害环境付费原则”、[2]“污染者付费、利用者补偿原则”、[3]“受益者负担原则”[4]以及“公平承担环境责任原则”。[5]

在把握损害者担责原则的含义时，需要注意其内涵所涉主体范围的不断变迁。随着环境保护的概念从污染防治扩大到自然保护和物质消费领域，作为损害者担责原则传统内涵的污染者负担原则的适用范围也在逐步扩大。从实际支付费用的主体看，因从原材料的加工、生产到流通、消费、废弃以及再生等各个环节都存在分担费用的现象，污染者的概念范围也由企业扩大到所有的受益者。[6] 而随着公民环境权益法制化的不断实现，作为社会事务管理者的国家在履行管理者职能时的环境责任也已被派生出来并得到不断的强化。对应上述变化，我们认为使用损害者担责原则这一概念能够更为直观地把握当前阶段的环境责任分配机制。而在我国环境压力日益突出、环境资源质量不断下降的情况下，将损害者担责原则确立为

---

〔1〕 韩德培主编：《环境保护法教程》，法律出版社1998年版，第61～64页。

〔2〕 王灿发：《环境法学教程》，中国政法大学出版社1999年版，第82～85页。

〔3〕 金瑞林主编：《环境保护法学》，北京大学出版社1999年版，第120～124页。

〔4〕 汪劲：《环境法学》，北京大学出版社2006年版，第170页。

〔5〕 钱水苗等编：《环境法》，高等教育出版社2005年版，第96页。

〔6〕 汪劲：《环境法学》，北京大学出版社2006年版，第172页。

环境法的基本原则显然具有重要的现实意义。

首先,该原则的确立有利于维护环境与自然资源的质量,维护广大公众的环境权益。多年来,我国危害环境、破坏自然资源的恶性事件屡禁不止的一个重要原因就在于环境责任主体不明晰与环境责任承担制度存在缺陷,加之体制性原因导致的环境执法力度薄弱,致使环境资源质量不断下降的现象始终无法得到根本性扭转,公众环境权益屡受侵害。损害者担责原则的确立,将从法制层面明确各类环境致损事件的责任主体,以保障各类环境致损事件的责任能够得以追究,受损公众的权益能够得到救济。

其次,有利于督促各类潜在的责任主体增强环保意识,自觉履行环境保护的义务。环境作为一种典型的公共物品具有非排他性和非竞争性的经济属性,因此在传统的观念中对环境的利用是没有成本的。当这种理解诱使企业实施不当的环境利用行为时就会产生为经济学界所关注的"负外部性"。以前,由于环境资源的价值不彰,破坏环境和资源的成本无法直接加载到行为人的身上,因此环境污染与资源破坏事件对行为人而言不仅不会带来损失,反而会因其得利。在损害者担责原则及其制度体系确立后,对环境资源的开发利用及其后果将直接与特定的行为人相连接,这有助于彻底破除"环境无价"的迷思,从制度上保障各类潜在的环境责任主体重视对环境资源的保育和养护。

最后,有利于为环境资源的保育和养护筹集必要的资金和社会资源。损害者担责原则及其制度体系使对环境资源的开发利用行为与特定的费用支付体系相连接,这有助于明确环境资源的开发利用成本,拓宽环境资源保育与养护费用的来源渠道,并引导社会资源的合理配置,从而促进环境友好型社会的建立。

二、损害者担责原则的提出及其内容

作为损害者担责原则前身的"污染者负担原则"之所以被提出,源自人们对环境责任承担主体正当性的认识。我们知道,在早期的西方社会,由于将环境视为公共产品,因此各种环境污染和资源破坏的治理成本往往采用政府承担、全民付账的模式。这事实上造成了"治理环境的政府出资,污染环境的企业挣钱"的不公平现象。为此,经济学家借助公共物品的"外部性"理论,提出应当将治理环境污染的支出纳入企业成本,由污染者直接承担治理责任的想法。这就是早期污染者负担原则的思想渊源。以此为据,1972 年,经济合作与发展组织(Organization for Economic Co - operation and Development,OECD)环境委员会首次提出了"污染者负担原则",提出各成员国应要求本国污染企业承担由各自政府部门决定的减少污染措施的费用,禁止各国政府向污染企业提供资金上的补助,以保证环境质量始终处于可以被接受的状态。由于该原则体现了社会公平的意涵，适应了公众对企业和政府的期待，并有利于环境污染的治理，因此其很快得到了包括经济合作与发展组织成员国在内的许多国家的支持。1992 年，联合国环境与发展大会通过的《关于环境与发展的里约宣言》原则 16 中明确规定，“考虑到污染者原则上应承担污染费用的观点，国家当局应该努力促使内部负担环境费用”。至此，该原则作为环境法基本原则的地位得到了国际社会的普遍认可。

我国在 1979 年《环境保护法（试行）》第 6 条中使用的“谁污染谁治理”的表述是损害者担责原则进入我国环境立法的最初法律依据。其后颁行的 1989 年《环境保护法》虽然删除了“谁污染，谁治理”的表述，但通过具体的制度设计，体现了该部立法对这一原则的尊重。如其规定“产生环境污染和其他公害的单位，必须把环境保护工作纳入计划，建立环境保护责任制度；采取有效措施，防治在生产建设或者其他活动中产生的废气、废水、废渣、粉尘、恶臭气体、放射性物质以及噪声、振动、电磁波辐射等对环境的污染和危害。”1996 年 8 月 3 日颁布的国务院《关于环境保护若干问题的决定》则在此基础上进一步使用“污染者付费、利用者补偿、开发者保护、破坏者恢复”的表述明确了损害者担责原则的内涵和法律地位。2014 年修订的《环境保护法》第 6 条明确规定了一切单位和个人都有保护环境的义务，并进一步明确企业事业单位和其他生产经营者应当防止、减少环境污染和生态破坏，对所造成的损害依法承担责任。这从实定法的角度，确立了损害担责原则的基本原则地位和制度保障路径。

在实践中，我们认为损害者担责原则的内容可以浓缩为以下三点，即“开发者养护”“污染者治理”“主管者负责”。这里的开发者养护是指对环境和自然资源进行开发利用的组织或个人，有责任对其进行恢复、整治和养护。确立这层内涵的目的在于确保自然资源的开发对环境和生态系统的影响减小到最低程度，维护自然资源的合理开发、永续利用。该项内容在我国《环境保护法》第 6 条和第 30 条中有进一步的落实和细化。污染者治理是指对环境造成污染的组织或个人，有责任对其污染的环境进行治理。确立这层内涵的目的在于进一步明确和细分污染者的责任，促进企业治理污染和保护环境。[1] 该项内容得到了我国《环境保护法》第 42、43、64 条的细化和落实。而主管者负责则是指各级人民政府的行政首长在其任期内要对本辖区的环境质量和资源

法条链接3.4

〔1〕 参见金瑞林主编：《环境法学》，北京大学出版社 2013 年版，第 90 页。

的数量与质量负责;企业事业单位的负责人对本单位的环境保护负责。[1] 而对该项内容的细化则突出地体现在《环境保护法》第6、10、28、42条中。

三、损害者担责原则的适用

目前环境责任的承担方式包括了民事责任、行政责任和刑事责任,但主要责任形态还是前两者,因此保障该原则适用的制度形态也主要体现在为前两者的落实创设制度载体。由于确立损害者担责原则的初衷在于将环境污染的后果与责任人相连接,因此该原则具有法律拘束力,其适用的制度保障主要包括:

1. 实行环境使用税费制度和自然资源开发利用税费制度。向环境要素的利用者征收税费是各国保护环境并将使用行为同环境质量减损相连接的主要制度措施。通常该制度表现为国家按照行为人排放污染物的种类、数量或者浓度向排放污染物的单位或个人征收一定的费用,用以治理或恢复排污行为导致的环境质量减损。上述措施在自然资源开发利用场合即转化成为资源使用税费的征收,其目的则在于衡平各类资源的开发、利用与恢复、保育的关系,实现可持续发展。当然,作为社会事务管理者的国家也负有保护环境的义务。为此,国家应建立稳定、有效的环境保护资金投入机制,以实现环保资金筹集的多元化。在这方面,美国通过1980年的《超级基金法》创设的环境保护超级基金制度值得我国借鉴。

2. 实行废弃物品再生利用和强制回收制度。环境责任不仅要体现在污染的末端治理阶段,还应当随着循环经济理念的引入延伸至开发利用环境资源行为的全过程。为此,目前世界各国纷纷开始尝试建立一种以损害者担责原则为法理基础的延伸生产者责任制度。其基本思路是将处于生产末端的各类产品及其废弃物与生产该产品或物质的生产者、使用该产品的消费者相连接,由涉及该生产与消费链条的各个不同主体共同承担因该产品的生产及其流通给环境带来的负面影响。我国《清洁生产促进法》于2012年2月29日的修订和《固体废物污染环境防治法》于2020年4月29日的修订均体现了上述立法思想。

3. 实行环境保护目标责任制,强化对各类负责人环保业绩的考核与责任追究。实行环保责任制既是《环境保护法》的要求,又是损害者担责原则的题中应有之

---

〔1〕 参见常纪文、陈明剑:《环境法总论》,中国时代经济出版社2003年版,第128页;蔡守秋主编:《环境法教程》,高等教育出版社2004年版,第123页。

义。[1] 在我国，通过逐级签订环保责任书，确定环境保护目标及其检查、考核和奖惩办法的方法是加强各级行政机关和行政首长环保意识和危机意识的有效方法。同样，该方法也适用于企事业单位的负责人。通过责任制的建立，有利于明晰环保责任及其责任人，扭转过去环保责任单位不清、责任人相互推诿的不当局面。为进一步推进生态文明制度体系建设，中共中央办公厅、国务院办公厅于2015年8月17日印发了《党政领导干部生态环境损害责任追究办法（试行）》，该办法首次对追究党政领导干部生态环境损害责任作出了制度性的安排。

第六节　协同合作原则

一、协同合作原则的含义及其法律依据

协同合作原则是指为实现人类社会的可持续发展，世界各国（地区）之间以及单一国家内部的各地区、各部门之间应重新审视和努力协调环境利益与其他利益之间的冲突，采用包括经济、技术、财政、情报和文化等各方面的措施促进交流与合作，共同面对和处理环境问题。协同合作原则从所涉及的合作层次上而言，具有两层含义：首先，它要求国际社会的各成员在面对环境问题时采取合作和负责任的态度，共同应对环境危机的挑战，努力寻求实现可持续发展这一共同目标的方式和方法；其次，它要求各单一国家内部的不同地区与不同部门之间，加强应对环境问题的协调与合作，实现本国环境与经济社会的可持续发展，从而为世界性环境问题的解决贡献力量。

在环境法中确立协同合作原则是由环境问题所具有的全球性影响和民族国家主权范围所具有的地域性限制这两个基本事实共同决定的。目前国际社会所关注的环境问题主要是指跨越国界的和全球性的涉环境类危机性问题。对于这类问题，目前世界上还没有哪个国家能够不受影响，做到独善其身；更没有哪个国家或国家集团有能力单独承担解决上述问题的重任。就自然科学层面而言，由于地球本身就是组织严密的生态系统，其内部的各子系统之间存在相互影响、相互制

---

〔1〕 在此方面，《环境保护法》第26条已经做出了有益的探索。该条规定：‘国家实行环境保护目标责任制和考核评价制度。县级以上人民政府应当将环境保护目标完成情况纳入对本级人民政府负有环境保护监督管理职责的部门及其负责人和下级人民政府及其负责人的考核内容，作为对其考核评价的重要依据。考核结果应当向社会公开。”

约的关系,因此无论作为地球家庭成员的各民族国家存在何种制度层面或意识形态方面的差异,其所实行的环境政策和国民的环境开发利用行为都会直接或间接地影响作为地球生态系统组成部分的其他国家或地区。所以,唯有各国协同合作、共同努力,才能有效应对日益严重的环境危机,不断改善地球的生态环境。

作为一项发端于国际法层面的基本原则,协同合作原则的法源依据可以追溯到1945年6月26日通过的《联合国宪章》的第74条。自1972年斯德哥尔摩人类环境会议召开至今,该原则为一系列有关环境资源保护的公约、条约、宣言、决议所确认或重申。如1972年《斯德哥尔摩宣言》中有"有关保护和改善环境的国际问题应当由所在的国家,不论大小,在平等的基础上本着合作的精神加以处理"的表述;1992年6月1日通过的《生物多样性公约》在其第5条中专门规定,"每一缔约国应尽可能并酌情直接与其他缔约国或酌情通过有关国际组织为保护和持久使用生物多样性在国家管辖范围以外地区并就共同关心的其他事项进行合作";1982年12月10日通过的《联合国海洋法公约》第十二部分也通过专章的形式规定了全球性和区域性问题的国际合作问题;1992年通过的《关于环境与发展的里约宣言》还提出"建立一种新的、公平的全球伙伴关系的目标"。[1]

我国的环境行政管理与环境司法实践活动也高度重视协同合作问题。1989年《环境保护法》第15条规定:"跨行政区的环境污染和环境破坏的防治工作,由有关地方人民政府协商解决,或者由上级人民政府协调解决,作出决定。"我们认为这一规定既是对不同地区、不同部门行政机关解决环境问题的工作机制的规定,同时也是协同合作原则在我国环保实践中被国内法化的具体体现。2014年《环境保护法》第20条进一步规定:国家建立跨行政区域的重点区域、流域环境污染和生态破坏联合防治协调机制,实行统一规划、统一标准、统一监测、统一的防治措施。前款规定以外的跨行政区域的环境污染和生态破坏的防治,由上级人民政府协调解决,或者由有关地方人民政府协商解决。

二、协同合作原则的适用

协同合作原则因其产生于国际法领域,且其实施涉及不同种类、不同法律地位的主体,因此其在适用过程中需要被转化为制度层面的具体措施。学界通常认为它属于政策宣示类的基本原则,不具有直接的法律拘束力。实践中,该原则的适用主要体现在以下三个方面:

---

〔1〕 参见马骧聪主编:《国际环境法导论》,社会科学文献出版社1994年版,第40~42页。

1. 环境管理者之间以及环境管理者与其他社会事务管理者之间的协同合作。这种层面上的协同又被称为国家内部政府各部门之间的协同合作。这种协同从主体的角度可以被划分为两个层次。首先是生态环境部门与其他涉及环境资源开发与利用的管理部门之间的协同合作。在我国,资源、能源管理部门以及宏观经济等行政管理部门和公共事业管理部门的职能均或多或少地涉及环境保护与可持续发展。因此,需要建立不同部委办局之间的合作关系。其次是以行政区划为基础的各级人民政府之间的协同合作。在保障机制层面,针对前一种协同,世界各国普遍采用在政府中建立较高级别的涉环境资源管理部门的方式进行统一协调;而后一种协同的协调机制则因为各国政权组织形式的不同而有所不同。单一制国家通常采取平级政府协商,上级政府裁决的模式解决;联邦制的国家,则以协调联邦与各联邦主体权力分配的宪法性文件的规定为基础,处理不同联邦主体之间及其与联邦之间的协同合作问题。我国在国家环境保护局未设立之前及其设立之初,曾于1984 年设立了由各相关部委行政首长作为组成成员的国务院环境保护委员会统一协调环境保护工作。1998 年,随着国家环境保护总局的升格和新一轮的政府机构改革,该委员会被撤销。

2. 政府与公众之间的协同合作。"徒法不足以自行",任何有益于环境资源保护的政策、法律和措施,都必须在全体国民的配合和遵循之下才能够转化为现实的积极力量。因此,作为环境资源管理者的行政机关应高度重视与各种环境利用行为的被管理者及普通公众之间的沟通和协调。在提高全社会环保意识的基础上,形成全民参与环保的良好局面。

3. 国际社会之间的协同合作。目前全球环境保护合作的参与主体主要是国家(地区)、政府间国际组织及部分国际性的非政府环保组织。在该层面,各主体合作的主要方式包括信息、技术、情报的交流与合作,经济、技术合作与援助及采取多边的共同行动。近年来,各国通过相互之间的协同合作,在抑制诸如臭氧层消耗、全球气候变暖、生物多样性丧失、森林湿地退化、海洋资源破坏等领域的全球性环境问题上取得了明显的成就。事实上,协同合作的过程也是各国相互增进了解、凝聚共识的过程。因而实践协同合作原则本身也就成为促进国际环境法和国际环保公约不断走向成熟与进步的重要步骤。[1]

---

〔1〕 参见罗丽主编:《环境法教程》,中国法制出版社 2014 年版,第 37 ~65 页。

延伸阅读

关于基本原则的讨论，可参考竺效：《论中国环境法基本原则的立法发展与再发展》，载《华东政法大学学报》2014 年第 3 期；李挚萍、叶媛博：《我国环境基本法中基本原则的立法探析》，载《政法论丛》2013 年第 5 期。

关于保护优先原则的讨论，可参考王社坤、苗振华：《环境保护优先原则内涵探析》，载《中国矿业大学学报》（社会科学版）2018 年第 1 期。

关于损害者担责原则的讨论，可参考王江：《环境法"损害担责原则"的解读与反思——以法律原则的结构性功能为主线》，载《法学评论》2018 年第 3 期。

综合练习

1. 保护优先原则要求我们在环境保护实践中采取哪些行动？
2. 预防原则的核心要旨在于什么？
3. 实践中应当怎样贯彻损害者担责原则？
4. 环境法中为什么要坚持公众参与原则？

第四章　环境法的基本制度

本章要点

环境保护法律制度是为了实现环境保护的目标和任务，按照环境保护的基本原则所制定的，用来调整环境保护社会关系的法律规范的总称。根据不同的标准，环境保护法律制度可划分为不同的种类。按照适用范围和领域的不同，环境保护法律制度可以分为基本法律制度和特别法律制度。本章通过对公法制度和私法制度的划分，介绍环境法的基本制度。

关键词｜公法制度　私法制度　环境影响评价　生态保护　环境容量

第一节　环境的法律属性与制度供给

一、环境的公共物品属性及其规范

1954年美国经济学家保罗·萨缪尔森在《公共支出的纯理论》一书中提出了公共物品的概念，并将其定义为：每个人对这种物品的消费，都不会导致其他人对该物品消费的减少。[1] 一般来说，相对于私人物品而言，公共物品具有两个典型的特征：(1)受益的非排他性，即此类物品在被消费的过程中，在技术上没有办法将拒绝为之付款的个人或生产厂商排除在受益范围之外，就技术条件上而言，这种排除可行，但成本相对过高，也就是说每个人都不可能拒绝他人享用公共物品。[2] (2)消费的非竞争性，即当你免费享用某种公共物品的同时，并不会对他人消费这种公共物品的数量和质量产生排斥和妨碍效果。但这只是一种比较理想的学理状态，复杂的现实生活中还存在一些无法同时满足上述两个条件的物品，它们或者只具有非排他性，或者只具有非竞争性。因此，公共选择理论之父布坎南补充提出，只具备

〔1〕 参见[美]缪勒：《公共选择理论》，杨春学等译，中国社会科学出版社1999年版，第15页。

〔2〕 参见黎民：《公共管理学》，高等教育出版社2011年版，第13～14页。

两个经典特质之一的物品也属于公共物品范畴,可称为准公共物品。[1]

《环境保护法》第2条规定,环境是指影响人类生存和发展的各种天然的和经过人工改造的自然因素的总体,包括大气、水、海洋、土地、矿藏、森林、草原、野生生物、自然遗迹、人文遗迹、自然保护区、风景名胜区、城市和乡村等。在环境要素的供给完全能够满足人类社会用益需求的历史时期,完全具备受益的非排他性和消费的非竞争性特征的环境要素,如大气、水、海洋等,是典型的公共物品。但随着经济社会的持续发展,部分环境要素被过度消耗,其稀缺性的特征凸显,从而逐渐具有了排他性或竞争性的特征,演变成为准公共物品。但无论是纯粹公共物品的环境要素,还是准公共物品的环境要素,本质上都是一种公共物品。同时,也正是基于公共物品的属性,"搭便车"和"公地悲剧"的剧情在环境保护领域不断上演,加之市场价格调节的失灵、政府规制的失灵以及激励机制的缺失,理性的经济行为人难以从全局考虑宏观经济效益、生态效率和环境保护问题,[2]社会个体和群体在追求自身利益的过程中,总是希望把污染环境和开发资源的成本转移给他人或者搭他人治理和修复环境资源的免费"便车",这使基于环境要素用益而产生的负外部性日益严重,成为导致环境问题的重要根源。[3]

外部性是一个经济学概念,英国经济学家马歇尔于1890年首次提出外部经济和内部经济的概念。外部性是指个别微观经济主体(厂商和居民)的活动对其他微观经济主体所产生的非市场性影响。其中有利的影响称为正外部性,不利的影响称为负外部性。后来马歇尔将负外部性理论用于分析环境问题,他认为,在正常的经济生活中,对任何稀缺资源的消耗,都取决于供求大小的对比,而环境问题正是这种正常活动中出现的一种失调现象。[4] 1920年英国经济学家,被后人称为福利经济学之父的庇古在《福利经济学》一书中,将外部经济理论与社会福利增进问题联系在一起,他认为外部性是一个经济主体的行为对另一经济主体的福利所产生的外部性影响,而施加这种影响的主体却没有为此付出代价或因而获得补偿。[5]庇古还进一步从公共产品角度分析了商品生产过程中社会成本和私人成本问题,

---

〔1〕 参见叶海涛:《生态环境问题何以成为一个政治问题——基于生态环境的公共物品属性分析》,载《马克思主义与现实》2015年第5期。

〔2〕 参见刘三木:《从环境的公共性看环境法的属性》,载《法学评论》(双月刊)2010年第6期。

〔3〕 参见张百灵:《外部性理论的环境法应用:前提、反思与展望》,载《华中科技大学学报》(社会科学版)2015年第2期。

〔4〕 参见程福祜主编:《环境经济学》,北京高等教育出版社1993年版,第119页。

〔5〕 Willianm J. Baumol and Wallance E. Oates, *The Theory of Environmental Policy*, 2nd ed., New York, Cambridge University Press, 1988, p. 17.

指出这两种成本的差距构成了外部性。[1] 基于上述理论,环境的外部性也可以作正负区分。环境正外部性的典型代表是环境保护,诸如我国对大气污染的治理,对自然保护区的划定、常年推进三北防护林的建设等。而环境负外部性的典型代表便是环境污染和生态破坏,包括大气污染、砍伐森林、过度放牧等。现实生活中,多数的环境外部性具有负面效应,是造成我国生态危机的主因,需要依靠包括环境法律制度在内的各类制度工具加以矫正。

在环境经济学领域,"庇古税"和科斯定理是最重要的两种规范环境负外部性的理论。庇古在阐释他的税收学说时指出,若私人部门的经济活动存在外部利益,则应通过激励性政策加速其发展;若私人部门的经济活动使公共利益或其他经济主体利益受损,则应通过征税提高其成本,限制其发展。[2] 具体来说,就是政府通过补贴或税收来对经济活动进行干预,促进具有正外部性的经济活动,迫使厂商将负外部性的成本内部化,以解决负外部性问题。科斯定理是由罗纳德·科斯于1959年在《社会成本问题》一文中提出的外部性治理方法。科斯定理不同于"庇古税"政府干预的思路,主张通过市场机制即引入可交易产权的概念,将"制造外部性"看成是一种可以自由交易的权利。科斯认为在清晰界定产权的条件下,若交易费用为零,则可以通过私人之间达成自愿协议的方式解决外部性问题。但交易费用为零只是一种理想状态,因此,科斯第二定理指出,在交易费用不等于零的情况下,通过不同的产权界定则会导致不同的资源配置效率。[3] 关于产权界定,科斯提出了两种方法:一是将权利赋予侵害者,他拥有造成负的外部性的权利,但受害者为了维护自己的利益不得不与侵害者协商,受害者付出一定的费用,用这笔费用来解决外部性;二是将权利赋予受害者,即受害者有权利向侵害者索赔,用侵害者索赔的部分弥补负外部性对自身带来的损害。这两种方法虽然作用对象不同,但都可以将外部性内部化,使社会总收益达到最大。[4] 在上述理论基础上,为发挥环境正外部性的作用,促进环境保护,克服环境负外部性所带来的环境污染和生态破坏问题,环境法依据"庇古税"政府干预的治理理念建立了环境公法制度,依据科斯定理市场自主调节的治理理念建立了环境私法制度,它们共同构成了当代环境法的制度体系。

---

[1] Tom Tietenberg, *Environmental and Natural Resource Economics*, 3rd ed. ,New York: Harper Collins Publishers Inc. ,1992, p. 52.

[2] 参见许崴:《试论福利经济学的发展轨迹与演变》,载《国际经贸探索》2009年第12期。

[3] See Ronald. H. Coase, "The Problem of Social Cost", *Journal of Law and Economics*3, 1960, pp. 1 – 44.

[4] 参见袁子媚:《浅谈外部性内在化理论对环境治理的指导作用——从"庇古税收"走向'科斯定理"的产权制度建设角度分析》,载《现代商业》2016年第26期。

二、环境法的制度供给

传统环境法理论,将环境法律制度区分为基本法律制度和特别法律制度。基本法律制度是指按照环境法基本理念和基本原则确立的,通过环境立法具体表现的,普遍适用于环境与资源保护各个领域的法律规范的总称。而特别法律制度,则是在各单项环境与资源保护立法中为实现法律的目标而确立的具有特殊性和针对性的法律措施和方法的总称。[1] 学者们对环境保护基本法律制度的范围有不同观点。有学者认为,环境保护基本法律制度包括环境标准制度、环境保护规划制度、环境影响评价制度、突发事件应急制度。[2] 有学者认为,应当包括环境保护规划制度、环境标准制度、环境监测制度、环境影响评价制度、"三同时"制度、环境保护目标责任制和考核评价制度、现场检查制度、总量控制制度和区域限批制度、生态保护红线制度、生态补偿制度、排污收费制度、排污许可制度、突发事件应急预案制度,环境信息公开制度、环境公益诉讼等。[3] 也有学者认为,应该包括环境影响评价制度、"三同时"制度、环境许可制度、环境税费制度、限期治理制度、清洁生产制度、生态补偿制度等。[4] 而特别法律制度则主要包括大气、水、土壤、森林、海洋等单项环境保护法律中的特有制度。还有学者按照发挥作用的阶段不同,将各种具体法律制度分为事前预防、行为管制和事后救济三大类。认为事前预防类制度主要有环境保护规划制度、环境标准制度、环境影响评价制度、"三同时"制度等;行为管制类制度主要有排污申报登记制度、排污收费制度、排污许可制度、总量控制制度等;而事后救济类制度则包括限期治理制度、污染事故应急制度、违法企业挂牌督办制度、法律救济制度等。[5]

本书将基于环境法的公法制度和私法制度的划分,来介绍环境法律制度。除了基于前述的在理论层面,环境负外部性问题的解决本就依赖于派生自"庇古税"理论的公法干预手段和"科斯定理"理论的私权配置手段之外,还出于如下两方面考虑:其一,长期以来,我国的环境法律制度以行政法律制度为主,主要依靠环境许可和行政监管实现环境保护的目标。但随着环境保护与经济发展矛盾日益突出,过度依赖公法手段,难以平衡二者的关系,迫切需要引入产权交易机制等私权制

---

〔1〕 参见汪劲:《环境法学》,北京大学出版社 2014 年版,第 122 页。

〔2〕 参见汪劲:《环境法学》,北京大学出版社 2014 年版,第 123 ~ 159 页。

〔3〕 参见韩德培、陈汉光:《环境保护法教程》,法律出版社 2015 年版,第 76 页。

〔4〕 参见杨朝飞:《我国环境法律制度和环境保护若干问题》,十一届全国人大常委会专题讲座第二十九讲讲稿。

〔5〕 参见杨朝飞:《我国环境法律制度和环境保护若干问题》,十一届全国人大常委会专题讲座第二十九讲讲稿。

度,弥补行政法律制度的不足。党的十八届三中全会通过的《中共中央关于全面深化改革若干重大问题的决定》明确指出要发展环保市场,推行节能量、碳排放、排污权、水权交易制度,建立吸引社会资本投入生态环境保护的市场化机制。其二,我国作为《联合国气候变化框架公约》及京都议定书、《巴黎协定》的缔约国,为履行温室气体减排、清洁发展等国际义务,也迫切需要借鉴国际先进经验建立运用市场化方式配置环境资源的私法制度。

具体而言,环境保护公法制度是指国家机关依据环境法的基本原则,运用国家权力对环境保护问题进行宏观调整所确立的制度。主要包括:环境保护规划制度、环境标准制度、环境监测制度、环境影响评价制度、环境行政许可制度、环境税制度、突发环境事件应急制度、跨区域环境保护制度、政府环境责任制度等。环境保护私法制度是指在国家自然资源所有权和环境要素用益总量控制基础上,充分发挥市场力量,通过在政府与环境要素用益人之间,环境要素用益人相互之间构建环境要素使用权关系而达到保护环境目的的制度。主要包括:环境费制度、环境容量使用权制度、排污权交易制度、碳排放权交易制度等。

第二节 环境公法制度

一、环境保护规划

典型案例 2011年2月底南京市政府为建设地铁3号、10号线,按规划开始将主城区内部分法国梧桐移栽。法国梧桐行道树栽种于20世纪中期,是南京市民心中重要的城市标志,梧桐的移栽工作引发部分市民不满。在工程开始前的规划编制阶段,虽进行了地铁工程环境影响评价公示,但仅仅是在"中国江苏""江苏环保"两个网站上加以公告,公众参与范围不大。地铁施工开始后,有市民将行道树被修剪和即将移栽的场面拍成照片,在网络上传播、讨论。此后,经过一些有影响力的公众人物宣传,此事获得更广泛的关注和讨论,影响范围已经从南京扩大到全国,台湾地区国民党籍民意代表也通过网络表示关注并发表意见。2011年3月19日,南京发生"护树事件",数千名南京市民自发走上街头,聚集在南京市图书馆门前静坐抗议砍伐、迁移大行官法国梧桐的行为。[1] 为妥善处理城市建设中的古树名木保护问题，南京市政府紧急出台了《关于进一步加强城市古树名木及行道大树保护的意见》，承诺市政建设“原则上工程让树，不得砍树”，化解了因梧桐移栽而产生的社会矛盾。

此案是一起典型的城市土地利用规划案件，整个案件的过程反映出地方政府在制定土地利用规划时缺乏统筹布局和科学指导，行政权力的监督制约机制尚不完善，公众参与制度的执行仍有待加强等问题。

（一）制度概述

环境保护规划是指为使经济、社会发展与环境保护相协调，对人类自身活动和环境所做的空间和时间上的合理安排。其目的是将环境用益行为纳入总体的规划与考量之中，以约束排污行为，改善生态环境，防止资源破坏，以最小的投资获取最佳的环境效益，促进环境、经济和社会的可持续发展。因此该项制度担负着从整体上、战略上和统筹规划上来研究和解决环境问题的任务，对于可持续发展战略的顺利实施起着十分重要的作用。[2]

环境保护规划作为环境保护管理领域的基本制度之一，既是综合体现环境保护战略和政策的总体框架，也是国民经济和社会发展规划体系的重要组成部分，[3] 具有整体性、综合性、区域性、动态性、信息密集和政策性强等基本特征，它的质量直接决定了环境保护工作的成效。[4]

在我国，环境保护实行统一领导和分工负责相结合的管理体制，有关计划和规划的编制和实施也分别由与生态环境保护工作相关的不同主管部门分别承担，因此我国并没有一部统一的环境保护规划。[5] 本书介绍的环境保护规划在范围上是涵盖国民经济和社会发展规划中的环境保护篇章、主体功能区规划、土地利用总体规划、城乡规划等在内的一个以保护环境与资源为目的的规划统一体。2014 年《环境保护法》第 13 条规定：“环境保护规划的内容应当包括生态保护和污染防治的目标、任务、保障措施等，并与主体功能区规划、土地利用总体规划和城乡规划等相衔接。”

---

〔1〕 牛锦红：《新媒体时代城乡规划“参与”与“治理”的法治化路径——以南京典型规划案例为考察对象》，载《城市发展研究》2015 年第 8 期。

〔2〕 参见董伟等：《我国环境保护规划的分析与展望》，载《环境科学研究》2010 年第 6 期。

〔3〕 参见王金南等：《新〈环境保护法〉下的环境规划制度创新》，载《环境保护》2014 年第 13 期。

〔4〕 参见俞晓蓓：《中国环境规划的探析》，载《环境研究与监测》2011 年第 2 期。

〔5〕 参见汪劲：《环境法学》，北京大学出版社 2014 年版，第 131 页。

（二）国民经济和社会发展规划中的环境保护篇章

1973年，我国召开了第一次全国环境保护工作会议，会议上明确提出了“全面规划，合理布局”的指导思想，标志着我国环境保护规划工作开始起步。当时的环境保护规划处于零散、局部、不系统的状态，除了一些地区开展了环境状况调查、环境质量评价等工作外，大规模和较深入的环境保护规划工作尚未开展起来。[1] 从1975年起，国务院环境保护领导小组在其制定的《关于制定环境保护十年规划和“五五”（1976～1980年）计划》中就规定要把环境保护纳入国民经济和社会发展计划，提出了“五年控制、十年基本解决环境污染问题”的行政目标。[2] 实践很快证明了这一目标不符合客观规律，表明当时我国环境保护规划的编制仍处于初步探索阶段。[3]

1981年至1985年是国民经济第六个五年计划时期，在《国民经济和社会发展第六个五年计划（1981～1985）》中，第一次纳入了以工业“三废”为代表的环境保护工作内容。1986年进入国民经济第七个五年计划时期，国家开展了“七五”环境保护计划的编制。从此开始，中国环境保护规划和计划编制工作开始有序展开。[4]

1989年修订的《环境保护法》规定，国家制定的环境保护规划必须纳入国民经济和社会发展计划。自此以后，国家在制定各个国民经济和社会发展五年计划中均将环境保护与经济社会协调发展、综合平衡作为编制规划的重要指导思想，并专设环境保护篇。2016年十二届全国人大四次会议审议通过的《国民经济和社会发展第十三个五年规划纲要》（以下简称《“十三五”规划纲要》）首次提出了“生态环境质量总体改善”的主要目标，纲要中涉及资源环境的指标多达十个，占到了整个指标体系的40%，位居四个指标大类之首，彰显了国家对于生态文明建设的高度重视。[5] 《“十三五”规划纲要》第十篇“加快改善生态环境”共包括七章，分别涉及加快建设主体功能区、推进资源节约集约利用、加大环境综合治理力度、加强生态保护修复、积极应对全球气候变化、健全生态安全保障机制和发展绿色环保产业方面。

（三）与其他规划的衔接

1. 主体功能区规划

全国主体功能区规划（见图4－1）是以服务国家自上而下的国土空间保护与利

---

〔1〕 参见董伟等：《我国环境保护规划的分析与展望》，载《环境科学研究》2010年第6期。

〔2〕 参见汪劲：《环境法学》，北京大学出版社2014年版，第131页。

〔3〕 边孝民：《我国环境规划的回顾与展望》，载《环境科学》1993年第4期。

〔4〕 边孝民：《我国环境规划的回顾与展望》，载《环境科学》1993年第4期。

〔5〕 参见宋旭：《从“十三五”规划纲要看未来五年环保工作——专访环境保护部南京环境科学研究所所长高吉喜》，载《中国环境管理》2016年第2期。

用的政府管制为宗旨，采用地理学综合区划的方法，通过确定每个区县行政单元在全国和省区等不同空间尺度中开发和保护的主体功能定位，对未来国土空间合理开发利用和保护整治格局总体蓝图的设计、规划。[1]

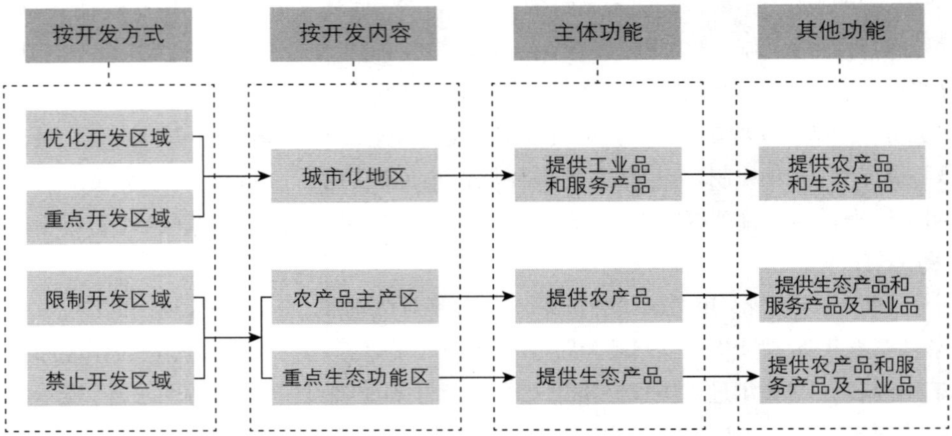

图4－1　主体功能区分类及其功能[2]

主体功能区规划是我国独创的国土空间开发规划，它根据环境承载力、资源开发利用的强度与潜力等情况，将国土空间划分为工业品主产区、农产品主产区、生态品主产区等功能区，对不同区划实行差异化政策，借此推动经济增长方式转型及区域间异质性协调发展。党的十八届三中全会以来，主体功能区规划被置于空间开发体系的关键地位。但目前我国关于主体功能区规划尚无基本立法，相关实践是依据2010年12月国务院发布的《全国主体功能区规划》。[3]

主体功能区建立在区域分异客观规律和地域功能适宜性评价的基础上，它所确定的国土空间开发格局以及政府区域管理战略指向集中体现了自然系统可持续发展和社会福利最大化的要求。[4]因此未来的政策体系必须根据主体功能定位以及主体功能形成动力机制的差异做出相应的调整。未来的空间规划体系也应以主体功能区建设为基础进行协调和完善，以使土地利用规划、城市总体规划、区域规

〔1〕盛科荣、樊杰：《主体功能区作为国土开发的基础制度作用》，载《中国科学院院刊》2016年第1期。

〔2〕参见《国务院关于印发全国主体功能区规划的通知》，载中国政府网：http://www.gov.cn/zwgk/2011－06/08/content_1879180.htm，最后访问日期：2019年2月16日。

〔3〕参见宋彪：《主体功能区规划的法律问题研究》，载《中州学刊》2016年第12期。

〔4〕参见盛科荣、樊杰：《主体功能区作为国土开发的基础制度作用》，载《中国科学院院刊》2016年第1期。

划等各类规划内容相互衔接并与主体功能区规划相一致。[1]

2. 土地利用总体规划

土地利用总体规划是指在一定区域内，根据国家社会经济可持续发展的要求和当地自然、经济、社会条件，对土地的开发、利用、治理、保护在空间和时间上所作的总体安排和布局。我国土地利用总体规划分为国家、省、市、县和乡（镇）五级，由各级人民政府组织编制，国土资源行政主管部门具体承办。[2] 土地利用规划在土地管理中处于核心地位。早在1998年修改《土地管理法》时，就曾明确规定各级人民政府有组织编制土地利用总体规划的职责。[3]

土地利用总体规划属于战略性规划，它的核心任务是通过对规划期内土地供求关系的多因素分析，协调人地关系，确定规划期内各种用地的数量指标，优化土地利用结构和空间布局，是指导编制其他规划的依据。根据规划范围的不同，土地利用总体规划可以分为不同的级别，其中国家、省级和市级规划构成土地利用总体规划的主干。鉴于土地利用系统的复杂性，也可以根据需要编制跨行政区的区域（流域）土地利用总体规划。[4]

3. 城乡规划

城乡规划指的是以促进城乡经济社会全面协调可持续发展为根本任务，促进土地科学使用为基础，促进人居环境根本改善为目的，涵盖城乡居民点的空间布局规划。根据《城乡规划法》第2条的规定，城乡规划在范围上包括城镇体系规划、城市规划、镇规划、乡规划和村庄规划。城市规划、镇规划又可以划分为总体规划和详细规划。

总体规划的任务是根据城市规划纲要，综合研究和确定城市性质、规模、容量和发展形态，统筹安排城乡各项建设用地，合理配置城市各项基础工程设施，并保证城市每个阶段的发展目标、发展途径、发展程序的优化和布局结构的科学性，引导城市合理发展。总体规划的期限一般为20年。详细规划的任务是以总体规划为依据，详细规定建设用地的各项控制指标和规划管理要求，或直接对建设项目作出具体的安排和规划设计。

改革开放以来，我国开始强化城乡规划的立法工作。1984年，国务院颁布了《城市规划条例》，标志着我国城市规划工作开始纳入法制轨道。1986年，《城市规

[1] 参见盛科荣、樊杰：《主体功能区作为国土开发的基础制度作用》，载《中国科学院院刊》2016年第1期。

[2] 参见庄建平：《我国土地利用总体规划存在的法律问题及建议》，载《经济师》2016年第11期。

[3] 参见郭乃硕：《提升土地利用总体规划的法律地位》，载《吉林人大》2013年第11期。

[4] 参见师武军：《关于中国土地利用规划体系建设的思考》，载《中国土地科学》2005年第1期。

划法》被纳入全国人大常委会和国务院的立法计划。1989 年,我国第一部《城市规划法》经全国人大常委会审议通过后颁布实施。进入 21 世纪,为了统筹城乡一体化发展,打破二元分割的规划体制,住房和城乡建设部于 2000 年成立了《城乡规划法》起草小组。[1] 2007 年10 月28 日,十届全国人大常委会第三十次会议审议通过了《城乡规划法》,我国的空间布局规划进入了城乡一体化的新时代,城乡规划的主要任务也已经从满足基本的增长需求向统筹社会、经济及环境均衡的科学发展转变。[2] 《城市规划法》于 2008 年 1 月 1 日《城乡规划法》生效之日起废止。

拓展阅读 |《城乡规划法》的主要内容

第一,突出城乡规划的公共政策属性。《城乡规划法》明确提出:为了加强城乡规划管理,协调城乡空间布局,改善人居环境,促进城乡经济社会全面协调可持续发展,制定本法。从内容上看,重视资源节约、环境保护、文化与自然遗产保护;促进公共财政首先投到基础设施、公共服务设施项目;强调城乡规划制定、实施全过程的公众参与;保证公平,明确了有关赔偿或补偿责任。

第二,强调城乡规划综合调控的地位和作用。该法指出:"任何单位和个人都应当遵守依法批准并公布的城乡规划,服从规划管理。"这就从法律上明确,城乡规划是政府引导和调控城乡建设和发展的一项重要公共政策,具有法定地位的发展蓝图。同时,法律适用范围扩大,强调城乡统筹、区域统筹;确立先规划后建设的原则;"三规合一"是规划未来发展的必然趋势。

第三,新的城乡规划体系的建立。体现了一级政府、一级规划、一级事权的规划编制要求,明确规划的强制性内容,突出近期建设规划的地位,强调规划编制责任。

第四,严格城乡规划修改程序。对城乡规划评估、修改省域城镇体系规划、城市总体规划、镇总体规划,修改详细规划等,都作出了详细的规定。

第五,城乡规划行政许可制度的完善。建立完善了针对土地有偿使用制度和投资体制改革的建设用地规划管理制度,规定了各项城乡规划的行政许可。

第六,对行政权力的监督制约。明确了上级行政部门的监督,人民代表大会的监督,以及全社会的公众监督。

---

〔1〕 参见毛其智:《与时俱进 推陈出新 不断完善我国的城乡规划法律制度》,载《北京规划建设》2008 年第 2 期。

〔2〕 参见赵佩佩等:《新型城镇化背景下城乡规划的转型思考》,载《规划师》2014 年第 4 期。

第七,对城乡规划编制单位提出了新的要求。对城乡规划编制单位的资质管理,对规划师职业的管理,都有明确规定。

第八,加强人民代表大会的监督作用。省域城镇体系规划、城市和县城关镇总体规划由本级人大常委会审议,镇总体规划由镇人大审议。城市控制性详细规划报本级人大常委会备案,县城关镇控制性详细规划报县人大常委会备案。省域城镇体系规划、城市和镇总体规划定期评估须向人大报告。

第九,强化法律责任。追究政府和行政人员的责任,追究城乡规划编制单位的责任,追究违法建设行为的责任,明确对违法行为给予罚款的范围和数额,授予市政府强制拆除权。

第十,法律授权,建立完善的城乡规划法律体系。[1]

(四)环境保护规划的效力

环境保护规划是行政规划的一种,对环境保护规划法律效力的分析,应以行政行为效力的一般理论为基础。一般认为行政行为效力主要表现在公定力、确定力、拘束力和执行力四个方面。

1. 公定力

环境保护规划的公定力,是指环境保护规划一经批准实施,即具有要求所有机关、组织或个人予以尊重的法律效力。环境保护规划的公定力来源于环境保护规划的法定性,而法定性则主要来源于两个方面。首先,我国宪法明确规定了"国家保护和改善生活环境和生态环境,防治污染和其他公害",该规定集中体现了国家加强环境保护的意志,而环境保护规划则是体现和贯彻上述国家意志的重要方式。其次,从《环境保护法》和各单行环境法的有关规定来看,基本上都对本领域规划编制的部门、原则、编制程序、审批机关等实体和程序性问题作出了较为明确的规定,这说明有关环境保护规划的内容日益受到国家立法机关的重视,环境保护规划的法定性也正在逐步增强。[2] 对法定性的确认奠定了环境保护规划的合法性基础,也赋予了环境保护规划以公定力。

2. 确定力

环境保护规划的确定力,是指已经生效的环境保护规划对有关行政主体和行政相对人所具有的不受任意改变的法律效力。对于环境保护规划的编制机关而

[1] 参见《认真贯彻〈城乡规划法〉,开创城乡规划工作新局面——建设部城乡规划司司长唐凯解读〈城乡规划法〉》,载《北京房地产》2008 年第 1 期。

[2] 参见张璐:《环境规划的体系和法律效力》,载《环境保护》2006 年第 11 期。

言，这种确定力是实质性的，它要求有关行政主体不得对已经生效的规划任意修改，否则应承担相应的法律责任。目前，我国的各单行环境立法都通过对各类环境保护规划变更条件与法定程序的规范，明确了规划的确定力。基于行政法中的信赖利益保护原则，法律一般要求行政主体不仅对规划的内容不得擅自变更，即使通过合法程序对环境保护规划的中止、变更，也需要对相对人基于该规划而产生的合理信赖利益损失承担补偿责任。如果行政主体拒绝补偿，行政相对人可以针对该不予补偿的行为请求法律救济。[1]

3. 拘束力

环境规划的拘束力，是指已经生效的环境保护规划所具有的约束和限制有关行政主体和行政相对人的法律效力。拘束力是环境保护规划法律效力最为集中的体现，但它也是环境规划执行中最容易出现问题的环节。通常环境保护规划的拘束力可以从对内和对外两个方向来理解。环境保护规划的外部拘束力主要是针对行政相对人而言，它要求相对人对已颁布规划的法律效力给予充分的尊重。环境保护规划的内部拘束力主要是针对行政主体而言的。[2] 就性质而言，规划的制定和执行行为是内部行政行为，其效力主要及于规划的编制与执行机关及其工作人员。实践中违反规划拘束力的行为也主要发生在行政机关内部，最为典型的就是在土地利用规划生效后，违法变更土地用途。因此强化环境保护规划的拘束力，严厉追究违反规划拘束力的行为是我国各级规划编制与执行机关的重要任务。

4. 执行力

环境保护规划的执行力，是指已经生效的环境保护规划要求有关行政主体和行政相对人对其内容予以实现的法律效力。从逻辑关系上来说，执行力是拘束力的延伸和保障，是在实施环节保证拘束力实现的重要因素。尽管环境保护规划的编制、实施等工作都是以有关行政主体为主导的，但环境保护规划的执行力并非仅对行政主体而言，相对人同样也包含在执行力的法律效力范围之内，不过执行力在针对二者的表现方式上有所不同。[3]

对于相对人来说，环境保护规划的执行力主要由行政主体在日常管理的过程中予以落实，主要表现为行政主体依据规划中的有关内容，实施相应的具体行政行为。对于行政主体而言，环境保护规划的执行力主要是通过行政主体的行政法制监督和内部行政关系调整予以保障。从目前的情况来看，对行政主体在规划执行

---

〔1〕 参见张璐：《环境规划的体系和法律效力》，载《环境保护》2006年第11期。
〔2〕 参见张璐：《环境规划的体系和法律效力》，载《环境保护》2006年第11期。
〔3〕 参见张璐：《环境规划的体系和法律效力》，载《环境保护》2006年第11期。

中的约束力要求在逐步提高。[1] 以《国民经济和社会发展第十一个五年规划纲要》的执行措施为例，该纲要在“建立健全规划实施机制”部分明确指出：“本规划确定的约束性指标，具有法律效力，要纳入各地区、各部门经济社会发展综合评价和绩效考核。”

二、环境标准

典型案例　厦门PX(又称二甲苯)项目是2006年在厦门市总投资额达108亿元的一个化工项目。该项目地距厦门市中心不足10公里，又靠近众多居民区、学校，从而引发了剧毒传闻。该项目引起厦门市民集体关切，并遭到百名政协委员联名反对。判断PX项目是否存在剧毒隐患的一个关键点是“醋酸指标”。根据中国环境科学院的报告，我国相关环境标准均未列出醋酸指标，所以按照标准适用参考国外相关标准的原则，在比较苏联和加拿大有关环境空气质量目标值的基础上，该报告引用了较严的标准。[2] 这一案件涉及环境标准的概念、种类，环境标准的制定、实施等问题。

(一)制度概述

关于环境标准的概念，《环境保护法》《环境标准管理办法》《标准化法》及其实施条例等都没有直接给出立法定义。总结学界的学理定义，具有代表性的概念界定主要有以下三种：(1)环境标准指国家为维护环境质量、控制污染，保护人体健康、社会财富和生态平衡，就环境质量以及污染物的排放、环境监测的方法等其他需要的事项，按照国家规定的程序和批准制定的各种技术指标与规范的总称。(2)环境标准指为了保护人群健康、保护社会财富和维护生态平衡，就环境质量和污染物的排放、环境监测方法及其他需要的事项，按照法律规定程序制定的各种技术指标与规范的总称。(3)环境标准指国家为了保护公众健康、社会物质财富，维持生态平衡，对大气、水、土壤等环境质量，按照法定程序对环境要素间的配比、布局和各环境要素的组成以及进行环境保护工作的某些技术要求加以限定的规范。[3]

从上述关于环境标准的概念界定可以看出，学者们普遍认为“保护公众健康”

---

[1] 参见张璐：《环境规划的体系和法律效力》，载《环境保护》2006年第11期。

[2] 参见张晏、汪劲：《我国环境标准制度存在的问题及对策》，载《中国环境科学》2012年第1期。

[3] 施志源：《环境标准的法律属性与制度构成——对新〈环境保护法〉相关规定的解读与展开》，载《重庆大学学报》(社会科学版)2016年第1期。

“维持生态平衡”和“保护社会物质财富”是制定环境标准的目的。[1] 其中的“保护社会物质财富”与《环境标准管理办法》第3条所指出的制定环境标准的根本目的是“为防治环境污染，维护生态平衡，保护人体健康”存在差异。事实上“保护社会物质财富”只是“控制污染、保护环境”的间接后果，因此不宜把“保护社会物质财富”作为环境标准的制定目的之一。同理，根据《环境标准管理办法》第3条的规定，环境标准是就“环境保护工作中需要统一的各项技术规范和技术要求”而制定的，这说明立法将环境标准的性质界定为“技术规范”。因此，我们认为环境标准的概念可以表述为法律授权的机构或部门制定的用于控制污染、保护环境和公众健康的各种技术规范的总称。[2]

法条链接4.1

环境标准本身并不是独立的法律，但环境标准一旦被有关的法律法规援引，或者被一定区域之内的生态环境主管机关采纳，就具有了法律上的强制力，由此便形成了环境标准制度。因此，环境标准制度是环境法律制度的重要组成部分。

环境标准与环境基准既有区别，又有紧密联系。“环境基准”是“在一定环境中，污染物对人体或生物没有任何不良影响的最大剂量或者说是对人体和生物产生不良影响的最小量，是制定环境标准的客观科学依据”。环境基准是一个客观的定值，是环境科学上的概念。而环境标准则掺杂着较多的主观因素，是“技术可行性和经济合理性”的结合体，[3]这是两者的主要区别。当然，环境标准的制定，离不开环境基准的科学研究。环境标准是在环境基准的基础上，综合考虑经济发展、技术条件、区域环境等因素而制定的。[4] 没有科学的环境基准，也就难以制定出科学的环境标准。《环境保护法》第15条在明确环境质量标准制定条件的同时，突出强调“国家鼓励开展环境基准研究”，就是立法者对环境基准研究重要性及这两者关系紧密性的充分确认。

法条链接4.2

环境标准的种类不同，其作用与在法律上的约束力也不同。环境标准总体上

---

〔1〕 施志源：《环境标准的法律属性与制度构成——对新〈环境保护法〉相关规定的解读与展开》，载《重庆大学学报》（社会科学版）2016年第1期。

〔2〕 实践中，地方环境标准并不多见。截至2018年7月，在生态环境部依法备案的地方环境标准为188件。参见生态环境部网站：http://kjs.mee.gov.cn/hjbhbz/dfhjbhbzba/201807/t20180711_446455.shtml，最后访问日期：2019年2月17日。

〔3〕 参见周启星等：《环境基准值的科学研究与我国环境标准的修订》，载《农业环境科学学报》2007年第1期。

〔4〕 参见施志源：《环境标准的法律属性与制度构成——对新〈环境保护法〉相关规定的解读与展开》，载《重庆大学学报》（社会科学版）2016年第1期。

可以分为三级五大类，三级指国家环境标准、地方环境标准[1]和行业环境标准，五大类指环境质量标准、污染物排放标准、环境监测方法标准、环境标准样品标准和环境基础标准。为维护环境监测、采样与环境基础数据分析的一致性，后三类标准需要在全国范围内统一适用，因此这三类环境标准只有国家标准而没有地方标准。这三类环境标准所规定的技术规范在环境纠纷争议解决过程中通常会被用于对证据证明力的判断。[2] 以环境要素划分，我国的环境标准涵盖大气、水、环境噪声与振动、核辐射与电磁辐射、固体废物、土壤、生态等环境保护标准。[3] 以法律效力分，环境质量标准和污染物排放标准为强制性标准，环境监测规范、管理规范类标准、环境基础类标准为推荐性标准。顾名思义，强制性标准要求适用机关或行为人必须遵守，而推荐性标准则鼓励适用机关和行为人优先选用。违反强制性标准会导致行政法律责任，而违反推荐性标准则不具有这一法律后果。从标准的严格程度而言，推荐性标准对行为人的要求要高于与之对应的强制性标准。

环境标准与环境行政的关系是决定标准适用的重要问题。各类环境标准规定的只是基于环境科学与环境经济学考量而设定的一个或一组参考数值，其本身不属于法律制度，也不具有直接的法律约束力。它们必须经过不同区域生态环境主管机关行政裁量行为的确认，才能在环境保护实践中发挥作用，形成法律约束力。行业协会制定的环境资源行业标准和企业自行制定的环境标准属于非官方标准，一般情况下也不具有法律约束力。因此，环境标准与环境标准法律制度不同，环境标准本身只是一种技术规范，其功能在于认定某种行为是否符合某一技术规范，属于事实上的认定，其法律效力需要来源于行政机关的外部授权。一项环境标准是否能够成为一项具有法律约束力的制度，需要法律对其是否适用进行确认或者行政行为作出相应的裁量。[4]

在法律上明晰环境标准制度的法律效力对于法律适用具有重要意义。强制性环境标准本身不属于法律规范，其具体适用需依附于环境行政裁量。当其被纳入环境行政裁量依据之后，违反强制性环境标准将导致行为人承担基于该标准而设定的公法责任，但它不是判断行为人是否违反私法义务的根据，因此不能以行为人

---

[1] 实践中，地方环境标准并不多见。截至 2018 年 7 月，在生态环境部依法备案的地方环境标准为 188 件。参见生态环境部网站：http://kjs. mee. gov. cn/hjbhbz/dfhjbhbzba/201807/t20180711_446455. shtml，最后访问日期：2019 年 2 月 17 日。

[2] 参见汪劲：《环境法学》，北京大学出版社 2014 年版，第 129 页。

[3] 参见曹金根：《环境标准法律制度的困境与出路》，载《河南社会科学》2015 年第 11 期。

[4] 施志源：《环境标准的法律属性与制度构成——对新〈环境保护法〉相关规定的解读与展开》，载《重庆大学学报》（社会科学版）2016 年第 1 期。

的行为是否符合环境标准来判断其是否需要承担环境民事法律责任。由《民法典》侵权责任编第1229条有关环境侵权民事责任构成要件的规定也可以看出，现行立法确立的环境侵权民事责任构成中不含对行政违法性的要求。[1]

（二）标准的制定

环境标准的制定主体一般由环境标准的起草单位、制定单位和发布单位组成。国家环境质量标准由国务院生态环境主管部门制定后，由国务院生态环境主管部门、国家市场监督管理总局（国家标准化管理委员会）联合发布；环境行业标准则由国务院生态环境主管部门制定后发布，报国家标准化管理委员会备案；地方环境质量标准一般由省级地方人民政府制定，报国务院生态环境主管部门备案。

按照《环境标准管理办法》的规定，制定环境标准应遵循的原则是：（1）以国家环境保护方针、政策、法律、法规及有关规章为依据，以保护人体健康和改善环境质量为目标，促进环境效益、经济效益、社会效益的统一；（2）环境标准应与国家的技术水平、社会经济承受能力相适应；（3）各类环境标准之间应协调配套；（4）标准应便于实施与监督；（5）借鉴适合我国国情的国际标准和其他国家的标准。

环境标准制定的程序是：（1）编制标准制订计划；（2）组织拟定标准草案；（3）对标准草案征求意见；（4）组织审议标准草案；（5）审查批准标准草案；（6）按照环境标准规定的程序编号发布。根据《环境保护法》第15条和第16条的规定，国务院生态环境主管部门制定国家环境质量标准和污染物排放标准。省、自治区、直辖市人民政府对国家环境标准中未作规定的项目，可以制定地方环境标准；对国家环境标准中已作规定的项目，可以制定严于国家环境标准的地方环境标准。地方环境标准应当报国务院生态环境主管部门备案。至于环境标准的修订，由于其目的是使环境标准更加科学合理，因此，同制定新标准一样也应遵守以上的原则和程序。[2]

三、环境监测

典型案例　中国环境监测总站在对国控环境空气自动监测站点例行检查时发现，2017年9月至10月，江西省新余市飞宇、河南省信阳市南湾水厂两个国控站点附近有雾炮车喷雾作业，水雾直接喷淋空气质量监测采样口及周围局部环境，

---

〔1〕 施志源：《环境标准的法律属性与制度构成——对新〈环境保护法〉相关规定的解读与展开》，载《重庆大学学报》（社会科学版）2016年第1期。

〔2〕 参见张传秀、宋晓铭：《浅议我国的环境标准》，载《化工环保》2004年第1期。

该行为干扰了环境空气质量监测活动的正常进行。于是环境保护部分别致函两省，责成严肃查处。两地经调查核实，视情节轻重已依纪依法分别给予直接责任人和分管责任人辞退、行政记过、行政警告、诫勉谈话、通报批评等行政处分。[1]

这两起案例反映出部分地方尚未构建起预防和惩治环境监测弄虚作假行为的有效机制，尚不能确保环境监测设施安全运行不受干扰。

（一）制度概述

环境监测是指对生态环境要素中相关因子的浓度、数量、分布以及污染排放状况进行分析测试，以阐明生态环境的特征与现状、污染来源、生态环境质量的变化趋势和潜在环境风险的活动。环境监测可分为生态环境质量监测和生态环境专门监测，其中的生态环境专门监测是指各部门在资源开发利用、环境保护、生态修复等过程中，开展的各类服务于各种管理需求、更具有专业性的监测活动。[2] 环境监测是科学掌握环境质量状况和发展趋势的重要手段。它为环境管理和环境执法监督提供数据基础，也为正确处理环境污染事故和污染纠纷提供技术依据。[3]

环境监测的内容主要有：(1)物理指标的测定。包括噪声、振动、电磁波、热能、放射性等水平的监测。(2)化学指标的测定。包括各种化学物质在空气、水体、土壤和生物体内水平的监测。(3)生态系统的监测。主要监测由于人类活动引起的生态系统的变化，如滥砍滥伐森林、过度放牧引起的水土流失及土地沙化，二氧化碳和氟氯烃的过量排放引起的温室效应和臭氧层破坏。[4]

（二）监测机构及其责任

1. 监测机构

全国原有的环境监测机构分为四级，分别设置在国家、省、市和县。党的十八大以来，为适应新时期生态环境管理的需要，我国的环境监测体制与事权配置进行了重大调整。环境监测机构层级由四级调整为国家和省两级设置，实行省级以下环境监测机构由省级生态环境主管部门垂直管理的体制。原有的市级环境监测机构，调整由省生态环境部门直接管理。调整之后，我国县级层面，不再设置环境保护局和环境监测机构。依据《国务院关于推进中央与地方财政事权和支出责任划分

---

〔1〕《环保部通报两起干扰环境监测典型案例》，载人民网：http://politics.people.com.cn/n1/2018/0114/c1001-29763725.html，最后访问日期：2018年4月15日。

〔2〕参见王海芹等：《统筹建立生态环境监测网络体系的思考与建议》，载《环境保护》2015年第20期。

〔3〕韩德培主编：《环境保护法教程》，法律出版社2012年版，第120～122页。

〔4〕吴晓红等：《浅谈计算机技术在环境监测中的应用》，载《资源节约与环保》2016年第3期。

改革的指导意见》,进一步将全国范围内环境质量监测和对全国生态具有基础性、战略性作用的生态环境保护等基本公共服务,逐步上划为中央的财政事权。上述事权上收工作完成后,国家与地方在国家生态环境监测直管网的管理中便不再有委托代理关系。地方环境监测机构不再参与国家直管网的建设与运维。此外,省级生态环境主管部门在全省(自治区、直辖市)范围内统一规划建设环境监测网络,统一负责本省(自治区、直辖市)及所辖各市县生态环境质量监测、调查评价和考核工作,实行生态环境质量省级监测、省级考核,同时省级负责开展跨区域、跨流域的生态环境质量监测。省级以下实现垂直管理之后,环境执法监测下移到市级。原有的县级环境监测机构上收到市级,主要承担环境执法监测,支持配合属地环境执法,为市级政府履行污染治理职责提供技术支撑。2017 年 2 月,中央全面深化改革领导小组第三十二次会议审议通过《按流域设置环境监管和行政执法机构试点方案》,明确提出流域环境保护要统一规划、统一标准、统一环评、统一监测、统一执法。[1]

2. 监测机构的责任

环境监测机构的职责主要包括四方面:其一,服务于政府工作,为地方政府履行生态环境保护职责提供专业化的决策参考信息。环境监测机构既服务同级政府,又服务于上级政府。其二,服务于环保行政主管部门。生态环境保护工作的专业化,要求环境监测为各项环境监管制度提供技术支撑。[2] 其三,对下级开展业务指导。中国环境监测总站对全国环境监测工作进行技术指导。省级环境监测站在接受上一级业务指导时,也指导下级环境监测工作。其四,服务于社会。各级各类环境监测站在完成指令性监测任务、做好公益服务的基础上,可以开展有关环境基准、环境标准方面的研究与服务。

各级生态环境主管部门的环境监测行政管理职责主要包括:负责本辖区的生态环境监测管理和环境质量、生态状况等生态环境信息发布;拟订和组织实施生态环境监测的政策、规划、行政法规、部门规章、制度、标准及规范;规划和设置生态环境质量监测站点,组织开展生态环境监测、温室气体减排监测、应急监测;调查评估本辖区生态环境质量状况并进行预测预警;承担生态环境监测网络建设和管理工作;组织编报本辖区生态环境质量报告书,组织编制和发布本辖区生态环境状况公报。

---

〔1〕 参见王海芹、高世楫:《生态环境监测网络建设的总体框架及其取向》,载《改革》2017 年第 5 期。

〔2〕 参见解振华:《认清形势,提高环境监测服务效能》,载《中国环境年鉴》编辑委员会:《中国环境年鉴·2000》,中国环境科学出版社 2000 年版,第 307 页。

四、环境影响评价

典型案例　2005年3月,原国家环保总局对圆明园湖底防渗工程建设单位未依法报批建设项目环境影响评价文件,擅自开工建设一事,作出停止施工并补办环境影响审批手续的决定。2005年4月,原国家环保总局为此专门召开听证会,最终以责令补办环境影响评价手续的处理方式终结了这起案件。

此案经过《人民日报》、人民网的报道,特别是因国家环保总局的介入而广为人知,客观上起到普及环境影响评价制度的作用。但就案件进程本身而言,却暴露出环境影响评价制度中公众参与机制不完善、环评机构缺乏独立性、法律责任配置不合理等缺点。[1]

(一)制度概述

环境影响评价是指对规划和建设项目实施后可能造成的环境影响进行分析、预测和评估,提出预防或者减轻不良环境影响的对策和措施,进行跟踪监测的方法与制度。一般认为,"环境影响评价"("环评")一词是在1964年加拿大举行的一次关于国际环境质量评价的学术会议上被首次使用的。1969年《美国国家环境政策法》把环境影响评价作为联邦政府管理中必须遵循的一项制度确立下来,开创了将该项制度纳入法律体系的先河。美国的环境影响评价制度建立以后,很快得到其他国家的效仿。瑞典在1969年的《瑞典环境保护法》中也对环境影响评价制度作了相应规定;日本1972年由内阁批准了公共工程的环境保护办法,首次引入环境影响评价思想。随后,其他西方国家也逐步加强了环境影响评价立法工作。[2]

中国开展环境影响评价工作的时间,在发展中国家中是比较早的。1973年第一次全国环境保护会议后,环境影响评价的概念开始引入中国。1979年9月,全国人大常委会通过了《环境保护法(试行)》,同时确立了环境影响评价和建设项目"三同时"制度。1989年制定和2014年修订《环境保护法》时,均强化了对环境影响评价制度的规定。2014年修订的《环境保护法》还结合环境影响评价制度在实践中存在的问题,增设了"政策环评"制度并扩大了环境影响评价范围,补正了《环境影响评价法》在法律责任设置上的缺陷。在单行法层面,我国《环境影响评价法》于2003年9月1日正式实施。结合2014年《环境保护法》的内容和近年来环境执法理念与

---

[1] 杨兴:《提高环境影响评价制度法律实效的构想——基于长江三峡工程环评等典型案例的分析》,载《中南大学学报》(社会科学版)2013年第5期。

[2] 参见耿海清:《中国环境影响评价管理的现状、问题及展望》,载《环境科学与管理》2008年第11期。

执法程序的再造，又先后于2016年和2018年两次对《环境影响评价法》进行了修订。这两次修订主要明确或强化了如下内容：(1)环境影响评价审批不再作为建设项目核准的前置条件；(2)对建设项目环境影响评价未批先建的情况取消了限期补办手续的内容，并将此种违法行为与建设项目总投资额挂钩，加大了责任处罚力度；(3)取消针对环境影响评价技术单位的资质审批监管，建设单位具备环境影响评价技术能力的，可以自行对其建设项目开展环境影响评价，编制建设项目环境影响报告书、环境影响报告表；(4)建设单位应当对建设项目环境影响报告书(表)的内容和结论负责，接受委托编制建设项目环境影响报告书、环境影响报告表的技术单位对其编制内容的真实性承担相应责任；(5)新增信用监管，审批环境影响评价的部门应将编制单位、编制主持人和主要编制人员的相关违法信息记入社会诚信档案，并纳入全国信用信息共享平台和国家企业信用信息公示系统向社会公布；(6)进一步强化了建设项目环境影响报告书(表)存在严重质量问题的法律责任承担。

法条链接4.3

(二)环境影响评价的程序

按照《环境影响评价法》第2条的规定，在我国环境影响评价的对象主要包括规划和建设项目两大类。

1. 规划的环境影响评价程序

在规划编制过程中，由规划编制机关依照有关环境标准以及规划环境影响评价的技术规范，组织对规划的环境影响评价。对规划进行环境影响评价时，应当分析、预测和评估规划实施可能对环境产生的整体影响，可能对环境和人群健康产生的长远影响，以及规划实施的经济效益、社会效益与环境效益之间的关系。

国务院有关部门、设区的市级以上地方人民政府及其有关部门，对其组织编制的土地利用有关的规划，区域、流域、海域的建设、开发利用规划，应当在规划编制过程中组织进行环境影响评价，编写该规划有关环境影响的篇章或者说明。这一类规划在学理上又被称为综合性规划。

在组织编制工业、农业、畜牧业、林业、能源、水利、交通、城市建设、旅游、自然资源开发的有关专项规划时，国务院有关部门、设区的市级以上地方人民政府及其有关部门，应当在该专项规划草案上报审批前，组织进行环境影响评价，并向审批该专项规划的机关提交环境影响报告书。专项规划中以发展战略为主要内容的指导性规划，仅需根据规划实施后可能对环境造成的影响，编写环境影响篇章或说明。

规划有关环境影响的篇章或者说明，应当对规划实施后可能造成的环境影响作出分析、预测和评估，提出预防或者减轻不良环境影响的对策和措施，作为规划草案的组成部分一并报送规划审批机关。未编写有关环境影响的篇章或者说明的规划草案,审批机关不予审批。

设区的市级以上人民政府在审批专项规划草案、作出决策前,应当先由人民政府指定的生态环境主管部门或者其他部门召集有关部门代表和专家组成审查小组,对环境影响报告书进行审查。审查小组应当提出书面审查意见。审查小组提出修改意见的,专项规划的编制机关应当根据环境影响报告书结论和审查意见对规划草案进行修改完善,并对环境影响报告书结论和审查意见的采纳情况作出说明;不采纳的,应当说明理由。设区的市级以上人民政府有关部门在审批专项规划草案时,应当将环境影响报告书结论以及审查意见作为决策的重要依据。在审批中未采纳环境影响报告书结论以及审查意见的,应当作出说明,并存档备查。

2. 建设项目的环境影响评价程序

根据《环境影响评价法》的规定,国家根据建设项目对环境的影响程度,对建设项目的环境影响评价实行分类管理。建设单位应当按照如下标准组织编制环境影响评价文件:可能造成重大环境影响的,应当编制环境影响报告书,对产生的环境影响进行全面评价;可能造成轻度环境影响的,应当编制环境影响报告表,对产生的环境影响进行分析或者专项评价;对环境影响很小、不需要进行环境影响评价的,应当填报环境影响登记表。建设项目的环境影响评价分类管理名录,由国务院生态环境行政主管部门制定并公布。

对于拟建的建设项目所需编制的环境影响报告书,应当包括如下内容:建设项目概况;建设项目周围环境现状;建设项目对环境可能造成影响的分析、预测和评估;建设项目环境保护措施及其技术、经济论证;建设项目对环境影响的经济损益分析;对建设项目实施环境监测的建议;环境影响评价的结论。

建设项目的环境影响评价,应当避免与规划的环境影响评价相重复。作为一项整体建设项目的规划,按照建设项目进行环境影响评价,不进行规划的环境影响评价。已经进行了环境影响评价的规划包含具体建设项目的,规划的环境影响评价结论应当作为建设项目环境影响评价的重要依据,建设项目环境影响评价的内容应当根据规划的环境影响评价审查意见予以简化。

建设单位可以委托技术单位对其建设项目开展环境影响评价,编制建设项目环境影响报告书、环境影响报告表;建设单位具备环境影响评价技术能力的,可以自行对其建设项目开展环境影响评价,编制建设项目环境影响报告书、环境影响报告表。编制建设项目环境影响报告书、环境影响报告表应当遵守国家有关环境影响评价标准、技术规范等规定。国务院生态环境主管部门应当制定建设项目环境影响报告书、环境影响报告表编制的能力建设指南和监管办法。接受委托为建设单位编制建设项目环境影响报告书、环境影响报告表的技术单位,不得与负责审批建设项目环境影响报告书、环境影响报告表的生态环境主管部门或者其他有关审批部门存在任何利益关系。

建设单位应当对建设项目环境影响报告书、环境影响报告表的内容和结论负责,接受委托编制建设项目环境影响报告书、环境影响报告表的技术单位对其编制的建设项目环境影响报告书、环境影响报告表承担相应责任。设区的市级以上人民政府生态环境主管部门应当加强对建设项目环境影响报告书、环境影响报告表编制单位的监督管理和质量考核。负责审批建设项目环境影响报告书、环境影响报告表的生态环境主管部门应当将编制单位、编制主持人和主要编制人员的相关违法信息记入社会诚信档案,并纳入全国信用信息共享平台和国家企业信用信息公示系统向社会公布。任何单位和个人不得为建设单位指定编制建设项目环境影响报告书、环境影响报告表的技术单位。

建设项目的环境影响报告书、环境影响报告表,由建设单位按照国务院的规定报有审批权的生态环境主管部门审批。海洋工程建设项目的海洋环境影响报告书的审批,依照《海洋环境保护法》的规定办理。国家对环境影响登记表实行备案管理。审批部门应当自收到环境影响报告书之日起 60 日内,收到环境影响报告表之日起 30 日内,作出审批决定并书面通知建设单位。审核、审批建设项目环境影响报告书、环境影响报告表以及备案环境影响登记表,不得收取任何费用。建设项目的环境影响评价文件未依法经审批部门审查或者审查后未予批准的,建设单位不得开工建设。

法条链接4.4

国务院生态环境主管部门负责审批下列建设项目的环境影响评价文件:核设施、绝密工程等特殊性质的建设项目;跨省、自治区、直辖市行政区域的建设项目;由国务院审批的或者由国务院授权有关部门审批的建设项目。上述列举以外的建设项目的环境影响评价文件的审批权限,由省、自治区、直辖市人民政府规定。建设项目可能造成跨行政区域的不良环境影响,有关生态环境主管部门对该项目的环境影响评价结论有争议的,其环境影响评价文件由共同的上一级生态环境主管部门审批。

(三)环境影响评价机构及相关主体责任

1. 行政主管机关及其工作人员的责任

根据《环境影响评价法》第 29 条规定,规划编制机关违反法律规定,未组织环境影响评价,或者组织环境影响评价时弄虚作假或者有失职行为,造成环境影响评价严重失实的,对直接负责的主管人员和其他直接责任人员,由上级机关或者监察机关依法给予行政处分。

该法第 30 条规定,规划审批机关对依法应当编写有关环境影响的篇章或者说明而未编写的规划草案，依法应当附送环境影响报告书而未附送的专项规划草案，违法予以批准的，对直接负责的主管人员和其他直接责任人员，由上级机关或者监察机关依法给予行政处分。

该法第 33 条规定，负责审核、审批、备案建设项目环境影响评价文件的部门在审批、备案中收取费用的，由其上级机关或者监察机关责令退还；情节严重的，对直接负责的主管人员和其他直接责任人员依法给予行政处分。

同时，该法第 34 条规定，生态环境主管部门或者其他部门的工作人员徇私舞弊，滥用职权，玩忽职守，违法批准建设项目环境影响评价文件的，依法给予行政处分；构成犯罪的，依法追究刑事责任。

2. 第三方中介机构的责任

法条链接4.5

根据《环境影响评价法》第 20 条规定，接受委托编制建设项目环境影响报告书、环境影响报告表的技术单位对其编制的建设项目环境影响报告书、环境影响报告表承担相应责任。该法在第 32 条中明确了相关的法律责任，接受委托编制建设项目环境影响报告书、环境影响报告表的技术单位违反国家有关环境影响评价标准和技术规范等规定，致使其编制的建设项目环境影响报告书、环境影响报告表存在基础资料明显不实，内容存在重大缺陷、遗漏或者虚假，环境影响评价结论不正确或者不合理等严重质量问题的，由设区的市级以上人民政府生态环境主管部门对技术单位处所收费用 3 倍以上 5 倍以下的罚款；情节严重的，禁止从事环境影响报告书、环境影响报告表编制工作；有违法所得的，没收违法所得。

该法第 32 条中除了对编制单位法律责任进行规定外，还规定了在编制单位违法时，编制主持人和主要编制人员 5 年内禁止从事环境影响报告书、环境影响报告表编制工作；构成犯罪的，依法追究刑事责任，并终身禁止从事环境影响报告书、环境影响报告表编制工作。

此外，根据《环境保护法》第 65 条的规定，环境影响评价机构、环境监测机构以及从事环境监测设备和防治污染设施维护、运营的机构，在有关环境服务活动中弄虚作假，对造成的环境污染和生态破坏负有责任的，除依照有关法律法规规定予以处罚外，还应当与造成环境污染和生态破坏的其他责任者承担连带责任。

最高人民法院、最高人民检察院《关于办理环境污染刑事案件适用法律若干问题的解释》第 9 条规定：环境影响评价机构或其人员，故意提供虚假环境影响评价文件，情节严重的，或者严重不负责任，出具的环境影响评价文件存在重大失实，造成严重后果的，应当依照《刑法》第 229、231 条的规定，以提供虚假证明文件罪或者出具证明文件重大失实罪定罪处罚。

3. 建设单位的责任

建设单位应当对建设项目环境影响报告书、环境影响报告表的内容和结论负责。根据《环境影响评价法》的规定，建设单位未依法报批建设项目环境影响报告书、环境影响报告表，或者未依照《环境影响评价法》第24条的规定重新报批或者报请重新审核环境影响报告书、环境影响报告表，擅自开工建设的，由县级以上生态环境主管部门责令停止建设，根据违法情节和危害后果，处建设项目总投资额1%以上5%以下的罚款，并可以责令恢复原状；对建设单位直接负责的主管人员和其他直接责任人员，依法给予行政处分。

对于建设项目环境影响报告书、环境影响报告表存在基础资料明显不实，内容存在重大缺陷、遗漏或者虚假，环境影响评价结论不正确或者不合理等严重质量问题的，由设区的市级以上人民政府生态环境主管部门对建设单位处50万元以上200万元以下的罚款，并对建设单位的法定代表人、主要负责人、直接负责的主管人员和其他直接责任人员，处5万元以上20万元以下的罚款。并且，编制主持人和主要编制人员5年内禁止从事环境影响报告书、环境影响报告表编制工作；构成犯罪的，依法追究刑事责任，并终身禁止从事环境影响报告书、环境影响报告表编制工作。

（四）环境影响评价中的公众参与

环境影响评价是一个为决策提供科学依据的过程，在该过程中鼓励公众参与，可以使多元的社会利益与关切得到比较充分的考虑，从而推动政府决策的科学化和民主化。同时，在环境影响评价过程中，听取有关单位和公众的意见，还能使有关部门更全面地了解和掌握评价对象的环境状况，以便提高环境影响评价的针对性。[1]

《环境保护法》第56条规定，对依法应当编制环境影响报告书的建设项目，建设单位应当在编制时向可能受影响的公众说明情况，充分征求意见。负责审批建设项目环境影响评价文件的部门在收到建设项目环境影响报告书后，除涉及国家秘密和商业秘密的事项外，应当全文公开；发现建设项目未充分征求公众意见的，应当责成建设单位征求公众意见。

《环境影响评价法》第5条规定，国家鼓励有关单位、专家和公众以适当方式参与环境影响评价。此外，该法在有关规划和建设项目环境影响评价方面也对公众参与的途径和方法作出了规定：在专项规划和建设项目环境影响报告书编制的过程中，编制机关对可能造成不良环境影响并直接涉及公众环境权益的规划，建设单

---

〔1〕 参见韩德培主编：《环境保护法教程》，法律出版社2012年版，第94页。

位对可能给环境造成重大影响的建设项目,除国家规定需要保密的情形外,应当在该规划草案报送审批前或报批建设项目环境影响报告书前,举行论证会、听证会,或者采取其他形式,征求有关单位、专家和公众对环境影响报告书草案的意见。编制机关或建设单位应当认真考虑有关单位、专家和公众对环境影响报告书草案的意见,并应当在报送审查的环境影响报告书中附具对意见采纳或者不采纳的说明。

(五)"三同时"制度

《环境保护法》第41条规定,建设项目中防治污染的设施,应当与主体工程同时设计、同时施工、同时投产使用。防治污染的设施应当符合经批准的环境影响评价文件的要求,不得擅自拆除或者闲置。在环境法的制度体系中,这一规定所确立的法律制度被称为"三同时"制度。"三同时"制度是控制新污染源产生、落实预防原则的重要制度工具,是由我国首创的具有中国特色的环境保护行政管理手段。

"三同时"制度最初主要适用于新建、改建和扩建的建设项目,目前其适用范围由污染防治扩大到了环境保护措施,主要适用于:(1)新建、改建、扩建项目;(2)技术改造项目;(3)一切可能对环境造成污染和破坏的工程建设项目;(4)确有经济效益的综合利用项目。"三同时"制度具体内容为:

1. 同时设计。建设项目的初步设计,应当按照环境保护设计规范的要求,编制与环境保护相关的章节。其内容包括:环境保护设计依据,主要污染源和主要污染物及排放方式,计划采用的环境标准,环境保护设施及简要工艺流程,对建设项目引起的生态变化所采取的防范措施,绿化设计,环境保护设施投资概算等。依据批准的环境影响报告书、环境影响报告表或者环境影响登记表,在环境保护章节中落实防治环境污染和生态破坏的措施以及环境保护设施投资概算。

2. 同时施工。在建设项目施工过程中,环境保护设施必须与主体工程同时进行并接受环境保护行政主管部门的日常监督检查。

3. 同时投产使用。建设项目的主体工程完工后,其配套建设的环境保护设施必须与主体工程同时投入使用,不得延后。投产使用后,建设单位应当对环境保护设施运行情况和建设项目对环境的影响进行监测。

需要特别强调的是,《环境保护法》严格禁止擅自拆除或者闲置建设项目中防治污染的设施,即使拆除或者闲置的行为未造成周边环境的损害,也需要承担相应的法律责任。

五、环境行政许可

环境行政许可是指国家生态环境机关对各类法律主体依法负有不作为义务的事项,依据特定环境用益行为人的申请,依法对其解除禁令,以发放批准文书、执照、许可证等形式允许申请人实施特定环境用益行为的行政活动。就性质而言,环境行政许可属于行政许可的一种,因此它既具有行政许可的特征,也需满足行政许可的一般创设条件。

(一)环境行政许可的特征

环境行政许可一般具有以下几方面的特征:首先,环境行政许可发放的前提是环境用益行为人的申请。只有有适格的环境用益行为人,该用益行为是否符合法定条件才有可资判断的对象;用益行为是否具有社会正当性也才有判断的依据;用益行为获准后,其法律后果也才有与之对应的主体承担:所以环境用益行为人的申请是激活环境行政许可制度的前提。其次,环境行政许可的内容是国家一般禁止的环境用益活动。环境行政许可是环境公法制度群中实现环境负外部性内部化的重要制度工具。为保护环境,履行国家的环境保护职责,通常国家会禁止法律主体仅依据其主观意愿染指环境资源的开发与用益。环境行政许可的创立,便是为具有社会正当性的环境用益行为提供的特殊救济机制,是免除国家一般性禁止负担的一项行政裁量活动。因此环境行政许可的内在逻辑是以一般禁止为前提,以个别免除为例外。再次,环境行政许可是一种设权性具体行政行为,其后果是生态环境机关依法赋予环境用益申请人依法从事特定环境用益行为的资格或权利。最后,环境行政许可是一种要式行政行为。行政许可需要遵循法定形式,以批准文书、执照、许可证等为载体记载许可的事项及对申请人的限制。

(二)环境行政许可的程序:以排污许可为例

按照行政许可制度的通常规律,环境许可的议决程序一般包括申请、受理、审查与决定四项。按照环境用益行为内容的不同,环境法上的许可一般可以分为三类:排污许可、开发与利用自然资源许可、利用自然环境许可。这里以排污许可为例,对我国现行环境行政许可制度进行介绍。

1. 排污许可制度的概念

排污许可制度是生态环境主管机关根据企事业单位和其他生产经营者的申请,经依法审查,允许其按照许可证载明的种类、浓度、数量等要求排放污染物的管理制度。国际上,美国、日本、德国、瑞典、澳大利亚、法国等国家都实行排污许可制度。其中美国《清洁水法》《清洁空气法》分别规定了水污染物、空气污染物排放许可制度。此外,美国还立法确立了噪声和振动的排放许可制度。日本的《大气污染防治法》《水体污染防治法》等法律规定了排污设施许可制度,即计划新建或改建排放污染物的设施,应当提前60日向都道府县知事申报,知事经审查认为该设施不符合排放标准的,可以自申报之日起60日内下达变更设计或者废止计划的命令。德国《防止有害物质入侵法》也规定了对可能造成环境损害的设施实施许可的制度。

2. 排污许可管理的原则

我国的排污许可制度始于20世纪80年代。1988年，国家环保局发布的《水污染排放许可证管理暂行办法》规定，各地生态环境部门结合本地区实际情况，在申报登记的基础上，分期分批对重点污染源和重点污染物实行排污许可证制度。[1]目前，《环境保护法》《水污染防治法》《大气污染防治法》等均对排污许可作了规定。《环境保护法》第45条规定，国家依照法律规定实行排污许可管理制度。实行排污许可管理的企业事业单位和其他生产经营者应当按照排污许可证的要求排放污染物；未取得排污许可证的，不得排放污染物。《水污染防治法》第21条规定，直接或者间接向水体排放工业废水和医疗污水以及其他按照规定应当取得排污许可证方可排放的废水、污水的企业事业单位和其他生产经营者，应当取得排污许可证；城镇污水集中处理设施的运营单位，也应当取得排污许可证。排污许可证应当明确排放水污染物的种类、浓度、总量和排放去向等要求。禁止企业事业单位和其他生产经营者无排污许可证或者违反排污许可证的规定向水体排放前款规定的废水、污水。《大气污染防治法》第19条规定，排放工业废气或者有毒有害大气污染物的企业事业单位、集中供热设施的燃煤热源生产运营单位以及其他依法实行排污许可管理的单位，应当取得排污许可证。

由上述法律规定可以看出，我国排污许可管理的主要原则包括：(1)持证排放原则。未取得排污许可证的排污者，不得排放污染物；排污许可证的持有者，必须按照许可证核定的污染物种类、控制指标和规定的方式排放污染物。(2)总量控制原则。在实行污染物排放总量控制的区域，对排污者有污染物排放总量控制指标要求的，排污者不得超过国家和地方规定的排放标准和总量控制指标。(3)持续削减原则。国家鼓励排污者采取可行的经济、技术或管理等手段实施清洁生产、持续削减其污染物排放强度、浓度和总量。[2]

3. 排污许可制度的实施

为落实《环境保护法》《水污染防治法》《大气污染防治法》等法律的规定，2016年11月和2018年1月，国务院办公厅、原环保部先后印发了《控制污染物排放许可制实施方案》和《排污许可管理办法(试行)》，对我国排污许可制度实施过程中的多项重要问题作出了系统性规定：(1)制定排污许可管理名录。生态环境部依法制定并公布固定污染源排污许可分类管理名录，明确纳入排污许可管理的范围和申领时限。(2)规范排污许可证申请和核发程序。企事业单位应按相关法规标准和技

---

[1] 孙佑海：《如何完善落实排污许可制度？》，载《环境保护》2014年第14期。

[2] 参见韩德培主编：《环境保护法教程》，法律出版社2015年版，第104页。

术规定提交申请材料，申报污染物排放种类、排放浓度等。县级以上地方生态环境部门对符合要求的企事业单位应及时核发排污许可证，对存在疑问的开展现场核查。首次发放的排污许可证有效期3年，延续换发的排污许可证有效期5年。(3)明确排污许可证的内容。排污许可证主要内容包括承诺书、基本信息、登记信息和许可事项。其中前三项由企业自行填写，最后一项由生态环境部门依据企业申请材料按照统一的技术规范依法确定。对于2015年1月1日及以后取得建设项目环境影响评价审批意见的排污单位，环境影响评价文件及审批意见中与污染物排放相关的主要内容应当纳入排污许可证，为实现环境影响评价制度与排污许可制度的有效衔接提供了制度接口。(4)加大信息公开力度。核发生态环境部门在核发排污许可证后应公开排污许可证正本以及副本中的基本事项、承诺书和许可事项。(5)强调落实排污单位按证排污责任。同时对无证排污、违法排污、材料弄虚作假、监测违法、未依法公开环境信息五种情形设定了处罚条款。(6)严厉查处违法排污行为。根据违法情节轻重，依法采取按日连续处罚、限制生产、停产整治、停业、关闭等措施，严厉处罚无证和不按证排污行为，对构成犯罪的，依法追究刑事责任。

六、环境税

环境税，也称生态税，是以环境保护为目的对开发利用环境行为征税的总称。[1] 环境税是各国环境法最早采用的调整环境用益行为负外部性的制度工具之一，也是近年来我国环境税收改革的重点。

2007年国务院印发的《国家环境保护"十一五"规划》指出："在资源税、消费税、进出口税改革中充分考虑环境保护要求，探索建立环境税收制度，运用税收杠杆促进资源节约型、环境友好型社会的建设。"为进一步促进我国环境税收征管的法制建设，十二届人大常委会第二十五次会议于2016年12月25日通过了《环境保护税法》，国务院于2017年12月25日配套制定了《环境保护税法实施条例》。《环境保护税法》生效后，在我国领域和我国管辖的其他海域直接向环境排放应税污染物的企业事业单位和其他生产经营者即为法律所确认的环境保护税纳税人。而应税污染物的计税依据，则按照下列方法确定：应税大气污染物按照污染物排放量折合的污染当量数确定；应税水污染物按照污染物排放量折合的污染当量数确定；应税固体废物按照固体废物的排放量确定；应税噪声按照超过国家规定标准的分贝数确定。关于环境税收征管体制，该法第14条规定环境

---

〔1〕 参见汪劲：《环境法学》，北京大学出版社2014年版，第148页。

保护税由税务机关依照《税收征收管理法》和《环境保护税法》的有关规定征收管理。而生态环境主管部门则依照《环境保护税法》和有关环境保护法律法规的规定负责对污染物的监测管理。县级以上地方人民政府应当建立税务机关、生态环境主管部门和其他相关单位分工协作的工作机制。此外,《环境保护税法实施条例》还进一步明确了环境税的计税依据、税收减免和征收管理等细节问题。

需要特别强调的是,根据《环境保护税法》第27条的规定,自该法2018年1月1日施行之日起,不再征收排污费,作为征收排污费依据的《排污费征收使用管理条例》同时废止。因此,环境保护税制度实施之后,在我国环境保护领域施行了近40年的征收排污费制度正式退出了制度体系。

七、优惠和鼓励措施

环境法上的优惠和鼓励措施,是指对制造、使用对环境有益的产品或者综合利用自然资源的行为,由政府依法赋予利用者、生产者或使用者一定利益予以鼓励的法律措施。[1]

在国外,优惠与鼓励措施通常包括如下类型:(1)财政补贴。例如,美国国家环境局早在1978年开始对设置资源回收系统提供财政上的援助;1980年在《固体废弃物的处置法》中规定了对能减少各种废弃物产生的工艺进行改进,给予财政补贴。(2)税收减免。例如,日本政府在《日本公害对策基本法》中规定,对确实能减轻环境污染的设施,可减免税金,根据设备差异,减免率分别为原税金的40%～70%。[2](3)低息贷款。例如,匈牙利和德国对节能设施提供优惠贷款,贷款利率一般低于5%。(4)折旧优惠。例如,1976年日本政府规定,凡是在生产工艺中安装污染控制设备的企业可扣除一定比例的设备折旧费。(5)利润留成。例如,1983年德国规定,企业节约能源可以从超计划的纯利润中获得社会措施和合理化建设的基金。(6)奖励制度。例如,法国对开发新工艺、新技术者提供援助,其援助的费用相当于投资的10%。[3]

在我国,优惠与鼓励措施是《环境保护法》修订后正式设立的一项新制度。《环境保护法》第7条规定:"国家支持环境保护科学技术研究、开发和应用,鼓励环境保护产业发展,促进环境保护信息化建设,提高环境保护科学技术水平。"第21条规定:"国家采取财政、税收、价格、政府采购等方面的政策和措施,鼓励和支持环境

[1] 参见汪劲:《环境法学》,北京大学出版社2014年版,第155页。
[2] 参见曹凤中等:《国外环境保护的经济鼓励及优惠政策》,载《国外环境科学技术》1991年第3期。
[3] 曹凤中等:《国外环境保护的经济鼓励及优惠政策》,载《国外环境科学技术》1991年第3期。

保护技术装备、资源综合利用和环境服务等环境保护产业的发展。”第22条规定：“企业事业单位和其他生产经营者，在污染物排放符合法定要求的基础上，进一步减少污染物排放的，人民政府应当依法采取财政、税收、价格、政府采购等方面的政策和措施予以鼓励和支持。”与上述规定相配套，《环境保护税法》第12条规定：“下列情形，暂予免征环境保护税：（一）农业生产（不包括规模化养殖）排放应税污染物的；（二）机动车、铁路机车、非道路移动机械、船舶和航空器等流动污染源排放应税污染物的；（三）依法设立的城乡污水集中处理、生活垃圾集中处理场所排放相应应税污染物，不超过国家和地方规定的排放标准的；（四）纳税人综合利用的固体废物，符合国家和地方环境保护标准的；（五）国务院批准免税的其他情形。”第13条规定：“纳税人排放应税大气污染物或者水污染物的浓度值低于国家和地方规定的污染物排放标准百分之三十的，减按百分之七十五征收环境保护税。纳税人排放应税大气污染物或者水污染物的浓度值低于国家和地方规定的污染物排放标准百分之五十的，减按百分之五十征收环境保护税。”

八、突发事件应急管理

典型案例　2017年全国突发环境事件及重大环境事件均有所下降，全国共发生突发环境事件302起，较2016年下降0.7%。其中，重大事件1起，同比减少两起；较大事件6起，同比增加1起；其余均为一般等级事件。唯一一起重大事件中，除了相关政府部门责任人被处分外，涉事企业总经理等10人已移送司法机关追究刑事责任。

该重大突发环境事件为陕西省汉中锌业铜矿排污致嘉陵江四川广元段铊污染事件。2017年5月5日，四川省广元市环境保护局发现嘉陵江由陕入川断面水质异常，西湾水厂饮用水水源地水质铊浓度超标4.6倍。事件发生后，广元市政府启动突发环境事件Ⅱ级应急响应，部署开展应急监测、调蓄降污等应急处置工作，同时启用备用水源保障供水。陕西省成立由环保、公安、监察、安监等部门组成的事件调查组，开展事件调查和责任追究工作。调查认定，汉锌铜矿违法加工多膛炉烟灰原料，违法排放生产废水是造成此次重大突发环境事件的直接原因。当地政府及相关部门对企业违法建设、违法生产、违法排污监管职责不到位、失察。

相关责任单位和人员被严肃问责。因涉嫌犯罪，汉中锌业公司总经理，汉锌铜矿法人代表、总经理等10人已移送司法机关追究刑事责任。陕西有色金属控股集团副总经理、汉中锌业公司法定代表人等4人分别受到诫勉谈话、行政记过、党内严重警告、行政记大过等处分。同时，陕西省宁强县委、县政府及汉中市环保局向汉中市委、市政府作出深刻书面检查。宁强县政府、汉中市环保局、宁强县环保局、燕子砭镇政府等单位的4名有关责任人分别受到行政警告、行政记过等处分。[1]

突发环境事件对人们生产生活影响很大，需要在类型化管理的基础上加强体制机制建设，强化环境监管和应急能力。

（一）制度概述

《突发事件应对法》第3条规定："本法所称突发事件，是指突然发生，造成或者可能造成严重社会危害，需要采取应急处置措施予以应对的自然灾害、事故灾难、公共卫生事件和社会安全事件。"而突发环境事件（emergent environmental incident）的概念则是进入21世纪以后逐步为国家规范性文件所确立的，过去的惯例是将突发环境事件统称为"环境污染与破坏事故"。[2] 突发环境事件属于突发事件中的事故灾难，参照突发事件的概念，突发环境事件可以被定义为由于污染物排放或自然灾害、生产安全事故等因素，导致污染物或放射性物质等有毒有害物质进入大气、水体、土壤等环境介质，突然造成或可能造成环境质量下降，危及公众身体健康和财产安全，或造成生态环境破坏，或造成重大社会影响，需要采取紧急措施予以应对的事件。[3] 与此类事件相对应的制度则被称为"灾害应急制度"。[4] 因此，突发环境事件应急制度指的是与环境资源领域突发事件的预测、预警、应急、处置、恢复、重建、信息发布以及应急组织体系、运行机制、应急保障、监督管理等相关的法律规范的总称。[5]

《环境保护法》第47条规定："各级人民政府及其有关部门和企业事业单位，应当依照《中华人民共和国突发事件应对法》的规定，做好突发环境事件的风险控制、应急准备、应急处置和事后恢复等工作。县级以上人民政府应当建立环境污染公共监测预警机制，组织制定预警方案；环境受到污染，可能影响公众健康和环境安全时，依法及时公布预警信息，启动应急措施。企业事业单位应当按照国家有关规定制定突发环境事件应急预案，报环境保护主管部门和有关部门备案。在发生或者可能发生突发环境事件时，企业事业单位应当立即采取措施处理，及时通报可能

---

〔1〕 参见法制日报：《2017年全国仅发生一起重大突发环境事件》，载人民网：http://politics.people.com.cn/n1/2018/0324/c1001-29886326.html，最后访问日期：2019年2月17日。

〔2〕 参见王社坤编著：《环境法学》，北京大学出版社2015年版，第112页。

〔3〕 参见《国家突发环境事件应急预案》第1.3条。

〔4〕 参见王文革主编：《环境资源法》，中国民主法制出版社2015年版，第239页。

〔5〕 参见蔡守秋主编：《新编环境资源法学》，北京师范大学出版社2017年版，第180页。

受到危害的单位和居民，并向环境保护主管部门和有关部门报告。突发环境事件应急处置工作结束后，有关人民政府应当立即组织评估事件造成的环境影响和损失，并及时将评估结果向社会公布。”为突发环境事件的应对确立了法律依据。

与突发环境事件相关的概念是“环境应急”。环境应急是一种行政应急状态，指的是为预防和减少环境事件的发生，控制、减轻和消除突发环境事件引起的危害，保护人民群众生命财产及环境安全，由政府主导，社会全员依法参与的，针对可能或者已经发生的突发环境事件采取的超出正常工作程序的行动。[1] 可见，环境应急是突发环境事件应对过程与具体举措的集合，是突发环境事件应急制度的具体化。

按照《突发事件应对法》的规定，我国公共突发事件被划分为自然灾害、事故灾难、公共卫生事件和社会安全事件四类。对国外还有的一类情况，即经济危机，我国没有纳入。[2] 从表现形式上来看，突发环境事件通常可以进一步细化为大气污染、水体污染、土壤污染等突发性环境事件和辐射污染事件。[3]

法条链接4.6

《国家突发环境事件应急预案》根据各类环境事件的严重性程度和紧迫性，将突发环境事件分为特别重大突发环境事件（Ⅰ级）、重大突发环境事件（Ⅱ级）、较大突发环境事件（Ⅲ级）和一般突发环境事件（Ⅳ级）四级。[4]

（二）应急管理体制和机构

《环境保护法》第6条规定地方各级人民政府对本行政区域的环境质量负责。同时，由《突发事件应对法》等相关法律的规定也可以看出，我国目前的环境风险管理体制贯彻的也是“属地原则”，由各级地方政府及相关职能部门作为本行政区内环境风险预防与应对的责任机关。从具体工作机制来看，这项职责主要由国家和地方环境保护行政主管部门及其所属的环境应急与事故调查中心承担。[5]

需要强调指出的是，突发环境事件虽主要由各级人民政府的生态环境主管部门牵头应对，并不意味着此类事件仅由生态环境部门负责。根据《环境保护法》及《国家突发环境事件应急预案》的规定，其他各相关部门承担着各自负责领域的环境保护与应急管理职责。如海上、内河船舶交通事故引发的突发性环境污染事件，

---

〔1〕 参见韩从容：《“环境应急”的法律界定》，载《科学社会主义》2012年第3期。

〔2〕 参见薛澜、钟开斌：《突发公共事件分类、分级与分期：应急体制的管理基础》，载《中国行政管理》2005年第2期。

〔3〕 参见《国家突发环境事件应急预案》第1.3条。

〔4〕 参见《国家突发环境事件应急预案》附件1。

〔5〕 参见陈海嵩：《政府环境法律责任的实证研究——以环境风险防范地方立法评估为例》，载《社会科学战线》2016年第4期。

由海事部门负责处理，与之相对应的处罚权也被赋予海事部门；交通事故造成的环境污染事故，则由交通部门牵头负责。[1]

1. 应急管理体制

《国家突发环境事件应急预案》详细规定了应急处置的三级垂直管理体制。

（1）国家层面组织指挥机构。生态环境部负责重特大突发环境事件应对的指导协调和环境应急的日常监督管理工作。根据突发环境事件的发展态势及影响，生态环境部或省级人民政府可报请国务院批准，或根据国务院要求，成立国务院工作组，负责指导、协调、督促有关地区和部门开展突发环境事件应对工作。必要时，成立国家环境应急指挥部，由国务院领导同志担任总指挥，统一领导、组织和指挥应急处置工作；国务院办公厅履行信息汇总和综合协调职责，发挥运转枢纽作用。

（2）地方层面组织指挥机构。县级以上地方人民政府负责本行政区域内的突发环境事件应对工作，明确相应组织指挥机构。跨行政区域的突发环境事件应对工作，由各有关行政区域人民政府共同负责，或由有关行政区域共同的上一级地方人民政府负责。对需要国家层面协调处置的跨省级行政区域突发环境事件，由有关省级人民政府向国务院提出请求，或由有关省级生态环境主管部门向生态环境部提出请求。

（3）现场指挥机构。负责突发环境事件应急处置的人民政府根据需要成立现场指挥部，负责现场组织指挥工作。

2. 环境应急机构

《国家突发环境事件应急预案》对国家环境应急指挥部的组成及工作组职责作了明确规定："国家环境应急指挥部主要由环境保护部、中央宣传部（国务院新闻办）、中央网信办、外交部、发展改革委、工业和信息化部、公安部、民政部、财政部、住房城乡建设部、交通运输部、水利部、农业部、商务部、卫生计生委、新闻出版广电总局、安全监管总局、食品药品监管总局、林业局、气象局、海洋局、测绘地信局、铁路局、民航局、总参作战部、总后基建营房部、武警总部、中国铁路总公司等部门和单位组成，根据应对工作需要，增加有关地方人民政府和其他有关部门。"

国家环境应急指挥部设立相应工作组，工作组设置、组成和职责可根据工作需要作适当调整。工作组包括：（1）污染处置组；（2）应急监测组；（3）医学救援组；（4）应急保障组；（5）新闻宣传组；（6）社会稳定组；（7）涉外事务组。

（三）应急机制与后期处置

应急联动运行机制包含两个关键词：协同与联动。协同是指协调两个或两个

[1] 参见华娟：《关于环境应急管理责任的探讨》，载《环境保护》2015年第12期。

以上的资源或个体,共同完成某一目标的过程或能力,协同通常能够产生“1 + 1 > 2”的效应。联动是指若干个相关联的事物,在其中一个发生运动或变化时,其他的也随着运动或变化。基于上述定义,我们将协同联动定义为:两个或以上的资源或个体,为了实现共同的目标,在运动变化中协调一致、共同作用,使各方受益,推动事物向前发展的过程。[1] 由于突发环境事件对信息收集、舆论引导、风险控制、灾害响应、社会稳定等都提出了重大挑战,因此建立应急联动运行机制尤为必要。为确保突发环境事件应对得力,各级人民政府应当未雨绸缪,在应急队伍、物资与资金、通讯、交通与运输和相关技术等方面做好保障机制建设。

根据《国家突发环境事件应急预案》的规定,我国突发环境事件的应急响应机制包括如下内容:

1. 按照属地管辖的原则实行分级响应机制。突发环境事件的应急响应分为特别重大环境事件(Ⅰ级)、重大环境事件(Ⅱ级)、较大环境事件(Ⅲ级)和一般环境事件(Ⅳ级)四级。初判发生特别重大、重大突发环境事件的,应当分别启动Ⅰ级、Ⅱ级应急响应,由事发地省级人民政府负责应对工作;初判发生较大突发环境事件的,应当启动Ⅲ级应急响应,由事发地设区的市级人民政府负责应对工作;初判发生一般突发环境事件的,应当启动Ⅳ级应急响应,由事发地县级人民政府负责应对工作。

2. 突发环境事件发生后,涉事单位必须采取应对措施,并立即向当地环境保护主管部门报告,同时通报可能受到污染危害的单位和居民。事发地环境保护主管部门接到报告或监测到相关信息后,应立即核实,作出初步认定,并按照国家规定的时限、程序和要求进行逐级上报,必要时可越级上报。

3. 突发环境事件发生后,各有关地方、部门和单位根据工作需要,组织采取以下应急措施:(1)现场处置。涉事企业事业单位或其他生产经营者要立即采取关闭、停产、封堵、围挡、喷淋、转移等措施,切断和控制污染源,防止污染和其他环境灾害蔓延扩散。(2)转移安置人员。有组织、有秩序地及时疏散转移受威胁人员和可能受影响地区居民,确保生命安全。(3)医学救援。迅速组织当地医疗资源和力量,对伤病员进行诊断治疗,根据需要及时、安全地将重症伤病员转运到有条件的医疗机构加强救治。(4)应急监测。加强大气、水体、土壤等应急监测工作,为突发环境事件应急决策提供依据。(5)市场监管和调控。密切关注受事件影响地区市场供应情况及公众反应,加强对重要生活必需品等商品的市场监管和调控。(6)信

---

〔1〕 参见袁莉、杨巧云:《重特大灾害应急决策的快速响应情报体系协同联动机制研究》,载《四川大学学报》(哲学社会科学版)2014 年第 3 期。

息发布和舆论引导。主动、及时、准确、客观向社会发布突发环境事件和应对工作信息,回应社会关切,澄清不实信息,正确引导社会舆论。(7)维护社会稳定。加强受影响地区社会治安管理,严厉打击借机传播谣言制造社会恐慌、哄抢救灾物资等违法犯罪行为,防止出现群体性事件,维护社会稳定。(8)国际通报和援助呼吁。如需向国际社会通报或请求援助时,由指定机构向国际社会发出通报或呼吁信息。

当突发环境事件条件已经排除、污染物质已降至规定限值以内、所造成的危害基本消除时,由启动响应的人民政府终止应急响应。应急响应终止后,地方人民政府及其生态环境主管部门应当做好事件的后期处置工作,包括:(1)损害评估。开展污染损害评估,并将评估结果向社会公布。评估结论作为事件调查处理、损害赔偿、环境修复和生态恢复重建的依据。(2)事件调查。由生态环境主管部门牵头,可会同监察机关及相关部门,组织开展事件调查,查明事件原因和性质,提出整改防范措施和处理建议。(3)善后处置。事发地人民政府要组织制订补助、补偿、抚慰、抚恤、安置和环境恢复等善后工作方案并组织实施。

九、跨区域环境保护

典型案例　为加强川滇两省交界区域环境保护工作,积极改善当地生态环境质量,有效解决跨区环境监管面临的问题,四川、云南两省于2004年9月联合成立了四川、云南两省环境保护协调委员会,建立了金沙江中下游开发建设联合环境监察制度、泸沽湖水域联合监察制度和跨界水域环境监测信息交流与通报制度等川滇环境保护合作机制。具体措施为:(1)定期会商研讨,共同解决跨区域环境监察中的难点问题;(2)开展交叉检查,强力保护泸沽湖水域环境安全;(3)加强联合检查,集中查处水电建设项目环境违法问题;(4)现场督促指导,积极推动跨界区域内水电站排污申报收费工作;(5)加强信息交流,积极拓展跨界合作交流渠道。这些措施解决了一些长期困扰两省交界区域的环境监管问题,实现了信息共享,促进了互信交流,有力推动了两省交界区域生态环境保护,改善了两省交界区域生态环境质量,联合执法监察取得明显成效。[1]跨区域的环境问题,需要建立健全各区域之间的联合防治机制与措施,包括生态保护红线制度、区域联合防治制度等。

---

〔1〕参见《川滇联合执法　解决跨界监管难题》,载生态环境部网:http://hjj.mep.gov.cn/yzdlm/jlzx/dfzf/201003/t20100301_186253.shtml,最后访问日期:2018年5月18日。

（一）制度概述

跨界污染事件应对不利，反映的是单一行政区域治理污染的传统管辖方式与环境污染非地域性特点之间的矛盾。环境污染，特别是跨区域环境污染，是难以由某一区域的地方政府单独应对的。实践中此类环境问题的有效应对策略就是建立跨地域、跨流域的治理机制。在我国的生态环境机构主要以行政区划为基础进行设置的现行体制下，要解决跨区域环境污染问题，必须加强对区域环境管理体制的创新，建立地方政府间的有效合作机制，以适应生态文明建设的需要。[1] 为此，《环境保护法》第20条特别规定国家建立跨行政区域的重点区域、流域环境污染和生态破坏联合防治协调机制，实行统一规划、统一标准、统一监测、统一的防治措施。重点区域、流域以外的跨行政区域的环境污染和生态破坏的防治，由上级人民政府协调解决，或者由有关地方人民政府协商解决。这为我国建立跨区域环境保护制度确立了法律依据。实践中，跨区域环境保护制度主要通过主体功能区制度、生态保护红线制度和区域联防联治制度加以落实。本章第二节环境规划制度中已经对主体功能区制度做了介绍，这里主要介绍生态保护红线和区域联防联治制度。

（二）生态保护红线

根据《生态保护红线划定指南》的规定，生态保护红线是指在生态空间范围内具有特殊重要生态功能、必须强制性严格保护的区域，是保障和维护国家生态安全的底线和生命线，通常包括具有重要水源涵养、生物多样性维护、水土保持、防风固沙、海岸生态稳定等功能的生态功能重要区域，以及水土流失、土地沙化、石漠化、盐渍化等生态环境敏感脆弱区域。因此，生态保护红线是对维护国家和区域生态安全及经济社会可持续发展，保障人民群众健康具有关键作用，在提升生态功能、改善环境质量、促进资源高效利用等方面必须严格保护的最小空间范围与最高或最低数量限值。[2]

生态保护红线是在既有生态区划基础上进行的“线上划线”。学界和实务界普遍认为生态保护红线制度是自然保护区、国家公园制度之外的一项新规定。[3] 作为一项重要的环境管理手段，首先确立该项制度的文件是《中共中央关于全面深化改革若干重大问题的决定》。该决定提出“划定生态保护红线。坚定不移实施主体功能区制度，建立国土空间开发保护制度，严格按照主体功能区定位推动发展，建

---

〔1〕 参见杨妍、孙涛：《跨区域环境治理与地方政府合作机制研究》，载《中国行政管理》2009年第1期。
〔2〕 参见吕忠梅主编：《环境法》（第2版），高等教育出版社2017年版，第101页。
〔3〕 参见肖峰、贾倩倩：《论我国生态保护红线制度的应然功能及其实现》，载《中国地质大学学报》（社会科学版）2016年第6期。

立国家公园体制。"[1]为将"生态保护红线"由政策主张转化为国家意志,[2]《环境保护法》第29条规定"国家在重点生态功能区、生态环境敏感区和脆弱区等区域划定生态保护红线,实行严格保护"。《环境保护法》明确了生态保护红线制度仅适用于生态空间保护领域,不涉及环境质量与资源利用领域,从而避免了在相关制度间可能产生的冲突。修订后的《环境保护法》生效后,生态环境部于2015年颁布了《生态保护红线划定技术指南》(失效),并于2017年将其修订为《生态保护红线划定指南》,从而为生态保护红线制度的落实提供了详细的依据和技术指引。

按照《生态保护红线划定指南》的要求,生态保护红线原则上按禁止开发区域的要求进行管理。严禁不符合主体功能定位的各类开发活动,严禁任意改变用途,确保生态功能不降低、面积不减少、性质不改变。因国家重大基础设施、重大民生保障项目建设等需要调整的,由省级政府组织论证,提出调整方案,经生态环境部、国家发展改革委会同有关部门提出审核意见后,报国务院批准。应满足以下管控要求:(1)功能不降低。生态保护红线内的自然生态系统结构保持相对稳定,退化生态系统功能不断改善,质量不断提升。(2)面积不减少。生态保护红线边界保持相对固定,生态保护红线面积只能增加,不能减少。(3)性质不改变。严格实施生态保护红线国土空间用途管制,严禁随意改变用地性质。[3]

在工作程序上,由生态环境部、国家发展改革委会同有关部门开展国家生态保护红线顶层设计,提出各省(区、市)生态保护红线空间格局和分布建议方案,明确需要保护的湿地、草原、森林等生态系统分布范围,指导各地生态保护红线划定,并做好跨省域生态保护红线的衔接与协调。

各省(区、市)依照生态保护红线划定的总体要求,建立划定工作责任制和协调机制,形成本行政区生态保护红线划定初步方案后,征求相关部门和地方政府意见,开展专家论证,形成生态保护红线划定方案(送审稿)。送审稿经生态环境部、国家发展改革委等相关部委审核同意后,形成生态保护红线划定方案(报批稿)。生态环境部、国家发展改革委会同有关部门将各省(区、市)生态保护红线划定方案报国务院审批后,由各省(区、市)人民政府发布实施。

(三)区域联合防治

区域联合防治,体现为建立健全区域联防联控制度,是一种跨区域污染防治协

---

〔1〕《中共中央关于全面深化改革若干重大问题的决定》第52项。

〔2〕参见陈海嵩:《"生态保护红线"的法定解释及其法律实现》,载《哈尔滨工业大学学报》(社会科学版)2017年第4期。

〔3〕参见《生态保护红线划定指南》第5条。

调机制。[1] 我国的《环境保护法》《大气污染防治法》《水污染防治法》《大气污染防治行动计划》《水污染防治行动计划》中都对建立相关领域的跨区域、流域联防联治机制以提升监管水平作出了规定。

区域联合防治涉及环境治理中的市场失灵理论、公共物品理论、公地悲剧理论等诸多理论学说。经济学认为在市场领域之内,某一部分权益的交易可以充分由市场发挥调节作用,而另一部分权益交易市场则无能为力,对于这部分市场无法发挥调节作用的权益交易便被称为市场失灵。造成市场失灵的原因有很多,较为常见的是垄断、信息不对称、外部性和公共物品等。环境是典型的公共物品,具有非竞争性与非排他性的特点,需要借助公权力或特殊的制度工具对自由市场不能有效发挥作用的部分加以矫正。[2]

近年来,我国大气污染形势日益严峻,在传统煤烟型污染尚未得到控制的情况下,大气污染正向煤烟与机动车尾气复合型过渡,区域性大气环境问题日益突出,雾霾等重污染天气频发,严重制约社会经济的可持续发展,威胁人民群众身体健康。水环境领域的跨流域污染事件也不断发生,生态系统的整体可持续发展能力备受考验。为此,近年来国家连续出台了多项立法文件,努力构建生态环境保护领域的跨区域联合防治机制。2010 年《关于推进大气污染联防联控工作改善区域空气质量的指导意见》中要求"到 2015 年,建立大气污染联防联控机制,形成区域大气环境管理的法规、标准和政策体系"。2012 年《重点区域大气污染防治"十二五"规划》中也明确提出建立"大气污染联防联控机制"。2013 年《大气污染防治行动计划》提出建立京津冀、长三角区域大气污染防治协作机制,由区域内省级人民政府和国务院有关部门参加,协调解决突出环境问题,组织实施环评会商、联合执法、信息共享、预警应急等大气污染防治措施等。《环境保护法》第 20 条也明确,"国家建立跨行政区域的重点区域、流域环境污染和生态破坏联合防治协调机制,实行统一规划、统一标准、统一监测、统一的防治措施"。[3] 自 2015 年修订后的《大气污染防治法》(2018 年再次修正)用第五章专章规定了"重点区域大气污染联合防治"制度,其中第 86 条规定:"国家建立重点区域大气污染联防联控机制,统筹协调重点区域内大气污染防治工作。国务院生态环境主管部门根据主体功能区划、区域大气环境质量状况和大气污染传输扩散规律,划定国家大气污染防治重点区域,报国务院批准。重点区域内有关省、自治区、直辖市人民政府应当确定牵头的地方人民

[1] 参见吕忠梅主编:《环境法》(第 2 版),高等教育出版社 2017 年版,第 98 页。
[2] 参见高桂林:《大气污染联合防治机制的法律经济分析》,载《中国政法大学学报》2015 年第 4 期。
[3] 参见《〈中华人民共和国大气污染防治法〉释义》,http://www.pkulaw.cn/CLink_form.aspx? Gid =256292&Tiao=86&km=siy&subkm=0&db=siy.,最后访问日期:2019 年 2 月 17 日。

政府,定期召开联席会议,按照统一规划、统一标准、统一监测、统一防治措施的要求,开展大气污染联合防治,落实大气污染防治目标责任。国务院生态环境主管部门应当加强指导、督促。省、自治区、直辖市可以参照第一款规定划定本行政区域的大气污染防治重点区域。"

水污染防治领域的跨流域联合防治机制也已经确立起来。《水污染防治行动计划》第19项明确提出要完善流域协作机制。健全跨部门、区域、流域、海域水环境保护议事协调机制,发挥环境保护区域督查派出机构和流域水资源保护机构作用,探索建立陆海统筹的生态系统保护修复机制。流域上下游各级政府、各部门之间要加强协调配合、定期会商,实施联合监测、联合执法、应急联动、信息共享。京津冀、长三角、珠三角等区域要于2015年年底前建立水污染防治联动协作机制。建立严格监管所有污染物排放的水环境保护管理制度。为将水污染防治领域联防联治机制法定化,《水污染防治法》第16条规定:"防治水污染应当按流域或者按区域进行统一规划。国家确定的重要江河、湖泊的流域水污染防治规划,由国务院环境保护主管部门会同国务院经济综合宏观调控、水行政等部门和有关省、自治区、直辖市人民政府编制,报国务院批准。前款规定外的其他跨省、自治区、直辖市江河、湖泊的流域水污染防治规划,根据国家确定的重要江河、湖泊的流域水污染防治规划和本地实际情况,由有关省、自治区、直辖市人民政府环境保护主管部门会同同级水行政等部门和有关市、县人民政府编制,经有关省、自治区、直辖市人民政府审核,报国务院批准。省、自治区、直辖市内跨县江河、湖泊的流域水污染防治规划,根据国家确定的重要江河、湖泊的流域水污染防治规划和本地实际情况,由省、自治区、直辖市人民政府环境保护主管部门会同同级水行政等部门编制,报省、自治区、直辖市人民政府批准,并报国务院备案。"

十、政府环境责任

典型案例 中央环保督察组在2017年组织开展了2批次15个省(区、市)的督查工作。在进驻阶段,督促被督察地区将群众举报环境问题的查处整改情况、有关责任追究等信息,按照规定格式和内容要求在地(市)级以上主要媒体、政府网站和省级环保部门网站公开。在反馈阶段,主动公开督察报告的主要内容。在整改阶段,各省(区、市)整改方案报国务院批准后,组织被督察地区统一对外公开。中央环境保护督察各省(区、市)移交案件问责情况与地方同步公开。在中央电视台报道中央环境保护督察有关情况的同时,督促地方利用省级电视台、省级党报、省级政府网站宣传报道和公开督察整改情况,推动落实生态环境保护

“党政同责、一岗双责”,传导压实生态文明建设和生态环境保护工作责任。[1] 上述涉及的环境信息公开是政府环境责任的一个典型方面,除此以外还有环保目标责任制、考核评价制度等责任形式。

应对环境公共物品属性的策略之一便是将环境的使用与分配权利让渡于政府,基于此,美国出现了“环境公共信托理论”,大陆法系国家也纷纷以“福利国家理论”为据在环境立法中明确国家的环境保护义务。因此国家机关作为承担环境保护职责的公权力受权主体,承担与其职责相对应的政府环境责任本应是顺理成章的。但是实践中,各国政府环境责任的承担状况差距甚大。有学者经过分析,将我国政府履行环境责任的特点概括为如下几方面:“重政府经济责任,轻政府环境责任”“重企业环境义务和追究企业环境责任,轻政府环境义务和追究政府环境责任”“重政府环境权力、轻政府环境义务”,因此政府环境责任制度亟待健全。[2]

(一)环保目标责任制

为此,修订后的《环境保护法》第26条强调,“国家实行环境保护目标责任制和考核评价制度。县级以上人民政府应当将环境保护目标完成情况纳入对本级人民政府负有环境保护监督管理职责的部门及其负责人和下级人民政府及其负责人的考核内容,作为对其考核评价的重要依据。考核结果应当向社会公开”。

2015年《生态文明体制改革总体方案》第九部分进一步规定了完善生态文明绩效评价考核和责任追究制度。其中,第47项规定,“建立生态文明目标体系。研究制定可操作、可视化的绿色发展指标体系。制定生态文明建设目标评价考核办法,把资源消耗、环境损害、生态效益纳入经济社会发展评价体系。根据不同区域主体功能定位,实行差异化绩效评价考核”。第50项规定,“对领导干部实行自然资源资产离任审计。在编制自然资源资产负债表和合理考虑客观自然因素基础上,积极探索领导干部自然资源资产离任审计的目标、内容、方法和评价指标体系。以领导干部任期内辖区自然资源资产变化状况为基础,通过审计,客观评价领导干部履行自然资源资产管理责任情况,依法界定领导干部应当承担的责任,加强审计结果运用”。

以上述制度为依据,我国立法为环保目标责任制与考核评价制度勾勒出了清晰的逻辑路径,即在“环境质量改善”理念指引下,设定“十三五”时期具有法律约束

---

[1] 《环境保护部2017年度政府信息公开工作报告》,载生态环境部网:http://www.mee.gov.cn/gkml/hbb/bgg/201803/W020180322519415692340.pdf? COLLCC = 1306617987&,最后访问日期:2018年5月18日。

[2] 蔡守秋:《论政府环境责任的缺陷与健全》,载《河北法学》2008年第3期。

力的“环境保护目标”，之后逐级分解，明确不同地区、不同行业和领域的环境保护目标和需要加以落实的指标。以该指标体系为依据，定期对地方党委、政府及其主要负责人进行考核评价，以督促地方各级党委、政府严格履行环境责任。

（二）考核评价制度

党的十八大将生态文明建设上升到中国特色社会主义“五位一体”总体布局的高度，开启了生态文明建设的新时代。生态文明建设为牵引，夯实领导干部政绩考核指标体系，有利于推进我国经济社会的可持续发展，实现建设美丽中国的奋斗目标。

2015年《生态文明体制改革总体方案》第51项明确提出要“建立生态环境损害责任终身追究制。实行地方党委和政府领导成员生态文明建设一岗双责制。以自然资源资产离任审计结果和生态环境损害情况为依据，明确对地方党委和政府领导班子主要负责人、有关领导人员、部门负责人的追责情形和认定程序。区分情节轻重，对造成生态环境损害的，予以诫勉、责令公开道歉、组织处理或党纪政纪处分，对构成犯罪的依法追究刑事责任。对领导干部离任后出现重大生态环境损害并认定其需要承担责任的，实行终身追责。建立国家环境保护督察制度”。该方案提出的建立生态环境损害责任终身追究制和实行地方党委和政府领导成员生态文明建设一岗双责制是对我国生态文明考核评价制度与问责制度的重大创新。生态环保领域的“党政同责、一岗双责”源于习近平总书记在2015年7月1日主持召开的中央全面深化改革领导小组第十四次会议上的讲话，会议指出：“重点督察贯彻党中央决策部署、解决突出环境问题、落实环境保护主体责任的情况。要强化环境保护‘党政同责’和‘一岗双责’的要求，对问题突出的地方追究有关单位和个人责任。”党政同责，是指党政部门及干部共同担当、共同负责。一岗双责是指既要抓好本人分管的具体工作，又要以同等的注意力和责任心抓好所处或分管部门的党务或行政工作，做到同研究、同规划、同布置、同检查、同考核、同问责，真正做到党政工作“两手抓、两手都要硬”，使两方面工作齐头并进。[1]

该次会议还审议通过了《党政领导干部生态环境损害责任追究办法（试行）》。该办法规定：“地方各级党委和政府对本地区生态环境和资源保护负总责，党委和政府主要领导成员承担主要责任，其他有关领导成员在职责范围内承担相应责任。中央和国家机关有关工作部门、地方各级党委和政府的有关工作部门及其有关机构领导人员按照职责分别承担相应责任。”[2]

---

〔1〕 参见《习近平：党政同责　一岗双责　齐抓共管　失职追责》，载新华网：xinhuanet、com/politics/2015－08/17/c－1116281206. htm，最后访问日期：2019年2月10日。

〔2〕 参见《党政领导干部生态环境损害责任追究办法（试行）》第3条。

该办法第5条明确了应当追究相关地方党委和政府主要领导成员责任的情形包括:(1)贯彻落实中央关于生态文明建设的决策部署不力,致使本地区生态环境和资源问题突出或者任期内生态环境状况明显恶化的;(2)作出的决策与生态环境和资源方面政策、法律法规相违背的;(3)违反主体功能区定位或者突破资源环境生态红线、城镇开发边界,不顾资源环境承载能力盲目决策造成严重后果的;(4)作出的决策严重违反城乡、土地利用、生态环境保护等规划的;(5)地区和部门之间在生态环境和资源保护协作方面推诿扯皮,主要领导成员不担当、不作为,造成严重后果的;(6)本地区发生主要领导成员职责范围内的严重环境污染和生态破坏事件,或者对严重环境污染和生态破坏(灾害)事件处置不力的;(7)对公益诉讼裁决和资源环境保护督察整改要求执行不力的;(8)其他应当追究责任的情形。[1]

该办法第6条将应当追究相关地方党委和政府有关领导成员责任的情形概括为:(1)指使、授意或者放任分管部门对不符合主体功能区定位或者生态环境和资源方面政策、法律法规的建设项目审批(核准)、建设或者投产(使用)的;(2)对分管部门违反生态环境和资源方面政策、法律法规行为监管失察、制止不力甚至包庇纵容的;(3)未正确履行职责,导致应当依法由政府责令停业、关闭的严重污染环境的企业事业单位或者其他生产经营者未停业、关闭的;(4)对严重环境污染和生态破坏事件组织查处不力的;(5)其他应当追究责任的情形。[2]

此外,该办法第8条还明确了党政领导干部利用职务影响,应当追究责任的情形:(1)限制、干扰、阻碍生态环境和资源监管执法工作的;(2)干预司法活动,插手生态环境和资源方面具体司法案件处理的;(3)干预、插手建设项目,致使不符合生态环境和资源方面政策、法律法规的建设项目得以审批(核准)、建设或者投产(使用)的;(4)指使篡改、伪造生态环境和资源方面调查和监测数据的;(5)其他应当追究责任的情形。[3]

为强化上述制度的严肃性,该办法还规定:"对违背科学发展要求、造成生态环境和资源严重破坏的,责任人不论是否已调离、提拔或者退休,都必须严格追责。政府负有生态环境和资源保护监管职责的工作部门、纪检监察机关、组织(人事)部门对发现本办法规定的追责情形应当调查而未调查,应当移送而未移送,应当追责而未追责的,追究有关责任人员的责任。"[4]

---

〔1〕 参见《党政领导干部生态环境损害责任追究办法(试行)》第5条。

〔2〕 参见《党政领导干部生态环境损害责任追究办法(试行)》第6条。

〔3〕 参见《党政领导干部生态环境损害责任追究办法(试行)》第8条。

〔4〕 参见《党政领导干部生态环境损害责任追究办法(试行)》第12、13条。

（三）环境信息公开

环境信息包括政府环境信息和企业环境信息。其中，政府环境信息是指生态环境部门在履行环境保护职责中制作或者获取的，以一定形式记录、保存的信息。而企业环境信息是指企业以一定形式记录、保存的，与企业经营活动产生的环境影响和企业环境行为有关的信息。环境信息公开能为公众了解和监督环保工作提供必要条件，对形成政府、企业、公众的良性互动关系有重要的促进作用。[1]

为规范我国各级生态环境部门的环境信息公开工作，生态环境部于2007年制定颁布了《环境信息公开办法（试行）》。该办法第11条对政府环境信息公开的范围、方式和程序作出了明确规定。其中政府环境信息公开的范围包括：（1）环境保护法律、法规、规章、标准和其他规范性文件；（2）环境保护规划；（3）环境质量状况；（4）环境统计和环境调查信息；（5）突发环境事件的应急预案、预报、发生和处置等情况；（6）主要污染物排放总量指标分配及落实情况，排污许可证发放情况，城市环境综合整治定量考核结果；（7）大、中城市固体废物的种类、产生量、处置状况等信息；（8）建设项目环境影响评价文件受理情况，受理的环境影响评价文件的审批结果和建设项目竣工环境保护验收结果，其他环境保护行政许可的项目、依据、条件、程序和结果；（9）排污费征收的项目、依据、标准和程序，排污者应当缴纳的排污费数额、实际征收数额以及减免缓情况；（10）环保行政事业性收费的项目、依据、标准和程序；（11）经调查核实的公众对环境问题或者对企业污染环境的信访、投诉案件及其处理结果；（12）环境行政处罚、行政复议、行政诉讼和实施行政强制措施的情况；（13）污染物排放超过国家或者地方排放标准，或者污染物排放总量超过地方人民政府核定的排放总量控制指标的污染严重的企业名单；（14）发生重大、特大环境污染事故或者事件的企业名单，拒不执行已生效的环境行政处罚决定的企业名单；（15）环境保护创建审批结果；（16）生态环境部门的机构设置、工作职责及其联系方式等情况；（17）法律、法规、规章规定应当公开的其他环境信息。

对于公开的方式，该办法规定政府环境信息可以通过政府网站、公报、新闻发布会以及报刊、广播、电视等便于公众知晓的方式公开。在公开程序方面，对于属于主动公开范围的信息，生态环境部门应当自该环境信息形成或者变更之日起20个工作日内予以公开；对于属于依申请公开的信息，公民、法人和其他组织申请生态环境部门提供政府环境信息的，生态环境部门应在收到申请之日起15个工作日内予以答复。

在强化政府环境信息公开法制化的同时，为维护公民、法人和其他组织依法享

〔1〕参见王社坤：《环境法学》，北京大学出版社2015年版，第117页。

有获取环境信息的权利，促进企业事业单位如实向社会公开环境信息，推动公众参与和监督环境保护，生态环境部还于2014年制定并颁布了《企业事业单位环境信息公开办法》，确立了企事业单位环境信息公开的基本制度架构。该办法明确，企业事业单位应当按照强制公开和自愿公开相结合的原则，及时、如实地公开其环境信息。被设区的市级人民政府生态环境主管部门纳入本行政区域重点排污单位名录的重点排污单位，应当向社会公开法定的环境信息，包括：(1)基础信息，包括单位名称、组织机构代码、法定代表人、生产地址、联系方式，以及生产经营和管理服务的主要内容、产品及规模；(2)排污信息，包括主要污染物及特征污染物的名称、排放方式、排放口数量和分布情况、排放浓度和总量、超标情况，以及执行的污染物排放标准、核定的排放总量；(3)防治污染设施的建设和运行情况；(4)建设项目环境影响评价及其他环境保护行政许可情况；(5)突发环境事件应急预案；(6)其他应当公开的环境信息。此外，列入国家重点监控企业名单的重点排污单位还应当公开其环境自行监测方案。[1]

第三节　环境私法制度

一、环境费制度

环境费是对所有环境用益行为收费的统称，指国家或者其他公法人团体以治理污染和改善环境为目的，依法向环境用益行为人收取的与其行为相对等的金钱。[2]

环境费是依据科斯定理促进环境污染治理市场化、环境成本内部化的重要制度，我国早在1979年《环境保护法(试行)》中便建立了以征收排污费为代表的环境费制度。2007年《国家环境保护"十一五"规划》(失效)提出了环境费制度的详细改革方案，指出："发挥价格杠杆的作用，建立能够反映污染治理成本的排污价格和收费机制，有条件的地区和单位可实行二氧化硫等排污权交易……全面征收城市污水、生活垃圾、危险废物和医疗废物处理处置费及放射性废物收储费，保证治理设施和收储设施正常运行。加大排污费征收和稽查力度，进一步完善排污收费制度。"2018年1月1日《环境保护税法》及其实施条例实施后，环境费中的征收排污

〔1〕 参见《企业事业单位环境信息公开办法》第7、9条。
〔2〕 参见汪劲：《环境法学》，北京大学出版社2014年版，第147页。

费制度随着《排污费征收使用管理条例》的废止一同退出环境保护制度体系。目前环境费制度主要由生态补偿费制度和自然资源费制度共同构成。

（一）生态补偿费

目前，学界对“生态补偿”一词尚未形成一致的见解。英语国家通常使用“生态系统服务付费”这一术语来表述生态补偿。我国学者至少从四个层面使用了这一概念，包括对生态环境本身的补偿；对个人或区域保护生态环境或放弃发展机会的行为予以补偿；对具有重大生态价值的区域或对象进行保护性投入；对损害（或保护）环境资源的行为进行收费（或补偿），提高该行为的成本（或收益），从而刺激损害（或保护）行为的主体减少（或增加）因其行为带来的外部不经济性（或外部经济性），达到保护资源的目的。[1] 我们认为，生态补偿是为了应对经济活动产生的负外部性，让生态系统服务功能的受益方给予服务提供方一定的费用，以实现环境保护与维护公平正义的目标与价值。据此，可以把生态补偿表述为生态系统服务功能的受益者向生态系统服务功能的提供者支付费用的机制，生态补偿费则为依据该制度而支付的费用。

在生态补偿法律关系中，补偿的主体是依法有进行生态补偿的权利能力或负有生态补偿职责的国家、国家机关、法人、其他社会组织以及自然人。补偿的客体包括自然资源、生态环境和主体所从事的各种保护生态环境、自然资源的行为。而补偿的方式则主要有公共财政补偿和市场机制补偿两种。[2]

生态补偿费支付的依据是生态补偿的原则与制度。自 2007 年《国家环境保护“十一五”规划》（失效）首次提出“完善生态补偿政策，建立生态补偿机制”以来，国家在完善生态补偿制度方面做了大量尝试。《国家环境保护“十二五”规划》中提出了“探索建立国家生态补偿专项资金”和“推行资源型企业可持续发展准备金制度”；《环境保护法》第 31 条明确“国家加大对生态保护地区的财政转移支付力度。有关地方人民政府应当落实生态保护补偿资金，确保其用于生态保护补偿。国家指导受益地区和生态保护地区人民政府通过协商或者按照市场规则进行生态保护补偿”；《关于健全生态保护补偿机制的意见》提出了生态补偿要坚持“政府主导、社会参与”“试点先行、稳步实施”的基本原则。但是对于生态补偿费的具体计算方式，却始终缺乏统一的思路与标准。生态补偿标准主要涉及生态补偿客体的自然资本、生态服务功能价值以及环境治理或生态恢复成本。对于生态服务功能价值

[1] 参见曹明德：《对建立生态补偿法律机制的再思考》，载《中国地质大学学报》（社会科学版）2010 年第 5 期。

[2] 参见曹明德：《对建立生态补偿法律机制的再思考》，载《中国地质大学学报》（社会科学版）2010 年第 5 期。

的评估,生态环境部等部门颁布的《生态保护红线划定指南》列举了模型评估法和净初级生产力(NPP)定量指标评估法,[1]为合理确定生态补偿数额提供了一定的参考。

(二)自然保护费

自然保护费制度,是指自然资源的用益人,应当依照法律的规定,按照其用益行为可能给各类资源造成的不利影响程度向法律授权的机关或部门缴纳一定费用用以保护和恢复相关资源的制度。

我国在《森林法》《草原法》《渔业法》等多部单行的环境要素保护法中规定了自然资源费制度。例如,我国《森林法》第 8 条规定:“国家对森林资源实行以下保护性措施……(四)征收育林费,专门用于造林育林……”第 18 条规定:“进行勘查、开采矿藏和各项建设工程,应当不占或者少占林地;必须占用或者征收、征用林地的,经县级以上人民政府林业主管部门审核同意后,依照有关土地管理的法律、行政法规办理建设用地审批手续,并由用地单位依照国务院有关规定缴纳森林植被恢复费……任何单位和个人不得挪用森林植被恢复费。”我国《草原法》第 39 条规定:“因建设征收、征用或者使用草原的,应当交纳草原植被恢复费。草原植被恢复费专款专用,由草原行政主管部门按照规定用于恢复草原植被,任何单位和个人不得截留、挪用。”我国《渔业法》第 28 条规定:“县级以上人民政府渔业行政主管部门应当对其管理的渔业水域统一规划,采取措施,增殖渔业资源。县级以上人民政府渔业行政主管部门可以向受益的单位和个人征收渔业资源增殖保护费,专门用于增殖和保护渔业资源。”

二、环境容量使用权制度

(一)环境容量的概念

环境容量最初来自生态学领域,根据生态学的基本原理,自然系统具有容纳、降解、消化排入其中不超过负载上限的废弃物的自净能力,这种能力是系统自身结构和功能得以维持的基本保证,这种能力的环境科学表征便是环境容量,因此环境容量又可以被称为是自然系统的承载力或忍耐力。20 世纪 60 年代末,日本学者将环境容量的概念引入了环境科学领域,提出了污染物排放总量控制的概念,将一定区域内的大气或水体的污染物总量控制在一定的允许限度内。[2] 即环境具有极限性,当污染排放量超过某一环境要素所能容纳的该种污染物的最大负荷量时,将会

[1] 参见《生态保护红线划定指南》附录 A。
[2] 参见邓海峰:《环境容量的准物权化及其权利构成》,载《中国法学》2005 年第 4 期。

使人类生存和自然生态受到侵害，这种最大负荷量就是环境容量。根据依附的环境要素不同，环境容量可具体划分为水环境容量、土壤环境容量、大气环境容量等。

2005 年 10 月，党的十六届五中全会通过的《中共中央关于制定国民经济和社会发展第十一个五年规划的建议》是我国首次在中央文件中采用“环境容量”的表述，该建议提出，要根据能源资源条件和环境容量，着力调整产品结构、企业组织结构和产业布局。此后，党的十八届三中全会通过的《中共中央关于全面深化改革若干重大问题的决定》提出，要建立资源环境承载力监测预警机制，对水土资源、环境容量和海洋资源超载区域实行限行性措施。党的十八届五中全会通过的《中共中央关于制定国民经济和社会发展第十三个五年规划的建议》提出，扩大环境容量和生态空间，探索人口经济密集地区优化开发新模式。在全国人大常委会通过的现行法律中，《海岛保护法》《水法》《水污染防治法》先后使用了环境容量的表述，但《环境保护法》采用的是环境资源承载能力的概念。《环境保护法》第 18 条规定，省级以上人民政府应当组织有关部门或者委托专业机构，对环境状况进行调查、评价，建立环境资源承载能力监测预警机制。环境资源承载能力是指某区域在一定时期内，在确保资源合理开发利用和生态环境良性循环的条件下，环境与资源能够承载的人口数量及相应的经济社会活动总量的能力和容量。环境资源承载力是一个包含了环境、资源要素的综合承载力概念，其中，环境承载力是指某一时期，某种环境状态下，支持某一区域环境对人类社会、经济活动的最大限度。资源承载力是指一个国家或一个地区资源的数量和质量，支持该空间内人口的基本生存和发展的最大限度。从具体领域看，环境资源承载力主要包括大气环境承载力、水资源承载力、土地资源承载力、矿产资源承载力等。[1]

（二）环境容量的性质

首先，环境容量是无形资源要素。按照联合国环境规划署的定义，自然资源是指在一定时间、地点能够产生经济价值以提高人类当前和将来福利的自然环境因素和条件的总称。判断环境容量是否属于资源要素，关键在于确定环境容量能否产生经济价值，是否具有稀缺性。不同于有形存在的厂房、设备及其他生产资料，环境容量附存于自然界的水体、土壤、大气和森林等物质载体之中，[2]虽然不直接进入生产过程，但可以通过容纳、降解、消化和吸收生产过程中产生的废弃物，维持自然生态系统的正常运行。可以说正是由于环境容量的存在，人类生产活动才得以

〔1〕　参见袁杰主编：《中华人民共和国环境保护法解读》，中国法制出版社 2014 年版，第 65 页。

〔2〕　参见邓海峰、罗丽：《排污权制度论纲》，载《法律科学》2007 年第 6 期。

开展和延续,因此环境容量能产生经济价值,具备有用性当无疑义。经济增长和社会发展具有相对的无限性,而环境容量却是有限性,社会发展对环境质量和可持续发展的要求越高,环境容量的稀缺性特征便越发明显。由于环境容量是蕴含于生态系统之中,当人类的利用速度超过生态系统的更新速度,便会导致环境容量随着生态资源的耗尽而枯竭的状况。综上,环境容量同时满足作为自然资源所需要具备的有用性和稀缺性特征,所以可以认为环境容量是一种自然资源。也正是由于这种资源要素的属性,以环境容量为客体的环境容量使用权便具备了可交易性,从而使作为该理论应用场景的排污权交易、碳排放权交易的发生成为可能。环境容量不同于土壤、水体、大气等环境要素,环境容量只是对蕴含于上述各环境要素中的特定客体容纳能力的表征,因此,相比于环境要素,环境容量是一种无形的资源要素。

其次,环境容量是准物权客体。传统物权理论认为,《物权法》上的物是指存在于人体之外、人力所能支配并能满足人类社会需要的有体物及自然力。[1] 环境容量作为一种资源要素显然存在于人体之外,不具有任何人身依附性;环境容量能够对人类社会的污染物进行净化,是经济活动正常进行的必要条件,满足了人类生产、生活的需要。因此,环境容量能否为人力所支配以及是否为有体物、独立物、特定物就成为环境容量能否成为物权客体的关键。[2] 幸运的是在思索环境容量权利化的过程中,一些与环境容量属性相近的非典型“物”也遭遇了同样的理论挑战。随着矿业资源、渔业资源、水资源等被界定为准物权客体的非典型“物”的应用场景不断丰富和发展,原有物权客体的概念已经无法完全适用于建构这些新生法律关系的需要。这些非典型“物”在实现权利化过程中所遇到的挑战足以揭示,仅沿用传统的分析方法尚难得到令人满意的结果,而应发展出新的思维模式及方法。[3] 这一判断,无疑也适用于环境容量的权利化实现过程,那就是引入解释论的思路,通过将环境容量确定为准物权的客体,准用物权的规则,实现将环境容量纳入环境法律关系调整的目标。

生态环境作为一个整体,确实是人类所不能支配的,人类也是生态环境的组成部分而不是它的主宰,但是生态环境的某种功能则能被人类认识和支配。环境容量的功能在于能够对污染物进行净化,虽然这种能力具有有限性,但是环境容量的量化与确定在现代科技水平下已成为可能。在此基础上,只要根据一定的时空标准将环境容量划分为具体的份额,使之进入市场进行交易并产生价格,它就获得了

---

〔1〕 参见陈华彬:《物权法原理》,国家行政学院出版社1998年版,第49~51页。

〔2〕 参见王小龙:《排污权交易研究——一个环境法学的视角》,法律出版社2008年版,第51~52页。

〔3〕 参见崔建远:《准物权的理论问题》,载《中国法学》2003年第3期。

相对的可支配性。意即环境容量的可支配性体现在对其份额交易时价格的产生，相应地，环境容量也可以特定的空间或期限为标准实现权利客体的特定化。此外，环境容量虽然作为资源要素具有整体性和不可分性，但在交易过程中可以对其净化功能进行量化计算并划分为不同的份额，借助于法律规定，将量化的份额通过凭证加以公示，以使环境容量具有独立性。[1] 事实上，实践中对环境容量的管理也主要是由环保部门通过技术手段对各种环境容量进行初始分配，以许可证负载权利内容的形式发放给相关主体，这就使其获得了明确而直观的公示方式，足以克服其难以特定化的"缺陷"。

（三）环境容量使用权

我国《物权法》第48条规定，森林、山岭、草原、荒地、滩涂等自然资源，属于国家所有，但法律规定属于集体所有的例外。从上述规定来看，国家是自然资源的所有者。如上分析，环境容量属于自然资源的一种，因此，在理论上环境容量所有权应当归属于国家所有。环境容量使用权是权利人依法享有的对基于环境自净能力而产生的环境容量进行使用、收益的权利。[2] 但环境容量使用权在客体、权利的取得方式等方面与典型物权有明显区别，我们认为应将此种权利定性为准物权。所谓准物权不是属性相同的单一权利的称谓，而是一组性质有别的权利的总称。按照通说，它由矿业权、水权、渔业权和狩猎权等组成。[3]

在现代法制的推演过程中，准物权制度的出现不是偶然的，它是现代社会中土地利用关系走向多元化趋势的必然结果。在传统大陆法系民法中，土地的归属和利用关系主要是通过土地所有权及其用益物权制度架构来进行规制的。在此种模式下，与土地相关的自然资源被视为是土地的附属物，有关自然资源的利用、转让等法权关系也比照不动产物权规则来处理，以确保其时刻依附于土地之上的法律秩序能得以维系。但在当代的社会条件下，这种明显僵化的立法模式遭到了前所未有的挑战。一方面，矿产、水、渔业和森林等附属于土地的资源，其开发和利用行为已具有了独立的价值，并逐渐开始脱离土地所有人的效力范围；另一方面，基于对自然资源的开发和利用形成的权利也不再是单纯的《民法》上的不动产用益物权，而有渐次形成具有相对独立性的新权利体系的趋势。[4]

与传统物权相比，环境容量使用权至少在以下几方面具有特殊性：首先，作为环境容量使用权客体的环境容量在常态下与其所栖生的物质载体难以分离，如水

〔1〕 参见王小龙：《排污权交易研究——一个环境法学的视角》，法律出版社2008年版，第53～55页。
〔2〕 参见邓海峰：《环境容量的准物权化及其权利构成》，载《中国法学》2005年第4期。
〔3〕 参见崔建远：《准物权研究》，法律出版社2003年版，第20页。
〔4〕 参见梅夏英：《特许物权的性质及立法模式选择》，载《人大法律评论》2001年第2期。

环境容量与水体在物理意义上具有同态性，因此环境容量使用权的客体需变通解释才具有相对独立性；其次，环境容量使用权制度的重心不慕支配而侧重于利用，追求在无害环境质量的前提下，实现环境容量资源价值最大化，因此在行使的效果上基本不具有占有权能；最后，由于环境容量使用权不以支配性的存在作为权利生成的基础，因此环境容量使用权不具有严格的排他属性，实践中存在数个排污权同时并存于某一环境容量资源物质载体之上的可能。正是基于上述差异的存在，使环境容量使用权无法纳入用益物权的正常轨道，而归属于准物权序列。[1]

三、环境产权交易制度

（一）总量控制制度

1. 概念和类型

所谓总量，是指在一定区域环境内，可确保环境质量不下降的污染物质以及有毒有害物质的数量上限。与环境容量相比，总量是以定量化的数值来表示的，而环境容量则是满足某环境要素质量目标条件下污染物的最大量。

所谓总量控制，就是在对环境可以容纳污染物质以及有毒有害物质的全部数量予以定量化的基础上，对排污者的污染物排放进行定量控制的方法。总量控制的施行须以一定区域内的环境容量和污染物排放的总量为前提，方法是由生态环境部门在确定一定区域环境容量的基础上，对环境内可以容纳的污染物的总量事先予以确定；然后将这个总量分为若干份，按照一定的标准分配给申报许可的排污者，排污者有权在排污总量配额的范围内向环境排污。[2] 总量控制通过限定环境容量的使用上限，明确容量资源的稀缺性，为环境容量的有效利用奠定了基础，同时总量控制把允许排放的污染物总量分配到各个污染源，借此明确排污单位对环境容量资源享有用益权，为利用市场手段再配置环境容量资源提供了产权制度的基础。[3]

实践中，总量控制可分为容量总量控制和目标总量控制。前者是根据区域环境质量目标，首先计算出环境容量，据此得出最大允许排污量；其次通过技术和经济可行性分析，在污染源之间分配污染物排放量；最后制定环境容量总量控制方案。后者是依据区域污染物排放总量目标或区域污染物排放削减总量目标，从当前排放水平出发，通过技术和经济可行性分析，在污染源之间分配污染物排放量和削减量，制定排放目标总量控制方案，实现区域污染物排放总量目标或区域污染物

---

〔1〕 参见邓海峰：《环境容量的准物权化及其权利构成》，载《中国法学》2005 年第 4 期。

〔2〕 参见汪劲：《环境法学》，北京大学出版社 2014 年版，第 122 页。

〔3〕 参见幸红：《中国排污权交易立法框架设想》，载《中国律师》2003 年第 12 期。

排放削减总量目标。[1] 我国目前采取容量总量控制与目标总量控制相结合的总量控制制度。

2. 制度沿革

总量控制制度是环境产权交易制度的基础，为排污权交易、碳排放权交易提供了前提和条件。1979 年 34 个欧洲国家共同签署了欧洲大气污染防治的纲领性文件《长距离越境空气污染公约》，在此基础上，欧洲各国进一步签订了 8 个议定书，其中有 4 个明确标注了大气污染物排放量的减排目标。1985 年签署的《赫尔辛基协议》要求所有参与国要在 1993 年之前将其二氧化硫排放量降低 30%。1988 年的《索非亚协议》要求所有签署国在 1994 年前不能提高氮氧化物的排放量，新的污染治理设施要考虑对二氧化氮、氨、挥发性有机物等的协同控制。1991 年的《日内瓦协议》要求 11 个国家在 1988 年至 1999 年挥发性有机物的排放量减少 30%，其他在特别限值以下的国家到 1999 年维持现有的挥发性有机物排放总量。1994 年《奥斯陆协议》要求参与国基于环境有效性进一步减少二氧化硫排放。1999 年《哥德堡协议》要求以 1990 年为基准年，提出到 2010 年二氧化硫减排 63%、氮氧化物减排 41%、挥发性有机物减排 40%、大气氨氮减排 17%。2012 年，联合国欧洲经济委员会修订了《哥德堡协议》，以 2005 年为基准年，提出到 2020 年的减排目标为二氧化硫减排 59%、氮氧化物减排 42%、挥发性有机物减排 28%、大气氨氮减排 6%、一次细颗粒物减排 22%，该项协议的签署国不仅限于欧洲，美国和加拿大也参与其中。美国 1990 年《清洁空气法修正案》规定了二氧化硫总量控制和排污交易制度，并提出到 2010 年主要电厂二氧化硫排放量比 1980 年减少 1000 万吨的目标，这使大气质量明显改善：1990 年至 2006 年，美国二氧化硫浓度降低了 53%；1990 年至 2005 年，美国范围内的硫湿沉降量降低了 25% ~40%。[2]

我国总量控制制度的探索始于 20 世纪 70 年代。一些地方认识到达标排放不能实现环境质量改善，因而提出了总量控制的目标，开展了总量控制试点。在 1989 年召开的第三次全国环境保护会议上，当时的国家环保局提出了同时实行浓度控制和总量控制的污染控制对策，确定了由浓度控制向总量控制转变的方向。1996 年八届全国人大四次会议批准的“九五”计划和 2010 年远景目标纲要提出要“创造条件实施污染物排放总量控制”。同年，国务院批复同意“九五”期间全国主要污染物排放总量控制计划，总量控制制度在我国正式实施。但是到“十五”期末，在我国经济发展的各项指标均超额完成的情况下，环境保护的指标却均未完成计划削减

〔1〕 参见杨志峰等编著：《环境科学概论》，高等教育出版社 2004 年版，第 395 页。
〔2〕 参见信春鹰主编：《中华人民共和国大气污染防治法释义》，法律出版社 2015 年版，第 47 ~48 页。

目标，其中二氧化硫排放量较2000年大幅增加，化学需氧量仅减少了2%。2007年，国家环境保护“十一五”规划首次提出将主要污染物排放总量减少10%的控制目标。“十一五”期末化学需氧量、二氧化硫排放总量分别下降12.45%、14.29%，超额完成减排任务。[1] “十二五”期间，污染物减排约束指标在“十一五”化学需氧量、二氧化硫减排的基础上，新增了氨氮、氮氧化物两项指标。同时，在国家确定的重点区域、流域、海域专项规划中，规定要重点控制重金属、总氮、总磷等污染物排放量。“十二五”期末，全国化学需氧量、氨氮、二氧化硫、氮氧化物排放总量累计下降12.9%、13%、18%、18.6%，超额完成减排任务。[2] 按照“十三五”节能减排综合工作方案的要求，到2020年，化学需氧量、氨氮、二氧化硫、氮氧化物要比2015年分别下降10%、10%、15%、15%。

虽然我国总量控制取得了阶段性的进展，但是总量控制制度也暴露出一系列亟待完善的问题，突出地表现在总量减排与质量改善缺乏同步性。目前的污染减排体系设计主要基于当前的环境管理基础和管理水平，这使控制因子覆盖范围窄、控制模式单一，控制目标与控制方案未与环境容量有效衔接，无法科学有效地应对各地环境质量改善的需求。宏观上，难以说清楚总量控制对地方环境质量改善的贡献度。以致给公众造成总量控制目标年年超额实现，但环境质量持续恶化的“错觉”。[3] 这种与环境容量脱钩的总量控制制度也难以承担为排污权交易、碳排放交易设定污染物排放量和碳排放量上限边界的功能。

3. 实施步骤

法条链接4.7

目前，《环境保护法》《大气污染防治法》《水污染防治法》《海洋环境保护法》对总量控制制度都作了规定。根据上述法律规定，污染物总量控制制度的实施可大体分为两个步骤：(1)国务院下达化学需氧量、二氧化硫、氨氮、氮氧化物等国家确定的重点污染物排放总量控制指标。实践中，一般采取生态环境部受国务院委托与各省、自治区、直辖市人民政府签订目标责任书的形式。(2)各省、自治区、直辖市人民政府接到国务院下达的总量控制指标后，要逐级分解落实到各排污单位。实践中，地方人民政府分解重点污染物排放总量指标的步骤是：其一，省级人民政府把国务院规定的本

[1] 参见《2010年度及“十一五”全国主要污染物总量减排情况考核结果》，载中央政府门户网站：http://www.gov.cn/gzdt/2011-08/30/content_1936077.htm，最后访问日期：2019年2月16日。

[2] 参见《国务院关于印发“十三五”生态环境保护规划的通知》，载中央政府门户网站：http://www.gov.cn/zhengce/content/2016-12/05/content_5143290.htm，最后访问日期：2019年2月16日。

[3] 参见王金南等：《关于“十三五”污染物排放总量控制制度改革的思考》，载《环境保护》2015年第21期。

行政区域的重点污染物排放总量指标分解落实到市、县人民政府。其二,市、县人民政府再将本行政区域的重点污染物排放总量指标分解落实到排污单位。目前,重点污染物排放总量指标通常是分配到一定地区和行业中该污染物排放量比较大的排污单位,由其承担在总量上削减和控制重点污染物的任务。[1] 对实行总量控制的排污单位而言,执行国家和地方污染物排放标准是最基本的要求,在此基础上,还应当遵守分解落实到本单位的重点污染物排放总量控制指标的要求。同时,根据《水污染防治法》《大气污染防治法》的上述规定,各省、自治区、直辖市人民政府可以根据本行政区域实际情况,对国家确定的重点污染物之外的其他大气、水污染物的排放实行总量控制。

（二）排污权交易制度

■ 案例研读[2]

花果山公司于2005年8月26日租赁经营恩施供电公司奇羊坝火电厂,后于2007年12月24日以拍卖竞价的方式有偿取得了奇羊坝火电厂的所有资产、债权、债务、二氧化硫排放量。2010年6月,因贯彻国家节能减排政策,花果山公司根据国家发展和改革委员会等四部委公告(2010年第25号)规定关停了奇羊坝火电厂。2010年12月18日花果山公司请求恩施市环保局支持其按《湖北省主要污染物排污权交易办法实施细则(试行)》将二氧化硫排污权在省产权交易中心挂牌,通过竞价交易的方式转让。2011年10月8日,恩施州环保局经向州政府请示,同意将花果山公司拥有的1127.6吨排污权用于恩施州内转产项目(该请示经时任常委副州长董某某批示同意),不计二氧化硫新增量,花果山公司表示同意。2011年11月16日,钡盐公司(甲方)、花果山公司(乙方)签订了《来凤3万吨沉淀硫酸钡开发项目合作协议书》,约定:(1)甲乙双方共同投资开发来凤3万吨沉淀硫酸钡开发项目,乙方以其所属恩施奇羊坝火电厂二氧化硫排放指标141吨作投资,其余的投资和技术等均由甲方负责。(2)乙方所属二氧化硫排放指标141吨,按每吨17,800元的价格,总计250.98万元投资开发来凤3万吨沉淀硫酸钡项目,甲乙双方按投资比例承担盈亏。(3)由乙方牵头,甲方配合,依照相关法律规定将所属二氧化硫排放指标141

[1] 参见信春鹰主编:《〈中华人民共和国环境保护法〉学习读本》,中国民主法制出版社2014年版,第192~193页。

[2] 钡盐公司与湖北花果山公司确认排污权转让合同无效纠纷案,载中国裁判文书网:http://wenshu.court.gov.cn/。

吨过户到来凤3万吨沉淀硫酸钡项目,所需费用由甲乙双方共同承担。(4)合作期间,甲方负责全面管理,双方按投资比例承担风险,不管因何种原因投资项目失败的,甲方都需按本合同第二条作价的价款补偿乙方损失。2011年11月30日,钡盐公司(甲方)、花果山公司(乙方)签订《合作投资转让协议》,约定:(1)乙方投资到甲方开发来凤3万吨沉淀硫酸钡项目,总计250.98万元投资份额,留下人民币10,000元的投资份额后,剩下的249.98万元的投资份额全部转让给钡盐公司。(2)转让价款为249.98万元,甲方必须在2012年11月16日前将转让款支付给乙方。(3)本协议签字生效后,双方应当自觉履行相关义务;如甲方不能按期支付价款,每逾期一天,应支付逾期总价的5‰的违约金。同日,钡盐公司给花果山公司出具欠条,内容:"欠条,今欠到湖北花果山实业有限公司人民币贰佰肆拾玖万玖仟捌佰元整,小写2,499,800元。备注:欠款事由见合作投资转让协议。"2011年12月2日,恩施州环保局出具同意花果山公司将其所属,原奇羊坝火电厂排污权指标中的141吨二氧化硫指标用于与钡盐公司共同投资开发来凤3万吨沉淀硫酸钡开发转产项目的过户证明。钡盐公司于2015年1月19日提起诉讼,要求判定钡盐公司、花果山公司签订的《来凤3万吨沉淀硫酸钡开发项目合作协议书》《合作投资转让协议》及钡盐公司出具的欠条无效,诉讼费用分担由人民法院依法确定。

一审法院认为,《环境保护法》第44、45条规定只确立了国家对重点污染物排放实行总量控制制度及重点污染物排放总量的控制指标由国务院下达至省、自治区、直辖市的排污许可管理制度。关于实现主要污染物排污权交易的具体内容,现行的法律、行政法规未明确规定。国务院2005年12月23日实行的《关于落实科学发展观加强环境保护的决定》(国发〔2005〕39号)、2007年6月28日实行的《关于2007年深化经济体制改革工作意见的通知》(国办发〔2007〕47号,已失效),2011年10月17日实行的《关于加强环境保护重点工作的意见》(国发〔2011〕35号)等相关文件,规定了要实施污染物总量控制制度,将总量控制指标逐级分解到地方人民政府并落实到排污单位;推行排污许可证制度,开展排污权有偿使用和交易试点,禁止无证或超总量排污。湖北省人民政府制定并于2008年10月27日施行的《湖北省主要污染物排污权交易试行办法》(鄂政发〔2008〕62号),及湖北省环境保护厅制定的《湖北省主要污染物排污权交易办法实施细则(试行)》(鄂环发〔2009〕8号),对在湖北省范围内的主要污染物排污权交易作出了明确规定,所以主要污染物排污权交易不是因法律、行政法规没有明确规定而不受约束、限制,而是在湖北省境内所有排污权交易均应参照湖北省政府及湖北省环境保护厅颁布的地方行政法规和部门规章进行。上述试行办法及实施细则规定,有偿取得二氧化硫在内的主要污染物的排污权可以进行交易,但是必须在湖北省依法设立的排污权交易机构内按规定程序进行交易,严禁场外交易,然后再重新办理排污权变更登记手续、重新核发排污权许可手续。未按《湖北省主要污染物排污权交易试行办法》的规定在交易机构进行排污权交易的,交易双方可以要求确认交易行为无效。花果山公司购买奇羊坝火电厂之后,虽未提交整体购买及关闭的证据,但根据2010年第25号国家发展和改革委员会的公告,可以证明花果山公司已购买奇羊坝火电厂所有资产,同时确定火电厂的关闭时间为2010年6月。恩施州、市环保局给花果山公司核准的二氧化硫排放量是1127.6吨,说明环保部门允许花果山公司拥有1127.6吨二氧化硫的排放量,但花果山公司未提交排污许可证,因而不能说明花果山公司具有交易资质。花果山公司提交的证据不能证明双方交易的合法性,也不能证明钡盐公司已取得141吨二氧化硫的排污许可。根据《民事诉讼法》第64条"当事人对自己提出的主张,有责任提供证据"及最高人民法院《关于适用〈中华人民共和国民事诉讼法〉的解释》第90条"当事人对自己提出的诉讼请求所依据的事实或者反驳对方诉讼请求所依据的事实,应当提供证据加以证明,但法律另有规定的除外。在作出判决前,当事人未能提供证据或者证据不足以证明其事实主张的,由负有举证证明责任的当事人承担不利后果"的规定,花果山公司主张已经履行了向钡盐公司转让141吨二氧化硫排污权的合同义务,但花果山公司没有提交相应的证据证实,应承担举证不能的责任。本案中,钡盐公司、花果山公司未经排污权交易机构签订协议实际上是涉及排污权转让的行为,对于二氧化硫这类主要污染物排放总量的控制及交易限制关乎一个地方的公众生活、居住环境质量及生态保护。双方转让排污权的行为违反了湖北省地方法规和部门规章的有关规定,且奇羊坝火电厂建设时,其排污权的范围应为奇羊坝火电厂所在地恩施市,而钡盐公司的沉淀硫酸钡项目却在来凤县境内,这种跨县域未经合法交易方式的排污权交易的施行,将侵害来凤县地区及周边人们的生活、生产环境,损害社会公共利益,必然导致钡盐公司所在地社会公共利益受到损害。根据《合同法》第52条第4项之规定,损害社会公共利益的合同为无效的合同,故钡盐公司、花果山公司签订的《来凤3万吨沉淀硫酸钡开发项目合作协议书》《合作投资转让协议》,因其将损害来凤县及周边地区社会公共利益,应当认定为无效的协议,因协议由钡盐公司给花果山公司出具的欠条也应当认定无效。钡盐公司要求确认双方签订的两份协议及欠条无效的诉讼请求予以支持。花果山公司辩称双方签订的两份协议及欠条有效的理由,不予以支持。综上,钡盐公司、花果山公司签订的上述两份协议，因违反法律、法规及湖北省关于主要污染物排污权交易相关规定，损害了社会公共利益应属无效，钡盐公司给花果山公司出具的欠条也因此无效。

二审法院驳回上诉，维持原判。

□ 评析

本案是涉及排污权转让的案件，主要的争议焦点是：(1)未取得排污许可证的"排污权"是否属于法律意义上的排污权；(2)未在指定的排污权交易市场进行转让的排污转让合同是否有效。

《行政许可法》第2条规定，行政许可是指行政机关根据公民、法人或者其他组织的申请，经依法审查，准予其从事特定活动的行为。第12条第2项规定，有限自然资源开发利用、公共资源配置以及直接关系公共利益的特定行业的市场准入等，需要赋予特定权利的事项可以设定行政许可。排污许可是行政主管机关根据企事业单位和其他生产经营者的申请，经依法审查，允许其按照许可证载明的种类、浓度、数量等要求排放污染物的行为。排污许可符合《行政许可法》的上述规定，属于行政许可，其性质就是国家环保行政主管部门以环境容量资源所有者的身份通过许可证的形式授予相对人环境容量使用权，从相对人的角度来讲就是取得环境容量使用权。排污许可证的颁发是排污许可的外观，是排污权交易制度的必要法律保证。[1] 因此，排污权来源于排污许可，未取得排污许可证的排污企业不能获得法律意义上的排污权。本案中花果山公司虽然通过拍卖形式名义上取得了奇羊坝火电厂的1127.6吨的二氧化硫排放量，但花果山公司未申请变更登记、换发排污许可证，因此，花果山公司并未实际取得1127.6吨二氧化硫的排放权。

目前，法律、行政法规对于排污权转让未做具体规定，排污权有偿使用和交易还处于试点过程中，试点地区结合本地区的实际情况，多由地方政府以政府规章的形式对排污权交易办法作出规定，后再由地方环境保护主管部门就具体实施细则作出规定。《湖北省主要污染物排污权交易管理办法》(以下简称《管理办法》)规定排污权交易应由排污单位在交易机构对依法取得的主要污染物年度许可排放量进行公开买卖；《湖北省主要污染物排污权交易管理办法实施细则(试行)》(以下简称《实施细则(试行)》)第25条的规定，在排污权交易过程中，转让方擅自转让排污权的，省环境保护行政主管部门有权终止排污权交

〔1〕 参见王小龙：《排污权交易研究——一个环境法学的视角》，法律出版社2008年版，第92~93页。

易活动,或依法向人民法院提起诉讼,确认交易行为无效。但根据《合同法》第52条第5项的规定,合同在违反法律、行政法规的强制性规定时,才能认定无效。而《管理办法》属于湖北省地方政府规章、《实施细则(试行)》仅是湖北省环保部门所制定的地方行政规范性文件,不能依据《合同法》第52条第5项中的效力性规定来认定合同无效。但如果违反该规定的同时会损害社会公共利益,则能依据《合同法》第52条第4项的规定认定合同无效。因此,本案中花果山公司和钡盐公司签订的排污权转让合同,不能仅因未在排污权交易市场进行转让而认定为无效。合同有效与否重点应考察花果山公司与钡盐公司私下进行的排污权转让是否损害了社会公共利益。

排污权转让合同的特殊性在于,其具有浓重的社会公益色彩,合同双方的行为要遵循环境保护、社会公共利益等原则,应充分尊重社会公众或第三人的实际利益,保证社会公众或第三人利益不因排污权转让合同而受有不测。如当事人转移的排污权在行使过程中可能给其他民事主体带来损害,不能以合同具有相对性为由主张免责。[1] 正是基于排污转让合同可能会造成社会公共利益的损害,各试点地区不仅对私下排污权交易的效力持否定态度,而且对在交易机构进行排污权转让的转让方、受让方的资格均作出了明确的规定,以此来避免对社会公共利益造成损害。且根据国务院办公厅《关于进一步推进排污权有偿使用和交易试点工作的指导意见》规定,排污权交易原则上在各试点省份内进行,即原则上不支持排污权的省外异地交易。本案中,花果山公司和钡盐公司的排污权转让属于跨县域的排污权异地转让(恩施市与来凤县均是隶属于恩施州的县级行政区),是将二氧化硫排放范围在恩施市的排污权转让给钡盐公司在来凤县境内排放,转让行为虽然不会超过恩施州二氧化硫排放总量,但可能会给来凤县地区居民的生活、生产环境造成影响,对来凤县的环境公共利益带来潜在的损害。因此,法院认定花果山公司和钡盐公司私下签订的排污权转让合同因损害社会公共利益而无效,是合适的。当然本案的发生也揭示出目前我国有关排污权交易的法律法规还不能满足实践的需要,特别是对诸如排污权异地转让的范围等技术性问题应尽快予以明确。

1. 排污权的定义

1968年加拿大多伦多大学经济学教授约翰·戴尔斯首先提出了排污权的概

[1] 参见邓海峰:《排污权转让法律问题研究》,载《清华法学》2011年第2期。

念，他认为传统的以政府干预为主的环境治理方式导致企业没有动力去保护环境，如果能建立一个市场，使企业能够将减少的污染作为权利交易出去，企业就会有动力减少污染，从而达到环境保护的目标。这个建议是从民商事活动一般规律的角度阐释的排污权交易，因此当我们沿用民法思维，将这一交易过程还原于民事法律关系时，排污权交易指的便是基于某种特定情势的发生，排污权脱离原权利人而归属于他人享有的法律现象。[1] 当我们启用环境法思维，将其与现行环境法律制度相结合时，排污权交易制度则是指在实施排污许可证管理及污染物排放总量控制的前提下，激励排污权人通过技术进步和污染治理，节约污染排放指标并将其依法有偿转让的法律制度。[2] 在我国，关于是否采用排污权的概念，学者们有不同的意见。有学者认为，如果在法律上承认"污染权"，岂不是要对这种权利提供保护，如果这种权利受到了侵害，还要进行救济。因此他们认为简单地理解美国排污交易制度并将其称为"污染权交易制度"是存在问题的，可以"排污"并非等于享有"污染权"，或者取得"排污许可"也不等于取得"排污权"。[3] 也有学者认为，排污权是行政机关依法赋予排污者依照法律规定的污染物排放（控制）标准向环境排放污染物的权利。在污染物排放领域，排污者经法定程序由生态环境部门许可取得的排污权，属于环保部门依法解除一般法律禁止行为的结果，而非实质意义上的宪法权利。[4] 分析上述观点，这两种观点仅是对权利的称谓存在分歧，但对于此种因许可而产生的权利本身是否属于权利并无不同看法，前一种观点仅主张用环境使用权代替排污权。鉴于我国大气污染防治法已明确使用"排污权"这一术语，且 2014 年 8 月国务院办公厅印发的《关于进一步推进排污权有偿使用和交易试点工作的指导意见》中也对排污权做出了定义，即排污权是指排污单位经核定、允许其排放污染物的种类和数量，故本书亦采用排污权的表述。

2. 排污权的取得[5]

在实定法上，排污权的权利产生于行政许可，即行政许可对准物权起"催生"与确认的作用，赋予行为人以法律上之力，使其占有、使用等状态名实相符。[6] 因此在我国现阶段，排污权依据生态环境主管机关核发的排污许可证而取得，其

---

[1] 邓海峰：《排污权转让法律问题研究》，载《清华大学》2011 年第 2 期。

[2] 参见曹明德：《排污权交易制度探析》，载《法律科学》2004 年第 4 期。

[3] 参见吕忠梅：《论环境使用权交易制度》，载《政法论坛》2000 年第 4 期。

[4] 参见汪劲：《环境法学》，北京大学出版社 2014 年版，第 69、173 页。

[5] 参见邓海峰：《排污权——一种基于私法语境下的解读》，北京大学出版社 2008 年版，第 106 ~ 108 页。

[6] 参见崔建远：《准物权的理论问题》，载《中国法学》2003 年第 3 期。

权利人、权利种类、允许排污的数量、权利存续期限、权利负担均以排污许可证所载内容为准。

在学理上，排污权的取得则较实定法的规定更为复杂。在私法视域内，排污权的取得方式，基于观察角度的不同可以作出不同的划分。就取得方式的性质来看，可以将排污权的取得归纳为原始取得与继受取得，前者为不以他人已有排污权为据而径行取得排污权利的方式，而后者则恰好与之相反，此外，作为后者的继受取得还可以进一步细化为设定取得与移转取得；就取得方式的原因来看，可以将其归纳为基于法律行为而取得和基于法律行为以外的原因而取得，[1]具体内涵分述如下：

(1)基于法律行为而取得。在理论上，基于法律行为而取得排污权的情形涵盖了设定取得和移转取得两种亚类型。

通过设定取得方式取得排污权的途径是订立排污权设定合同。所谓排污权设定合同是指环境容量资源所有权人(国家)与期望对该项资源加以用益的人订立的以创设排污权为目的和内容的合同。[2] 在该合同满足物权变动的形式要件和有关环境保护的强制性规定后，合同中的环境容量资源用益权人便取得依该合同所创设的排污权。在实定法上，如果将排污许可证理解为行政机关与相对人之间的合同，便会产生上述效果。

移转取得是继受取得最为典型的形式，原因在于依此种方式取得排污权须以他人已享有并自愿让与已有的权利为前提。由于排污权是一种具有准物权属性的财产性权利，具有流通性，因而其可以成为权利让与的标的。排污权人一旦将其所享有的排污权让与受让人，受让人便继受原权利人的法律地位并取得排污权。具有权利让与性质的排污权移转，其履行后的法律后果会产生准物权的变动，但此种权利变动需以满足法律对准物权变动的形式要求和有关的环境保护强制性规定为前提。下文所述排污权转让在理论上便可还原为移转取得。

(2)法律行为以外的其他取得路径主要有三类：

第一，继承和承继。尽管排污权被有些学者称为公法物权，但其所具有的财产权属性并不能据此而被否定。因此，当自然人作为排污权的权利人死亡时，其所享有的排污权可以作为遗产由其继承人继承。同时，当法人或其他权利主体作为排污权的权利人时，在其分立、合并的场合，亦应允许其权利义务的继受人承继其所享有的排污权。自然人依继承法律关系取得的排污权于继承开始时当

---

〔1〕 参见钱明星：《物权法原理》，北京大学出版社1994年版，第44～46页。

〔2〕 在德国此类合同又被称为物权合同或物权契约。参见陈华彬：《物权法原理》，国家行政学院出版社1998年版，第520页。

然取得,但非经登记不得处分;法人或其他权利主体承继的排污权自该主体向登记机关办理变更登记之时起依法取得。

第二,时效取得。前文已言,排污权具有财产权的属性,即为财产自得有取得时效适用的余地。一般认为,因时效而取得排污权的,于登记后即有取得之效力。但时效取得在现行法制环境下尚无法适用。

第三,依法律规定取得。排污权是一种以其客体环境容量所栖生的水体、土地、森林和大气等物质载体为基础而生成的不动产物权。基于不动产物权的取得可以由法律直接加以规定的法制传统,[1]排污权的取得亦可直接源于法律的规定。鉴于《大气污染防治法》中已经出现关于排污权的条文,由此推知,不同类型的排污权未来应有依法律规定而直接取得的可能。

3. 排污权的转让

所谓排污权转让,是指为了实现特定区域的环境治理目标,在污染物排放总量不超过允许排放量的前提下,不同排污者基于在环境污染治理中存在的成本差异而在生态环境部门监管下相互之间对剩余环境容量使用权进行转让的民事法律行为。有关剩余环境容量使用权转让的程序、规则、效力、监督等方面的规定构成了排污权交易制度。[2] 从权利转让法律性质的角度,我们还可以把排污权转让描述为基于某种特定情势的发生,排污权脱离原权利人而归属于他人享有的法律现象。此处可能发生的特定情势主要有三:一是依法律规定而直接移转,如公司的合并、分立等;二是依行政权力的指引而移转,如排污权的征用或被核销;三是依法律行为的践行而移转,如排污权转让合同的缔结和履行。[3]

建立在排污权转让理论基础之上的排污权交易制度,是在总结各国长期以来所形成的片面依赖行政管制机制弊端基础上而产生的一种侧重于市场化调节机制的环境保护制度尝试。它是探索运用市场手段盘活总量指标、优化经济发展、促进企业珍惜环境资源、激励企业深度减排的一种机制。实践中,排污权交易制度中既包含市场调节因素,又有行政管制因素的介入,是一种政府间接管制下的不完全的市场行为,是在环境保护领域出现的以市场方法修正法律直接管制的现象。[4]

排污权交易市场可分为一级市场和二级市场。排污权交易的一级市场是指

---

〔1〕 参见[日]高岛平臧:《近代物权制度的展开与构成》(日文版),日本成文堂1969年版。转引自陈华彬:《物权法原理》,国家行政学院出版社1998年版,第513~521页。

〔2〕 参见王小龙:《排污权交易研究——一个环境法学的视角》,法律出版社2008年版,第117页。

〔3〕 参见邓海峰:《排污权——一种基于私法语境下的解读》,北京大学出版社2008年版,第202页。

〔4〕 参见汪劲:《环境法学》,北京大学出版社2014年版,第175页。

排污权指标的取得市场,主要是由行政主管部门以行政许可的形式出让,由排污企业有偿取得。2014年《关于进一步推进排污权有偿使用和交易试点工作的指导意见》对试点地区的排污权出让方式作了具体规定:试点地区可以采取定额出让、公开拍卖方式出让排污权。现有排污单位取得排污权,原则上采取定额出让方式,出让标准由试点地区价格、财政、生态环境部门根据当地污染治理成本、环境资源稀缺程度、经济发展水平等因素确定。新建项目排污权和改建、扩建项目新增排污权,原则上通过公开拍卖方式取得,拍卖底价可参照定额出让标准。[1] 排污权交易的二级市场,是价值规律作用下的市场,交易遵循市场规则,其合同的缔结应参照《合同法》的一般原则,根据交易性质而具有买卖合同的一般属性。但是排污权交易合同也是《合同法》生态化的典型表现,合同双方的行为要遵循环境保护、社会公共利益等原则,因而同时具有社会法的属性:排污权交易双方当事人应当只具备适当的意思自治,交易合同形式也应为要式合同和附条件的合同;交易双方的权利义务除了当事人约定以外,还包括管理机关为实施管理而附加的各种条件,如遵照主管部门制定的备案登记制度、用于交易的排污权须经主管部门审核等。[2]

美国是排污权交易实施最早、应用最全面的国家。美国排污权交易分为两个阶段,第一阶段从20世纪70年代起至90年代初期,在此阶段美国开始用排污权交易制度来削减大气污染物的排放量,先后提出了补偿政策(offsets)、泡泡政策(bubbles)、净得政策(netting)和银行政策(banking)。上述四项政策并不是美国排污权交易制度中的具体交易规则,而是作为排污权交易得以发生的制度前提出现的。它们的作用并不在于明晰一个具体的排污权交易个案的走向和操作规程,而在于创设具有典型意义的排污权交易场景或提供宏观意义上的指导。因此,它们的存在并不能取代具体的交易规则,而它们的缺失则会导致作为交易基础的基本理念的缺位。[3] 第一阶段排污权交易实践只在美国部分地区进行,交易量较少,而且补偿价格要比预计的低。但是通过实践表明,排污计划具有极大的可行性,是一种低成本实现污染控制的有效方式,为后来进一步扩展排污权交易的应用范围积累了宝贵经验。[4] 第二阶段从1990年美国通过的《清洁空气法修正案》延续至今。《清洁空气法修正案》为进一步推行排污权交易制度奠定了

---

〔1〕 对于2015年1月1日新建项目排污权的取得方式,该文件的表述与生态环境部2017年11月6日颁布的《排污许可管理办法(试行)》第8条的规定存在差异。

〔2〕 参见彭本利、李爱年:《排污权交易法律制度理论与实践》,法律出版社2017年版,第143页。

〔3〕 参见邓海峰:《排污权——一种基于私法语境下的解读》,北京大学出版社2008年版,第193页。

〔4〕 参见彭本利、李爱年:《排污权交易法律制度理论与实践》,法律出版社2017年版,第28页。

基础,该修正案中规定了以“酸雨”计划为基础的二氧化硫削减措施。美国“酸雨”计划的配额分配从1995年开始,无偿分配年度允许排放配额量,允许企业对配额储存和交易。随后排污权交易实践得以全面开展和推广,从起初的二氧化硫总量控制和排污权交易扩展到氮氧化物以及汞的排放量交易。

国外排污权交易主要包括价格式交易制度和互补式交易制度。美国主要采取价格式排污交易制度,即将许可证本身作为可用于市场交换的标的物,使许可证具有交易流通性,其结果是为许可证所标明的一定排污量定价。这样,污染物的实际排放量便对交易双方均具有经济价值。[1] 与美国的交易制度不同,德国是基于《联邦污染防治法》确立的总量控制制度发展出了互补式的交易制度,此种方式以减排量作为交易标的,当排污企业所排放的污染物低于所分配到的排污量时,即可将减排量通过市场交易的方式转让给污染物排放量超标的排污企业,通过互补的方式达到总量控制的目标。

我国在确立了排污许可证制度和总量控制制度后,在实践中也不断探索排污权交易。2007年以来,国务院有关部门组织天津、河北、内蒙古等十一个省(区、市)开展排污权有偿使用和交易试点。2013年党的十八届三中全会报告提出“推行排污权交易制度”,将排污权交易推向了一个新的高度。此后2014年《关于进一步推进排污权有偿使用和交易试点工作的指导意见》提出要加快推进排污权交易。2015年中共中央、国务院《关于加快推进生态文明建设的意见》提出要扩大排污权有偿使用和交易试点范围,发展排污权交易市场。2015年修订《大气污染防治法》第21条第5款规定,国家逐步推行重点大气污染物排污权交易,这是第一次在全国人大常委会通过的法律中对排污权交易作出规定。到2017年,试点省份已初步建立了省级层面的排污权有偿使用体系,基本上形成了运行有序的排污权交易市场。据统计,截至2017年8月国家批复的11个试点地区,征得有偿使用费73亿元,自主开展有偿使用比较少,大概3.6亿元。排污权交易方面国家批复的试点区域交易额度约62亿元,自行开展工作的省份大约是5亿元。[2] 但从整个试点情况来看,排污权交易还存在法律法规支撑不足,排污权核定、定价的工作不配套,排污权交易二级市场不够活跃,监测监管体系还不完善等问题。

4. 排污权的抵押

广义上的排污权交易不仅包括排污权转让还包括排污权抵押。2014年,国务

---

[1] 参见陈慈阳:《环境法总论》,台北,元照出版有限公司2000年版,第337页。

[2] 参见《环保部:正研究下一步排污权有偿使用和交易工作相关政策》,载中国新闻网:http://www.chinanews.com/gn/2017/11-23/8383630.shtml,最后访问日期:2019年2月16日。

院办公厅颁布的《关于进一步推进排污权有偿使用和交易试点工作的指导意见》将排污权抵押融资作为了排污权交易的一种形式。所谓排污权抵押是指为达到环境效益与经济效益、社会效益三者的有机统一，排污权抵押人在不转移其依法取得的排污权占有关系的前提下，以排污权作为其本人或者第三人的债权担保；若债务人不履行相应债务，则排污权抵押权人有权依据相关规定处理该抵押物，并就其价款优先受偿的一项法律制度。

关于排污权抵押的性质究竟为何，我们认为需要从现行立法对抵押权标的物的规定入手加以理解。我国《物权法》第180条规定，债务人或者第三人有下列财产可以抵押：(1)建筑物和其他土地附着物；(2)建设用地使用权；(3)以招标、拍卖、公开协商等方式取得的荒地等土地承包经营权；(4)生产设备、原材料、半成品、产品；(5)正在建造的建筑物、船舶、航空器；(6)交通运输工具；(7)法律、行政法规未禁止抵押的其他财产。由此可见，本条比较明确地界定了抵押权客体的范围，包括不动产、动产和权利三类。据此，我国的抵押权也可划分为不动产抵押权、动产抵押权和权利抵押权。根据《担保法》原理，动产抵押权或者不动产抵押权多创设于物的所有权之上，而权利抵押权则仅指创设于他物权基础之上的抵押权，如《物权法》第180条中所提到的土地承包经营权、建设用地使用权等，在这些具有用益物权性质的他物权基础上设立的抵押权即为权利抵押权。对于排污权而言，从其性质本身来看它是一种体现用益物权价值的准物权性权利，因其创设于应属于国家所有的环境容量资源所有权之上，因此排污权属于他物权而非自物权。依据前述法理有关权利抵押权客体的认知，创设于排污权这一从环境容量资源国家所有权分离出来的他物权之上的抵押权，在法律性质上应当归属于权利抵押权。[1]

排污权抵押是实现排污权担保功能的重要制度工具，主要用途是排污企业将排污权抵押给金融机构，从而获得融资贷款。排污权抵押贷款将金融机构的信贷资金引入排污权交易市场，赋予排污权以金融功能，增强了排污权的价值功能和流动性，能够提升企业参与排污权投融资的积极性，有效盘活排污权资产，促进排污权交易加快发展。我国排污权抵押贷款的实践发端于2002年6月，浙江省嘉兴市在部分县(区)进行企业排污权有偿使用和交易试点，后随着排污权交易市场的发展，2008年9月，嘉兴银行通过与嘉兴市排污权储备交易中心合作，向以排污权作为抵押的5家企业提供总额达到2200万元的授信额度。2009年3月，浙江省正式启动排污权有偿使用和交易试点工作，挂牌成立了浙江省排污权交易中心。2009年4月，中国人民银行绍兴市中心支行出台《绍兴市排污权抵押贷款管理办法(试

[1] 参见邓海峰：《排污权抵押制度研究》，载《中国地质大学学报》(社会科学版)2014年第2期。

行)》,成为国内第一个出台排污权抵押贷款办法的城市。2010年,中国人民银行杭州中心支行会同浙江省环保厅出台了《浙江省排污权抵押贷款暂行规定》,浙江成为国内第一个建立排污权抵押贷款制度的省份。此后,重庆、山西等地也陆续开展了此项贷款业务。

目前,排污权抵押贷款一般是在政府承诺回购的前提下开展的,主要有两种模式,一种是排污企业以排污权为抵押获得银行贷款,用于生产经营和技术改造;另一种是排污企业从银行获得信用贷款用于购买排污权,再将取得的排污权抵押给银行的模式,近似于民法上的所有权保留交易。在总结各地实践经验基础上,2011年《国家环境保护"十二五"规划》、2013年《大气污染防治行动计划》、2014年《关于进一步推进排污权有偿使用和交易试点工作的指导意见》、2015年中共中央与国务院发布的《关于加快推进生态文明建设的意见》均提出要探索排污权交易的融资模式。2016年国务院印发《"十三五"节能减排综合工作方案》提出要支持以排污权为抵押的绿色信贷。据统计,截至2015年年末,仅浙江省排污权抵押贷款余额便达到31.4亿元,余额同比增长42.1%;浙江省已有超过500家排污单位通过排污权抵押获得银行贷款,金额近150亿元,无不良贷款发生。[1]

但由于我国法律中并未明确将排污权纳入可抵押物,排污权抵押仍存在一定的风险。各地实践中一般采取由政府部门承诺回购的方式来确保排污权抵押贷款的顺利发放,但排污权抵押权人仍需面对政府信用风险。当地方政府出现财政困难,可能会造成"兜底"回购承诺的落空,抵押权人的合法权益难以得到有效保障。此外,由于排污权抵押登记的缺失,若采取登记生效模式,无登记则排污权抵押权不发生法律效力;若采取登记对抗模式,无登记则排污权抵押权人不能对抗第三人。因此,依据物权法定原则和公示公信原则,在我国立法中明确规定排污权可作为权利抵押权的客体,并对排污权抵押登记及其效力作出规定,才能从根本上解决排污权抵押所面临的不确定性问题。

(三)清洁发展机制

针对全球温室气体减排,1997年《联合国气候变化框架公约的京都议定书》(以下简称《京都议定书》)建立了国际排放贸易机制(ET)、联合履行机制(JI)和清洁发展机制(CDM)三种国际合作机制。按照2011年《清洁发展机制项目运行管理办法(修订)》规定,清洁发展机制是发达国家缔约方为实现其温室气体减排义务与发展中国家缔约方进行项目合作的机制,通过项目合作,促进《联合国气候变化框架公约》(以下简称《公约》)最终目标的实现,并协助发展中国家缔约方实现可持续发

---

〔1〕 参见杜源:《排污权抵押贷款的实践》,载《中国金融》2016年第16期。

展，协助发达国家缔约方实现其量化限制和减少温室气体排放的承诺。清洁发展机制是由《京都议定书》确立的在发达国家与发展中国家之间实施的经核证的碳减排量交易方式。具体是由《公约》秘书处确认，由发达国家出资在发展中国家设立减排温室气体合作项目，将项目实施后的减排总量的一部分折抵发达国家依照《公约》规定应当削减的减排量。[1]

清洁发展机制吸收了可持续发展原则的合理内涵，将“共同但有区别责任原则”应用于发展中国家和发达国家的集体行动中，为应对气候变化全球协同行动开创了先例。清洁发展机制是国际气候变化领域国际合作的范例，一方面降低了发达国家实现温室气体减排的成本，增加了履行国际义务的灵活性，提高了履约的可能性；另一方面给发展中国家提供了开发减排项目的资金，提升了其应对气候变化的能力。对世界而言，可以使全球在实现共同减排目标的前提下，减少总的减排成本。因此，清洁发展机制是一种“双赢”的选择，这也是清洁发展机制设计的初衷。[2]

清洁发展机制的核心内容是允许发展中国家的减排项目产生的核证减排量（CERs）转让给发达国家，从而搭建发展中国家和发达国家进行资金、技术转移的桥梁。CDM 项目中经核证减排量的交易方式，根据项目运行模式不同而有所不同，且风险在买方和卖方之间的分配也因交易而异。绝大多数交易中买方直接购买经核证减排量，不进行项目投资。在这种交易方式中买方不承担项目政策风险、开发风险、核证风险、签发风险等，卖方和项目开发方承担的风险较大，故交易价格也较高。少数交易中买方以股权或者贷款的方式投资于项目，并获得项目的减排量。在这种交易方式中，买方承担较大的项目开发风险和核证风险，故交易价格较低，且往往是以先期投资或股权、贷款等形式实施。[3]《京都议定书》规定了六种温室气体：二氧化碳、甲烷、氧化亚氮、氢氟碳化物、全氟化碳、六氟化硫，清洁发展机制将上述六种气体分别对应减排项目和吸收项目，不同的项目适用不同的交易方式。

为推进清洁发展机制在我国的有序开展，2010 年经国务院批准发布的《中国清洁发展机制基金管理办法》，对规范清洁发展机制基金的筹集、管理和使用作了规定。2011 年国家发展和改革委员会、科技部、外交部、财政部在此前试行的基础上联合发布了《清洁发展机制项目运行管理办法》，对清洁发展机制项目的管理体制、申请、实施程序等作了具体规定。我国自 2004 年在清洁发展机制执行理事会成功注册第一个 CDM 项目以来，截至 2017 年 6 月 30 日，国家发展和改革委员会批准的

---

〔1〕 参见汪劲：《环境法学》，北京大学出版社 2014 年版，第 176 页。

〔2〕 参见曹明德等：《中国碳排放交易法律制度研究》，中国政法大学出版社 2016 年版，第 192 页、第 200～201 页。

〔3〕 参见曹明德等：《中国碳排放交易法律制度研究》，中国政法大学出版社 2016 年版，第 199 页。

CDM项目共计5074个，中国在CDM执行理事会成功注册的CDM项目有3807项（全球12566项），项目数量及其已经产生和预计产生的温室气体减排量均为世界前列。据统计，2016年中国已完成的CERs核证和签发的二氧化碳当量为6321万余吨，占到注册东道国CERs总签发量的48.66%。若按每吨当量20欧元计算，中国2016年通过CDM项目获得的资金约为人民币126.4亿元。[1] 2018年国务院机构完成改革后，清洁发展机制的行政管理机构由国家发展和改革委员会变更为生态环境部的应对气候变化司。

（四）碳排放交易制度

1. 碳排放权

我国法律对碳排放权的性质尚未有明确的规定，学界对碳排放权的界定也未形成统一看法。有学者认为，碳排放权是排污权的一种形式，其含义包含在排污权的含义之中；有学者直接将《京都议定书》第3条第1款有关碳排放量的限制性规定理解为碳排放权；也有学者从实践的角度出发，认为碳排放权是在确定碳排放总量的前提下，通过生态环境部门的分配，排污主体取得的向大气排放污染物的排污许可证。[2]

我们赞同在排污权之外，独立规定碳排放权的观点。主要原因在于，虽然作为环境容量使用权的碳排放权和排污权在权利客体方面均以环境容量为客体，在权利内容方面均表现为对环境容量的使用、收益，在权利取得方面均是以行政分配为主导，但二者在规制对象方面确有差异。碳排放权规制的是二氧化碳等温室气体，排污权针对的则是以二氧化硫为代表的污染物，虽然有学者认为应将二氧化碳等温室气体纳入污染物的范围，但我国《大气污染防治法》和其他法律、规范性文件并没有将二氧化碳等温室气体列为大气污染物，在法律已经对两者作出区别化处理的情况下，暂不宜将两者等同看待。此外，在我国法律和各种行政规范性文件中，一直是将排污权和碳排放权作并列表述，可见从立法和政策层面对碳排放权和排污权作出区分也有利于司法和法律实践活动。

2. 碳排放权交易

碳排放权交易，又称为温室气体排放权交易、碳配额交易、碳信用交易，是指在气候变化背景下，一国或特定区域为削减本国或本区域温室气体排放，在总量控制或基准排放水平确定的基础上，以温室气体排放权或排放配额节余指标为交易对象，在纳入交易体系范围的排放实体或减排主体之间进行交易的市场化温室气体

[1] 参见陈娟丽：《我国清洁发展机制实施面临的改革与法律对策》，载《现代经济信息》2017年第13期。

[2] 丁丁、潘方方：《论碳排放权的法律属性》，载《法学杂志》2012年第9期。

减排机制和政策工具。[1] 除基于清洁发展机制而形成的我国与发达国家碳排放交易外，我国国内的碳排放交易包括强制性配额交易和自愿性碳排放交易。

强制性配额交易，是国家生态环境主管部门依据大气环境容量制定逐年递减的碳排放总量控制目标，并将排放总量目标通过一定的方式分解为若干碳排放配额，按照法律规定的分配方式分配给事先确定的温室气体排放主体，各温室气体排放源运营主体可以在分配的排放配额范围内进行排放，并有权出售因减排技术的应用或生产工艺的改进而剩余的碳排放配额，或者可以在碳排放交易市场上购买排放配额以弥补自身分配配额的不足。[2] 2010 年 10 月国务院下发《关于加快培育和发展战略性新兴产业的决定》中提出要建立和完善主要污染物和碳排放交易制度。2011 年 10 月国家发展和改革委员会办公厅下发《关于开展碳排放权交易试点工作的通知》批准北京、天津、上海、重庆、广东、湖北、深圳开展碳排放权交易试点工作。2013 年 6 月以来，上述交易试点相继启动了碳排放交易市场。各试点均已出台了本行政区域的碳排放交易管理办法，对碳排放总量控制、配额分配与管理、碳排放核查及配额清缴义务等核心问题作了规定。2014 年 12 月国家发展和改革委员会发布了《碳排放权交易管理暂行办法》，规定了全国碳排放交易的管理体制、配额管理、排放交易、核查与配额清缴等事项。2015 年《关于加快推进生态文明建设的意见》中提出要建立碳排放交易制度，深化交易试点，推动建立全国碳排放交易市场。《中共中央关于制定国民经济和社会发展第十三个五年规划的建议》中提出要建立健全碳排放权初始分配制度，创新有偿使用、预算管理、投融资机制，培育和发展交易市场。2016 年国务院印发《“十三五”节能减排综合工作方案》提出要推进碳排放权交易，2017 年启动全国碳排放权交易市场。经过近十年的发展，目前我国已形成了仅次于欧盟的第二大碳排放权交易市场。2017 年 12 月 18 日，国家发展和改革委印发《全国碳排放权交易市场建设方案（发电行业）》的通知，正式启动了全国性的碳排放权交易市场。

自愿性碳排放权交易，是指排放企业将通过节能减排、技术更新等项目而减少的排放量经国家核证后，再通过碳排放交易市场出售给买方企业，买方企业将该核证减排量用以抵消其部分或全部实际排放量的交易。2008 年 8 月以来，北京、上海、天津、深圳、广州、湖北碳排放权交易所先后挂牌成立，这些交易机构在成立后首先以自愿碳交易为基础进行机制建设方面的探索。2012 年 6 月，国家发展和改革委员会公布了《温室气体自愿减排交易管理暂行办法》，规定核证自愿减排量由自

---

〔1〕 崔金星：《中国碳交易法律促导机制研究》，载《中国人口·资源与环境》2012 年第 8 期。
〔2〕 曹明德等：《中国碳排放交易法律制度研究》，中国政法大学出版社 2016 年版，第 61～62 页。

愿减排项目产生，自愿减排项目首先在国家发展和改革委员会备案，经备案的自愿减排项目经有资质的机构核证后在国家发展和改革委员会进行减排量备案，经备案的减排量可以在法定交易机构交易。2013 年 6 月以后，相继启动的碳排放权交易市场，均规定了核证自愿减排量的抵消机制，这促进了排放企业参与自愿减排的积极性。但从总体来看，自愿性碳排放权交易在整体碳排放交易中所占的比重不高。

尽管强制性配额交易与自愿性碳排放权交易有较大的差异，但二者的交易流程却是相同的。首先是确定排放总量，由政府或环境主管部门在大气环境容量范围内确定碳排放总量控制目标；其次是分配配额，由生态环境部门按照一定方式在配额总量范围内对排放实体进行排放配额的分配；再次是核证与注册，由参与碳排放权交易的各排放主体依据生态环境部门的要求，提交排放报告和排放检测报告，再由法律规定的碳排放核查核证主体依据有效的方法对参与交易的各排放源提交的报告以及实施减排项目的减排量进行核查和核证，依法出具报告，并将经核证的碳减排配额在依法设立的碳排放权交易场所登记注册、挂牌出售；又次是交易，由需要购买排放配额的主体按照交易规则购买挂牌出售的碳排放配额，并完成配额的登记移转手续；最后是监管，由生态环境部门依法对排放主体排放监测报告的义务履行情况和交易申报与登记行为进行监管，对购买主体的买受行为进行监管，对交易所的撮合交易行为进行监管。因此，碳排放权交易法律关系，是指为履行法定减排义务或自身经营管理的需要，参与各方围绕碳排放权的产生、核证、平台管理及交易，依法进行的行政监管、排放评价、交易媒介、配额买卖等行为。[1]

下一步，如何统一处理碳排放交易市场与碳排放交易试点的关系，如何在制度设计层面让强制性配额交易与自愿性碳排放交易形成良性互动将是需要着力解决的问题。

■ 延伸阅读

关于环境费与企业运营的关系，参见 Corbett C. J. and Van Wassenhove L. N.，“The Green Fee: Internalizing and Operationalizing Environmental Issues”，*California Management Review* 36(1)，1993，pp. 116－135。

关于美国电力行业二氧化硫和氮氧化物排放的排放费措施，参见 Banzhaf H S et al.，“Efficient Emission Fees in the US Electricity Sector”，*Resource and Energy Economics* 26(3)，2004，

---

〔1〕 曹明德等：《中国碳排放交易法律制度研究》，中国政法大学出版社 2016 年版，第 61～62 页。

pp. 317 – 341。

关于生态补偿的理论基础与发展历史，参见 Gómez – Baggethun E et al. ，"The History of Ecosystem Services in Economic Theory and Practice：From Early Notions to Markets and Payment Schemes"，*Ecological economics* 69(6)，2010，pp. 1209 – 1218。

关于市场机制与政府干预对生态补偿的影响，参见 To P X，Dressler W H et al. ，"The Prospects for Payment for Ecosystem Services（PES）in Vietnam：a Look at Three Payment Schemes"，*Human Ecology* 40(2)，2012，pp. 237 – 249。

■ 综合练习

1. 环境费与环境税具有何种关系？两者在环境保护制度中应当如何协调？
2. 现阶段，我国突发环境事件报告的分类及其具体内容有哪些？
3. 应对大气污染应当如何建立联合防治法律机制？
4. "党政同责、一岗双责"在环保治理中的重要意义是什么？

第五章　环境损害与救济机制

本章要点

环境法律责任是一种综合性的法律责任，源于环境利用行为在造成环境损害的同时，一并造成了他人的人身权和财产权损害，因此施加上述损害的行为人应当为此承担相应的法律责任。环境损害常与经济发展挂钩，被认为是典型的由发展而引发的多元利益冲突。正是由于环境损害的发生具有复杂的社会进化背景，所以环境损害法律责任的确定及其救济机制的建构就不可避免地也要受到多种因素的影响。从致损后果角度来看，环境损害可能会导致环境污染和生态破坏；从构成要件角度来看，环境法律责任可由责任主体、损害行为、损害后果和行为与损害之间的因果关系四个要件组成；从法律责任的归责依据角度来看，环境法律责任又可以细化为环境民事责任、环境行政责任和环境刑事责任三类。与之相对应，我国已经建立起了环境民事、行政、刑事三种环境损害救济机制。而近年来日益受到关注的环境公益诉讼、国益诉讼则对这一三元化的救济机制作了有益的补充。

关键词｜环境损害　民事责任　行政责任　刑事责任　公益诉讼

第一节　环境损害与环境法律责任

典型案例　互联网经济助推了餐饮外卖行业的繁荣，但也带来了始料未及的环境污染问题。美团、百度、饿了么 3 家外卖平台在销售外卖产品时，送餐小哥一般会随餐送来多余的塑料袋和一次性餐具，其中大部分在没有使用的情况下被随意丢弃变成了垃圾。

2017 年 8 月，重庆市绿色志愿者联合会向北京市第四中级人民法院（以下简称北京四中院）对美团、百度、饿了么 3 家外卖平台提起生态环境公益诉讼，其认为外卖所带来的大部分塑料袋和一次性餐具在没有被使用的情况下被丢弃成为垃圾，是浪费资源、危害生态环境的行为，诉请被告改变经营模式，并对已造成的生态环境损害进行修复或承担修复费用。9月1日，北京四中院依法受理原告分别诉3家外卖平台的3起环境污染责任纠纷的公益诉讼案件。[1]

本案是首个国内外卖平台因环境污染问题被起诉的案件，体现了《环境保护法》第6条所规定的“一切单位和个人都有保护环境的义务”，也反映出环境问题所造成的损害和对应的法律责任不仅关涉个人，还与社会和环境本身息息相关。

环境损害一般分为对人的损害和对环境的损害两类，[2]其中对人的损害主要分为人身损害、财产损害和环境权益损害，对环境的损害是指生态损害（见图5－1）。

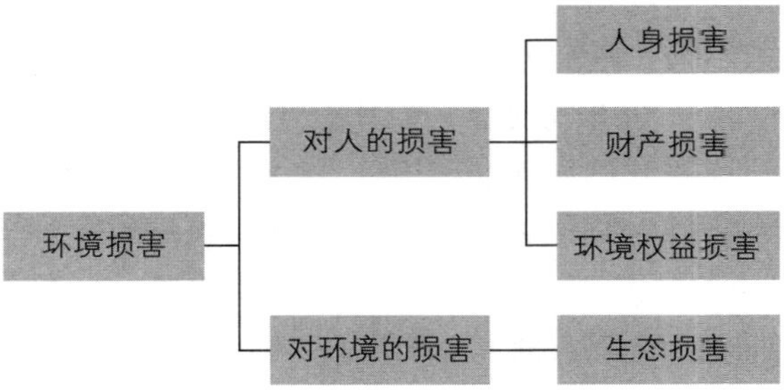

图5－1　环境损害分类

通常环境损害行为发生之后，按照法律的规定需要承担法律责任，此种基于环境损害行为产生的法律责任，就是环境法律责任。按照通说，法律责任又被分为广义和狭义两大类，其中狭义的法律责任专指由违法行为引起的不利后果，本书也是在狭义的法律责任语境下进行介绍。

前文已述，与传统部门法相比，环境法所调整的环境法律关系具有鲜明的科技性、综合性和共益性。科技发展的最大特点在于前景可期而具体路径不明；综合调整的最大特点在于目标清晰而可选手段多样；共益取向的最大特点在于价值趋同而实现方式各异。这些特点使环境决策始终面临不确定的挑战，而环境责任救济机制则需要面临紧随立法政策动态调整的压力，加之特定环境行为造成的环境损

〔1〕参见《2017年度中国十大公益诉讼权威发布》，载“中国法律评论”公众号，发布于2018年4月12日，载https://mp.weixin.qq.com/s/mEa4o4vYzwAqU_T6tP12eQ，最后访问日期：2018年5月10日。

〔2〕分类方式和图示参见吕忠梅、张宝：《环境问题的侵权法应对及其限度——以〈侵权责任法〉第65条为视角》，载《中南民族大学学报》（人文社会科学版）2011年第2期。

害可能还无法精确量化、测量,[1]这就进一步加大了环境法律责任和环境损害救济机制构建的挑战性与不稳定性。

一、环境法律责任的特殊性

环境法律责任是法律责任的一种,自当符合法律责任的一般属性。此外,随着新型环境损害的产生,有些环境利用行为虽然没有对特定单位和个人造成直接的、特定的、具有权利利益关系的人身损害和财产损害,但却造成了长远的、非直接的、不特定的、普遍的环境污染和生态破坏,[2]这就使环境法律责任无法仅局限于传统的损害赔偿制度,还需要以自己的特有方式回应各类新型环境损害的挑战。

(一)环境法律责任具有复合性

一方面,环境问题不仅局限于人际之间,还映射于人与社会、人与生态环境的更大系统之中。基于环境问题的复合特性,环境法律责任也必然存在对人的责任(相对义务)和对世的责任(绝对义务),而且这两种责任的范围还可能具有交互性。另一方面,作为新兴法律部门存在的环境法,在其发生发展的历程中,承继与融合了传统法的诸多要素,借鉴了多种性质不同的法律规范表现形式与法律调整机制,因而环境法律责任的责任形式丰富而多样。按照目前的发展来看,环境法律责任已经囊括民事法律责任、行政法律责任、刑事法律责任和专门法律责任等多种形式。

(二)环境法律责任的功能具有多样性

环境法律责任的功能之间具有互渗相关、多样结合的特点。与其他法律责任相同,环境法律责任也拥有预防、救济和惩罚三种功能。但是,由于环境损害行为会同时导致对"人"和对"环境"的损害,且这类损害一般具有持续时间长的特点,甚至由于人类认识能力的局限性,导致在相当一段时期之内还无法感知和测度此类损害,这就使得环境法律责任的救济功能不仅要覆盖环境侵害行为人的损害赔偿,还要考虑是否需对环境进行修复;而要达到有效的救济,环境损害行为人可能就不仅需要承担民事责任,还要承担行政和刑事范畴下的应有责任。环境法律责任的预防功能,一方面,根植于各类特殊环境义务的创设,如环境影响评价等预防类制度对环境利用人实施环境利用行为所附加的义务性安排,便凸显了环境法的预防功能;另一方面,对环境损害行为人违反环境义务的责任追究,则传导了对其他行为人的威慑。环境法律责任的惩罚功能既是法律责任共性的体现,也带有其自身的特点。与其他部门法相比,环境法律责任此前较为强调环境行政法律责任的作用。

---

〔1〕 参见王曦、谢海波:《论环境权法定化在美国的冷遇及其原因》,载《上海交通大学学报》(哲学社会科学版)2014 年第 4 期。

〔2〕 参见蔡守秋:《从环境权到国家环境保护义务和环境公益诉讼》,载《现代法学》2013 年第 6 期。

近年来,随着环境管理理念、方法与手段的多样化,环境民事责任与环境刑事责任开始越来越多地出现在环境主管机关的菜单选择中。环境民事公益诉讼的出现使对世性环境民事责任的承担变为可能,而《刑法》涉环境罪名的扩展则赋予环境法以更强的刚性,这些变化都是环境法律责任强化惩罚功能的具体展现。

(三)环境法律责任具有政策、司法先导性

我国环境法律责任制度的发展具有鲜明的"自上而下"特征。无论是"绿水青山就是金山银山"的科学论断,[1]还是党的十九大对生态文明建设和环境保护的重点关注,[2]都体现着政策对环境法律责任改革方向的引领与鞭策。我国的司法机关也通过释明、完善内部机制等方式,间接型塑着环境法律责任的发展。如最高人民法院先后颁布的《关于全面加强环境资源审判工作　为推进生态文明建设提供有力司法保障的意见》(2014 年)《关于审理环境侵权责任纠纷案件适用法律若干问题的解释》(2015 年)、《关于审理环境民事公益诉讼案件适用法律若干问题的解释》(2015 年)、《关于办理环境污染刑事案件适用法律若干问题的解释》(2016 年)、《关于充分发挥审判职能作用为推进生态文明建设与绿色发展提供司法服务和保障的意见》(2016 年)、《关于审理海洋自然资源与生态环境损害赔偿纠纷案件若干问题的规定》(2017 年)等规定,都对环境案件审理中法律责任的认定问题进行了有针对性的解释;而最高人民法院《关于全面加强长江流域生态文明建设与绿色发展司法保障的意见》(2017 年)则对专门环境审判机构的设置和审理程序等内部机制进行了完善,指引了地方层面环境审判制度的改革与创新。

二、环境损害适用不同的救济机制

根据环境损害类型的不同,可以将环境法律救济机制划分为环境私益救济和环境公益救济两类。环境私益救济与传统的法律救济方式相似,以诉讼为主、其他非诉解决方式为辅。环境公益救济是公民意识提升后付诸环境公益保护实践的一种探索,主要以环境公益诉讼为主,包括环境民事公益诉讼和环境行政公益诉讼两类。也有学者认为,环境公益诉讼是独立于传统的行政诉讼与民事诉讼之外的诉讼形式,用于解决传统的行政诉讼程序和民事诉讼程序理论和制度所无法解决的

---

〔1〕 参见《"绿水青山就是金山银山"在浙江的探索和实践》,载新华网:http://www.xinhuanet.com/fortune/2015-02/28/c_1114474192.htm,最后访问日期:2018 年 2 月 18 日。

〔2〕 参见《习近平指出,加快生态文明体制改革,建设美丽中国》,载人民网《十九大专题报道》,http://cpc.people.com.cn/19th/n1/2017/1018/c414305-29594512.html,最后访问日期:2018 年 3 月 21 日。

权利保障问题。[1] 本书对环境公益诉讼的介绍主要基于两类划分的通说展开。近年来还有学者主张增加一类新的公益诉讼类型作为国家环境权益受到侵害时的国益救济机制，在学理上将其称为国益诉讼。

技术发展带来的科学不确定性和风险社会特征的日益明显，使环境救济机制需要在立法、司法和执法层面获得更快的回应。在走入诉讼程序之前，我国环境损害的行政管理手段具有很强的约束力，行政执法层面的努力有效避免了诉讼维度的案件堆积。而立法和司法层面上，除了需要关注法律自身的完善以外，更需要创设出对环境问题拥有专业判断、高效分析的司法环境，这也是近年来环境司法专门化应运而生的原因之一。

第二节 环境侵权与环境民事责任

典型案例 1995 年，曲忠全承包一处集体土地种植樱桃。2001 年，山东富海公司迁至曲忠全樱桃园毗邻处从事铝产品生产加工。2009 年 4 月，曲忠全提起诉讼，请求富海公司停止排放废气，赔偿其损失 501 万余元。为证明其主张，曲忠全提交了烟台市牟平区公证处勘验笔录、烟台市农产品质量检测中心出具的樱桃叶片氟含量检测报告等证据。后经双方共同选定和取样，一审法院委托山东省农业科学院中心实验室对樱桃叶片的氟化物含量予以检测，检测报告表明：距离富海公司厂区越近，樱桃叶片氟化物含量越高。富海公司则提供了樱桃树叶氟含量检测报告、厂区大气氟化物含量检测报告、烟台市牟平区气象局出具的 2008 年 2 月至 2009 年 5 月的气候情况等证据，拟证明其不存在排污行为，曲忠全樱桃园受到损害系气候原因所致。

一审法院判令富海公司停止排放氟化物，赔偿曲忠全损失 204 万余元。曲忠全、富海公司均不服提起上诉。二审法院判令富海公司赔偿曲忠全 224 万余元。富海公司不服，向最高人民法院申请再审。最高人民法院审查认为，曲忠全提交的

[1] "因为以环境法为代表的社会法领域是以社会本位、国家干预、公私法融合为特征的新型法律，这类法律远远超越了传统行政法、民法的理论与制度，具有全新的理念和制度，也赋予了其法律关系主体许多新的权利，这些新的权利的行使具有公私法交融的特性，对这些权利的保护也需要有公私法手段的结合。"参见吕忠梅：《环境诉讼初探——有没有环境诉讼？》，载吕忠梅、徐祥民主编：《环境资源法论丛》（第 3 卷），法律出版社 2003 年版。

公证勘验笔录和检测报告与相关科普资料、国家标准以及一审法院委托专业机构出具的检测报告等证据相互印证，足以证明曲忠全的樱桃园受到损害，富海公司有排污行为，且排污和损害之间具有关联性，已完成举证证明责任。富海公司作为侵权人，其提交的检测报告中距离厂区越近浓度越低的结论有悖常识；厂区大气氟化物含量检测报告系2010年5月7日作出，与本案待证事实不具有关联性；天气原因亦不能否定排污行为和损害之间的因果关系。考虑到确实存在天气恶劣等影响樱桃生产的原因，二审法院酌情判令富海公司对曲忠全的损失承担70%的赔偿责任，认定事实和适用法律均无不当。[1]

根据《民法典》和《环境保护法》的规定，环境侵权是指污染环境或者破坏生态而对他人民事权益造成损害的行为。环境侵权行为与人们在经济社会生活中对环境资源的利用行为密不可分，因此环境侵权往往被认为是经济和社会发展的必然产物。环境侵权造成的危害后果往往不仅直接作用于受害人，还作用于周围的环境，并经过复杂的转化代谢等物理及化学过程后，对人身和财产造成进一步的损害。

法条链接5.1

环境侵权以传统民法中的侵权法为基础得以规制，其既继承了侵权法的一般属性，又结合自身特性形成了一定程度上的“变异”发展。[2] 基于环境损害的社会风险性和不可归责性的特点，需要贯彻“分配正义”的理念，将环境侵权归于特殊侵权范畴，在侵权行为人与受害人之间寻求合理的平衡。与传统侵权法相比，环境侵权淡化了行为人的主观过失，以环境损害后果及因果关系作为责任承担的核心要件，在实质上加重了侵权行为人的赔偿责任。为此，环境侵权制度还必须与责任保险、补偿基金[3]等社会化机制相互配合，以便在一定程度上分担数额巨大的环境赔偿费用。[4]

一、环境侵权民事责任构成

（一）归责原则

环境侵权的归责原则是指确定行为人环境侵权民事责任的理由、标准或根据。

---

〔1〕 曲忠全诉山东富海实业股份有限公司大气污染责任纠纷案，(2014)民申字第1782号。参见最高人民法院12月29日发布环境侵权典型案例：载 http://www.court.gov.cn/zixun-xiangqing-16396.html，最后访问日期：2019年2月20日。

〔2〕 参见吕忠梅：《环境侵权的遗传与变异——论环境侵害的制度演进》，载《吉林大学社会科学学报》2010年第1期。

〔3〕 参见张梓太、张乾红：《我国环境侵权责任保险制度之构建》，载《法学研究》2006年第3期。

〔4〕 参见陈海嵩：《论环境法与民法典的对接》，载《法学》2016年第6期。

归责原则是确定民事责任构成要件、举证责任、免责事由等问题的前提和基础，也是司法政策的集中体现。《民法典》第 1229 条及《关于审理环境侵权责任纠纷案件适用法律若干问题的解释》第 1 条明确规定，对于污染环境所引发的民事责任的认定，我国采用无过错责任原则，即不以行为人的主观过错为承担环境侵权民事责任的必要条件。

法条链接5.2

对于破坏生态所引发的民事责任的认定，除《民法典》第 1229 条之外，未有其他立法加以明确。学界对于破坏生态民事责任的归责原则，存在不同认识。本书认为，针对破坏生态所引发的生态环境损害，应适用过错责任原则。《民法典》第 1234 条则规定了在违反国家规定造成生态环境损害的情况下，如果生态环境能够修复的，国家规定的机关或者法律规定的组织有权请求侵权人在合理期限内承担修复责任。

（二）构成要件

1. 原因行为和损害事实

环境侵权需以行为人实施了污染环境或破坏生态的行为为前提，即存在原因行为。至于原因行为是否需要具备违法性，通说持否定观点，认为只要造成了损害后果，就应依法承担相应的民事责任。[1]

环境侵权责任中的损害，也称为损害事实，指的是行为人实施环境侵权行为所造成的后果，一般包括人身权、财产权的损害，特殊情况下也可能涉及纯经济损失。人身权损害主要是指因环境侵权行为造成的健康受损、肢体残障和死亡等，与传统侵权法的人身权损害赔偿范围基本一致。财产权损害包括直接财产损失和间接财产损失。对于间接财产损失能否得到救济，在司法实践中一般较为谨慎。

法条链接5.3

对于环境侵权所致的精神损害，根据最高人民法院《关于确定民事侵权精神损害赔偿责任若干问题的解释》（2001 年）第 1 条的规定，因人格权利遭受非法侵害，可以向人民法院起诉请求赔偿精神损害，《民法典》第 1183 条也明确规定人身权益的救济可以适用精神损害赔偿。因此，对于环境侵权所致的人身权益损害，司法实践中一般允许提出精神损害救济的主张。

---

〔1〕 参见竺效主编：《环境法入门笔记》，法律出版社 2017 年版，第 213 页。

案例阅读

案例5.1

吴轶、张婴芝与江苏沿江高速公路有限公司噪声污染责任纠纷案〔1〕

2. 因果关系及其证明责任

案例研读 | 浙江省平湖师范农场特种养殖场诉嘉兴市步云染化厂等水污染损害赔偿纠纷案

染化厂、染料厂、化工厂、向阳化工厂、印染厂均是嘉兴市郊区步云乡村办企业，分别创办于1985年至1993年，主要生产染料中间体及丝绸、化纤印染。其间产量逐年大幅增加，1994年染料和中间体比1990年分别增长20倍和2倍多，在生产过程中所产生的废水严重超过国家标准，并通过直排或渗漏进入河道污染水域，为此，嘉兴市郊区城乡建设环境保护局曾于1995年4月8日对染化厂、染料厂、化工厂及向阳化工厂超标排污作出了各罚款5000元的行政处罚。养殖场位于平湖市钟埭镇西片，与嘉兴市郊区步云乡交界，位于上述5家企业下游约6公里，在5家企业排放污水污染区域内。养殖场自1994年4月起发现饲养的美国青蛙蝌蚪开始死亡，至9～10月绝大部分死亡，直接经济损失231,408.96元，养殖场认为青蛙蝌蚪死亡是由5家企业的水污染造成，但未能提供直接有力的证据予以证实蝌蚪即死于水污染。

一审、二审法院认为：五家企业在生产染料、中间体及丝绸、化纤印染过程中所排放的污水严重超标，并直排或渗入河道及养殖场所饲养的青蛙蝌蚪死亡，造成经济损失均是事实，但现有证据不能证实蝌蚪即死于水污染，故无法确定养殖场损害事实与5家企业污染环境行为之间存在必然的因果关系，本案属证据不足，养殖场之诉讼请求不予支持。

浙江省高院再审认为：养殖场所养殖的青蛙蝌蚪的死因不明，即不能证明系被何特定物质所致，故养殖场所举证据未能达到适用因果关系推定的前提。由于养殖场据以推定的损害原因不明、证据有限，其所主张的因果关系推定不能

〔1〕(2015)锡环民终字第1号，载中国裁判文书网：http://wenshu.court.gov.cn/content/content? DocID=776aee33-5e1b-40fc-b5ad-0a60ac1f0df1&KeyWord=%E5%90%B4%E8%BD%B6|%E5%BC%A0%E5%A9%B4%E8%8A%9D，最后访问日期：2018年4月10日。

成立，其遭受的损害无法认定为系5家企业引起，故要求5家企业承担侵权损害赔偿责任依据不足。

最高人民法院再审认为：本案的举证责任应由5家企业承担，原审法院要求受损害的养殖场举证证明该因果关系存在不当。原审历次审理，均要求受害人养殖场就污染行为和损害后果的因果关系，即水污染是导致蝌蚪死亡的原因承担举证责任；并认定养殖场青蛙蝌蚪的死因不明，即养殖场不能证明蝌蚪死亡系被何特定物质所致，故养殖场所举证据未能达到适用因果关系推定的前提。原审历次审理对于举证责任的分配系适用法律错误。

□ 评析

最高人民法院认为要求受害人就污染行为和损害后果的因果关系承担举证责任系“法律适用错误”。但受害人仍需承担一定程度的举证义务，受害人满足这种举证要求即推定因果关系成立；加害人必须对因果关系不存在或者存在法律规定不承担责任或减轻责任的情形进行举证，否则将要承担相应的侵权责任。由此可见，《民法典》第1230条（对应《侵权责任法》第66条）可以视为对法官的提示性规定，即法官必须以一般侵权诉讼中因果关系的证明标准来确定污染受害者所需达到的证明程度，由其视个案情形来决定受害者举证所要达到的程度，若认为受害者举证未能建立基本的因果关联，则认为受害人未能完成其举证义务，被告无须对因果关系不存在进行反证，受害人的诉讼请求将被驳回；一旦受害者提供证据达到了可以推定因果关系成立，被告就必须反证排除存在因果关系的可能性，反证的证明程度需达到相对于刑事诉讼中“排除合理怀疑”的标准。污染者也可以通过间接反证其存在法律规定的不承担或减轻责任的事由、其未对外排放任何可能引发系争损害的物质或损害是由其他人排放物质所造成加以抗辩。〔1〕

因果关系是指原因行为与损害事实之间所存在的引起与被引起的关系，即受害人的损害是由行为人污染环境或者破坏生态所致。在传统侵权法中，要求加害行为与损害结果之间具有直接的、确定的、必然的因果联系。由于环境侵权行为所引发的后果具有复杂性和复合性，同一原因行为造成的损害后果通常是多个，而同一损害后果的原因行为也可能存在多个，导致损害事实与损害行为之间的因果关系较普通侵权行为复杂得多，甚至是否具有因果关系在科学上可能尚处于难以判

---

〔1〕 案例评析内容节选自张宝：《环境侵权诉讼中受害人举证义务研究——对〈侵权责任法〉第66条的解释》，载《政治与法律》2015年第2期。

定的情况，从而给环境侵权行为的确认带来了极大的困难，[1]沿用传统侵权法的因果关系理论难以对环境侵权受害人提供充分的救济，故环境侵权领域逐渐降低了受害人的因果关系证明标准。大陆法系通常采用因果关系推定的方法，主张受害人仅需进行初步举证即表见证明，而无须达到高度盖然性的标准即可推定环境侵权民事责任成立。在我国情况亦然，根据《民法典》第 1230 条和《关于审理环境侵权责任纠纷案件适用法律若干问题的解释》第 6、7 条，在受害人完成初步证明责任之后，因果关系不存在的证明责任便转移至侵权行为人一方。

法条链接5.4

当然，在我国环境侵权民事责任证明责任的分配事实上经历了由此前举证责任完全倒置到推定因果关系成立、再到减轻原告举证责任的过程。[2] 1992 年，最高人民法院印发《关于适用〈中华人民共和国民事诉讼法〉若干问题的意见》（失效）第 74 条规定：在“因环境污染引起的损害赔偿诉讼”中，对“原告提出的侵权事实，被告否认的，由被告负举证责任”。2001 年，最高人民法院《关于民事诉讼证据的若干规定》（2008 年调整）[3]第 4 条规定，“因环境污染引起的损害赔偿诉讼，由加害人就法律规定的免责事由及其行为与损害结果之间不存在因果关系承担举证责任”。直至 2010 年《侵权责任法》第 66 条和 2020 年《民法典》第 1230 条进一步对因果关系和举证责任重申，基本确立了我国在环境侵权领域适用因果关系推定的方式。即使已经采用了这种降低原告证明标准的做法，司法实践中环境侵权案件依然是被告占有诉讼优势的案件类型之一。[4]

■ 拓展｜降低原告证明标准的学说

学者根据立法及司法实践，提出了各种降低原告证明标准的学说与观点。归纳起来主要有：[5]

采用过错推定方法降低证明标准。(1)事实本身说明问题。在环境侵权诉讼中，就是原告只要提出间接证据，证明污染可能是由被告造成的，就可以满足使法官或者陪审团推定事实成立的要求。(2)表见证明。一般采用高度盖然

---

[1] 参见吕忠梅：《环境侵权的遗传与变异——论环境侵害的制度演进》，载《吉林大学社会科学学报》2010 年第 1 期。

[2] 参见王倩：《环境侵权因果关系举证责任分配规则阐释》，载《法学》2017 年第 4 期。

[3] 最高人民法院《关于调整司法解释等文件中引用〈中华人民共和国民事诉讼法〉条文序号的决定》，法释〔2008〕18 号。

[4] 参见胡学军：《环境侵权中的因果关系及其证明问题评析》，载《中国法学》2013 年第 5 期。

[5] 节选自吕忠梅：《环境侵权诉讼证明标准初探》，载《政法论坛》2003 年第 5 期。

性标准的情况下，法官的内心确信需要相当程度的证明，而事实推定由于运用经验法则已经在实际上减轻甚至免除了原告提供证据的责任，因此被认为是在处理特殊民事案件如产品责任、医疗纠纷、环境污染等诉讼中降低证明标准的一种重要方法。

采用间接证明的方法降低证明标准。(1)疫因学证明。疫因学证明法是间接证明的有力手段，日本在痛痛病，水俣病、四日市哮喘病和斯蒙诉讼中，将其作为证明手段得到了大量运用。疫学因果说则是指用疫学(流行病学或病因学)的方法来证明侵害行为与损害结果之间的因果关系。将有关某种疾病发生的原因，就疫学上的若干因素，利用统计的方法调查各因素与某种疾病之间的关系，从中选出关联性较大的因素，对此进行综合判断。(2)大致推定。大致推定理论，又称姑且推定，是指在一些侵权案件中围绕过失或因果关系等难以证明的类型化事实，如果确有必要适当减轻负有证明责任的当事人的举证负担，虽然法律上不存在有关推定的明文规定，也允许法官在满足一定要件的前提下适当适用推定。(3)间接反证。原系德国民事证据法上的理论，其含义是指当主要事实是否存在尚不明确时，由不负举证责任的当事人负反证其事实不存在的证明责任理论。因其并非直接对另一方当事人举证事实的反驳，而称为间接反证。在中国，应当确定环境侵权行为的：(1)无过错责任原则；(2)确定多级证明标准体系，最高人民法院《关于民事诉讼证据的若干规定》第 73 条确立了高度盖然性标准，但是，就证明标准的功能与目的而言，简单地说民事诉讼应实行高度盖然性的证明标准是不够的，也是不准确的，因为它还未涉及优势的大小和程度问题，为了能够相对清晰地说明证明标准，需要将证明程度分为不同的级别；(3)确定不同主体、不同证明对象的不同证明标准；(4)确定相关的证明方法。

案例阅读

案例5.2

刘德胜诉湖南省吉首市农机局环境污染损害赔偿案[1]

[1] (2002)吉民初字第298 号；(2002)州民终字第383 号；(2003)湘高法民监字第213 号；(2004)州民再终字第 13 号，相关律师评析参见 http://www.yuntianlaw.com/case/2012-12-18/LiuDeQing-SuHuNaShengJiShouFuNongJiJuHuanJingWaRanSunHaiPeiChangAn-CuoGaoRenMinJianChaYuanGangSu.htm，最后访问日期：2018 年 4 月 12 日。

（三）免责事由

免责事由也被称为阻却违法性事由，它是指能够减轻或者免除侵权行为人法律责任的法定事由。环境侵权领域主要包括：

1. 受害人过错。所谓受害人的过错，是指污染损害的发生或者扩大不是由于加害人的原因造成的，而是可归责于受害人的过错所致。在这种情况下法律本于公平的原则，通常会减轻或免除侵权行为人的责任。需要指出的是，受害人的过错在表现形式上存在差异。（1）受害人故意。根据《民法典》第1174条，即使环境侵权领域适用无过错责任归责原则，在受害人故意造成损害的情况下，侵权行为人也不承担侵权责任。（2）受害人有过错，侵权行为人也有过错的情况。这在大陆法系传统民法中被表述为有过失，亦即混合过错的场合，此时受害人与侵权行为人在责任承担上应当适用过失相抵原则。（3）受害人有过失但侵权行为人无过错，此时也应由受害人承担全部责任。

2. 第三人过错。环境侵权场合的第三人是指除侵权行为人和受害人以外的其他人。因第三人过错导致环境侵害结果发生的，由第三人承担赔偿责任，即构成免除或减轻侵权行为人法律责任的事由。需要指出的是，环境侵权领域的第三人过错与普通民事侵权中的第三人过错适用规则有所不同。根据《民法典》第1233条规定，因第三人的过错污染环境造成损害的，被侵权人有求偿选择权，可以向侵权行为人请求赔偿，也可以向第三人请求赔偿，若由侵权行为人赔偿后，侵权行为人有权向第三人追偿。该第1233条的规定，直接排除了《民法典》第1175条规定的第三人过错的一般性规则。原因在于环境侵权责任适用无过错责任原则，因此即使是由第三人的过错造成了环境损害，侵权行为人也需要按照受害人的选择依据无过错责任原则先承担赔偿责任。这在事实上相当于在无过错的侵权行为人与有过错的第三人之间创设了不真正连带债务。[1]

法条链接5.5

3. 不可抗力。在民事责任领域，通常不谋求当事人在不能预见、不能避免并不能克服的客观情况下承担民事责任，这是将不可抗力确定为民事责任免责事由的原因。但在环境侵权领域是否可以适用不可抗力免责则存在争议。有学者认为在适用无过错责任归责原则的情况下，环境侵权案件仍允许以不可抗力作为免责事由会导致法律适用矛盾。其认为不可抗力作为免责事由多应适用于过错责任的场合，如在环境侵权的场合主张不可抗力条款的适用，则应有法律的明确规定，例如，在高度危险作业的

---

〔1〕 参见杨立新：《第三人过错造成环境污染损害的责任承担——环境侵权司法解释第5条规定存在的不足及改进》，载《法治研究》2015年第6期。

场合,不可抗力就不是当然的免责事由。由《民法典》侵权责任编“高度危险责任”的规范内容来看,不可抗力能否成为免责事由取决于是否有法律法条的规定。《民法典》第1238条与第1237、1239、1240条对比,因没有规定“不可抗力”,所以排除了民用航空器经营者以不可抗力作为免责事由的可能性。[1] 但也有学者认为,在不可抗力情势成立的情况下,受害人的损害与侵权行为人的行为之间不存在因果关系,所以不能仅依据环境侵权在归责原则上因一个要件的特殊性而否定其他民事责任构成要件的效力。认为在环境侵权的场合,仍应有将不可抗力作为免责事由的必要。

(四)数人环境侵权的责任划分[2]

根据侵权主体人数的多寡,环境侵权行为可以被划分为单独环境侵权行为和共同环境侵权行为,共同环境侵权行为又可以被进一步细化为狭义的有意思联络的环境共同侵权行为、无意思联络的环境共同侵权行为和环境共同危险行为。由于环境侵权具有多因一果的特点,所以多数环境侵权行为都表现为环境共同侵权,这促使环境共同侵权成为共同侵权中的一种特殊形态。[3] 这里所指的环境共同侵权是两个或两个以上环境侵害行为中的全部或者部分导致了一个完整的不可分的损害,但无法查明实际侵权行为人的侵权行为形态。

在责任承担方面,若数个环境侵权行为人间存在意思联络,具有共同的故意、过失或者故意与过失相结合的情形,则他们之间构成共同侵权行为,可径行适用有关共同侵权的规定处理责任分配问题。反之,则应适用“无过错联系之数人环境侵权行为划分理论”,结合“单个行为是否均能够造成环境侵权损害”和“最终所表现的同一不可分的环境侵权损害是否能够由导致损害的某单个行为独自造成”两个因素,进行分类处理。其中,环境聚合危害行为应定性为多数人无过错联系但承担连带责任的分别侵权行为;环境加算危害行为和环境叠加危害行为应定性为多数人无过错联系承担按份责任的分别侵权行为;环境择一危害行为则应推定为共同危险行为。[4] 在责任分配上,则表现为二人以上共同实施侵权行为,造成他人损害的,应当承担连带责任;二人以上实施危及他人人身、财产安全的行为,其中一人或

[1] 参见曹险峰、孔凡学:《论不可抗力在环境污染责任中的法规范适用——兼评〈侵权责任法〉第29条》,载《当代法学》2013年第5期。

[2] 参见王世进、曾祥生:《侵权责任法与环境法的对话:环境侵权责任最新发展——兼评〈中华人民共和国侵权责任法〉第八章》,载《武汉大学学报》(哲学社会科学版)2010年第3期。

[3] 参见曾祥生、方昀:《环境侵权行为的特征及其类型化研究》,载《武汉大学学报》(哲学社会科学版)2013年第1期。

[4] 参见竺效:《论无过错联系之数人环境侵权行为的类型——兼论致害人不明数人环境侵权责任承担的司法审理》,载《中国法学》2011年第5期。

者数人的行为造成他人损害，能够确定具体侵权行为人的，由侵权行为人承担责任，不能确定具体侵权行为人的，各行为人承担连带责任；二人以上分别实施侵权行为造成同一损害，每个侵权行为都足以造成全部损害的，各行为人承担连带责任；二人以上分别实施侵权行为造成同一损害，能够确定责任大小的，由各侵权行为人各自承担相应的责任，难以确定责任大小的，平均承担侵权责任；两个以上侵权行为人污染环境的，行为人承担责任的大小，根据污染物的种类、排放量等因素确定。

最高人民法院《关于审理环境侵权责任纠纷案件适用法律若干问题的解释》第3条对《侵权责任法》第11条和第12条（对应《民法典》第1171条和第1172条）规定的分别侵权行为规则在环境侵权领域的具体适用做了进一步的说明。该条第3款规定，“两个以上污染者分别实施污染行为造成同一损害，部分污染者的污染行为足以造成全部损害，部分污染者的污染行为只造成部分损害，被侵权人根据侵权责任法第十一条规定请求足以造成全部损害的污染者与其他污染者就共同造成的损害部分承担连带责任，并对全部损害承担责任的，人民法院应予支持”。该条司法解释借鉴了我国《侵权责任法》的理论研究成果和日本侵权法理论的部分连带责任学说，挖掘出了隐藏在《侵权责任法》第11条和第12条（对应《民法典》第1171条和第1172条）之间的半叠加分别侵权行为，确定了对该种分别侵权行为类型的法律适用规则，是对分别侵权行为规则的创造性发挥。[1]

法条链接5.6

（五）环境侵权民事责任的承担方式

《民法典》规定了停止侵害、排除妨碍、消除危险、恢复原状、赔偿损失、生态修复、赔礼道歉等责任承担方式，其中可以运用到环境侵权民事责任上的方式主要有停止侵害、排除妨害、消除危险、恢复原状和赔偿损失五种。

民事责任的首要目的在于恢复或者填补因侵权行为而造成的损失，因此对于已造成侵害后果的各类环境侵权行为，恢复原状是首先应该考虑的责任承担方式。在环境侵权的场合，恢复原状通常表现为环境修复责任。所谓环境修复，也被称为生态环境修复、生态恢复，指的是环境侵权行为人通过采取一定的措施将受损害的环境恢复到受损害之前状态的一种法律责任形式。从司法实践来看，环境修复既包括要求被告直接履行修复环境的责任，也包括判决被告承担环境修复费用。[2]尽管对于自然环境而言，一旦受到损害，想要恢复到原有状态会存在巨大挑战，但

---

〔1〕 参见杨立新：《环境侵权司法解释对分别侵权行为规则的创造性发挥——〈最高人民法院关于审理环境侵权责任纠纷案件适用法律若干问题的解释〉第3条解读》，载《法律适用》2015年第10期。

〔2〕 参见王天颖、陈惠滨：《环境修复法律责任问题研究——以国务院〈土壤污染防治行动计划〉为分析视角》，载《人民检察》2018年第10期。

是只要有环境修复的可能,且经济上、技术上也具有合理性,行政机关或者司法机关就应该首先考虑适用此种责任形式,以真正实现环境法律的目的性价值。特别需要指出的是,《民法典》第1234条确立了国家对于可修复生态损害的修复请求权与赔偿请求权;第1235条明确了生态损害的赔偿范围,为生态修复民事责任的履行提供了民法依据。

对于侵害以环境物权或其他不动产物权导致的环境侵害,行政机关或者司法机关可以综合适用停止侵害、排除妨碍、消除危险、恢复原状等责任承担方式进行救济。对于无法恢复原状或者恢复原状明显不合理的环境侵害,有权机关则可以适用赔偿损失这一替代性责任承担方式,要求侵权行为人承担由其行为给受害人造成的损失。

法条链接5.7

需要指出的是,尽管《环境保护法》等对环境侵权的救济指引适用于民事侵权制度,但正如前文所述,基于环境法律责任的复合性特征,环境侵权案件并不仅限于民事个体私益的保护,还涉及环境公共利益,国家运用各种手段和措施限制、禁止环境侵权行为对环境公共利益的侵害,在很大程度上具有公权色彩。因此,环境侵权在关于受侵害权益、责任承担方式等具体规则的设置上有其特殊之处,[1]现行《侵权责任法》尚无法满足环境侵权的全部制度需求,这也是众多环境法学者力倡制定单行环境责任法的原因。

案例阅读

案例5.3

中华环保联合会、东营市环境保护局与浙江新安化工集团股份有限公司建德化工二厂、浙江新安化工集团股份有限公司、建德市宏安货运有限公司、垦利县玖新工贸有限公司、李强、李兆福环境污染责任纠纷案[2]

二、环境民事诉讼

■ 案例研读

2014年6月,鹰鹏公司在生产中因故导致废气泄漏,致使星光公司苗木叶面受损,星光公司根据资产评估报告自行按比例计算损失为3,742,600.10元,据此诉请判令鹰鹏公司赔偿苗木损失。[3]

---

〔1〕 参见窦海阳:《环境侵权类型的重构》,载《中国法学》2017年第4期。

〔2〕 (2015)东环保民初字第1号。

〔3〕 江西星光现代生态农业发展有限公司诉江西鹰鹏化工有限公司大气污染责任纠纷案,(2016)最高法民申1654号。

一审法院认为，鹰鹏公司作为侵权人应当承担侵权责任，赔偿星光公司因其侵权行为造成的损失。但星光公司委托资产评估机构所作的资产价格评估不属损失鉴定，评估报告亦未对其苗木损失作出鉴定意见，因此仅以该资产价格评估报告不能达到证明损失数额的证明目的。参照当地林业部门的补偿建议标准，结合星光公司受损苗木面积、品种、树龄等实际情况，酌定由鹰鹏公司向星光公司赔偿损失共计160,000元。

二审法院认为，涉案资产评估报告可信程度较高，该评估报告虽未直接给出星光公司的受损价值金额，但根据该评估报告确定的资产评估价值，结合县林业局出具的调查报告，可以计算出星光公司的受损价值金额。县林业局2014年调查登记表中载明了星光公司因该污染事故而受损苗木的树种、苗龄、面积、株数、受害程度等具体信息，评估机构的《苗木资产评估明细表》对应2014年调查登记表中载明的受损苗木的树种作出了单项评估价值，两者相结合并扣除必然发生的税费和交易成本，可以计算出星光公司的受损总值为1,363,217.29元。据此改判，由鹰鹏公司赔偿星光公司因废气污染造成的苗木损失1,363,217.29元。鹰鹏公司不服二审判决，向最高人民法院申请再审。

最高人民法院认为，二审判决根据有资质机构作出的资产评估报告，以受损苗木的总资产价值7,492,147元为基础，酌定扣减涉案苗木的实际交易成本和税费，并参照林业局评估报告中林木受损等级划分标准，取75%、35%、15%三个较低数值作为重度、中度、轻度三种损害程度的计算比值，得出星光公司苗木损失为1,363,217.29元，该计算方法公允、客观，事实依据充分。最高人民法院裁定驳回了鹰鹏公司的再审申请。

□ **评析**[1]

本案系环境民事侵权案件，人民法院在能动计算环境侵权损失数额方面进行了积极有益的探索。环境侵权诉讼具有举证难、损失鉴定难的特点，在环境侵权行为和损害已经实际发生，但受害人难以举证证明损失具体数额的情况下，法官应当注重适度发挥职权作用，根据已有证据进行认定，以救济受害人的合法权益，倒逼污染者强化环境保护意识，预防环境损害的发生。法院如何认定和采信鉴定机构对损害赔偿的鉴定报告，是本案的核心问题。在实践中，环境侵权案件的鉴定意见往往是关系责任认定和赔偿额度的关键证据，但各级法院对鉴定意见的采信持比较慎重的态度。这是由于我国环境侵权案件的鉴定

〔1〕 案例评析节选自《环境资源刑事、民事、行政典型案例》，载最高人民法院网：http://www.court.gov.cn/zixun-xiangqing-48792.html，最后访问日期：2019年3月12日。

工作也是刚刚开始，鉴定机构的专业性、鉴定人的资质与职业道德、鉴定的法律依据和技术标准、鉴定结果的权威性都在逐步建立和完善之中，社会对环境损害赔偿也需要一个逐步认识和认同的过程。

环境民事诉讼是指依照民事诉讼程序进行审理和裁判的平等主体之间有关环境权利义务争议的活动。基于环境民事责任的特点，与一般民事诉讼相比，环境民事诉讼，在因果关系与举证责任、免责事由、责任承担等方面均有不同，结合《民事诉讼法》的规定，环境民事诉讼还需要满足如下要求。

（一）起诉资格与条件

法条链接5.8

根据《民事诉讼法》第 55 条规定，对污染环境、侵害众多消费者合法权益等损害社会公共利益的行为，法律规定的机关和有关组织可以向人民法院提起诉讼。该条规定明确了追究环境民事责任应适用民事诉讼程序，且明确了环境民事诉讼的两种类型——私益诉讼和公益诉讼。此后，《环境保护法》第 58 条进一步明确了有起诉资格的社会组织的范围；最高人民法院《关于审理环境民事公益诉讼案件适用法律若干问题的解释》第 1 条则进一步明确了环境公益诉讼的起诉条件。

（二）诉讼时效

法条链接5.9

《民法通则》规定，向人民法院请求保护民事权利的诉讼时效期间为 2 年，法律另有规定的除外。《环境保护法》关于诉讼时效的规定便属于“另有规定”的情况，即提起环境损害赔偿诉讼的时效期间为 3 年，从当事人知道或者应当知道其受到损害时起计算。2017 年的《民法总则》第 188 条对诉讼时效的规定改变了《民法通则》的相关规定，确定了向人民法院请求保护民事权利的诉讼时效期间为 3 年，从而与《环境保护法》第 66 条规定相一致。最高人民法院于 2018 年 7 月 18 日发布《关于适用〈中华人民共和国民法总则〉诉讼时效制度若干问题的解释》，则解决了《民法总则》与《民法通则》中诉讼时效规定的适用衔接问题。《民法典》第 188 条重申了关于普通诉讼时效期间为 3 年的规定。

环境民事诉讼时效期间自权利人知道或者应当知道权利受到损害以及义务人之日起计算。法律另有规定的，依照其规定。但是自权利受到损害之日起超过 20 年的，人民法院不予保护；有特殊情况的，人民法院可以根据权利人的申请决定延长。环境损害的潜伏期和环境法律责任的复合性、复杂性，使环境民事诉讼时效异常重要。是否应该将环境民事诉讼排除适用最长诉讼时效的限制，值得探讨。

（三）鉴定制度

法条链接5.10

环境侵权通常涉及健康、财产和生态损害，具有较强的专业性，这不仅对于涉诉当事人构成了挑战，也对参与侵权事件处理的行政机关和司法机关的工作人员构成了挑战。为此，最高人民法院《关于审理环境侵权责任纠纷案件适用法律若干问题的解释》第8、10条规定，为查明环境污染案件事实所涉的专门性问题，可以委托具备相关资格的司法鉴定机构出具鉴定意见或者由国务院生态环境主管部门推荐的机构出具检验报告、检测报告、评估报告或者监测数据，且经当事人质证，可以作为认定案件事实的根据。最高人民法院、最高人民检察院、司法部发布的《关于将环境损害司法鉴定纳入统一登记管理范围的通知》（2015年）、司法部、原环境保护部发布的《关于规范环境损害司法鉴定管理工作的通知》（2015年）、司法部、原环境保护部发布的《环境损害司法鉴定机构登记评审办法》（2016年）和《环境损害司法鉴定机构登记评审专家库管理办法》（2016年）、司法部、生态环境部发布的《环境损害司法鉴定机构登记评审细则》（2018年），则进一步细化了环境司法鉴定工作的要求。

第三节　环境行政执法与环境行政责任

典型案例　武汉市汉阳渔场承包人马某因渔业养殖湖泊龙阳湖受到污染，在以相关污染企业为被告提起民事诉讼后，又以武汉市环保局和水务局有责任采取制止污染行为和治理污染环境但未履行相关义务为由，同时提起两起行政诉讼，请求法院依法判令两被告履行法定职责，立即采取有效措施，制止对龙阳湖的污染行为，并赔偿因其不作为导致湖泊持续性污染所造成的经济损失。

对于以市环保局为被告的行政诉讼案件，一审法院经审理认为龙阳湖地处汉阳区，应由汉阳区人民政府及汉阳区环保局对该湖区的环境保护工作实施统一监督管理，市环保局是不适格被告，裁定驳回起诉；对于市水务局的行政诉讼案件，一审法院经审理认为法律和地方性法规并没有赋予水行政主管部门水污染防治的法定管理职能，原告以市水务局为被告提起行政诉讼，属于被诉行政主体错误，也裁定驳回起诉。二审经法院协调，原告撤回上诉。[1]

---

〔1〕　相关案例分析参见晋松：《困惑与突破：环境司法保护的诉讼模式——基于行政公益诉讼制度构建的反思》，载《法律适用》2014年第2期。

环境执法，是指环境行政执法主体依法行使环境执法权的活动。环境行政责任是指环境行政法律关系主体违反环境行政法律规范所应承担的法律后果。

一、环境行政执法

（一）环境行政执法主体[1]

环境行政执法主体主要包括各级人民政府、环境保护行政主管部门以及法律法规授权行使环境行政执法权的国家机关、社会团体和企事业单位等。根据《环境保护法》第10条规定，我国国务院生态环境主管部门，对全国环境保护工作实施统一监督管理；县级以上地方人民政府生态环境主管部门，对本行政区域环境保护工作实施统一监督管理。

随着我国环境保护形势的不断严峻，环境行政执法主体的职能也在不断变化。2018年3月11日，十三届全国人大会一次会议通过了《宪法修正案》，“生态文明”等内容入宪并明确将“生态文明建设”作为国务院的职责，[2]这进一步回应了广大人民群众对美丽中国建设的需求与环境法治的价值诉求。

经过多次组织机构变革，目前我国中央层面的环境行政执法主体为生态环境部，其具体职能如表5－1所示。[3]

表5－1 生态环境部组织形式变化及职责[4]

生态环境部	整合部门	具体职责
	环境保护部（不再保留）	原有职责
	国家发展和改革委员会	应对气候变化和减排
	国土资源部	监督防止地下水污染
	水利部	编制水功能区划、排污口设置管理、流域水环境保护
	农业部（不再保留）	监督指导农业面源污染治理
	国家海洋局	海洋环境保护
	国务南水北调工程建设委员会办公室	南水北调工程项目区环境保护

---

〔1〕 机构历史，载生态环境部网：http://www.mep.gov.cn/zjhb/，最后访问日期：2018年6月18日。

〔2〕 参见张翔：《环境宪法的新发展及其规范阐释》，载《法学家》2018年第3期。

〔3〕 参见本书第二章中国环境管理体制中的相关介绍。

〔4〕 图示及职责范围扩展，参见吴青：《生态环境部重组后，企业环保合规管理该如何调整？》，载“金杜研究院”公众号：https://mp.weixin.qq.com/s/imhuAWDdSgBCsJGy77－YlQ，最后访问日期：2018年3月20日。

与原环境保护部相比,新组建的生态环境部职责范围有了多方面的扩展,结合被整合部门的原有职责和生态环境部2018年的“三定方案”,生态环境部目前的职能变化主要有:(1)将环境保护拓展至生态环境保护,以体现生态环境一体化保护的趋势,将构建“生态环境治理体系”作为部门职能,确认对一系列重大环保制度承担监管责任;(2)增加应对气候变化工作,由“参与”转变为“负责”,生态环境部将统一大气污染防治和气候变化应对,增加组织实施“大气污染联防联控协作机制”的职能;(3)在原来环境保护部对水污染防治的基础之上扩大对水功能区、流域水、排污口和南水北调工程项目区以及取水规制权的管理,由生态环境部统一制定并组织实施水功能区规划、统一管理排污口的设置并保护流域水环境和南水北调工程区的环境;(4)将国土资源部的监督防止地下水污染职责,纳入对地下水的污染防治职责;(5)增加对农业面源污染治理工作的监督指导职能;(6)新增对海洋环境的保护,有助于我国统筹陆海污染综合治理,从而强化陆海污染联防联控;(7)强调制定监测标准等方面的职能,并要求统一规划生态环境质量监督站点,新增对生态环境质量及污染源监督性监测、温室气体减排、应急监测的职能;(8)负责核安全工作协调的“牵头”工作;(9)新增“中央生态环境保护督查”的职能;(10)区分管理和监督管理职能,如生态环境部将“承担落实国家减排目标的责任”改为“负责监督管理国家减排目标的落实”等,将生态环境部的职能更多定位为“监督管理”污染防控行为,落实将企业作为防治污染环境责任主体的思路。[1]

值得注意的是,上述职能变化中,“负责监督管理国家减排目标的落实”具体包括“组织制定陆地和海洋各类污染物排放总量控制、排污许可证制度并监督实施,确定大气、水、海洋等纳污能力,提出实施总量控制的污染物名称和控制指标,监督检查各地污染物减排任务完成情况,实施生态环境保护目标责任制”,实际上增加了确定纳污能力这一新职责,这是生态环境部门从未被国家赋予的新任务:“这一新职责第一次明确要确定大气、水、海洋等纳污能力,并把量化纳污能力作为国家减排目标的依据,把各地落实减排任务作为实施生态环境保护目标责任制的基础,为生态环境部提升执法监督水平夯实环境管理基础并进一步推进绿色发展指明了路径。”[2]

(二)环境行政执法方式

环境行政执法方式主要包括:(1)环境行政处罚、环境行政许可、环境行政强制

---

[1] 职能变化的对比和总结,参见《解读:生态环境部“三定方案”新旧对比》,载中国环境网:http://www.cenews.com.cn/pollution_ctr/xxfb/201808/t20180823_883400.html,最后访问日期:2018年8月23日。

[2] 夏青:《赋予生态环境部的一项新职责影响深远》,载“夏青说绿”公众号:https://mp.weixin.qq.com/s/TBexlioDxW2vRxVAD3pPng,最后访问日期:2018年8月23日。

执行、环境监督检查等派生于一般行政执法的方式；(2)一些准司法方式如环境行政裁决、环境行政调解等；(3)环境行政执法领域特有的方式，如环境行政征收(环境税)、环保约谈[1]等。

法条链接5.11

《环境保护法》修订后增强了环境行政执法的力度，“在环境保护、环境监管、环境执法上添了一些硬招”，主要体现在以下几个方面：(1)赋予环保执法部门查封、扣押等行政强制权，让执法部门制裁违法行为有措施、有手段；(2)对违法排污企业的罚款处罚实行“按日计罚”；(3)通过逃避监管的方式实施排污等违法行为的责任人，可以予以拘留；(4)规定了双罚制，既罚排污单位，也对直接负责的主管人员和其他直接责任人员给予罚款；(5)对行政机关及相关人员的违法行为明确九项特定行为的处分方式。[2]

二、环境行政责任

环境行政责任是指环境行政法律关系主体违反环境行政法律规范所应承担的法律后果。环境行政责任的主体可以是行政相对人，也可以是环境行政执法主体。

法条链接5.12

根据《环境保护法》第59条至第65条规定，行政相对人的环境行政责任主要以承担行政处罚的方式体现。根据《环境保护法》第67条和第68条规定，环境行政执法主体的环境行政责任主要以承担行政处分、行政处罚体现。

环境行政责任的构成通常要求存在违反环境行政法律法规的行为、行为主体具有主观过错。至于行为的危害后果和行为与危害后果之间的因果关系这两个要件，则需要具体情况具体分析。如《环境保护法》中第59条未将危害后果作为承担环境行政责任的必要条件，相应地行为与危害后果之间的因果关系要件也可视为非必要条件。

(一)环境行政责任的承担方式

1. 环境行政相对人的责任

环境行政相对人的责任建立在相对人违反环境法律规定，实施了损害环境的行为但尚未构成犯罪的前提上，主要的责任承担方式为环境行政处罚。根据《行政

[1] “为了治理空气污染，环保部盯上了治污不力的市长们，将他们列为约谈对象后，施加压力。当地环境随之有了改善。‘环保约谈’目前已经在中国20多个城市展开。”参见刘琴：《中国出现“约谈蓝”》，载中外对话网：https://www.chinadialogue.net/article/show/single/ch/8131 - Mayors - try - to - improve - air - quality - following - summons - to - Beijing，最后访问日期：2018年3月13日。

[2] 参见朱宁宁：《改革创新实现环保法律制度升级换代》，载《法制日报》2018年4月24日，第9版。

处罚法》、《环境保护法》和《环境行政处罚办法》(2010 年)的规定，环境行政处罚的种类有八种，包括警告；罚款；责令停产整顿；责令停产、停业、关闭；暂扣、吊销许可证或者其他具有许可性质的证件；没收违法所得、没收非法财物；行政拘留；法律、行政法规设定的其他行政处罚种类。其中在环境行政责任领域较具特殊性的责任方式主要如下。

(1)行政处罚自由裁量权

根据《环境行政处罚办法》第 6 条，行使行政处罚自由裁量权必须符合立法目的，并综合考虑以下六类情节：一是违法行为所造成的环境污染、生态破坏程度及社会影响；二是当事人的过错程度；三是违法行为的具体方式或者手段；四是违法行为危害的具体对象；五是当事人是初犯还是再犯；六是当事人改正违法行为的态度和所采取的改正措施及效果。同时，同类违法行为的情节相同或者相似、社会危害程度相当的，行政处罚种类和幅度应当相当。

(2)按日连续处罚

根据《环境保护法》第 59 条规定，企业事业单位和其他生产经营者违法排放污染物，受到罚款处罚，被责令改正，拒不改正的，依法作出处罚决定的行政机关可以自责令改正之日的次日起，按照原处罚数额按日连续处罚。罚款处罚依照有关法律法规按照防治污染设施的运行成本、违法行为造成的直接损失或者违法所得等因素确定的规定执行。地方性法规可以根据环境保护的实际需要，增加按日连续处罚的违法行为的种类。

为配合《环境保护法》的实施，生态环境部于 2014 年 12 月颁布《环境保护主管部门实施按日连续处罚办法》，从按日连续处罚的适用范围、实施程序、计罚方式等具体方面进行规定(见图 5－2)。目前生态环境部正就《关于修改〈环境保护主管部门实施按日连续处罚办法〉的决定(征求意见稿)》公开征求意见。拟议中的修改主要包括两方面：其一，调整适用范围，将按日连续处罚的适用范围进行调整，增加一项“未依法取得排污许可证排放污染物的”；将“违法倾倒危险废物的”修改为“非法排放、倾倒、处置危险废物的”。增加无证排污的情形，是贯彻落实《大气污染防治法》和修订出台的《水污染防治法》的具体举措，也是许可证制度改革的客观要求；修改“非法排放、倾倒、处置危险废物”主要是为了与最高人民法院、最高人民检察院《关于办理环境污染刑事案件适用法律若干问题的解释》中相关表述一致。其二，取消复查期限 30 日的规定，取消该办法第 17、18 条关于再次复查的规定。复查期限 30 日的规定影响按日连续处罚制度威力的发挥，也束缚执法人员的手脚，且没有上位法的依据；复查期限取消后，执法人员无论何时去复查均可，就没有必要再规定“再次复

法条链接5.13

查”了。取消复查期限和再次复查的规定,将对加大执法力度和简化执法产生重大影响。[1]

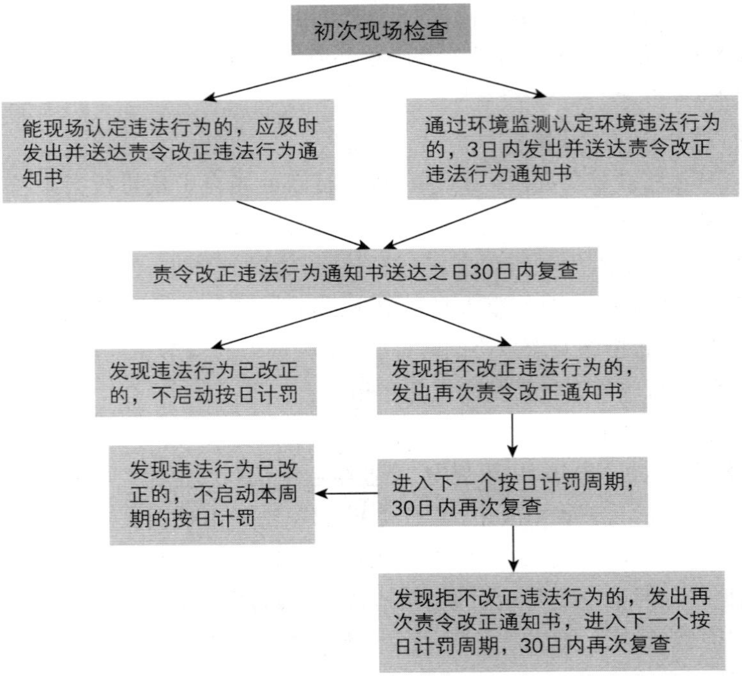

图 5-2　按日计罚程序

(3)限制生产、停产整顿

根据《环境保护法》第 60 条规定,企业事业单位和其他生产经营者超过污染物排放标准或者超过重点污染物排放总量控制指标排放污染物的,县级以上人民政府生态环境主管部门可以责令其采取限制生产、停产整治等措施;情节严重的,报经有批准权的人民政府批准,责令停业、关闭。

为配合《环境保护法》的实施,生态环境部于 2014 年 12 月颁布《环境保护主管部门实施限制生产、停产整治办法》,具体规定了这两项措施的适用范围和实施程序。目前生态环境部正就《关于修改〈环境保护主管部门实施限制生产、停产整治办法〉的决定(征求意见稿)》公开征求意见。拟议中的修改主要包括:增加、修改适用停产整治的情形,实现与新修订法律法规和其他规定的衔接;分类设定停产整治

〔1〕《环境保护部关于修改〈《环境保护主管部门实施按日连续处罚办法》的决定(征求意见稿)〉公开征求意见的通知》,载生态环境部网:http://hjj.mep.gov.cn/xzcf/201705/t20170518_414301.shtml,最后访问日期:2019 年 3 月 4 日。

的期限，完善制度设计；与《关于修改〈环境保护主管部门实施按日连续处罚办法〉的决定（征求意见稿）》一致，删除生态环境部门后督察、跟踪检查的规定，提升执法效能等。[1]

2. 环境行政执法主体的责任

环境行政执法主体的责任主要有环境行政处分、环境行政赔偿等，也包括政策层面以“党政同责”为据的问责。行政相对人可以通过行政复议或者行政诉讼等方式实现对环境行政执法主体的责任追究。

（1）法律层面

《环境保护法》第57条赋予了公民、法人和其他组织的举报权，若发现地方各级人民政府、县级以上人民政府生态环境主管部门和其他负有环境保护监督管理职责的部门不依法履行职责的，有权向其上级机关或者监察机关举报。这是因为，地方政府是环境保护中的重要一环，也是地方经济发展的推动者，环境保护需要政府主导，因而环境保护立法的重点之一就是强化政府环保责任，以此形成倒逼机制，促使地方政府妥善处理经济、社会发展与环境保护的关系。《环境保护法》《大气污染防治法》《水污染防治法》等法律都规定，地方各级政府应当对本行政区域的环境质量负责，地方各级政府应当根据环境保护目标和治理任务，采取有效措施，改善环境治理，并将环境保护目标作为政绩考核的重要指标，加大其在考核指标体系中的权重。[2]

《环境保护法》第68条规定地方各级人民政府、县级以上人民政府生态环境主管部门和其他负有环境保护监督管理职责的部门有下列行为之一的，对直接负责的主管人员和其他直接责任人员给予记过、记大过或者降级处分；造成严重后果的，给予撤职或者开除处分，其主要负责人应当引咎辞职：一是不符合行政许可条件准予行政许可的；二是对环境违法行为进行包庇的；三是依法应当作出责令停业、关闭的决定而未作出的；四是对超标排放污染物、采用逃避监管的方式排放污染物、造成环境事故以及不落实生态保护措施造成生态破坏等行为，发现或者接到举报未及时查处的；五是违反本法规定，查封、扣押企业事业单位和其他生产经营者的设施、设备的；六是篡改、伪造或者指使篡改、伪造监测数据的；七是应当依法公开环境信息而未公开的；八是将征收的排污费截留、挤占或者挪作他用的；九是法律法规规定的其他违法行为。2005年的《环境保护违法违纪行为处分暂行规定》相

[1] 参见环境保护部关于《环境保护部关于修改〈环境保护主管部门实施限制生产、停产整治办法〉的决定（征求意见稿）》公开征求意见的通知，载生态环境部网：http://hjj.mep.gov.cn/dtxx/201710/t20171030_424293.shtml，最后访问日期：2019年3月4日。

[2] 参见朱宁宁：《改革创新实现环保法律制度升级换代》，载《法制日报》2018年4月24日，第9版。

比《环境保护法》的上述规定多了“警告”的处分方式,但没有规定“主要负责人应当引咎辞职”的处分方式。至于处分的具体程序,应按照《监察法》的相关规定实施。

因环境行政执法主体违法行使环境保护监督管理职权,给公民、法人和其他组织的合法权益造成损害的,依法由环境行政执法主体就上述损害给予赔偿。环境行政赔偿与普通的行政赔偿一致,适用《国家赔偿法》的规定。

(2)政策层面

政策层面对环境行政执法主体的责任也有较多规定。2015 年 7 月 1 日,中央全面深化改革领导小组第十四次会议审议通过《环境保护督察方案(试行)》,建立了我国环保督察工作机制。2016 年 1 月 4 日,中央环保督察组正式成立,代表党中央、国务院对各省(自治区、直辖市)党委和政府及其有关部门开展环境保护督察。督察流程共包括 7 个环节:督察准备、督察进驻、督察报告、督察反馈、移交移送、整改落实、立卷归档。截至 2018 年,第一轮环保督察基本结束,在解决一些较为突出的环境问题的同时,夯实了环保“党政同责、一岗双责”的机制,达到了环保督察的根本目标。[1]

法条链接5.14

2015 年 8 月 17 日,中共中央办公厅、国务院办公厅发布《党政领导干部生态环境损害责任追究办法(试行)》,强化党政领导干部生态环境和资源保护职责,并强调党政领导干部生态环境损害责任追究坚持依法依规、客观公正、科学认定、权责一致、终身追究的原则。责任追究形式包括诫勉、责令公开道歉;组织处理,包括调离岗位、引咎辞职、责令辞职、免职、降职等;党纪政纪处分。其中组织处理和党纪政纪处分可以单独使用,也可以同时使用。追责对象涉嫌犯罪的,应当及时移送司法机关依法处理。

(二)环境行政复议

根据《环境行政复议办法》第 2 条的规定,公民、法人或者其他组织认为地方环境保护行政主管部门的具体行政行为侵犯其合法权益的,可以向该部门的本级人民政府申请行政复议,也可以向上一级环境保护行政主管部门申请行政复议。认为国务院环境保护行政主管部门的具体行政行为侵犯其合法权益的,向国务院环境保护行政主管部门提起行政复议。

结合《行政复议法》及相关配套法律文件,《环境行政复议办法》第 7 条和第 8 条分别规定了环境行政复议的适用范围和排除范围:有下列情形之一的,公民、法

---

〔1〕 参见《环保党政同责实现制度“破冰”》,载人民网:http://yuqing.people.com.cn/n1/2018/0110/c394782-29756559.html,最后访问日期:2018 年 4 月 20 日;中国环境报:《5 位地市级党政“一把手”接受本报专访谈“党政同责、一岗双责”“我是生态环境保护第一责任人”》,载生态环境部网:http://www.zhb.gov.cn/xxgk/hjyw/201807/t20180706_446177.shtml,最后访问日期:2019 年 3 月 7 日。

人或者其他组织可以申请行政复议:(1)对环境保护行政主管部门作出的查封、扣押财产等行政强制措施不服的;(2)对环境保护行政主管部门作出的警告、罚款、责令停止生产或者使用、暂扣、吊销许可证、没收违法所得等行政处罚决定不服的;(3)认为符合法定条件,申请环境保护行政主管部门颁发许可证、资质证、资格证等证书,或者申请审批、登记等有关事项,环境保护行政主管部门没有依法办理的;(4)对环境保护行政主管部门有关许可证、资质证、资格证等证书的变更、中止、撤销、注销决定不服的;(5)认为环境保护行政主管部门违法征收排污费或者违法要求履行其他义务的;(6)认为环境保护行政主管部门的其他具体行政行为侵犯其合法权益的。但是,有下列情形之一的,环境行政复议机关不予受理并应说明理由:(1)申请行政复议的时间超过了法定申请期限又无法定正当理由的;(2)不服环境保护行政主管部门对环境污染损害赔偿责任和赔偿金额等民事纠纷作出的调解或者其他处理的;(3)申请人在申请行政复议前已经向其他行政复议机关申请行政复议或者已向人民法院提起行政诉讼,其他行政复议机关或者人民法院已经依法受理的;(4)法律、法规规定的其他不予受理的情形。

除此之外,《环境行政复议办法》还提供了环境行政复议法律文书示范文本,这有助于提高复议程序的规范性。

(三)环境行政诉讼

典型案例 广东省海丰县海丽公司与海丰县政府签订合同约定,“征地范围南边的临海沙滩及向外延伸一公里海面给予乙方作为该项目建设旅游的配套设施”。海丽公司在海丰县后门镇红源管区海丽国际高尔夫球场五星级酒店以南海域进行涉案弧形护堤的建设。2009 年 3 月 9 日,涉案弧形护堤部分形成。2010 年 3 月 19 日,海监部门在执法检查中发现该公司未取得海域使用权证,擅自建设涉案弧形护堤,涉嫌违反《海域使用管理法》第 3 条的规定。经逐级上报,国家海洋局立案审查。2011 年 3 月,南海勘察中心受海监部门委托作出《汕尾市海丰县海丽国际高尔夫球场海岸线弧形护堤工程海域使用填海面积测量技术报告》,指出涉案弧形护堤填海形成非透水构筑物(堤坝),面积为0.1228公顷。2011 年 6 月 2 日,国家海洋局作出《行政处罚听证告知书》,告知海丽公司拟对其作出的处罚及事实和法律依据,经组织召开听证会,同年 12 月 14 日作出第 12 号行政处罚决定:认定海丽公司在未经有权机关批准的情况下,自 2010 年 3 月中旬进行涉案弧形护堤工程建设,以在海中直接堆筑碎石的方式进行填海活动,至 2010 年 11 月 17 日技术单位测量之日,填成弧形护堤面积为0.1228公顷。据此,依据《海域法》有关规定和财政部、国家海洋局《关于加强海域使用金征收管理的通知》，责令该公司退还非法占用的海域，恢复海域原状，并处非法占用海域期间内该海域面积应缴纳的海域使用金15倍的罚款，共计人民币82.89万元。该公司不服，申请行政复议。国家海洋局于2012年5月30日作出行政复议决定认为：第12号处罚决定关于海丽公司自2010年3月中旬进行涉案弧形护堤建设的认定与海监部门航空照片显示涉案弧形护堤2009年已存在的情况不一致，系认定事实不清，决定撤销第12号处罚决定。其后，国家海洋局经履行听证告知、举行听证会等程序，于2012年7月25日作出海监七处罚（2012）003号行政处罚决定书，指出证据显示2009年3月9日涉案弧形护堤已部分形成，至2010年11月17日海监机构委托技术单位进行现场测量之日，该弧形护堤非法占用海域的面积为0.1228公顷；处罚依据及具体内容与上述12号处罚决定相同。海丽公司不服，提起行政诉讼，请求法院撤销海监七处罚（2012）003号行政处罚决定书。一审法院认为，《国家海域使用管理暂行规定》《广东省海域使用管理规定》等有关规定明确了任何单位或个人实施填海等占用海域的行为均必须依法取得海域使用权，海洋行政主管部门颁发的海域使用权证书是当事人合法使用海域的凭证。本案中，海丽公司未经批准非法取得海域使用权，填海建设弧形护堤的行为，属于《海域法》第42条所指未经批准非法占用海域进行填海活动的情形，被诉处罚决定中的该部分认定证据充分，定性准确。海丽公司关于涉案弧形护堤并非建设于海域范围，故国家海洋局无管辖权的诉讼理由，缺乏事实依据；其关于海丰县政府与其签订的合同作为其取得海域使用权证明的诉讼理由，缺乏法律依据，遂判决驳回该公司的诉讼请求。海丽公司上诉后，二审法院判决驳回上诉，维持原判。[1]

与环境民事诉讼一致，环境行政诉讼也区分两类：一类是私益诉讼，另一类是环境行政公益诉讼。环境行政诉讼是人民法院根据对具体环境行政行为不服的公民、法人或者其他组织的请求，在双方当事人和其他诉讼参与人的参加下，依照法定程序，审理并裁决环境行政争议案件的司法活动。环境行政诉讼本质上应是作为一种辅助性手段而存在的，具有补充行政机关环境执法不足之功能，是一种最终利用的手段。[2]《环境保护法》第58条

法条链接5.15

[1] 案例节选自《人民法院环境保护行政案件十大案例》之海丽国际高尔夫球场有限公司诉国家海洋局环保行政处罚案，载最高人民法院网：http://www.court.gov.cn/zixun-xiangqing-13331.html，最后访问日期：2018年4月18日。

[2] 参见陶建国：《德国环境行政公益诉讼制度及其对我国的启示》，载《德国研究》2013年第2期。

也明确规定了社会组织提起环境行政公益诉讼的起诉条件。

环境行政诉讼与普通的行政诉讼一致,适用《行政诉讼法》中对于受案范围、排除范围以及管辖、行政机关应诉、举证责任、诉讼时效等方面的规定。环境行政诉讼也一并适用《行政诉讼法》第51条规定的立案登记制。该制度有助于解决环境案件"立案难"问题,对环境行政诉讼产生了积极影响。[1]

第四节 环境犯罪与环境刑事责任

■ 案例研读

2007年以来,明盛公司在废水处理措施未经环境影响评价,未经申报登记、验收的情况下,擅自在厂区外东侧腾格里沙漠采用"石灰中和法"处置工业废水。2009年6月18日,廉兴中任明盛公司法定代表人,负责公司的全面工作并决定继续使用"石灰中和法"处置工业废水。明盛公司于2011年5月11日取得排污许可证,有限期至2014年4月30日。明盛公司在排放污染物许可证到期后,仍继续非法排污,至2014年9月被责令关闭停产时,该公司厂区外东侧腾格里沙漠渗坑内存有大量工业废水。经宁夏环境监测中心站对现场废水取样检测认定,废水中多项监测因子超过国家排放标准。案发后,明盛公司、廉兴中为防止污染扩大,及时采取措施,消除污染。明盛公司支付因采取合理必要措施所产生的费用626,640元。

一审法院认为,明盛公司违反国家有关环境保护的规定,非法排放、处置有毒物质,严重污染环境,廉兴中系被告单位直接负责的主管人员,对污染环境的行为负有直接责任,明盛公司和廉兴中的行为均已触犯刑律,构成污染环境罪。廉兴中归案后,能如实供述自己的犯罪事实,可以从轻处罚;案发后,明盛公司、廉兴中及时采取措施,消除污染,可以酌情从宽处罚。据此,一审法院判决明盛公司犯污染环境罪,判处罚金人民币500万元;廉兴中犯污染环境罪,判处有期徒刑1年6个月,缓刑2年,并处罚金人民币5万元。[2]

---

[1] 参见孙佑海、代杰:《立案登记制改革对环境诉讼的影响研究》,载《环境保护》2015年第9期。

[2] 案例节选自《环境资源刑事、民事、行政典型案例》之宁夏回族自治区中卫市沙坡头区人民检察院诉宁夏明盛染化有限公司、廉兴中污染环境案,载最高人民法院网:http://www.court.gov.cn/zixun-xiangqing-48792.html,最后访问日期:2018年5月18日。

□ 评析[1]

本案系腾格里沙漠污染事件发生后首例宣判的环境污染刑事案件。环境是社会健康发展的重要因素，也是《刑法》保护的重要法益。本案审理法院正确适用最高人民法院、最高人民检察院《关于办理环境污染刑事案件适用法律若干问题的解释》，依法惩治私设暗管排放、倾倒有毒、有害废物，严重污染腾格里沙漠生态环境的犯罪行为，充分贯彻宽严相济的刑事政策，依法保障社会公共利益和人民群众环境权益。该案的审理也为正确处理经济发展与环境保护之间的关系敲响了警钟，警醒政府在发展经济与保护环境、当前利益和长远利益等问题发生矛盾时应当如何取舍。

本案最大的亮点在于法院采用了“双罚制”，即对涉案企业判处刑事罚金500万元，让涉案企业在经济上“得不偿失”，较好地震慑了那些不依法办理环评手续、超标排污、无排污许可证排污或“超（许可）证”排污、偷排污染物的潜在类似环境损害行为人。同时，法院对涉案企业的法定代表人、污染行为直接负责的企业主管人员廉兴中，判处有期徒刑1年6个月，并处罚金5万元。

此外，该案也结合案发后明盛公司、廉兴中及时采取措施，支付因采取合理必要的环境处置措施所产生的费用626,640元，以积极消除污染行为对环境的不利影响等具体案件情节，对企业法定代表人廉兴中适用了缓刑。环境损害后果往往具有不可逆性，该案中，法院的这一做法对于引导类似环境损害行为人在案发后积极预防环境危害后果的发生或扩大，修复被污染的环境或恢复被破坏的生态，具有良好的示范效果。

环境犯罪是指违反环境保护法律，情节严重，依法应受到刑事处罚的行为。环境刑事责任是实施环境犯罪行为而引起的相应法律责任。环境利益对于人类的重要性及刑罚手段的严厉性使环境刑法的出现成为必然，并已成为各国刑事立法的共同趋势。[2] 当前，刑法介入环境保护主要基于以下两方面的考虑：(1)破坏环境资源的行为除侵害特定受害人的利益之外，还具有较大的社会危害性，对环境公共利益造成巨大威胁。在特定情况下，仅依靠民法和行政法难以有效规制，需要动用刑罚手段对受到侵害的法益加以保护。(2)刑法具有最强的威慑力，在环境资源保

---

[1] 案例评析节选自《环境资源刑事、民事、行政典型案例》之宁夏回族自治区中卫市沙坡头区人民检察院诉宁夏明盛染化有限公司、廉兴中污染环境案，载最高人民法院网：http://www.court.gov.cn/zixun-xiangqing-48792.html，最后访问日期：2018年5月18日。

[2] 参见杜万平：《论环境刑法的法益》，载吕忠梅、徐祥民主编：《环境资源法论丛》（第4卷），法律出版社2004年版。

护形势较为严峻的局面下，动用刑罚手段能起到其他矫治手段短时期内无法达到的预防和惩罚效果。某些犯罪，如严重的核污染、严重的大气污染等犯罪，如不及时给予严厉制裁，很有可能危害整个人类的生存和发展。[1]

一、环境刑事责任的立法模式

本书第一章已经论及环境法律责任的刑事化和环境刑法的立法模式，主要有三种类型：(1)刑法典模式，即在刑法典中设立关于环境犯罪的专门章节；(2)专门环境刑法模式，即在普通刑法典之外制定单行环境刑法规制环境犯罪；(3)附属环境刑法模式，即通过部分重要法律如行政法中的附属环境刑法条款来规制环境犯罪。

(一)专门环境刑法模式(日本)

日本环境保护问题肇始于公害事件的频繁出现。20世纪60年代日本经济迅猛发展，经济成长的同时伴随环境的毁坏，日本成为世界上污染最严重的国家之一。环境问题一方面引发了严重的社会动荡，另一方面也催生了环境刑法的发展。日本的环境刑事立法以1970年为界大致可划为两个时期。1962年，日本制定了关于煤烟规制的法律；1967年，制定了《日本公害对策基本法》；1968年，制定了《大气污染防止法》；1970年，制定了《水质污浊防止法》，还制定了代表日本环境刑事立法分界线的《关于危害人体健康的公害犯罪制裁法》(以下简称《公害罪法》)。此后，日本于1971年设立了环境厅。[2] 尽管《公害罪法》仅有7个条文，但其内容却突破了传统刑法理论的空白，成为世界上第一部关于环境犯罪的特别刑法。

这种以专门刑法制裁环境犯罪的方式，开创了运用刑法保护环境的先河。该法的特殊性主要体现在四个方面：(1)处罚危险犯。《公害罪法》以危险犯为规制对象，而非实害犯，其关注的重点在于排放的有害物质使公众的生命或身体面临被损害的危险，而不以危害结果的现实发生为必要。(2)确定因果关系推定原则。只要证明行为人所排放的有害物质足以使公众的生命或身体发生危险，而且受害人在其排放所及的地区内，即在法律上推定危险为其排放的物质所滋生。(3)确立对法人的双罚制。法人代表、法人或本人的代理人、其他从业人员，就该法人或本人的业务，触犯公害罪者，除处罚该行为人外，并对法人或本人处以罚金刑。(4)法益保护范围限于公害犯罪危害人体健康，而不涉及自然环境保育的犯罪。由此可见，《公害罪法》的实际作用，主要在于威吓，而非惩罚。[3]

---

[1] 参见傅立忠、储槐植：《初论"环境刑法"》，载《当代法学》1994年第2期。

[2] 参见[日]今井猛嘉：《环境犯罪》，李立众译，载《河南省政法管理干部学院学报》2010年第1期。

[3] 参见赵秉志、王秀梅：《大陆法系国家环境刑法探究》，载《南京大学法律评论》1999年第2期。

（二）环境刑法典模式（德国）

德国环境刑事立法经历了从附属刑法模式到环境刑法典模式的变化过程。原联邦德国从20世纪70年代起便探索用刑法性质的条文保护环境，但这些立法都附属在环境法律中：如1960年颁布的《水务法》，1972年颁布的《垃圾处理法》，1974年颁布的《联邦污染防治法》，这些立法的罚则中都有对环境犯罪的规定。1978年联邦德国政府向联邦议院提交的刑法修正草案中，提议于《德国刑法典》内增置有关“环境犯罪”的条文，1980年3月公布的《刑法修正案》中即加入了环境犯罪的内容。1998年颁布的《德国刑法典》在第二十九章专设“污染环境犯罪”。其罪名包括：污染水域、污染土地、空气污染、造成噪声、震动和非离子辐射、未经许可的处理垃圾、未经许可开动核设备、未经许可的放射性物质及其他危险物品的交易、侵害保护区、情节特别严重的危害环境犯罪、放毒造成严重危害等。处罚范围宽、刑罚重是德国环境刑事立法的主要特点。德国在上述刑事立法中，提倡与贯彻的“国家法益—社会法益—个人法益—环境法益”的四元法益结构，有效提升了污染环境罪在刑法分则体系中的地位。〔1〕

日本和德国的环境刑事立法有一个共同点，就是刑事处罚和行政处罚相结合，将超越行政责任范围、严重危害环境的行为规定为犯罪。其特点在于引入了“量”的要素制约，对于没有满足量的要求的一般性环境危害行为不视为犯罪。〔2〕但是，随着德国刑法理论的繁荣和发展，对犯罪完整彻底的规定和追究成为一种倾向。虽然这样做使法益得到了彻底保护，使刑法的作用在法定范围内得到了最大限度的发挥，但也招致“刑事责任过分扩大化”的批评。为避免这样的问题发生，德国刑法界提出了轻微污染不处罚的观点，使符合行政许可和实质无危害的行为可以不被处罚，〔3〕从而较好地兼顾了环境刑罚与行政法各自的功能。

（三）附属环境刑法模式（法国、英国、美国）

法国作为大陆法系的主要国家，自19世纪产业公害行政法规体系就已基本成型，进入20世纪经历“二战”以后，其附属环境刑法体系更臻完善。以行政法中的附属刑罚对抗环境犯罪是其环境刑事立法的主要特点，即采取在法律中零散规定的方式。如对于水污染防治的立法体系，分布于《水管理法》《水污染防治法》《海水污染防治法》等法律规定中；对于大气污染防治的相关规定分布在《产业煤烟防治法》《空气污染防治法》《空气污染及臭气防治法》等法律中。〔4〕

---

〔1〕 参见李梁：《中德两国污染环境罪危险犯立法比较研究》，载《法商研究》2016年第3期。

〔2〕 参见傅立忠、储槐植：《初论“环境刑法”》，载《当代法学》1994年第2期。

〔3〕 参见王世洲：《德国环境刑法中污染概念的研究》，载《比较法研究》2001年第2期。

〔4〕 参见赵秉志、王秀梅：《大陆法系国家环境刑法探究》，载《南京大学法律评论》1999年第2期。

附属环境刑法模式的另外两个典型代表是英国和美国。19世纪初期,英国政府制定防止空气污染法律,延至1875年整理综合为《公众卫生法》,该法迄今仍为英国环境保护的基本法,也制定了《地下水利用法》《环境卫生法》《河川污染预防法》《清洁空气法》《放射性物质法》《汽车使用条例》《河流防污法》《水资源法》《海洋倾倒法》《垃圾法》《公民舒适法》《有毒废物倾倒法》《污染控制法》等其他法律规定。英国环境刑法的特点在于两个方面:(1)环境刑法的功能强弱依赖于环境行政法的具体规定;(2)环境刑法处于辅助的地位,只有在环境行政手段难以发挥有效作用时,环境刑法才得以适用。[1] 而美国环境刑法基本上沿用英国的立法模式,美国的环境刑事立法分为联邦法、州法、地方条例三个部分。在联邦法中,除了《环境政策法》没有规定刑事法律责任外,其他有关单行法都有环境刑事条款,如《清洁空气法》《清洁水法》《固体废物处置法》《有毒物质管制法》《资源回收法》《环境反应、赔偿和责任综合法》等。[2]

二、我国的环境刑事责任

我国环境犯罪的刑法立法始于1979年《刑法》。1979年的《刑法》并没有专门设置章节规定危害生态环境资源的犯罪,仅仅是个别条款直接或者间接地涉及环境犯罪。1988年通过的《关于惩治捕杀国家重点保护的珍贵、濒危野生动物的补充规定》(失效),将非法捕杀国家重点保护的珍贵、濒危野生动物和非法出售倒卖、走私的行为入刑;1995年通过的《大气污染防治法》《固体废物污染环境防治法》以及1996年的《水污染防治法》分别创立了大气污染罪,违反规定收集、贮存、处置危险废物罪和水污染罪三个新的罪名。1997年修订通过的《刑法》关于环境犯罪的规定取得了重大突破与进展,在分则第六章"妨害社会管理秩序罪"中以专节的形式规定了"破坏环境资源保护罪",确立了我国的环境刑法典模式。

目前,我国环境刑法采取的是以《刑法》为主、以附属刑法为辅的复合立法模式,即除了《刑法》较为系统的相关规定外,《环境保护法》《海洋环境保护法》《水污染防治法》《大气污染防治法》《环境噪声污染防治法》《固体废物污染环境防治法》《土地管理法》《森林法》《草原法》《水法》《矿产资源法》《渔业法》《野生动物保护法》等20多部环境保护法律中都有涉及环境刑事责任的条款。[3]

(一)我国环境刑事责任的立法理念

我国《刑法》长时间采取"人类中心主义"法益观立场,尤其在《刑法修正案

---

〔1〕 参见王秀梅:《英美法系国家环境刑法与环境犯罪探究》,载《政法论坛》2000年第2期。

〔2〕 参见吕忠梅主编:《环境法学概要》,法律出版社2016年版,第218页。

〔3〕 参见赵秉志、陈璐:《当代中国环境犯罪刑法立法及其完善研究》,载《现代法学》2011年第6期。

(八)》颁布之前,重大环境污染事故罪中有关“造成重大环境污染事故,致使公私财产遭受重大损失或者人身伤亡的严重后果的”规定,集中体现这一观念。[1] 2011年通过的《刑法修正案(八)》,分别对《刑法》第338条的“重大环境污染事故罪”、第343条第1款的“非法采矿罪”作了修改。“重大环境污染事故罪”也被最高人民法院、最高人民检察院的相关司法解释改成了“污染环境罪”,并从实害犯变为危险犯,降低了入罪门槛,增强了可操作性;非法采矿罪由结果犯变为情节行为犯,即只要非法采矿行为达到情节严重的程度,即构成犯罪。这些修正表达了我国立法者的立法理念正在发生转变,即在制定环境刑法时,不把自己当作自然和环境的使用者,而是把自己也当作环境成员,以避免“人类中心主义”法益观。[2] 重新认识和选择我国环境刑法的立法理念和价值观,在“人与自然相和谐”的观念下确立环境刑法的“非人类中心主义”的立法理念,才能为我国环境安全提供科学的刑事法律保障体系,从而实现人与自然的和谐相处。[3]

这种转变后的立法理念被称为“生态学的人类中心”的法益论。即“对于经《刑法修正案(八)》修改后的污染环境罪,既不能仅采取纯粹生态学的法益论,也不能仅采取纯粹人类中心的法益论,而应采取生态学的人类中心的法益论(折中说);只要生态学的法益与人类中心的法益不相抵触,就需要保护生态学的法益。相对于人类中心的法益而言,污染环境罪是结果犯;但相对于生态学的法益而言,污染环境罪既可能是行为犯,也可能是结果犯,这是环境法益的复杂性决定的;相对于人类中心的法益而言,污染环境罪的基本犯大体上是抽象危险犯,但相对于生态学的法益而言,污染环境罪的基本犯则是侵害犯”。[4]

(二)环境刑事责任的行政从属性

环境刑事责任的行政从属性是指环境犯罪行为受环境行政法律规范的约束,对环境犯罪行为性质的认定以环境行政法法律关系确认为准,刑事立法及司法解释的重点在于定量,相关条文均应有“量化”标志,以区分行政违法与刑事犯罪。[5] 弱化环境犯罪的行政从属性观点得到了不少学者的支持。[6] 然而,在现行的法律

[1] 参见刘艳红:《环境犯罪刑事治理早期化之反对》,载《政治与法律》2015年第7期。
[2] 参见赵秉志、陈璐:《当代中国环境犯罪刑法立法及其完善研究》,载《现代法学》2011年第6期。
[3] 参见胡雁云、张予洛:《环境刑法立法理念之定位》,载《国家检察官学院学报》2012年第6期。
[4] 张明楷:《污染环境罪的争议问题》,载《法学评论》2018年第2期。
[5] 参见庄乾龙:《环境刑法定性之行政从属性——兼评〈两高关于污染环境犯罪解释〉》,载《中国地质大学学报》(社会科学版)2015年第4期;杜澎:《环境刑法对传统刑法理念的冲击》,载《云南法学》2001年第1期;侯艳芳:《环境刑法行政化的基本问题探析》,载《武汉理工大学学报》(社会科学版)2008年第5期。
[6] 参见王勇:《环境犯罪立法:理念转换与趋势前瞻》,载《当代法学》2014年第3期。

体系下这似乎是治标不治本的论调。

一方面，我国的环境问题由不同部门法协力解决，尽管国家环境保护总局、公安部、最高人民检察院于2007年联合发文《关于环境保护行政主管部门移送涉嫌环境犯罪案件的若干规定》(失效)，2017年环境保护部、公安部和最高人民检察院联合研究制定了《环境保护行政执法与刑事司法衔接工作办法》，以规范环境保护行政主管部门及时向公安机关和人民检察院移送涉嫌环境犯罪案件，进一步健全了环境保护行政执法与刑事司法衔接工作机制，依法惩治环境犯罪行为。但是在一般的环境案件中，司法机关的介入仍受案件移送程序的影响而具有被动性，并且当前环境犯罪的低刑事处罚率与案件的低司法移送率密切相关。[1]

另一方面，我国刑事立法对环境犯罪多采取空白罪状的方式，破坏环境的具体行为是否构成犯罪需要结合刑法和相关行政法规的规定而加以确定，使得法律适用中存在对恶性环境犯罪适用不明确、犯罪行为定性不清晰、环境案件的司法移送不易操作等问题。

为解决上述问题，最高司法机关针对环境污染犯罪专门出台了3次司法解释：[2](1)2006年7月，最高人民法院制定了《关于审理环境污染刑事案件具体应用法律若干问题的解释》(失效)，该司法解释明确了重大环境污染事故罪、非法处置进口的固体废物罪、擅自进口固体废物罪和环境监管失职罪的定罪量刑标准，为统一法律适用、依法惩治环境污染犯罪奠定了重要基础。最高人民检察院同期发布了《关于渎职侵权犯罪案件立案标准的规定》，详细规定了环境监管失职罪的立案标准。(2)2013年6月，最高人民法院、最高人民检察院出台《关于办理环境污染刑事案件适用法律若干问题的解释》。这一司法解释的实施效果较为明显，据统计，全国法院年均接收污染环境、非法处置进口的固体废物、环境监管失职刑事案件1400余件，生效判决人数达1900余人，与过去年均二十几起的案件量相比，污染环境刑事案件量快速增长。(3)2016年12月，最高人民法院、最高人民检察院再次联合发布《关于办理环境污染刑事案件适用法律若干问题的解释》，虽然这次司法解释的出台没有刑法修正的背景，但是该解释不仅针对新型环境污染犯罪作出了相应规定，还细化完善了很多内容，清晰明确、利于执行。[3]

除外，最高人民法院、最高人民检察院、公安部、司法部、生态环境部于2019年2月20日联合印发《关于办理环境污染刑事案件有关问题座谈会纪要》。该纪要根

---

〔1〕 参见刘艳红：《环境犯罪刑事治理早期化之反对》，载《政治与法律》2015年第7期。

〔2〕 参见张新宝、庄超：《扩张与强化：环境侵权责任的综合适用》，载《中国社会科学》2014年第3期；梅宏：《刑法生态化的立法原则》，载《华东政法学院学报》2004年第2期。

〔3〕 参见谢文英：《法网要密，执法能力也要强》，载《检察日报》2017年1月2日，第7版。

据《刑法》与《关于办理环境污染刑事案件适用法律若干问题的解释》的相关规定，进一步明确了单位犯罪的认定，犯罪未遂的认定，主观过错的认定，生态环境损害标准的认定，非法经营罪的适用，投放危险物质罪的适用，涉大气污染环境犯罪的处理，非法排放、倾倒、处置行为的认定，有害物质的认定，从重处罚情形的认定、严格适用不起诉、缓刑、免予刑事处罚等 11 个方面的问题；纪要结合《环境保护行政执法与刑事司法衔接工作办法》的相关规定，要求“进一步理顺部门职责，畅通衔接渠道，建立健全环境行政执法与刑事司法衔接的长效工作机制”，并就环境污染犯罪案件的管辖、危险废物的认定、环境污染犯罪案件中存在的司法鉴定、监测数据的证据资格等问题进行了说明。

法条链接5.16

（三）环境刑事责任的具体规定

《环境保护法》第 69 条规定，违反本法规定，构成犯罪的，依法追究刑事责任。我国《刑法》分则中有 11 个条文与环境犯罪相关，其主要内容包括：

1. 污染环境罪（第 338 条）。违反国家规定，排放、倾倒或者处置有放射性的废物、含传染病病原体的废物、有毒物质或者其他有害物质，严重污染环境的，处 3 年以下有期徒刑或者拘役，并处或者单处罚金；后果特别严重的，处 3 年以上 7 年以下有期徒刑，并处罚金。

2. 非法处置进口的固体废物罪（第 339 条）。违反国家规定，将境外的固体废物进境倾倒、堆放、处置的，处 5 年以下有期徒刑或者拘役，并处罚金；造成重大环境污染事故，致使公私财产遭受重大损失或者严重危害人体健康的，处 5 年以上 10 年以下有期徒刑，并处罚金；后果特别严重的，处 10 年以上有期徒刑，并处罚金。

3. 擅自进口固体废物罪（第 339 条）。未经国务院有关主管部门许可，擅自进口固体废物用作原料，造成重大环境污染事故，致使公私财产遭受重大损失或者严重危害人体健康的，处 5 年以下有期徒刑或者拘役，并处罚金；后果特别严重的，处 5 年以上 10 年以下有期徒刑，并处罚金。

4. 走私固体废物罪（第 339 条）。以原料利用为名，进口不能用作原料的固体废物、液态废物和气态废物的，依照该法第 152 条第 2 款、第 3 款的规定定罪处罚。

5. 非法捕捞水产品罪（第 340 条）。违反保护水产资源法规，在禁渔区、禁渔期或者使用禁用的工具、方法捕捞水产品，情节严重的，处 3 年以下有期徒刑、拘役、管制或者罚金。

6. 非法猎捕、杀害珍贵、濒危野生动物罪；非法收购、运输、出售珍贵濒危野生动物、珍贵、濒危野生动物制品罪；非法狩猎罪（第 341 条）。非法猎捕、杀害国家重点保护的珍贵、濒危野生动物的，或者非法收购、运输、出售国家重点保护的珍贵、濒危野生动物及其制品的,处5年以下有期徒刑或者拘役,并处罚金;情节严重的,处5年以上10年以下有期徒刑,并处罚金;情节特别严重的,处10年以上有期徒刑,并处罚金或者没收财产。违反狩猎法规,在禁猎区、禁猎期或者使用禁用的工具、方法进行狩猎,破坏野生动物资源,情节严重的,处3年以下有期徒刑、拘役、管制或者罚金。

7. 非法占用农用地罪(第342条)。违反土地管理法规,非法占用耕地、林地等农用地,改变被占用土地用途,数量较大,造成耕地、林地等农用地大量毁坏的,处5年以下有期徒刑或者拘役,并处或者单处罚金。

8. 非法采矿罪(第343条)。违反《矿产资源法》的规定,未取得采矿许可证擅自采矿,擅自进入国家规划矿区、对国民经济具有重要价值的矿区和他人矿区范围采矿,或者擅自开采国家规定实行保护性开采的特定矿种,情节严重的,处3年以下有期徒刑、拘役或者管制,并处或者单处罚金;情节特别严重的,处3年以上7年以下有期徒刑,并处罚金。

9. 破坏性采矿罪(第343条)。违反矿产资源法的规定,采取破坏性的开采方法开采矿产资源,造成矿产资源严重破坏的,处5年以下有期徒刑或者拘役,并处罚金。

10. 非法采伐、毁坏国家重点保护植物罪;非法收购、运输、加工、出售国家重点保护植物、国家重点保护植物制品罪(第344条)。违反国家规定,非法采伐、毁坏珍贵树木或者国家重点保护的其他植物的,或者非法收购、运输、加工、出售珍贵树木或者国家重点保护的其他植物及其制品的,处3年以下有期徒刑、拘役或者管制,并处罚金;情节严重的,处3年以上7年以下有期徒刑,并处罚金。

11. 盗伐林木罪(第345条)。盗伐森林或者其他林木,数量较大的,处3年以下有期徒刑、拘役或者管制,并处或者单处罚金;数量巨大的,处3年以上7年以下有期徒刑,并处罚金;数量特别巨大的,处7年以上有期徒刑,并处罚金。

12. 滥伐林木罪(第345条)。违反《森林法》的规定,滥伐森林或者其他林木,数量较大的,处3年以下有期徒刑、拘役或者管制,并处或者单处罚金;数量巨大的,处3年以上7年以下有期徒刑,并处罚金。盗伐、滥伐国家级自然保护区内的森林或者其他林木的,从重处罚。

13. 非法收购、运输盗伐、滥伐的林木罪(第345条)。非法收购、运输明知是盗伐、滥伐的林木,情节严重的,处3年以下有期徒刑、拘役或者管制,并处或者单处罚金;情节特别严重的,处3年以上7年以下有期徒刑,并处罚金。

14. 单位犯破坏环境资源罪的处罚规定(第346条)。单位犯本节第338条至第345条规定之罪的,对单位判处罚金,并对其直接负责的主管人员和其他直接责任人员,依照本节各该条的规定处罚。

15. 违法发放林木采代许可证罪(第407条)。林业主管部门的工作人员违反

《森林法》的规定，超过批准的年采伐限额发放林木采伐许可证或者违反规定滥发林木采伐许可证，情节严重，致使森林遭受严重破坏的，处3年以下有期徒刑或者拘役。

16. 环境监管失职罪（第408条）。负有环境保护监督管理职责的国家机关工作人员严重不负责任，导致发生重大环境污染事故，致使公私财产遭受重大损失或者造成人身伤亡的严重后果的，处3年以下有期徒刑或者拘役。

法条链接5.17

在《刑法》及其修正案的基础上，最高人民法院、最高人民检察院于2016年颁布新修订的《关于办理环境污染刑事案件适用法律若干问题的解释》，进一步明确《刑法》相关环境犯罪的司法适用，如明确了第338条中应当认定为“严重污染环境”的十八项具体情形；于2016年颁布的《关于办理非法采矿、破坏性采矿刑事案件适用法律若干问题的解释》进一步明确了《刑法》第343条规定实施非法采矿行为“情节严重”的情形。

（四）环境刑事责任的追究

1. 因果关系与证明标准

在环境民事责任的认定上，我国司法实践中采用因果关系推定原则。由于环境犯罪中的因果关系判断比较复杂，在环境刑事责任认定上，尚缺乏统一的因果关系与证明标准判断原则。日本学者总结了证明环境犯罪因果关系的两个难点：一是难以查清原因物质；二是难以查清“污染经由”。为了有效打击环境犯罪，许多国家尝试引入“疫学因果关系”这一新的理论来解释环境刑法中的因果关系问题。疫学因果关系指的是虽然在医学上无法释明某种物质的详细结构，但可以利用统计学方法在与对比群体的比较中，以同样存在认定一定的事实现象。[1] 疫学因果关系是在不确定的污染源与不特定的被害人之间建立因果联系的有效途径，[2]其在因果关系的判定中采用的也是推定规则，但是更为严谨和专业。[3]

2. 环境刑事诉讼

环境刑事诉讼是指国家司法机关依照《刑法》、《刑事诉讼法》及最高人民法院、最高人民检察院发布的《关于办理环境污染刑事案件适用法律若干问题的解释》（2016年）、《关于办理非法采矿、破坏性采矿刑事案件适用法律若干问题的解释》（2016年）等法律与规范性文件的规定，揭露和证实环境犯罪，追究环境犯罪人刑事责任的活动。

---

〔1〕 参见李冠煜：《日本污染环境犯罪因果关系的研究及其借鉴》，载《政治与法律》2014年第2期。

〔2〕 参见魏汉涛：《风险社会背景下环境刑法变革要提防两种倾向》，载《中国地质大学学报》（社会科学版）2013年第1期。

〔3〕 参见曾粤兴、李霞：《环境犯罪因果关系的特殊性》，载《中国人民公安大学学报》（社会科学版）2012年第5期。

根据最高人民法院2017年7月对近3年环境刑事案件的回顾和统计，在我国《刑法》业已确立规定的环境资源犯罪中，擅自进口固体废物罪、非法收购、运输、加工、出售国家重点保护植物、国家重点保护植物制品罪尚未发生适法案件；非法处置进口的固体废物罪，非法采矿罪，破坏性开采罪，非法占用农用地罪等罪名入罪的案件极少；非法捕捞水产品罪，非法采伐、毁坏国家重点保护植物罪罪名的地域性特征明显；而污染环境罪，盗伐林木罪，非法占用农用地罪则处于高发状态。总体上看，环境资源类犯罪发案率不均衡、入罪方式单一、刑罚配置整体偏轻。因此司法机关建议应该有针对性地完善刑事立法，提高环境刑事司法的专门化程度，同时进一步优化环境资源的行政管理。〔1〕

第五节　环境公益诉讼

■ 案例研读

为改善办学条件，北京市朝阳区刘诗昆幼儿园于2016年3月26日至4月1日在园区铺设了塑胶跑道，塑胶跑道投入使用后向外散发出了刺激性气味。绿色发展基金会在获知该情况后，向刘诗昆幼儿园发函，要求其采取措施，拆除塑胶跑道，消除对大气和土壤环境的污染。随后，绿色发展基金会以刘诗昆幼儿园破坏大气和土壤环境，对社会公共利益造成损害为由向北京市第四中级人民法院起诉，请求判令刘诗昆幼儿园承担拆除该幼儿园内的塑胶跑道，对污染的土壤和大气环境采取修复或替代性修复措施等法律责任。2016年7月21日，北京市第四中级人民法院受理该案并于7月22日分别向北京市环境保护局、北京市教育委员会、北京市朝阳区环境保护局及北京市朝阳区教育委员会发送案件受理情况告知书。一周后，法院在《人民法院报》上就该案情况向社会公众发出公告。在案件审理过程中，刘诗昆幼儿园认可铺设了塑胶跑道并在发现问题后于2016年6月拆除了跑道设施的事实，且表示愿意承担相应的责任，弥补造成的损害。绿色发展基金会与刘诗昆幼儿园均有通过调解方式解决纠纷的意愿，承办法官主持双方当事人进行了调解。

---

〔1〕《环资审判（白皮书）及环境司法发展报告发布》，载最高人民法院网：http://www.court.gov.cn/zixun-xiangqing-50682.html，最后访问日期：2018年5月10日。

绿色发展基金会与刘诗昆幼儿园于2017年2月24日达成调解协议,内容为:(1)被告北京市朝阳区刘诗昆幼儿园拆除在该园内铺设的塑胶跑道(操场),并铺上草坪;(2)被告刘诗昆幼儿园以保护生态环境为目的向中华社会救助基金会捐助10万元。这两项内容刘诗昆幼儿园均已经执行完毕,并且双方共同积极推动刘诗昆幼儿园集团公司的其他下属幼儿园拆除塑胶跑道,并已实际执行。依据最高人民法院《关于审理环境民事公益诉讼案件适用法律若干问题的解释》第25条第1款规定,法院于2017年3月2日将调解协议的内容在《人民法院报》上进行了公告。公告期满后未收到任何意见或建议。2017年4月10日下午,法院向双方当事人出具了正式的调解书。法院通过调解方式解决了全国首例"毒跑道"引发的公益诉讼案,不仅及时保护了环境,案结的同时保证了执行落地,创新丰富了公益诉讼承担责任的方式。[1]

□ 评析[2]

本案的审理具有鲜明的特点。首先,原告诉讼请求不回避矛盾,将特定主体的人身健康利益与环境损害和生态修复利益一并提起(起诉称:不仅会对人体健康产生有害影响,也会污染大气环境及其覆盖下的土壤,破坏大气环境和土壤环境,对社会公共利益造成侵害),将起诉的目的扩展为全社会的环境公益。其次,被告解决问题的态度积极,知错就改并在诉讼过程中及时采取措施,清除了毒跑道造成的后果。再次,本案存在法律责任竞合问题。法院通过调解结案避免了就不同责任形态进行选择的适法困境,对两种法律权益都予以了认可和保护。最后,法院较好地把握了环境公益诉讼的特点和本质,避免抗辩式诉讼形式下法院消极等待原被告举证、辩论和鉴定机构的鉴定结果,达到了适度能动司法的预期效果。

一、环境公益诉讼的概念

通说认为环境公益诉讼是特定主体根据法律规定,对侵犯环境公共利益的行为提出请求,由法院通过司法程序追究违法行为并保护环境公共利益的法律制度。环境公益诉讼的逻辑起点在于无法通过环境行政执法或者传统私益诉讼制度为环

[1] 马军、邹慧:《首例"毒跑道"公益诉讼案在四中院调解结案——刘诗昆幼儿园公益捐款10万元》,载北京法院网:http://bjgy.chinacourt.org/article/detail/2017/04/id/2740374.shtml,最后访问日期:2018年5月24日。

[2] 案例评析节选自周珂:《民事责任与环境责任竞合下司法的智慧与良知——评首例"毒跑道"公益诉讼》,载中国绿发会网:http://www.cbcgdf.org/NewsShow/4857/4325.html,最后访问日期:2019年3月20日。

境公共利益提供足够充分且有效的救济。[1]

环境公益诉讼存在广义与狭义之分,广义的环境公益诉讼将环境侵权诉讼作为调整对象,包括以保护环境利益为目标的、为维护公共利益而向人民法院提起的诉讼和环境群体性诉讼(因涉及不确定多数人而在客观上利用群体性纠纷解决机制),而狭义的环境公益诉讼则仅着眼于保护环境利益本身的环境众益诉讼。[2]

(一)公益诉讼与群体性诉讼的关系(见图5-3)[3]

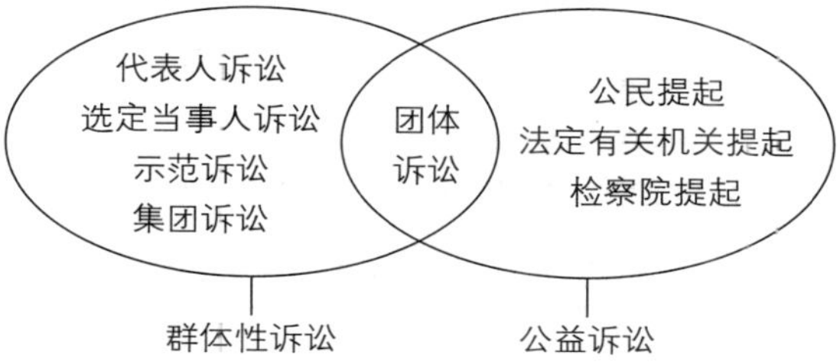

图5-3　学界当前对群体性诉讼的界定

群体性诉讼的本质是具有独立私权主张的众多当事人通过特定主体代表自己进行诉讼的制度。群体性诉讼是一种基于共同利益的集体行动,侵害公共利益的纠纷一定属于群体性纠纷,这种群体性纠纷通过诉讼的方式解决,又称为狭义的公益诉讼,其是通过诉讼解决了一个涉及人数众多的公益性纠纷。广义的群体性诉讼实际上包含公益诉讼,公益诉讼是群体性诉讼的一个领域,在此之外是私益群体性诉讼。

由于我国司法体制、机制和程序存在着固有的局限性,加之诉讼成本过高、裁判结果具有较大的不确定性等因素的影响,诉讼并非处理群体性纠纷的最佳途径。但是,群体性纠纷的多元化和非诉讼化解决趋势并不能否定群体性诉讼机制的重要价值。强有力的群体性诉讼制度,不但能够为群体性纠纷的解决提供司法保障,而且能够倒逼责任主体理性选择非诉讼纠纷解决方式,抑制群体性诉讼的发生。[4]

(二)环境公益诉讼制度的立法模式

环境公益诉讼也有不同的立法类型,主要为两类:(1)附属立法模式,即有关环境公益诉讼的规定主要附属在《环境保护法》等与环境保护相关的法律中。如美国

---

〔1〕参见肖建国:《利益交错中的环境公益诉讼原理》,载《中国人民大学学报》2016年第2期。

〔2〕参见肖建国、黄忠顺:《环境公益诉讼基本问题研究》,载《法律适用》2014年第4期。

〔3〕图示及两者关系的详细介绍,参见王翠敏:《公益、私益融合下环境侵权群体性诉讼的重新界定》,2015年全国环境资源、法学研讨会(年会)会议论文,上海,2015年7月,第602~614页。

〔4〕参见黄忠顺:《论公益诉讼与私益诉讼的融合——兼论中国特色团体诉讼制度的构建》,载《法学家》2015年第1期。

的环境公民诉讼制度，自 20 世纪 70 年代《清洁空气法》规定公民可以提起环境公益诉讼以来，在随后颁布的《国家环境政策法》《清洁水法》《有毒物质控制法》《资源保护和恢复法》《濒危物种法》等法律中都有详细规定。(2)专门立法模式，即将环境公益诉讼制度作为一种特别诉讼或特别程序法加以专门立法，以区别于传统的民事诉讼、行政诉讼和刑事诉讼。如德国在团体诉讼理论及司法实践推动下，逐步确立了环境团体公益诉讼制度，并最终推动《环境上诉法》和《环境诉讼法》分别于 2010 年 3 月和 2010 年 4 月实施。[1]

二、我国的环境公益诉讼

(一)我国环境公益诉讼制度实践

我国在 2012 年修正的《民事诉讼法》第 55 条首次从法律层面规定环境民事公益诉讼制度；2014 年修订的《环境保护法》第 58 条再次确立和强调了环境公益诉讼制度；2015 年最高人民法院发布《关于审理环境民事公益诉讼案件适用法律若干问题的解释》，细化了有关环境民事公益诉讼制度的适用规则。根据全国人民代表大会常务委员会《关于授权最高人民检察院在部分地区开展公益诉讼试点工作的决定》，授权最高人民检察院在生态环境和资源保护、国有资产保护、国有土地使用权出让、食品药品安全等领域开展提起公益诉讼试点，2015 年最高人民检察院作出《检察机关提起公益诉讼改革试点方案》，决定在北京、内蒙古、吉林、江苏、安徽、福建、山东、湖北、广东、贵州、云南、陕西、甘肃等 13 个省、自治区和直辖市开展为期两年的公益诉讼试点，并于 2015 年 12 月颁布《人民检察院提起公益诉讼试点工作实施办法》；2016 年 2 月，最高人民法院发布《人民法院审理人民检察院提起公益诉讼案件试点工作实施办法》；2017 年 6 月，新修正的《民事诉讼法》和《行政诉讼法》以立法的形式明确了检察机关有权提起公益诉讼制度，检察机关正式具备了公益诉讼的原告资格。

法条链接5.18

从地方层面的实践来看，自 2007 年以来，贵州、云南、江苏等地相继成立了专门的环保法庭，创设了地方性规范以指导环境公益诉讼活动，在一定程度上解决了环境公益诉讼司法实践缺乏规范依据的困境。[2]

(二)环境公益诉讼的类型与争议

伴随环境公益诉讼研究的逐步深入，部分环境法学者认为依据罗马法上的公益诉讼理论来观察环境民事公益诉讼与环境行政公益诉讼的二分法，必然产生法

[1] 参见孙洪坤：《环境公益诉讼立法模式之批判与重构》，载《东方法学》2017 年第 1 期。

[2] 参见徐淑琳：《反思环境公益诉讼中的举证责任倒置——以法定原告资格为视角》，载《中国地质大学学报》(社会科学版)2015 年第 1 期。

理逻辑上的矛盾、遭遇现实的困境，并建议将环境公益诉讼界定为一种新型的特别诉讼，独立于民事诉讼和行政诉讼，原因在于环境民事公益诉讼因私主体获得了国家特别授权具有公权性质而成为“不平等”的诉讼，而环境行政公益诉讼也因私主体获得了国家特别授权，因而与国家行政机关具有相同性质成为“平等”的诉讼。[1]

但也有学者认为，否定环境公益诉讼分为环境民事公益诉讼和环境行政公益诉讼的观点，模糊了我们对环境公益诉讼性质和功能的确定，并因此对当前环境公益诉讼具体制度的构建产生了消极影响。这种消极影响的后果之一就是当前对环境行政公益诉讼的关注度明显不够，司法实践中也以环境民事公益诉讼案件居多；在理论界，对构建环境行政公益诉讼制度的必要性认识也姗姗来迟。[2]

三、环境民事公益诉讼

典型案例　福建省南平市的谢知锦等4人未经审批，采取剥山皮、倾倒弃石、兴建工棚等方式采矿，严重毁坏了28.33亩林地植被。谢知锦等4人被判处刑罚后，自然之友和绿家园等公益组织提起民事诉讼，要求被告恢复植被、赔偿损失。法院认为，被告为采矿破坏林地，应共同在林地上补种林木并抚育管护3年，否则共同赔偿修复费110万余元，并赔偿生态功能损失费127万元。法院以生态环境修复为着眼点，不仅判令被告补种林木，限期恢复林地功能，还首次判令被告赔偿生态环境服务功能损失费，提高了破坏生态行为的违法成本，体现了保护生态环境的价值理念，判决具有很好的评价、指引和示范作用。[3]

我国民事公益诉讼存在两种形态：(1)群体性小额损害事件，单个受害者由于损失较小，基于诉讼成本、诉讼风险等因素，往往不愿提起诉讼维护自己的权利，突出表现在消费者权益保护、反不正当竞争、产品质量责任等领域；(2)环境污染等公害事件，这类事件通常符合“凡是属于最多数人的公共事物常常是最少受人照顾的

---

[1] 参见吕忠梅：《环境公益诉讼辨析》，载《法商研究》2008年第6期；肖建国、黄忠顺：《环境公益诉讼基本问题研究》，载《法律适用》2014年第4期。

[2] 参见黄锡生、谢玲：《环境公益诉讼制度的类型界分与功能定位——以对环境公益诉讼“二分法”否定观点的反思为进路》，载《现代法学》2015年第6期。

[3] 详细案情参见第一章：环境法的体系中的典型案例。相关分析和评论可以参见《省法院发布生态环境审判典型案例》，载福建人大网：http://www.fjrd.gov.cn/ct/45-123423，2017年6月6日，最后访问日期：2018年5月10日。

事物,人们关怀着自己的所有,而忽视公共的事物”的特点。由于“公地悲剧”〔1〕和“理性冷漠”〔2〕等现象的存在,导致环境领域出现了“违法成本低、守法成本高”的乱象,严重影响社会秩序。基于此,环境民事公益诉讼赋予了对公共环境的污染没有直接利害关系的主体提起诉讼的权利,以保护生态环境等社会公共利益。〔3〕

(一)社会组织提起的环境民事公益诉讼

案例研读

2016年,一起由社会组织提起的环境民事公益诉讼案件——“常州毒地案”,引起了全国各大媒体的广泛关注。被告常隆、华达、常宇三个化工厂原设厂址于江苏省常州市通江中路与辽河路交叉口西北角,占地约26万平方米,在此进行化工生产。因三方在生产经营过程中进行了不合理的废物排放,对该地块造成了严重污染,且在搬离时未采取任何修复措施。2011年,常州市新北区政府收储该宗土地,拟重新进行商业开发,遂委托相关机构和专家对该地块进行环境调查和评估,并于2014年展开生态修复工作。2015年9月,常州外国语学校搬入与受严重污染的常隆地块仅一路之隔的新校址。其后,该校学生先后出现身体严重不适应的状况,多达一百多名学生被检测出皮炎、支气管炎、白细胞减少等病症。事件发生后,一些受害人并没有就其损害向上述三被告提起诉讼,但是北京自然之友和中国绿发会以原告身份向三被告提起环境民事公益诉讼。原告方经过调查,认定受污染的土地并没有完成生态修复,且被告方怠于修复的行为违反《环境保护法》《固体废物污染防治法》《侵权责任法》的相关规定,应当承担相应的法律后果。〔4〕 2017年1月25日,常州中级人民法院开庭宣判,驳回原告诉讼请求,并判令两原告共同负担1,891,800元的案件受理费。常州中级人民法院认为,由于常州市新北区政府已对涉案地块依法开展环境污染损害修复工作,环境污染风险已得到有效控制,并且后续的环境污染检测、环境修复工作正在实施,原告方提起本案公益诉讼维护环境公共利益的诉讼目的已在逐步实现。2017年2月,自然之友和中国绿发会先后向常州中级人民法院递交上诉材料。

〔1〕 由于公地不是某个组织或个人的物权的客体,公众自由使用公地所产生的悲剧。Hardin, Garrett, “The Tragedy of the Commons”, *Ekistics*, Vol. 27, No. 160, 1969, pp. 168 - 170.

〔2〕 参见陈亮:《环境公益诉讼“零受案率”之反思》,载《法学》2013年第7期。

〔3〕 参见黄西武:《〈民事诉讼法〉与民事公益诉讼》,载《法律适用》2011年第10期。

〔4〕 参见马腾:《我国环境公益诉讼制度完善研究——对常州毒地案一审判决的法理思考》,载《中国政法大学学报》2017年第4期。

2018年12月26日，江苏省高级人民法院二审认为一审判决认定事实基本清楚，审判程序合法，但适用法律存在错误，据此撤销一审判决，并判决原审三被告在国家级媒体上就其污染行为向社会公众赔礼道歉；由原审三被告共同向自然之友支付本案律师费、差旅费230,000元，向中国绿发会支付本案律师费、差旅费230,000元；一审案件受理费100元、二审案件受理费100元，由原审三被告负担。[1]

□ **评析**

"常州毒地案"反映了环境公益诉讼的制度建构中存在很多亟待解决的问题。就制度外部建构而言，需妥善处理两方面的问题：一是充分尊重政府维护国家和社会环境公共利益的职责，设置社会组织提起环境民事公益诉讼的前置程序，确保提起环境民事公益诉讼的程序不得先于政府履行维护国家和社会环境公共利益的职责，确保有关行政监督管理机关以行政程序救济生态损害的职能有效发挥；二是充分发挥刑事附带民事诉讼制度维护环境公共利益的功能，确保社会组织提起环境民事公益诉讼是对刑事附带民事诉讼的补充。就制度内部协调而言，应确保人民检察院提起环境民事公益诉讼的对象范围要件与人民法院受理环境民事公益诉讼的对象范围要件保持一致，确保人民检察院提起环境民事公益诉讼的程序与人民法院受理环境民事公益诉讼的程序无缝对接，充分发挥环境公益诉讼维护环境公共利益的监督与补充作用。[2]

1. 资格条件与受案范围

在环境民事公益案件中，受害者受到技术、知识、资金等因素制约，难以主动和有效地维护自身环境权益时，社会组织提起的环境民事公益诉讼可在相当程度上

---

〔1〕 就饱受争议的本案受理费问题，二审法院在判决中论述如下："环境民事公益诉讼案件受理费应当适用《国务院诉讼费用缴纳办法》的规定，有财产诉求的根据诉讼请求的金额或者价额，按照一定比例分段累计交纳；非财产案件的受理费按件计收。本案上诉人提出的由被上诉人修复受损环境、赔礼道歉的诉求属于非财产诉求。上诉人提出的由被上诉人承担修复费用的诉求因无法确定后续治理所需费用，不能作为案件受理费的计算依据。且上诉人优先诉求是由被上诉人修复受损环境，承担修复费用系优先诉求不能实现时的备位诉求，应当按照优先诉求确定案件受理费。因此，本案按照非财产案件计算案件受理费。"参见北京市朝阳区自然之友环境研究所、中国生物多样性保护与绿色发展基金会与江苏常隆化工有限公司、常州市常宇化工有限公司等二审民事判决书，（2017）苏民终232号，江苏省高级人民法院，载中国裁判文书网：http://wenshu.court.gov.cn/content/content? DocID =775020b1 -0941 -4504 -892c -a9c4014a5b0b&KeyWord =%E5%B8%B8%E5%B7%9E%E5%A4%96%E5%9B%BD%E8%AF%AD，最后访问日期：2019年2月8日。

〔2〕 案例评析节选自罗丽：《我国环境公益诉讼制度的建构问题与解决对策》，载《中国法学》2017年第3期。

克服弱势群体维护自身环境权益的困境。[1] 根据《环境保护法》第58条规定，提起环境民事公益诉讼的社会组织应当满足两项资格条件：(1)依法在设区的市级以上人民政府民政部门登记；(2)专门从事环境保护公益活动连续五年以上且无违法记录。符合上述两项条件的社会组织向人民法院提起诉讼，人民法院应当依法受理，但是提起诉讼的社会组织不得通过诉讼牟取经济利益。《环境保护法》第58条规定细化了《民事诉讼法》第55条在原告主体资格方面所作的"法律规定的机关和有关组织可以向人民法院提起诉讼"的较为宽泛的规定，有利于实践操作。如此看来，我国环境民事公益诉讼的原告规则似乎是"严进宽出"，范围有限但资格宽松，只要符合形式要件，起诉几乎没有限制。从司法实践来看，社会组织已经提起多件针对环境违法行为的环境民事公益诉讼，如2015年提起的6起对已受刑事处罚的"刑事旧案"进行"追诉"的案件，以及以"腾格里沙漠污染""渤海溢油"等重大环境事件为基础的个案。这些案件中的违法行为在公权力干预下早已终止并且一定时期内无复发可能，有的被告甚至已在狱中，但法院仍受理了公益诉讼并认可了巨额赔偿。[2]

2015年最高人民法院《关于审理环境民事公益诉讼案件适用法律若干问题的解释》进一步明确了社会组织提起环境民事公益诉讼的资格：(1)依照法律、法规的规定，在设区的市级以上人民政府民政部门登记的社会团体、民办非企业单位以及基金会等，可以认定为《环境保护法》第58条规定的社会组织；(2)设区的市，自治州、盟、地区，不设区的地级市，直辖市的区以上人民政府民政部门，可以认定为《环境保护法》第58条规定的"设区的市级以上人民政府民政部门"；(3)社会组织章程确定的宗旨和主要业务范围是维护社会公共利益，且从事环境保护公益活动的，可以认定为《环境保护法》第58条规定的"专门从事环境保护公益活动"；社会组织提起的诉讼所涉及的社会公共利益，应与其宗旨和业务范围具有关联性；(4)社会组织在提起诉讼前5年内未因从事业务活动违反法律、法规的规定受过行政、刑事处罚的，可以认定为《环境保护法》第58条规定的"无违法记录"。

同时，2015年最高人民法院《关于审理环境民事公益诉讼案件适用法律若干问题的解释》将社会组织提起环境民事公益诉讼的受案范围由《环境保护法》中"污染环境"的范围扩大至"对已经损害社会公共利益或者具有损害社会公共利益重大风险的污染环境、破坏生态的行为"。

---

〔1〕 参见秦天宝、段帷帷：《中国环境侵权案件审理机制的新发展——基于最高人民法院公布的十起案例》，载《武汉大学学报》（哲学社会科学版）2016年第6期。

〔2〕 参见巩固：《大同小异抑或貌合神离？中美环境公益诉讼比较研究》，载《比较法研究》2017年第2期。

但是我国并没有在原告范围中纳入公民或自然人个人。就原告主体资格的认定上，中国较美国的公民诉讼更为严格，实定法目前只承认法律规定的机关和有关组织及检察机关的原告资格，并未将其扩张到公民或自然人主体上。[1]有学者认为，就目前而言，赋予普通公民主体资格无疑具有较大的实施难度，尤其是在当下可能会存在滥诉以及司法资源浪费等风险。[2]

2. 起诉条件

最高人民法院《关于适用〈中华人民共和国民事诉讼法〉的解释》第284条规定，《环境保护法》《消费者权益保护法》等法律规定的机关和有关组织对污染环境、侵害众多消费者合法权益等损害社会公共利益的行为，根据《民事诉讼法》第55条规定提起公益诉讼，符合下列条件的，人民法院应当受理：(1)有明确的被告；(2)有具体的诉讼请求；(3)有社会公共利益受到损害的初步证据；(4)属于人民法院受理民事诉讼的范围和受诉人民法院管辖。

3. 与其他环境民事诉讼的关系[3]

对于环境民事公益诉讼与环境民事私益诉讼的衔接问题，最高人民法院《关于适用〈中华人民共和国民事诉讼法〉的解释》第288条作出了规定，明确人民法院受理公益诉讼案件，不影响同一侵权行为的受害人提起民事私益诉讼。

当环境民事公益诉讼案件的裁判生效后，依据最高人民法院《关于审理环境民事公益诉讼案件适用法律若干问题的解释》第28条的规定，有权提起诉讼的其他机关和社会组织就同一污染环境、破坏生态行为另行起诉，具备下列情形之一的，人民法院应予受理：(1)前案原告的起诉被裁定驳回的；(2)除因负有环境保护监督管理职责的部门依法履行监管职责而使原告诉讼请求全部实现，原告申请撤诉之外的其他类型撤诉被裁定准许的。环境民事公益诉讼案件的裁判生效后，有证据证明存在前案审理时未发现的损害，有权提起诉讼的机关和社会组织另行起诉的，人民法院应予受理。

4. 责任方式

社会组织提起的环境民事公益诉讼，一般是要求被告承担停止侵害、消除危险、恢复原状、赔偿生态环境修复费用和损失、赔礼道歉以及支付律师费和诉讼费等民事责任方式。

基于民事诉讼的特点，恢复原状的责任方式在各类责任方式中应处于核心地

---

[1] 参见张辉：《美国环境公众参与理论及其对中国的启示》，载《现代法学》2015年第4期。

[2] 参见张忠民：《环境公益诉讼被告的局限及其克服》，载《环球法律评论》2016年第5期。

[3] 参见段厚省：《环境民事公益诉讼基本理论思考》，载《中外法学》2016年第4期。

位。[1] 目前一般有两种方式适用恢复原状,且有先后顺序:(1)生态环境损害发生后,被告首先应当采取有效措施将生态环境修复到损害发生之前的状态和功能;(2)出现部分或全部无法恢复原状的,可以准许采用替代性修复方式。这样的考虑,很大程度上是因为对于受损的环境而言,在短时期内恢复原状未必是最佳选择,存在二次伤害的风险。任何有效的生态修复都是一个系统性工程,需要较广的空间和较长的时间,往往需要相关专业部门牵头进行长远规划和统筹协调,不可能随时启动,而应逐案进行。[2]

法条链接5.19

阅读材料 | 2014 年的"泰州 12·19 环境公益诉讼案"

被告向河流倾倒废酸造成了一定污染,但在诉讼之前河流水质已经恢复,在诉讼时已不存在需要修复的环境,但是法院仍判处了1.6 亿元的"天价"修复费。环境侵权的代价必须具有强大的威慑性。这种威慑性不仅来源 1.6 亿元巨额的赔偿金,更来源行政处罚、治安处罚、民事赔偿、刑事责任等法律责任的综合运用,才能形成应有的制裁和遏制效果。[3]

(二)检察机关提起的环境民事公益诉讼

典型案例　2016 年 8 月 30 日,中山市海洋与渔业局工作人员在辖区海域巡查时发现,有船舶在中山市民众镇横门东出海航道 12 号灯标堤围处倾倒废弃垃圾。经中山市公安机关查明,在 2016 年 7 ~ 8 月,佛山市民彭某权等 5 人以加固堤围为借口,从东莞中堂镇三冲码头将造纸厂的废弃胶纸等废弃物运往民众镇横门东出海航道 12 号灯标堤围处进行倾倒,对周围海域造成极其严重的环境污染。华南环境科学研究所受中山市环保局委托对周边海域的污染情况作出了环境损害鉴定评估报告。中山市第一人民法院一审、中山市中级人民法院终审认定彭某权等 4 人构成污染环境罪。

2018 年 4 月 16 日下午,中山市海洋与渔业局向广州海事法院提出民事诉讼请求,

---

〔1〕 参见张新宝、庄超:《扩张与强化:环境侵权责任的综合适用》,载《中国社会科学》2014 年第 3 期。

〔2〕 参见巩固:《2015 年中国环境民事公益诉讼的实证分析》,载《法学》2016 年第 9 期。

〔3〕 参见吕忠梅:《环境司法理性不能止于"天价"赔偿:泰州环境公益诉讼案评析》,载《中国法学》2016 年第 3 期。

这也成为《民事诉讼法》修改施行后,全国首例由检察机关支持起诉的海洋生态环保民事公益诉讼案。2018 年 4 月 18 日上午,广州海事法院公开开庭审理这宗案件,中山市人民检察院检察长出庭担任支持起诉人。中山市海洋与渔业局诉请法院判令彭某权等 5 名被告承担恢复环境费用、赔偿损失等合计 780 余万元。2018 年 6 月 26 日,广州海事法院对该案一审宣判。法院认为,污染海洋环境责任纠纷是人民法院近年来受理的新类型案件,污染海洋环境造成的损失往往缺少直接、具体、可量化的计算标准,需要有专门知识的人做出鉴定意见。法院依法判决被告彭某权等 4 人连带赔偿生态修复费用 3,725,589.78 元,被告袁某胜在 353,297.68 元范围内承担连带赔偿责任,以上款项上交国库,用于修复被损害的生态环境;被告彭某权等 4 人连带赔偿因环境污染产生的各项经济损失 3,531,748.50元,被告袁某胜在 334,915.71 元范围内承担连带赔偿责任,以上款项上交国库。此外,被告彭某权等 4 人连带承担鉴定评估费 35 万元、检测费 192,800元、律师代理费 2 万元,被告袁某胜在 53,370.32 元范围内承担连带赔偿责任。[1]

环境的公益属性决定了由检察机关提起环境民事公益诉讼具有法理基础。在 2017 年《民事诉讼法》和《行政诉讼法》修正之前,由于缺少立法依据,导致检察机关在环境公益诉讼的探索中面临无法可依的尴尬局面。[2] 2017 年修正的《民事诉讼法》第 55 条规定,人民检察院在履行职责中发现破坏生态环境和资源保护、食品药品安全领域侵害众多消费者合法权益等损害社会公共利益的行为,在没有法律规定的机关和组织或者相关机关和组织不提起诉讼的情况下,可以向人民法院提起诉讼。如果法律规定的机关和有关组织已经向人民法院提起诉讼的,人民检察院可以支持起诉。

因此,检察机关提起民事公益诉讼的实质要件为没有法律规定的机关和组织起诉,或者法律规定的机关和组织不起诉。此时,检察机关的地位相当于原告所扮演的公益诉讼人而非支持或督促起诉人。

在检察机关提起环境民事公益诉讼的场合,还有一个问题值得注意,这就是作为原告的检察机关应当平衡民事公益诉权与行政权和司法权之间的关系。一方

---

〔1〕 参见《东莞有毒垃圾偷倒中山污染海洋！五被告一审被判赔 745 万余元》,载《南方都市报》。转引自“海洋知圈”公众号:https://mp.weixin.qq.com/s/k_3543t4B0XZGHhFdfDEUA,最后访问日期:2018 年 6 月 27 日。

〔2〕 参见蔡守秋、张文松:《检察机关在突破环境民事公益诉讼难局中的法律困境与规则建构——基于公益诉讼改革试点方案的思考》,载《中国地质大学学报》(社会科学版)2016 年第 3 期。

面,环境行政权在维护环境公共利益上具有主导性,应避免检察监督权与环境行政权之间的失衡。[1] 检察机关和环境保护行政主管部门均为环境公益保护的国家机关,但是两者有明确的分工:针对环境犯罪行为,由检察机关提起环境刑事诉讼,而针对其他环境违法行为,由环境保护行政主管部门通过行政执法给予行政处罚,两者已经在维护环境公益方面形成了合理的分工机制。如果检察机关以环境公益的名义提起本应由环境行政主管部门管辖且已经管辖的环境民事公益诉讼,必然会引起检察机关与环境行政主管部门职责上的重叠和冲突。[2] 所以并不是所有的环境纠纷都应当由检察机关代表国家、社会和大众来起诉,检察机关提起的公益诉讼应当是对行政执法的补充。[3] 另一方面,检察机关提起环境民事公益诉讼时,不得不承担双重身份,既要代表国家维护公共利益,又要监督法院的司法审判活动,存在诉讼当事人身份与法律监督者身份之间的冲突,有违诉讼过程中权利配置的规则,存在扭曲民事诉讼程序结构的可能性,有可能致使法院不能独立作出裁判,使得被告承担不应该承担的责任。[4]

最高人民法院《关于审理环境民事公益诉讼案件适用法律若干问题的解释》第 11 条规定,检察机关、负有环境保护监督管理职责的部门及其他机关、社会组织、企业事业单位依据《民事诉讼法》第 15 条的规定,可以通过提供法律咨询、提交书面意见、协助调查取证等方式支持社会组织依法提起环境民事公益诉讼。

四、环境行政公益诉讼[5]

典型案例　百花湖位于贵州省贵阳市西北角,是 1960 年修建百花水电站形成的人工湖,也是贵州省省级风景名胜区。清镇市国土资源管理局未经百花湖风景名胜区管理机构的同意,于 1994 年 11 月 14 日与李万先(百花湖冷饮厅法人代表)签订了《国有土地使用权出让合同》,将位于百花湖乡三堡村屯坡脚的面

[1] 参见李艳芳:《论检察机关在环境公益诉讼中的角色与定位——兼评最高人民检察院〈检察机关提起公益诉讼改革试点方案〉》,载《中国人民大学学报》2016 年第 2 期。

[2] 参见章礼明:《检察机关不宜作为环境公益诉讼的原告》,载《法学》2011 年第 6 期。

[3] 参见杜群、梁春艳:《我国环境公益诉讼单一模式及比较视域下的反思》,载《法律适用》2016 年第 1 期;孙洪坤、陶伯进:《检察机关参与环境公益诉讼的双重观察——兼论〈民事诉讼法〉第 55 条之完善》,载《东方法学》2013 年第 5 期。

[4] 参见郭锦勇、苏喆:《检察机关在环境公益诉讼中的职能研究——以公益诉讼专门制度的构建与实施为视角》,载《河北法学》2015 年第 11 期。

[5] 参见常纪文:《我国环境公益诉讼立法存在的问题及其对策——美国判例法的新近发展及其经验借鉴》,载《现代法学》2007 年第 5 期。

积为800平方米的4号宗地转让给李万先，规划为建设冷饮厅加工项目及宿舍、办公室。十几年过去后，冷饮厅加工项目一直未完工，国土资源局也一直未履行职责及时收回该土地及地上附属建筑。2009年5月，本案原告中华环保联合会在接到清镇市有关群众举报后于7月8日向清镇市国土资源局发出律师函，建议清镇市国土资源局在收到律师函10日内收回该宗土地的使用权及地上建筑或其他附属物，并消除该建筑对百花湖风景区环境造成的潜在危害。但该局仍未履行职责。7月27日，中华环保联合会向贵州省清镇市法院提起行政公益诉讼，请求法院判决清镇市国土资源局收回与李万先签订的土地合同中出让的4号宗地的土地使用权及地块上附属建筑。清镇市国土资源局副局长代表被告方出庭应诉，因为在开庭前国土资源局已于8月28日作出了撤回百花湖风景区冷饮厅加工项目土地使用权的决定，原告中华环保联合会当庭提出撤诉。[1] 该案是我国的第一件环境行政公益诉讼案，该案审理时，法律层面尚未设置环境行政公益诉讼制度。

环境行政公益诉讼是指检察机关依法对损害或可能损害环境与生态资源等公共利益的行政行为提起的诉讼，由法院依照法定程序审查行政行为的合法性，并作出裁判的活动。[2] 环境行政公益诉讼和环境民事公益诉讼同属环境公益诉讼，其区别在于前者以行政机关为被告，后者以私人、企业、其他组织为被告。同时，环境行政公益诉讼也是行政诉讼的一种特殊类型。

(一)环境行政公益诉讼的特点

与环境民事公益诉讼相比，环境行政公益诉讼主要有以下特点：(1)与普通的行政诉讼一致，在环境行政公益诉讼中，司法机关主要审查行政机关行政行为的合法性，仅在行政行为明显不当的情况下才会对行政行为的合理性进行审查，这也是司法权对行政权的尊让，在行政专业性领域内，避免法院介入环境行政管理事务，以避免其陷入相关的利益冲突之中；(2)司法机关通常只针对行政机关的特定行政作为或者行政不作为作出法律上的评价，而不涉及事实问题。这能够减少司法资源的投入，降低环境司法的难度；(3)根据《行政诉讼法》第25条规定，目前我国环

---

〔1〕 参见《中华环保联合会诉贵州清镇国土局：社团公益诉讼开先河》，载检察日报正义网：http://www.jcrb.com/zhuanti/fzzt/lpsh/gyss/201001/t20100112_300833.html，最后访问日期：2018年4月31日。

〔2〕 参见黄锡生、林玉成：《构建环境公益行政诉讼制度的设想》，载《行政法学研究》2005年第3期。

境行政公益诉讼的原告仅以人民检察院为限，暂未扩展至社会组织等其他原告主体。[1]

司法实践中，尽管目前我国的环境民事公益诉讼相比环境行政公益诉讼更为活跃，但就环境公益诉讼的作用而言，其主要是出于监督环境行政执法和行为人守法的目的而设立，因此国外的环境公益诉讼类型主要是环境行政公益诉讼。[2] 与民事诉讼相比，行政诉讼本身与公益具有更大的契合度，行政诉讼“主要关注的并非是保护私人利益，而是维护一种全社会的‘公共利益，即行政机关依法办事’”。[3] 正是基于这一认识，部分学者认为，环境公益救济领域正确的立法顺序应当是先确立环境行政公益诉讼制度，后确立环境民事公益诉讼制度。当法定机关和社会组织发现环境违法行为时，它们应当首先敦请当地政府或其环境保护行政主管部门履行环境保护监管职责，如果当地政府或其环保职能部门怠于履行该职责，法定机关和社会组织再依据环境行政公益诉讼的法律规定，提起环境行政公益诉讼，通过司法权来纠正行政机关的不当行政。[4]

法条链接5.20

（二）检察机关提起的环境行政公益诉讼

典型案例　2014 年 10 月 20 日，贵州省毕节市金沙县检察院以“环保局怠于处罚逾期不缴纳排污费的企业”为由把金沙县环保局诉至遵义仁怀市人民法院。法院受理此案后，被告金沙县环保局对违法企业进行了处罚，检察机关认为通过诉讼促使行政机关履行职责的目的已经达到，便向法院申请撤诉并且得到了允许。本案为我国首例检察机关提起的环境行政公益诉讼。[5]

1. 制度概述

最高人民检察院在《检察机关提起公益诉讼试点方案》中，对检察机关提起环境行政公益诉讼作出了如下五方面的规定：(1) 试点案件范围。检察机关在履行职

---

〔1〕 参见王明远：《论我国环境公益诉讼的发展方向：基于行政权与司法权关系理论的分析》，载《中国法学》2016 年第 1 期。

〔2〕 参见王灿发、程多威：《新〈环境保护法〉下环境公益诉讼面临的困境及其破解》，载《法律适用》2014 年第 8 期。

〔3〕 参见杨伟东：《政府信息公开申请人资格及其对行政诉讼原告资格的发展——以中华环保联合会诉修文县环保局案为分析基点》，载《行政法学研究》2017 年第 1 期；转引自[美]理查德·B. 斯图尔特：《美国行政法的重构》，沈岿译，商务印书馆 2002 年版，第 81 页。

〔4〕 参见王曦：《论环境公益诉讼制度的立法顺序》，载《清华法学》2016 年第 6 期。

〔5〕 参见秦天宝、段帷帷：《论我国环境行政公益诉讼制度的发展——以全国首例检察机关提起环境行政公益诉讼案为例》，载《环境保护》2015 年第 1 期。

责中发现生态环境和资源保护、国有资产保护、国有土地使用权出让等领域负有监督管理职责的行政机关违法行使职权或者不作为，造成国家和社会公共利益受到侵害，公民、法人和其他社会组织由于没有直接利害关系，没有也无法提起诉讼的，可以向人民法院提起行政公益诉讼。试点期间，重点是对生态环境和资源保护领域的案件提起行政公益诉讼。（2）诉讼参加人。检察机关以公益诉讼人身份提起行政公益诉讼。行政公益诉讼的被告是生态环境和资源保护、国有资产保护、国有土地使用权出让等领域违法行使职权或者不作为的行政机关，以及法律、法规、规章授权的组织。（3）诉前程序。在提起行政公益诉讼之前，检察机关应当先行向相关行政机关提出检察建议，督促其纠正违法行政行为或者依法履行职责。行政机关应当在收到检察建议书后1个月内依法办理，并将办理情况及时书面回复检察机关。（4）提起诉讼。经过诉前程序，行政机关拒不纠正违法行为或者不履行法定职责，国家和社会公共利益仍处于受侵害状态的，检察机关可以提起行政公益诉讼。检察机关提起行政公益诉讼，应当有明确的被告、具体的诉讼请求、国家和社会公共利益受到侵害的初步证据，并应当制作公益诉讼起诉书。（5）诉讼请求。检察机关可以向人民法院提出撤销或者部分撤销违法行政行为、在一定期限内履行法定职责、确认行政行为违法或者无效等诉讼请求。

《行政诉讼法》第25条进一步明确了检察机关的环境行政公益诉讼权。人民检察院在履行职责中发现生态环境和资源保护、食品药品安全、国有财产保护、国有土地使用权出让等领域负有监督管理职责的行政机关违法行使职权或者不作为，致使国家利益或者社会公共利益受到侵害的，应当向行政机关提出检察建议，督促其依法履行职责。行政机关不依法履行职责的，人民检察院依法向人民法院提起诉讼。可见，检察机关是目前唯一被授予环境行政公益诉讼权的原告主体，且环境行政公益诉讼的受案范围较为有限。

针对诉讼所涉的程序性问题，最高人民法院颁布了《人民法院审理人民检察院提起公益诉讼案件试点工作实施办法》。该办法第11条从司法层面确认了环境行政公益诉讼实行立案登记制，第12条至第19条则明确了行政公益诉讼应当提交的材料、诉讼请求、管辖、不适用调解等规定。最高人民检察院发布的《人民检察院提起公益诉讼试点工作实施办法》第28条明确了人民检察院在环境行政公益诉讼中应当履行职务犯罪侦查、批准或者决定逮捕、审查起诉、控告检察、诉讼监督等职责，并在第44条详细规定了人民检察院提起行政公益诉讼承担举证责任的范围：证明起诉符合法定条件；人民检察院履行诉前程序提出检察建议且行政机关拒不纠正违法行为或者不履行法定职责的事实；其他应当由人民检察院承担举证责任的事项。

法条链接5.21

2. 检察机关的诉讼地位

根据最高人民法院《人民法院审理人民检察院提起公益诉讼案件试点工作实施办法》第 14 条规定，人民检察院以公益诉讼人身份提起行政公益诉讼，诉讼权利义务参照《行政诉讼法》关于原告诉讼权利义务的规定。理论上，环境行政公益诉讼制度承认了人民检察院以公益诉讼人的身份提起诉讼不同于一般行政诉讼中的原告，而上述规定有要求其诉讼权利与义务需参照行政诉讼中原告的诉讼权利义务，这实际上忽视了检察机关在行政公益诉讼中行使权利和履行义务的很多方面都不同于一般行政诉讼中原告这一事实。[1] 因此，检察机关的诉讼地位尚待法律作出明确规定。

五、环境公益诉讼制度的思考

结合目前我国环境公益诉讼制度的现状，学者们就该项制度的完善提出了一些有建设性的构想：

1. 整合司法资源。有学者认为，环境公益诉讼的合并审理和“一揽子”解决是必然趋势。只要有环境公益受损的事实及明确的被诉主体，即可进行统一受理并审理，并可在审判中区别被诉主体及行为的不同属性，分别适用相应规则和原理。[2]

2. 推行环保禁止令。环保禁止令是人民法院为及时制止被申请人正在进行的危害、污染、破坏环境行为，根据申请人的申请，依照我国《民事诉讼法》的规定，以裁定的形式作出的一种行为保全。如 2015 年贵州省高级人民法院《关于推进环境民事公益诉讼审判工作的若干意见》中规定，“为避免环境公共利益遭受进一步的损害，对正在实施或者即将实施的危害环境公共利益的行为，有关国家机关、社会组织在提起环境民事公益诉讼前及诉讼中，均可以申请人民法院发出司法强制令，禁止行为人作出一定行为或者责令行为人作出一定行为。提起诉讼后原告没有提出申请的，人民法院在必要时也可以直接向行为人发出司法强制令。情况紧急的，人民法院应当在 48 小时内发出司法强制令。当事人诉前申请司法强制令的，人民法院应当要求其提供相应的担保；诉讼中申请司法强制令的，人民法院视情况决定

---

〔1〕 参见湛中乐、尹婷：《环境行政公益诉讼的发展路径》，载《国家检察官学院学报》2017 年第 2 期。
〔2〕 参见巩固：《2015 年中国环境民事公益诉讼的实证分析》，载《法学》2016 年第 9 期。

是否要求其提供相应的担保”。[1]

3. 创设环境公益诉讼激励机制。设立环境公益诉讼救济基金，无论原告是否胜诉，均从国家或地方政府出资设立的公益诉讼救济基金中支取公益诉讼原告的诉讼成本；践行“败诉方负担”规则，要求法律授权法院，在其认为适当的时候，将胜诉方所应承担的诉讼成本判给败诉方承担的一种诉讼成本分摊方式。[2]

4. 公益诉讼的判决效力。即当对公益诉讼案件作出的判决生效后，该判决对其他因同一事件引发的私益诉讼的影响问题。公益诉讼案件的判决对事件的事实认定应当对同一事件引发的后诉有证明效力，后诉的当事人无须就侵害事件的违法性进行证明，只需要援引公益诉讼的判决即可。[3]

5. 赔偿款管理问题。由于不存在立法层面的明确规定，各地对环境公益诉讼赔偿款的使用管理存在不同做法：如昆明市环保局开设环境公益诉讼救济专项资金专门账户，对救济资金进行统一核算和管理；无锡市设立了财政专户，专门用于环境修复。针对检察机关提起的环境民事公益诉讼案件中的赔偿款项的管理也有不同做法：一是赔偿款项支付至环境公益基金专用账户，二是赔偿款项支付至财政局环保专用账户，三是赔偿款项支付至检察院指定的账户。2014 年，最高人民法院发布《关于全面加强环境资源审判工作　为推进生态文明建设提供有力司法保障的意见》，提出了“探索设立环境公益诉讼专项基金”的主张。[4]事实上，公益诉讼赔偿款专项专户管理不仅需要财政、环保等部门与法院、检察院的共同协商，还需得到立法上的进一步确认。[5]

---

[1] 早在 2011 年，昆明就出台了《关于在环境民事公益诉讼中适用环保禁止令的若干意见（试行）》《关于公安机关协助人民法院执行环保禁止令的若干意见（试行）》等规范性文件，规范环保禁止令的执行。参见《能动司法与联动执法——昆明环境司法的创新与实践》，载中华环保联合会网：http://www.acef.com.cn/site2/subject/news/43996.shtml，最后访问日期：2018 年 4 月 20 日；《北京四中院首发大气污染“禁令”在环境民事公益诉讼中依职权裁定行为保全》，载中国法院网：https://www.chinacourt.org/article/detail/2017/08/id/2972990.shtml，最后访问日期：2018 年 4 月 20 日。

[2] 参见陈亮：《环境公益诉讼激励机制的法律构造——以传统民事诉讼与环境公益诉讼的当事人结构差异为视角》，载《现代法学》2016 年第 4 期。

[3] 参见张卫平：《民事公益诉讼原则的制度化及实施研究》，载《清华法学》2013 年第 4 期。

[4] 参见《环境公益诉讼赔偿款项如何管理使用》，载最高人民检察院网：http://www.spp.gov.cn/llyj/201704/t20170423_188761.shtml，最后访问日期：2018 年 4 月 20 日。

[5] 参见山东省高级人民法院环境资源审判庭课题组、张爱云：《关于环境公益诉讼相关问题的调研》，载《山东审判》2017 年第 5 期。

第六节　生态环境损害赔偿制度

典型案例　贵州省大鹰田，临近开磷公司生产厂区西北侧和息烽河，水体功能为保留区，执行地表水Ⅲ类标准；周边为树林和灌木林，该区域为息烽河地下水补给区域。2012 年 6 月，开磷公司与诚诚公司签订委托劳务协议，由诚诚公司将开磷公司的污泥渣运往配套建设的交椅山渣场。2012 年年底，诚诚公司开始将污泥渣运往大鹰田非法倾倒，直到 2015 年年底被贵阳市生态文明建设委员会责令停止。贵州省环保厅将本案作为生态环境损害赔偿行政磋商试点，报贵州省试点工作领导小组同意后实施。环保厅在征询开磷公司与诚诚公司同意磋商的意见后，共同委托贵州省律师协会作为中立第三方磋商机构。2017 年 1 月 4 日，磋商会议召开。环保厅工作人员及代理律师、开磷公司法定代表人及代理人、诚诚公司代理人到会，省政府法制办、贵阳市生态文明建设委员会、息烽县人民政府派人出席磋商会议。会议邀请了贵州大学环境法专家、贵阳市生态文明基金会代表参加。会议就损害事实、责任主体、赔偿范围达成一致意见，但就损害评估报告中建议的两种修复治理方案的选择存在分歧。会后经进一步磋商，环保厅、开磷公司、诚诚公司最终达成一致意见，于 2017 年 1 月 13 日签订了《生态环境损害赔偿协议》，并共同向贵州省清镇市人民法院申请司法确认《生态环境损害赔偿协议》的效力。2017 年 1 月 22 日，清镇市人民法院立案受理并进行审查，并于 2017 年 1 月 23 日至 2 月 6 日，在贵州省高级人民法院门户网站对协议主要内容进行公示。2017 年 2 月 27 日，清镇市人民法院以(2017)黔 0181 民特 6 号《民事裁定书》作出裁定，确认《生态环境损害赔偿协议》有效。开磷公司和诚诚公司承担了 134 万余元前期处置费用和数百万元的生态环境修复费用。[1]
这是全国首份生态环境损害赔偿司法确认书，切实有效地维护了当地环境公共利益。

生态环境损害赔偿制度，是指违反法律法规，造成生态环境损害的单位或个人，应当承担生态环境损害赔偿责任的一项法律制度。该制度项下的救济方式包

〔1〕　参见《全国首例生态环境磋商案》，载正义网：http://www.jcrb.com/legal/fzyc/201803/t20180318_1851514.html，最后访问日期：2018 年 4 月 20 日。

括赔偿磋商以及在磋商未果时提起的生态环境损害赔偿民事诉讼。生态环境损害赔偿范围包括清除污染费用、生态环境修复费用、生态环境修复期间服务功能的损失、生态环境功能永久性损害造成的损失以及生态环境损害赔偿调查、鉴定评估等合理费用。

我国的生态环境损害赔偿制度首见于2015年9月中共中央、国务院印发的《生态文明体制改革总体方案》。[1] 方案强调要强化生产者环境保护法律责任,大幅度提高违法成本。健全环境损害赔偿方面的法律制度、评估方法和实施机制,对违反环保法律法规的,依法严惩重罚;对造成生态环境损害的,以损害程度等因素依法确定赔偿额度;对造成严重后果的,依法追究刑事责任。

同年12月,中共中央办公厅、国务院办公厅印发《生态环境损害赔偿制度改革试点方案》的通知[2](以下简称试点方案,已失效),提出三阶段实施我国生态环境损害赔偿制度的构想,即2015年至2017年,选择部分省份开展生态环境损害赔偿制度改革试点;从2018年开始,在全国试行生态环境损害赔偿制度;到2020年,力争在全国范围内初步构建责任明确、途径畅通、技术规范、保障有力、赔偿到位、修复有效的生态环境损害赔偿制度。试点七省市分别为吉林、江苏、山东、湖南、重庆、贵州、云南。

2017年12月,在实行两年试点工作后,中共中央办公厅、国务院办公厅印发《生态环境损害赔偿制度改革方案》的通知[3](以下简称改革方案),在肯定试点方案的基础上,部署在全国范围内加快构建生态环境损害赔偿制度。

一、工作原则

生态环境损害赔偿制度秉持四项工作原则:

1. 依法推进,鼓励创新。按照相关法律法规规定,立足国情和地方实际,由易到难、稳妥有序开展生态环境损害赔偿制度改革工作。对法律未作规定的具体问题,根据需要提出政策和立法建议。

2. 环境有价,损害担责。体现环境资源生态功能价值,促使赔偿义务人对受损的生态环境进行修复。生态环境损害无法修复的,实施货币赔偿,用于替代修复。

---

〔1〕《中共中央、国务院印发〈生态文明体制改革总体方案〉》,载中国政府网:http://www.gov.cn/guowuyuan/2015-09/21/content_2936327.htm,最后访问日期:2018年3月21日。

〔2〕《中共中央办公厅、国务院办公厅印发〈生态环境损害赔偿制度改革试点方案〉》,载中国政府网:http://www.gov.cn/zhengce/2015-12/03/content_5019585.htm,最后访问日期:2018年3月21日。

〔3〕《中共中央办公厅、国务院办公厅印发〈生态环境损害赔偿制度改革方案〉》,载中国政府网:http://www.gov.cn/zhengce/2017-12/17/content_5247952.htm,最后访问日期:2018年3月21日。

赔偿义务人因同一生态环境损害行为需承担行政责任或刑事责任的,不影响其依法承担生态环境损害赔偿责任。这一原则让造成生态环境损害的责任者承担赔偿责任、修复受损生态环境,有助于破解“企业污染、群众受害、政府买单”的困局。[1]

3. 主动磋商,司法保障。生态环境损害发生后,赔偿权利人组织开展生态环境损害调查、鉴定评估、修复方案编制等工作,主动与赔偿义务人磋商。磋商未达成一致,赔偿权利人可依法提起诉讼。

4. 信息共享,公众监督。实施信息公开,推进政府及其职能部门共享生态环境损害赔偿信息。生态环境损害调查、鉴定评估、修复方案编制等工作中涉及公共利益的重大事项应当向社会公开,并邀请专家和利益相关的公民、法人、其他组织参与,这也是《环境保护法》“公众参与原则”的具体要求。

二、适用范围

改革方案从正反两个方面明确了该项制度的适用范围。

正向方面表现有下列情形之一的,依法追究生态环境损害赔偿责任:(1)发生较大及以上突发环境事件的;(2)在国家和省级主体功能区规划中划定的重点生态功能区、禁止开发区发生环境污染、生态破坏事件的;(3)发生其他严重影响生态环境后果的。各地区应根据实际情况,综合考虑造成的环境污染、生态破坏程度以及社会影响等因素,明确具体情形。

反向方面确定了以下情形不适用改革方案:(1)涉及人身伤害、个人和集体财产损失要求赔偿的,适用《民法典》等法律规定;(2)涉及海洋生态环境损害赔偿的,适用《海洋环境保护法》等法律及相关规定。

三、工作内容

生态环境损害赔偿的工作内容主要如下:

1. 明确赔偿范围。各地区可根据生态环境损害赔偿工作进展情况和需要,提出细化赔偿范围的建议。鼓励各地区开展环境健康损害赔偿探索性研究与实践。

2. 确定赔偿义务人。现行民事法律和资源环境保护法律有相关免除或减轻生态环境损害赔偿责任规定的,按相应规定执行。各地区可根据需要扩大生态环境损害赔偿义务人范围,提出相关立法建议。

3. 明确赔偿权利人。国务院授权省级、市地级政府(包括直辖市所辖的区县级

---

[1] 参见《改革生态环境损害赔偿制度破解“企业污染、政府买单”困局——环保部有关负责人解读〈生态环境损害赔偿制度改革方案〉》,载新华网:http://www.xinhuanet.com/politics/2017-12/17/c_1122124266.htm,最后访问日期:2019年3月21日。

政府,下同)作为本行政区域内生态环境损害赔偿权利人。省域内跨市地的生态环境损害,由省级政府管辖;其他工作范围划分由省级政府根据本地区实际情况确定。省级、市地级政府可指定相关部门或机构负责生态环境损害赔偿具体工作。省级、市地级政府及其指定的部门或机构均有权提起诉讼。跨省域的生态环境损害,由生态环境损害地的相关省级政府协商开展生态环境损害赔偿工作。在赔偿权利人方面,试点方案规定的赔偿权利人是省级政府,改革方案将赔偿权利人由省级政府扩大至市地级政府。

4. 明确赔偿磋商是诉讼的前置条件。经调查发现生态环境损害需要修复或赔偿的,赔偿权利人根据生态环境损害鉴定评估报告,就损害事实和程度、修复启动时间和期限、赔偿的责任承担方式和期限等具体问题与赔偿义务人进行磋商,统筹考虑修复方案技术可行性、成本效益最优化、赔偿义务人赔偿能力、第三方治理可行性等情况,达成赔偿协议。对经磋商达成的赔偿协议,可以依照《民事诉讼法》向人民法院申请司法确认。经司法确认的赔偿协议,赔偿义务人不履行或不完全履行的,赔偿权利人及其指定的部门或机构可向人民法院申请强制执行。磋商未达成一致的,赔偿权利人及其指定的部门或机构应当及时提起生态环境损害赔偿民事诉讼。

5. 完善赔偿诉讼规则。各地人民法院要按照有关法律规定、依托现有资源,由环境资源审判庭或指定专门法庭审理生态环境损害赔偿民事案件;根据赔偿义务人主观过错、经营状况等因素试行分期赔付,探索多样化责任承担方式;研究所需的诉前证据保全、先予执行、执行监督等制度;可根据试行情况,提出有关生态环境损害赔偿诉讼的立法和制定司法解释建议。鼓励法定的机关和符合条件的社会组织依法开展生态环境损害赔偿诉讼。由最高人民法院商有关部门根据实际情况制定指导意见明确生态环境损害赔偿制度与环境公益诉讼之间衔接等问题。

6. 加强生态环境修复与损害赔偿的执行和监督。赔偿权利人及其指定的部门或机构对磋商或诉讼后的生态环境修复效果进行评估,确保生态环境得到及时有效修复。生态环境损害赔偿款项使用情况、生态环境修复效果要向社会公开,接受公众监督。

7. 规范生态环境损害鉴定评估。各地区要加快推进生态环境损害鉴定评估专业力量建设,推动组建符合条件的专业评估队伍,尽快形成评估能力。研究制定鉴定评估管理制度和工作程序,保障独立开展生态环境损害鉴定评估,并做好与司法程序的衔接。为磋商提供鉴定意见的鉴定评估机构应当符合国家有关要求;为诉讼提供鉴定意见的鉴定评估机构应当遵守司法行政机关等的相关规定规范。

8. 加强生态环境损害赔偿资金管理。经磋商或诉讼确定赔偿义务人的,赔偿义务人应当根据磋商或判决要求,组织开展生态环境损害的修复。赔偿义务人无能力开展修复工作的,可以委托具备修复能力的社会第三方机构进行修复。修复资金由赔偿义务人向委托的社会第三方机构支付。赔偿义务人自行修复或委托修复的,赔偿权利人前期开展生态环境损害调查、鉴定评估、修复效果后评估等费用由赔偿义务人承担。赔偿义务人造成的生态环境损害无法修复的,其赔偿资金作为政府非税收入,全额上缴同级国库,纳入预算管理。赔偿权利人及其指定的部门或机构根据磋商或判决要求,结合本区域生态环境损害情况开展替代修复。

四、海洋生态环境损害赔偿诉讼

典型案例 2012 年 6 月 25 日,荷兰密斯姆航运公司的"密斯姆轮"空载从江阴驶往大连途中,在长江口上海段与上海竞帆公司的"竞帆 1"货船发生碰撞事故,"密斯姆轮"共 161 吨船用燃料油入海,在长江口九段沙下游附近水域形成大面积油污,并随风向和海潮扩散漂移。由于事发地点位于长江口生态敏感区域,紧邻九段沙国家级自然保护区和浦东南汇野生动物禁猎区,此区域分布有众多经济鱼类和珍稀濒危动物的产卵场和洄游区,还是亚太候鸟南北迁徙路线上的重要驿站,溢油事故对当地生态环境造成了严重后果。上海市浦东环保局组织下属的抢险力量对该水域附近的油污进行了应急清污,还需要进行后续的生态恢复工作,包括岸线固沙、植被补种、替换和生物(鱼类)种群投放等,这些生态恢复工作都需要大量的资金投入。为此,浦东环保局于 2013 年 3 月 8 日以竞帆公司和密斯姆航运公司为共同被告,向上海海事法院提起诉讼,要求确认原告就溢油事故产生的 500 万元的后续生态恢复费用,有权从两被告设立的海事责任限制基金中受偿。[1]

我国已加入了《1992 年国际油污损害民事责任公约》《2001 年国际燃油污染损害民事责任公约》,最高人民法院还于 2011 年颁布了《关于审理船舶油污损害赔偿纠纷案件若干问题的规定》,我国在船舶油污损害赔偿方面建立了较为健全的油污损害救济机制,海洋生态环境损害赔偿制度也正在建立和规范的过程中。[2] 由于《生态环境损害》改革方案赔偿制度已经明确了涉及海洋生态环境损害赔偿的,适

---

〔1〕 参见段厚省:《海洋环境公益诉讼四题初探——从浦东环保局诉密斯姆公司等船舶污染损害赔偿案谈起》,载《东方法学》2016 年第 5 期。

〔2〕 参见《依法审理海洋自然资源与生态环境损害赔偿纠纷案件 服务保障海洋生态文明建设》,载最高人民法院网:http://www.court.gov.cn/zixun-xiangqing-76512.html,最后访问日期:2019 年 3 月 20 日。

用《海洋环境保护法》等法律及相关规定，因此目前我国在海洋生态环境损害方面的法律依据基本由如下法律法规和规范性文件组成：《海洋环境保护法》《海事诉讼特别程序法》《海洋生态损害评估技术指南（试行）》《海洋生态损害国家损失索赔办法》《关于审理海洋自然资源与生态环境损害赔偿纠纷案件若干问题的规定》。

（一）起诉条件及管辖

《海洋环境保护法》第 89 条第 2 款规定，对破坏海洋生态、海洋水产资源、海洋保护区，给国家造成重大损失的，由依照本法规定行使海洋环境监督管理权的部门代表国家对责任者提出损害赔偿要求。而该法第 5 条规定的具有海洋环境监督管理权的部门包括国务院环境保护行政主管部门、国家海洋行政主管部门、国家海事行政主管部门、国家渔业行政主管部门、军队生态环境部门和沿海县级以上地方人民政府相关部门。因此，由上述机关和部门根据其职能分工提起海洋自然资源与生态环境损害赔偿诉讼的，人民法院应予受理。

法条链接5.22

海洋生态环境损害赔偿诉讼案件由损害行为发生地、损害结果地或者采取预防措施地的海事法院管辖，相关诉讼程序则应按照《海事诉讼特别程序法》的规定。

（二）处理程序

根据最高人民法院《关于审理海洋自然资源与生态环境损害赔偿纠纷案件若干问题的规定》第 4、5 条，人民法院受理海洋自然资源与生态环境损害赔偿诉讼，应当在立案之日起 5 日内公告案件受理情况。人民法院在审理中发现可能存在下列情形之一的，可以书面告知其他依法行使海洋环境监督管理权的机关：(1) 同一损害涉及不同区域或者不同部门；(2) 不同损害应由其他依法行使海洋环境监督管理权的机关索赔。在人民法院依照本规定第 4 条的规定发布公告之日起 30 日内，或者书面告知之日起 7 日内，对同一损害有权提起诉讼的其他机关申请参加诉讼，经审查符合法定条件的，人民法院应当将其列为共同原告；逾期申请的，人民法院不予准许。裁判生效后另行起诉的，人民法院参照最高人民法院《关于审理环境民事公益诉讼案件适用法律若干问题的解释》第 28 条的规定处理。

法条链接5.23

对于不同损害，可以由各依法行使海洋环境监督管理权的机关分别提起诉讼；索赔人共同起诉或者在规定期限内申请参加诉讼的，人民法院依照《民事诉讼法》第 52 条第 1 款的规定决定是否按共同诉讼进行审理。此处所指的不同损害，包括海洋自然资源与生态环境损害中不同种类和同种类但可以明确区分属不同机关索赔范围的损害。

（三）责任承担方式及损害赔偿范围

依法行使海洋环境监督管理权的机关可以请求损害责任者承担停止侵害、排除妨碍、消除危险、恢复原状、赔礼道歉、赔偿损失等民事责任。

海洋自然资源与生态环境损失赔偿范围包括四方面:(1)预防措施费用,即为减轻或者防止海洋环境污染、生态恶化、自然资源减少所采取合理应急处置措施而发生的费用,以实际发生和未来必然发生的合理费用计算;(2)恢复费用,即采取或者将要采取措施恢复或者部分恢复受损害海洋自然资源与生态环境功能所需费用,限于现实修复实际发生和未来修复必然发生的合理费用,包括制定和实施修复方案和监测、监管产生的费用;(3)恢复期间损失,即受损害的海洋自然资源与生态环境功能部分或者完全恢复前的海洋自然资源损失、生态环境服务功能损失;(4)调查评估费用,即调查、勘查、监测污染区域和评估污染等损害风险与实际损害所发生的费用,以实际发生和未来必然发生的合理费用计算。其中,责任者已经采取合理预防、恢复措施的,可以主张相应减少损失赔偿数额。

遇到难以确定恢复费用和恢复期间损失的,人民法院可以根据责任者因损害行为所获得的收益或者所减少支付的污染防治费用,合理确定损失赔偿数额。如收益或者费用无法认定的,可以参照政府部门相关统计资料或者其他证据所证明的同区域同类生产经营者同期平均收入、同期平均污染防治费用,合理酌定。

人民法院判决责任者赔偿海洋自然资源与生态环境损失的,可以一并写明依法行使海洋环境监督管理权的机关受领赔款后向国库账户交纳。发生法律效力的裁判需要采取强制执行措施的,应当移送执行。

(四)和解协议

当事人达成调解协议或者自行达成和解协议的,人民法院应当将协议内容公告,公告期间不少于30日。公告期满后,人民法院审查认为调解协议或者和解协议的内容不损害社会公共利益的,应当出具调解书。当事人以达成和解协议为由申请撤诉的,不予准许。调解书应当写明诉讼请求、案件的基本事实和协议内容,并应当公开。

事实上,海洋生态环境损害赔偿诉讼也是一种环境侵权诉讼和广义的环境民事公益诉讼,因其具有一些特殊性,所以本书对其做出了单独介绍。

案例阅读

案例5.4

山东荣成伟伯渔业公司

非法捕捞水产品案[1]

〔1〕《索赔1.3亿!全国首例海洋生态环境公益维权案公诉》,载"生态环境执法实务"公众号:https://mp.weixin.qq.com/s/vR1pejLHaa5vyGwRiTPmJQ,最后访问日期:2019年3月15日。

第七节　环境司法专门化

环境司法专门化的讨论源于环境法律责任的特殊性。一方面，生态环境的整体性使环境风险呈现相互影响、复合作用的特点，而现代法制文明却追求分工与专业化，〔1〕这使环境纠纷尤其是新型环境纠纷所涉及的技术、专业问题，成为司法审理过程中的难题，在环境领域适用类似于知识产权纠纷的专门化司法方式日益成为学界讨论的热点；另一方面，环境纠纷的解决既不能完全依赖民事诉讼，也不能单纯依赖行政诉讼，它需要民事诉讼与行政诉讼乃至刑事诉讼相互联系、相互配合、合力共治，〔2〕因此需要综合运用民事、行政、刑事手段，以期落实环境法律责任、维护生态安全。

为此，最高人民法院于2014年发布了《关于全面加强环境资源审判工作　为推进生态文明建设提供有力司法保障的意见》，提出了三方面措施，旨在有序推进环境资源司法体制改革。

1. 合理设立环境资源专门审判机构。本着确有需要、因地制宜、分步推进的原则，建立环境资源专门审判机构，为加强环境资源审判工作提供组织保障。高级人民法院要按照审判专业化的思路，理顺机构职能，合理分配审判资源，设立环境资源专门审判机构。中级人民法院应当在高级人民法院的统筹指导下，根据环境资源审判业务量，合理设立环境资源审判机构，案件数量不足的地方，可以设立环境资源合议庭。个别案件较多的基层人民法院经高级人民法院批准，也可以考虑设立环境资源审判机构。

2. 积极探索环境资源刑事、民事、行政案件归口审理。结合各地实际，积极探索环境资源刑事、民事、行政案件由环境资源专门审判机构归口审理，优化审判资源，实现环境资源案件的专业化审判。未实行环境资源案件归口审理的地方，要注重加强刑事、民事、行政审判机构之间的业务协调与沟通。

3. 探索建立与行政区划适当分离的环境资源案件管辖制度。逐步改变目前以行政区划分割自然形成的流域等生态系统的管辖模式，着眼于从水、空气等环境要素的自然属性出发，结合各地的环境资源案件量，探索设立以流域等生态系统或以

---

〔1〕参见刘超：《环境风险行政规制的断裂与统合》，载《法学评论》2013年第3期。

〔2〕参见吕忠梅：《环境行政司法：问题与对策——以实证分析为视角》，载《法律适用》2014年第4期。

生态功能区为单位的跨行政区划环境资源专门审判机构，实行对环境资源案件的集中管辖，有效审理跨行政区划污染等案件。

环境司法专门化在实践过程中也已积累了相当的经验，实践中设立的组织形式主要包括环境保护（生态保护）审判庭、派出法庭、合议庭和巡回法庭四种模式。[1] 也有学者建议最高人民法院在司法体制改革的过程中，及时总结各地方设立环境保护法庭、环境保护审判庭的经验，尽快设立专门的环境法院，打破“三大诉讼”分离模式，按照环境纠纷的特点，将环境案件统一纳入专门法院的受案范围。[2]

第八节　环境纠纷非诉解决机制

典型案例　振华公司是一家从事玻璃及玻璃深加工产品制造的企业，位于山东省德州市区内。振华公司虽投入资金建设脱硫除尘设施，但仍有两个烟囱长期超标排放污染物，造成大气污染，严重影响了周围居民生活，被环境保护部点名批评，并被山东省环境保护行政主管部门多次处罚，但其仍持续超标向大气排放污染物。为此，中华环保联合会提起诉讼，请求判令振华公司立即停止超标向大气排放污染物的行为，增设大气污染防治设施，经环境保护行政主管部门验收合格并投入使用后方可进行生产经营活动；赔偿因超标排放污染物造成的损失2040万元（诉讼期间变更为2746万元）及因拒不改正超标排放污染物行为造成的损失780万元，并将赔偿款项支付至地方政府财政专户，用于德州市大气污染治理；在省级及以上媒体向社会公开赔礼道歉；承担诉讼支出费用。德州市中级人民法院受理本案后，向振华公司送达民事起诉状等诉讼材料，向社会公告案件受理情况，并向德州市环境保护局告知本案受理情况。德州市人民政府、德州市环境保护局积极支持、配合本案审理，并与一审法院共同召开协调会。通过司法机关与环境保护行政主管部门的联动、协调，振华公司将全部生产线关停，在远离居民生活区的工业园区选址建设新厂，防止污染及损害的进一步扩大，使案件

---

〔1〕　如2014年4月24日，贵州省生态环境保护执法司法专门机构授牌仪式在贵州省高级人民法院举行，正式宣布成立“贵州省高级人民法院生态环境保护审判庭”、“贵州省人民检察院生态环境保护检查处”和“贵州省生态环境安全保卫总队”。参见金晶：《贵州成立生态环境保护执法司法专门机构》，载《人民法院报》2014年4月27日，第1版。

〔2〕　参见吕忠梅：《环境行政司法：问题与对策——以实证分析为视角》，载《法律适用》2014年第4期。

尚未审结即取得阶段性成效。[1] 该案被称为“全国首例大气污染公益诉讼案”，其特点在于，除了诉讼本身外，该案件中还存在行政机关的协调等重要因素，有效实现了在案件审结前就控制了污染。

环境纠纷涉及法律、环境、生态等多学科的知识，专业性强，因此环境诉讼比一般诉讼更复杂、更耗时，影响也更广泛。基于上述难点，单纯依靠司法人员来解决环境纠纷，有时难以保证诉讼结果的及时、公正和公平。[2] 因此，建立开放、多元的环境纠纷非诉解决机制，不仅为纠纷当事人提供了更多的选择，也有助于节约司法资源，加速环境纠纷的有效解决。

一、和解

典型案例 高某经人介绍承包了3个苯罐清洗工程。后高某雇车将从罐中清理出的含苯废水运往自己的工厂提炼苯，并让张某负责引路。2013年7月26日凌晨，在运送过程中，张某买通货车司机，在高某不知情且没有任何防护措施的情况下将含苯废水拉到某养牛场院内，往院内一水池中排放含苯废水10余吨。池中的废液挥发有害气体造成养牛场职工王甲、王乙中毒住院。后张某用塑料布把废水表面遮盖，找来挖掘机将水池填平，并于2013年9月23日到公安机关投案。法院审理后认为，张某违反国家规定，排放危险废物，严重污染环境，构成污染环境罪。张某案发后，赔偿被害人损失，取得被害人谅解，故可从轻处罚。[3]

环境和解，是指当事人在厘清环境责任的前提下，本着互谅互让的精神，签订协议解决涉环境纠纷的方式，它包括诉前和解和诉中和解。但需要指出的是，双方当事人自愿达成的协议没有强制执行的效力，一旦一方当事人违反协议约定，还是需要通过诉讼等方式解决纠纷。[4]

相比普通和解，刑事和解是比较特殊的和解类型。刑事和解是指在公诉案件中，犯罪嫌疑人、被告人自愿真诚悔罪，通过向被害人赔偿损失、赔礼道歉等方式获

---

〔1〕《中华环保联合会诉山东德州晶华集团振华有限公司大气污染民事公益诉讼案》，载中国法院网：https://www.chinacourt.org/article/detail/2017/03/id/2574333.shtml，最后访问日期：2019年3月20日。

〔2〕参见张明涛、赵静：《关于构建我国环境纠纷仲裁制度的法律思考》，载《广州环境科学》2006年第2期。

〔3〕荆州市沙市区人民法院（2014）鄂沙市刑初字第47号刑事判决书。参见谢登科：《环境权法律属性分析——以环境犯罪刑事和解为视角》，载《求是学刊》2015年第6期。

〔4〕参见田洪鋆：《发达国家环境仲裁制度及对我国的启示》，载《环境保护》2013年第1期。

得被害人谅解，双方自愿达成和解，司法机关对犯罪嫌疑人、被告人予以从宽处理的案件处理方式。我国刑事和解的适用范围已由自诉案件扩大至部分公诉案件。[1] 刑事和解与环境法益的特性相协调，也因司法实践中相关经验的不断积累而日渐丰富。[2]

二、行政解决方式

环境纠纷的行政解决方式即行政处理，是指环境保护行政主管部门应环境纠纷当事人的申请，运用准司法程序对环境纠纷进行处理的制度。环境保护领域的行政处理一般指行政调解，此种调解不是环境纠纷解决的必经程序。允许当事人申请行政机关主持处理纠纷，体现了法律对当事人选择权的尊重；而行政机关决定依法受理并主持行政调解，则是行政机关法定职责或行政职权的具体体现。[3] 《环境保护法》修订后删除了环境纠纷行政调解的相关规定，但新修订的《水污染防治法》第 97 条却保留了行政调解制度。

法条链接5.24

环境行政调解作为诉讼的一种补充，具有灵活、高效和专业性的特点，既有助于解决环境诉讼的缺陷，又节约了司法资源。由于调解本身是一项“程序重于实体，个人技巧重于法律规定”的活动，因此对调解人的要求很高，不仅要依据法律、政策，而且还要借助社会道德、自身能力等因素。[4]

有的国家为环境行政处理设立了专门机构，如在韩国从事环境纠纷行政解决的主体是环境纠纷解决委员会。该委员会作为准司法主体，依据韩国《环境纠纷解决法》而设立，具有作出单方裁决决议的权力。一旦环境纠纷双方当事人接受委员会的调解建议，环境行政处理制度就成为唯一有效的环境纠纷解决方式。这为韩国环境司法制度提供了补充和支持。[5] 我国目前还未成立类似机构，主要是由环境保护行政主管部门根据不同案件分散主持调解工作。

---

〔1〕《刑事诉讼法》第 288 条规定下列公诉案件，犯罪嫌疑人、被告人真诚悔罪，通过向被害人赔偿损失、赔礼道歉等方式获得被害人谅解，被害人自愿和解的，双方当事人可以和解：(1)因民间纠纷引起，涉嫌《刑法》分则第四章、第五章规定的犯罪案件，可能判处三年有期徒刑以下刑罚的；(2)除渎职犯罪以外的可能判处 7 年有期徒刑以下刑罚的过失犯罪案件。犯罪嫌疑人、被告人在 5 年以内曾经故意犯罪的，不适用本章规定的程序。

〔2〕参见侯艳芳：《论环境资源犯罪治理中刑事和解的适用》，载《政法论丛》2017 年第 3 期。

〔3〕参见蔡守秋：《从我国环保部门处理环境民事纠纷的性质谈高效环境纠纷处理机制的建立》，载《政法论坛》2003 年第 5 期。

〔4〕参见夏云娇、张吉军：《环境行政调解的现实意蕴及其制度完善》，载《武汉理工大学学报》(社会科学版)2010 年第 6 期。

〔5〕参见黄锡生、邓禾：《韩国的环境纠纷行政解决制度及其借鉴》，载《环境保护》2004 年第 3 期。

三、环境仲裁

典型案例 原东台市酱品二厂,因经营不善,宣布破产,并与东台市农村合作联社签订了《以产抵债的协议书》,将酱品二厂现有资产和7亩土地,抵押给了农村合作联社。在酱品二厂抵押的资产中,有18个专门腌制酱品的大水泥池,池中分别腌制了雪里蕻、大萝卜、大头菜等半成品酱菜,共计700余吨。当原酱品二厂的资产抵押给了农村合作联社后,该联社并没有对700余吨酱菜进行及时处置。这样,年复一年,这些酱菜便开始腐烂。18个水泥池中的盐水开始变黑发臭,散发出的恶臭气体严重污染了周围居民的居住环境。多年来,郑华生等13户居民多次找到农村合作联社,要求对已变成固体废弃物的腐烂酱品和发臭污水进行处置。但农村合作联社以"合作联合是管理资金的,不是管理废弃物的"为由,迟迟没有采取实质行动。后来,由于原酱品二厂的厂房长期无人维护,严重漏雨,造成18个水泥池以及周围场地污水横流,对周围居民的污染更加严重。在多次找农村合作联社无果的情况下,郑华生等13户居民得知东台市设立了环境纠纷仲裁庭,遂将这起环境纠纷诉至仲裁庭。

在仲裁员的主持下,经双方协商确定由农村合作联社负责尽快妥善处置这批固体废物,并当场签订了和解协议。至此,一起拖延近十年的环境纠纷案,不到两小时即宣布结案。[1]

非诉解决机制总体上具有及时、简便、针对性强、不收费用等特点,但是一般非诉方式下达成的协议不具有强制执行的效力,对双方当事人约束力较差。而仲裁是国际上公认并广泛采用的非诉解决方式之一,当事人根据仲裁协议,自愿将其争议交由非官方性质的仲裁庭进行裁决,并受该裁决的约束。[2] 环境纠纷仲裁制度作为环境诉讼和行政处理方式的有益补充,能够较好地满足环境纠纷解决对效率和公正等多元价值的追求。[3]

我国的环境仲裁一直未在法律层面得以确认。早在1980年,苏州市环境保护局便制定了《环境保护仲裁条例》,但最终未能施行;武汉大学曾被委托起草了

---

〔1〕参见李玉芳、高杰:《环境仲裁法庭显身手——江苏省东台市首次环境纠纷仲裁纪实》,载《环境经济》2008年第2期。

〔2〕参见田洪鋆:《发达国家环境仲裁制度及对我国的启示》,载《环境保护》2013年第1期。

〔3〕参见沈保红等:《刍议建立环境污染纠纷仲裁制度》,载《环境科学与技术》2005年第S1期;吴勇:《关于我国环境纠纷行政仲裁的反思与重构》,2005年全国环境资源法学研讨会会议论文,赣州,2005年8月,第268~271页。

《环境纠纷仲裁条例》,也未能颁布;国家环境保护局在组织修订《环境保护法(试行)》时,曾建议设立环境仲裁机构,逐步建立和健全环境仲裁制度,但最终未被《环境保护法》采纳。

环境仲裁在其他国家发展出了法定的形式,如日本《公害纠纷处理法》规定纠纷当事人可以事先约定服从第三者的仲裁,委托第三者进行仲裁。纠纷当事人一旦缔结仲裁契约要求仲裁后,该仲裁即具有与确定判决同等的效力并约束双方当事人,除特殊情况外,当事人不得对仲裁裁决提出不服。[1]

延伸阅读

人类对环境造成的影响及环境损害的类型可以参见 Goudie Andrew, S. "The Human Impact on the Natural Environment: Past, Present, and Future"(2013)。

环境政策问题,可以参见朱源编著:《国际环境政策与治理》,中国环境出版社 2015 年版。

环境侵权民事责任的构成要件的讨论,可以参见周珂:《生态环境法论》,法律出版社 2001 年版,第 101 页;乔世明:《环境损害与法律责任》,中国经济出版社 1999 年版,第 263 页;曹明德:《环境侵权法》,法律出版社 2000 年版,第 164 页。

环境侵权损害赔偿问题的讨论,可以参见吕忠梅:《环境损害赔偿法的理论与实践》,中国政法大学出版社 2013 年版。

环境侵权因果关系的讨论,可以参见邹雄:《论环境侵权的因果关系》,载《中国法学》2004 年第 5 期。

关于环保约谈的现状,参见《"环保约谈"地方政府 威力有多大?》,载环境保护网:http://www.hjbhzz.com/index.php? g = &m = article&a = detail&cid = 7&id = 22,最后访问日期:2018 年 6 月 13 日;《环境保护部约谈四平、景德镇等 7 市(区)政府主要负责同志》,载生态环境部网:http://www.mep.gov.cn/gkml/hbb/qt/201707/t20170710_417569.htm,最后访问日期:2018 年 6 月 13 日;《环境保护部就大气污染防治问题约谈 5 市政府主要负责同志》,载生态环境部网:http://www.mep.gov.cn/gkml/hbb/qt/201604/t20160428_336861.htm,最后访问日期:2018 年 6 月 13 日。

关于日本的环境刑法讨论,参见何卫东等:《日本环境刑法理论评析》,载《上海交通大学学报》(哲学社会科学版)2004 年第 2 期;金永明:《日本环境刑法理论体系概要》,载《政治与法律》2004 年第 6 期。

关于环境刑法立法理念和价值观的进一步讨论,参见焦艳鹏:《论生态文明建设中刑法与环境法的协调》,载《重庆大学学报》(社会科学版)2016 年第 3 期;帅清华:《环境伦理的嬗变与环

[1] 参见吴勇:《论环境纠纷仲裁》,载吕忠梅、徐祥民主编:《环境资源法论丛》(第 5 卷),法律出版社 2005 年版。

境刑法的法益》，载《西南政法大学学报》2015 年第 2 期；王秀梅：《环境刑法价值理念的重构——兼论西部开发中的环境刑法思想》，载《法学评论》2001 年第 5 期；黄锡生：《生态法益与我国传统刑法的现代化》，载《河北法学》2009 年第 11 期；参见陈晓明：《环境刑法论纲》，载《法治研究》2015 年第 2 期。

关于环境民事公益诉讼的模式比较，可以参见肖建国：《民事公益诉讼的基本模式研究——以中、美、德三国为中心的比较法考察》，载《中国法学》2007 年第 5 期。

关于环境公益诉讼的原告讨论，可以参见乔刚：《论环境民事公益诉讼的适格原告》，载《政法论丛》2013 年第 5 期；沈寿文：《环境公益诉讼行政机关原告资格之反思——基于宪法原理的分析》，载《当代法学》2013 年第 1 期；吴俊：《环境民事公益诉讼的程序构造》，载《华东政法大学学报》2015 年第 6 期。

关于环境公益诉讼中生态环境修复费用的计算方法讨论，可以参见孙洪坤、胡杉杉：《环境公益诉讼中虚拟治理成本法律适用的认定》，载《浙江工业大学学报》（社会科学版）2017 年第 4 期。

建立在案例基础上的环境行政公益诉讼讨论与分析，可以参见颜运秋等：《环境行政公益诉讼的逻辑和归位》，载《环境保护》2015 年第 Z1 期；罗丽：《检察院提起环境公益行政诉讼的若干思考》，载《苏州大学学报》（哲学社会科学版）2015 年第 5 期。

关于以环境行政公益诉讼试点情况为基础进行的有关诉前程序、制度问题等方面讨论，可以参见胡卫列、迟晓燕：《从试点情况看行政公益诉讼诉前程序》，载《国家检察官学院学报》2017 年第 2 期；杨解君、李俊宏：《公益诉讼试点的若干重大实践问题探讨》，载《行政法学研究》2016 年第 4 期。

关于生态环境损害赔偿主体的讨论，可以参见竺效：《生态损害公益索赔主体机制的构建》，载《法学》2016 年第 3 期。

关于在海洋排污权和海洋环境容量基础上，通过生态价值资源化求解海洋生态损害求偿问题的可行路径讨论，可以参见邓海峰：《海洋环境容量的物权化及其权利构成》，载《政法论坛》2013 年第 2 期。

关于环境诉讼模式的讨论，可以参见杨严炎：《我国环境诉讼的模式选择与制度重构》，载《当代法学》2015 年第 5 期。

关于非诉解决机制相关研究，可以参见范愉：《非诉讼纠纷解决机制研究》，中国人民大学出版社 2000 年版。

关于环境行政调解的讨论，可以参见邢鸿飞、顾铖芸：《论环境纠纷行政调解的制度缺失及其完善》，载《环境科技》2013 年第 3 期；孟雁北、万欣：《环境侵权纠纷解决机制的经济法解读——以乌油污染案为例》，载《法学家》2007 年第 2 期；吴勇：《论环境纠纷仲裁》，载吕忠梅、徐祥民主编：《环境资源法论丛》（第 5 卷），法律出版社 2005 年版。

关于环境仲裁的相关讨论，可以参见刘长兴：《论环境仲裁的模式》，载《郑州大学学报》（哲学社会科学版）2009 年第 1 期。

综合练习

1. 环境民事诉讼与环境行政诉讼中证明标准的区别在哪些方面?
2. 环境民事公益诉讼、环境行政公益诉讼和生态环境损害赔偿诉讼的原告主体有何不同?
3. 生态环境损害赔偿的法理依据是什么?
4. 我国环境刑事责任的立法理念经历过哪些变化?

第六章　国际环境法

本章要点

国际环境法包括国际环境公法和国际环境私法，本章从国际环境法的含义、概念出发，介绍国际环境法的形成和发展、基本原则、主体与客体、法律责任等内容。通过对本章的学习，应当了解环境法与国际法融合后的基本特征和内容。

关键词｜国际环境法　联合国　可持续发展　环境合作　国际组织

第一节　国际环境法概述

典型案例　自1925年以来，加拿大一家位于英属哥伦比亚省的特雷尔冶炼厂排放的大量二氧化硫对美国华盛顿州造成了损害。根据英属哥伦比亚省的法律，受害人只能在受损财产所在地法院提起诉讼，故该省对案件无管辖权；华盛顿州对污染者也没有管辖权，因为该家加拿大公司在华盛顿州没有从事任何业务。1928年，该案件被提交给根据1909年《边界水条约》成立的国际联合委员会，在谈判之后，两国于1935年签署了《仲裁协议》并成立该案件仲裁庭，以解决下述问题：(1)特雷尔冶炼厂是否对华盛顿州造成了损害，以及应对此等损害支付何等赔偿；(2)如果冶炼厂造成了损害，是否应要求该厂避免将来对华盛顿州进一步损害。[1]

一、国际环境法的产生

1. 产生的背景

"二战"结束后，随着发达国家关注的焦点转向经济恢复，工业生产开始转向满足民用需求，这为以大量生产、大量流通、大量消费和大量废弃为特征的外延

---

〔1〕 参见万霞编著：《国际环境法案例评析》，中国政法大学出版社2011年版，第1页。

型经济模式奠定了基础。与此同时，发展中国家在战后则迎来了人口激增的现象，增加的人口对各类自然资源，特别是土地资源的需求与日俱增。这使整个地球快速演变为一个“充满活力”的采掘与制造业工厂，而生态系统则在这一过程中不断承受着前所未有的压力。这种压力在发达国家主要体现为基于工业污染而派生出来的环境恶化：河湖污染、海水黑潮、有毒烟雾、光化学事件等此起彼伏。在这期间，发生了数起典型的环境灾难：1952 年造成 5000 余人死亡的伦敦烟雾事件；[1]1967 年世界最大吨位油轮托雷·坎荣号在英法海峡触礁引发的原油泄漏；1969 年加利福尼亚州圣芭芭拉近海的油田“井喷”；以及 1950 年至 1970 年集中于日本列岛爆发的四大公害病。这种压力在发展中国家则突出表现为自然资源的过度开发与赋存耗竭：20 世纪六七十年代，发展中国家适于耕种的优良土地基本都被开发了，人们开始开垦生态系统脆弱的半干旱地、高地和热带雨林，在非洲、东南亚、中南美甚至是喜马拉雅山脉等地，因过度开垦带来的植被破坏、水土流失和土地荒漠化等问题异常严重。

在生态退化甚至是生态危机面前，世界上不同种族、肤色的人们开始意识到：工业生产带来的物质财富并不能掩盖人类生存环境所面临的巨大危险，人类开始对自己与地球之间的关系、人们生活方式的可持续性等深层次的问题进行反思。这种觉醒始于知识分子的启发与舆论引领，兴于政治精英的接棒与不断传递，终于环保运动的勃兴与环境立法的完备。

2. 国内环境法向国际环境法的转变

法律对于环境问题的回应首先源自国家内部。在地域性环境问题此起彼伏的背景下，内国立法中率先出现的土地规划、水体治理、控污防控、区域保护等内容对稳定和有效应对环境污染与生态破坏起到了一定效果，也起到了政策宣示的作用。在这一阶段，国际法尚未出现在环境法律治理体系的视野之中。随着地域性污染经由经济全球化的放大效应，通过国际贸易、国际航运、跨境投资与产业转移等从发达国家拓展至发展中国家，环境问题也出现了全球化的趋势。这使得人类对于“生物圈”中自然要素相互作用与彼此联系的认识更加深刻了。地球作为完整的自然生态系统，处于“物物相关”的平衡状态，任何一个组成部分的变化都可能会对整体造成重大、深远的影响，如果这种影响超出了生态系统的承受范围，甚至可能导致系统的整体性崩溃。但是在地球的治理体制上，人类却已经建立了一套以“国家”和“主权”为基石的分治架构，这套架构在解决内国问

---

〔1〕《雾都劫难——1952 年伦敦烟雾事件》，载中国天气网：http://www.weather.com.cn/zt/kpzt/1734442.shtml，最后访问日期：2019 年 4 月 15 日。

题时事半功倍，在面对跨境的河流、大气、海洋和野生动植物的保护时则乏善可陈。一国境内发生的环境污染或生态破坏行为，虽然服从于"主权的管制"，但也可能同时对邻国甚至不相邻的他国造成实质损害；建基于国家主权和国家利益基础之上的国内环境法，已经难以招架跨境环境问题带来的法理挑战了。在环境问题表现形式与损害后果全球性及生态系统运行规律全球性的共同作用下，超越主权管辖范围的"区域"甚至"全球"环境问题治理的客观需要，推动了人类对于环境"公共性"的认识。这期间，哈贝·马斯的《公共领域的结构转型》、[1]蕾切尔·卡尔逊的《寂静的春天》、[2]罗马俱乐部的《增长的极限》[3]等著作从不同的角度为环境问题的全球共治秩序出谋划策，理性的碰撞与实践的需求促成了环境问题国际法律规制方式的变化。

二、国际环境法的特征

国际环境法，顾名思义就是用于解决国家环境问题的法律，基于环境问题的复杂性，国际环境法的范围不得不及于国际公法和国际私法的全部法域。就性质而言，国际环境法具有明显的双重性，一方面，它包含国际法与环境法两个学科的共性规则，但另一方面，它又具有独立于前两者的若干特性：

首先，就法的体系而言，国际环境法在本质属性上属于国际公法的分支，它没有脱离传统国际法的一般性原则和基本内容，它仍是由条约、习惯法、国际组织法和私人规范共同创设构成的国际规范体系，是对国际法在环境领域个性问题上的一种整体性、综合性适用；在内容上，国际环境法与同样作为国际法分支的国际海洋法、国际人权法、国际刑法、国际经济法等存在交叉甚至是重叠，与同样作为国际法重要组成部分的国际私法也存在广泛的联系，甚至与区际法和内国法的某些调整规则与手段也存在基于法渊源层面的普遍联系；在法律原则层面，国际环境法发展的早期仍以"公认的国际法规则和标准"和"国家责任一般原则的适用"作为其基础。[4] 但除此以外，国际环境法还体现出了不同于其母体的个性化特征，且这些特征随着环境问题的日益严峻和国际环境治理体系的不断完善而越发鲜明。究其根本，它的这些个性溯源于其调整对象的特殊性。环境问题作为国际环境法的调整对象，具有强烈的科技依赖性、高度的不确定性和牵涉

---

〔1〕 [德]尤尔根·哈贝马斯：《公共领域的结构转型——论资产阶级社会的类型》，曹卫东等译，学林出版社 1999 年版。

〔2〕 [美]蕾切尔·卡尔逊：《寂静的春天》，吕瑞兰、李长生译，吉林人民出版社 1997 年版。

〔3〕 [美]德内拉·梅多斯等：《增长的极限》，李宝恒译，吉林人民出版社 1997 年版。

〔4〕 参见马骧聪：《论国际环境法的基本原则》，载《法学研究》1993 年第 5 期。

利益的广泛性,往往需要在洞察其科技成因的基础上,系统整合政治学、经济学、人口学、历史学、伦理学和法学等社会科学的共识才能寻得解决方案。这种特殊性促使国际环境法领域生成并发展了超越于传统国际法的创新性方法及手段,比如,针对全球性环境问题制定的"框架性公约 + 议定书 + 附件"形式的多边条约、重要国际会议和国际机构通过的"软法"性质的宣言等文件,都是国际环境法对国际法造法机制的重大发展和贡献,这也相当程度上印证了国际环境法对于国际法本体而言具有"相对的独立性"。学习国际环境法,既需要掌握传统国际法在环境问题上的应用,又要关注创新性的环境保护法律体系。[1]

其次,国际环境法的参与者、保护对象和作用范围均有别于国别环境法。人类的环境意识觉醒后,开始要求主权国家作为公众福利的代言人,采用制定法律及政策的手段,保护公众的健康及福利,这种法律手段的表现形式为各国国别环境法,以美国为例,自 1969 年《美国国家环境政策法》颁行以来,全面强化了国家的环境保护职责。立法部门通过的大量立法形塑了一个新的法律部门——环境法;行政部门通过组织再造加强了环境行政的职能;司法部门通过对环境违法者的制裁和环境污染受害者的救济加强了环境损害的司法救济。通常,国别环境法涉及的主体十分广泛,包括国家、国家机关、民商事组织体和自然人等。反观国际环境法的参与主体则主要是各主权国家。主权国家通过参与国际环境治理体系,在不损害外国环境的前提下,以承担保护全球环境的共同义务为前提,推进在环境保护领域里的本国意志,维护本国在国际环保领域的利益关切。这使得主权国家在环境方面的政治意志往往要兼顾全球范围的环境公共利益。就利益关切的范围而言,国内环境法的"公益性"范畴通常等同于国家利益,而国际环境法的"公益性"范畴则既涵盖区际环境利益,又达及全球范围,呈现出"以国家为主体的公共利益"向"以人类为主体的公共利益"转变的重要趋势。[2] 这为以实现人类共同环境利益为己任的国际环保组织在全球环境治理中的作用奠定了基础。实践中国际组织对国际环境法的发展确实起到了重要的推动作用,它们承担了包括法律与政策研究、信息交换、制定规则、管理自然资源、监督规则的实施等多项重要职能。[3]

---

〔1〕 对于国际环境法的定义,本书参考了帕特莎·波尼和埃伦·波义尔在《国际法与环境》一书中的观点。参见[英]帕特莎·波尼、[英]埃伦·波义尔:《国际法与环境》,那力等译,高等教育出版社 2007 年版,第 271 页。

〔2〕 参见刘惠荣主编:《国际环境法》,中国法制出版社 2006 年版,第 2 页。

〔3〕 对于主权国家在国际环境保护上的职责,本书参考了亚历山大·基斯在《国际环境法》一书中的观点。参见[法]亚历山大·基斯:《国际环境法》,张若思编译,法律出版社 2000 年版,第 14 ~ 17 页。

最后,在保护对象与调整范围层面,国际环境法与国别环境法的差异同样明显。国别环境法主要调整一国范围内的环境法律关系,而国际环境法的调整范围则是涉及全人类的国际环境,特别是其中所涉及的环境问题。从地域层次而言,由内国环境走向国际环境通常要经逾跨境环境(通常限于毗邻国家间的环境,如因污染的扩散性、流动性,使污染危害超过了一国边界而引发的毗邻国跨境污染问题)、区际环境(通常指占有特定地域空间的自然环境,范围超过两个国家以上的环境问题)、全球环境(通常指以整个人类生存的地球为其环境范围,包括大气层中对流层的全部和平流层的下部、水圈、土壤岩石圈和生物圈)以及宇宙空间(也称为空间环境)。国际环境法在保护对象的空间范围上,超越了主权国家的国界和管辖范围,远远大于国内环境法。[1]

可见,就全球环境治理而言,仅有国别环境法是远远不够的,需要国际环境法适时填补国内环境法力所不及的真空。但是同样是依据国际法的原则,各国具有依本国环境和发展政策开发自有资源的主权权利。因此,国际法在多大程度上能够因为环境因素限制国家主权权利的行使,从国际环境法产生之初,就一直存在争议。

让我们再回到著名的"特雷尔冶炼厂案"。该案是历史上第一件有关跨国空气污染的案件。该案发生时,国际环境法还没有产生,在组建国际仲裁法庭的过程中,当事国面临的最大困难就是仲裁法庭应当适用什么法律,所适用的国际法和国内法之间是何种关系。本案仲裁庭认为:"应适用美国在处理类似问题时所遵循的法律和实践,以及适用国际法律与实践。"虽然在定案过程当中,仲裁庭援引了美国最高法院处理各州间关于跨州河流水污染的判例,但因为美国在处理联邦各州对空气污染事项的准主权权利时所遵循的法律,与国际法的一般原则是一致的,所以仲裁庭并没有离开国际法规则而单独适用国内法。[2]

"特雷尔冶炼厂案"首次确认了在处理国家之间环境损害的案件时,应当遵守一般国际法原则。本案裁决作为涉环境问题早期国际习惯法的重要渊源,确立了"任何国家在管理和使用自己的领土时,不得损害到他国或国家管辖范围以外的地区的环境"这一"一国领土的无害使用原则"。此后该原则得到 1972 年《人类环境宣言》和 1992 年《关于环境与发展的里约宣言》的重申,进而成为国际环境法的核心原则之一。由于在国际环境法肇始阶段,其法律框架与具体规则

---

〔1〕 参见那力:《从国际环境法看国际法及国际法学的新发展》,载《法学评论》2009 年第 6 期。

〔2〕 关于本章中"特雷尔冶炼厂"、"太平洋海豹仲裁案"以及"盖巴斯科夫(Gabcikovo)和拉基玛洛(Nagymaros)水坝案"的基本事实与分析,参见万霞编著:《国际环境法案例评析》,中国政法大学出版社 2011 年版,第 1 ~53 页。

均未明晰,因此国际习惯法便成为其重要的法律渊源。“特雷尔冶炼厂案”的另一作用就是使我们看到,在国际环境法发展的过程中,内国环境法也曾被参考和借鉴。因此,在环境保护领域,内国法与国际法之间的交融互鉴也是该新兴法律部门的一处亮点。

第二节 国际环境法的形成和发展

典型案例 太平洋海豹仲裁案:该案因美国和英国之间关于白令海海豹捕猎纠纷而引起。案中美国主张其有权在3海里领海基线以外采取行动保护经常光顾美国岛屿的海豹;英国则主张应依“公海自由”原则处理本案。本案选择了仲裁方式解决争议,来自英、美、法、意、瑞典的仲裁员共同组成了仲裁庭,并依据“公海自由”原则作出了裁决,认为美国不对处于其领海基线以外的海豹享有财产权及保护权,不得以此为借口将其自然资源管辖权扩大到其管辖范围以外的地区。

该案是国际环境法出现之前关于保护国家管辖范围以外生物资源的典型案例,仲裁决定同时规定了一些保护领海基线以外的公海海豹的措施,如禁猎季节和对捕猎方法及捕猎工具的规定,部分规定为日后的国际条约所吸收采纳。[1]

与环境法萌生所具有的晚近性相对应,以保护人类环境为宗旨的国际环境法也是法学领域的新生事物。通过前一节的介绍,我们知道国际法对于污染或损害的治理在20世纪前半叶就已初具其形,但当时的治理体系总体上还是呈现出碎片化和低效的特征,难以以此时的系统化成果作为国际环境法形成的标志。国际环境法的本质是为环境领域的国际治理创设依据,在依据形成的立法进程中,联合国及其专门性和区域性机构发挥了重要的主导作用,而各类围绕环境主题的国际会议,则为参与者提供了定分止争、凝聚共识的协商氛围和咨商平台。

基于此,我们认为对于国际环境法产生和发展具有重大里程碑意义的事件可以聚焦于1945年联合国成立、1972年联合国人类环境会议和1992年联合国环境与

---

〔1〕 参见刘丹:《海洋生物资源国际保护研究》,复旦大学法学院国际法学2011年博士学位论文,第58~62页。

发展大会的举办。以这三个事件为时间节点,则可以把国际环境法的形成和发展分为四个阶段,其中前两个阶段是国际环境法正式产生之前的萌芽阶段。[1]

一、联合国成立以前的国际环境保护

就现有资料检索范围而言,国际环境保护的法源可以追溯至19世纪中期有关捕鱼和保护渔业资源的一些条约和协定,如《英法渔业公约》(1867年)、《北海过量捕鱼公约》(1882年)。20世纪初期,国际环境保护的又一热点——生物资源保护出现了,与此相对应,在国际法领域产生了若干关于保护特定种类野生动物的多边国际公约,如《保护农业益鸟公约》(1902年)和《英美保护美国和加拿大候鸟公约》(1916年)。这些公约具有鲜明的功利主义色彩,在对有益于农牧业的益鸟加以保护的同时,将许多猛禽列为害鸟。由于立法尺度的偏颇,鸟类在维持生态系统平衡中的作用被忽视甚至被颠覆了。值得一提的是,这一时期通过的《保护海豹公约》规定了国内配额和限制与海豹捕杀有关的国际贸易,成为最早在野生动物保护领域引入国际法保护手段的代表。除上述领域之外,该时期较受重视的另一国际立法热点集中于跨界水域的污染防治,如1909年签署了《美加水界条约》,该条约直到20世纪下半叶还在发挥着重要作用。

20世纪30年代对于国际环境保护事业而言是个具有开创意义的年代,这一时期生效的多部国际条约中均出现了体现环境保护思想与理念的重要概念:如1933年的《保护天然动植物的伦敦公约》,明确提出要建立国家公园、严格保护多种野生动物并应控制热带产品的出口等措施;再如,1940年的《保护美洲国家动植物和自然美景的华盛顿公约》,明确提出要设立保护区,保护候鸟等野生动植物;承接20世纪初的跨界水域热点势头,有关跨界水域污染防治和国际河流保护的条约也在不断增加,一些缔约国开始尝试引入双边国际委员会等机制来解决跨界河流污染问题,这些依条约设立的自治机构为未来国际环境治理体系中各类专业机构的建立塑造了雏形。[2]

此外,这一时期的特雷尔冶炼厂案、太平洋海豹仲裁案、1929年河流秩序国际委员会地域管辖权案和1937年的默兹河改道案则为环境领域国际习惯法的形成与发展奠定了坚实的法源基础。

河流秩序国际委员会地域管辖权案是有关国际河流利用的重要判决,该案提

---

〔1〕 关于国际环境法的发展阶段,参见王曦:《国际环境法》(第2版),法律出版社2005年版,第22~39页。

〔2〕 参见[法]亚历山大·基斯:《国际环境法》,张若思编译,法律出版社2000年版,第30页。

出的“利益共同体”(community of interest)和“共同法律权利”(common legal right)学说，即国际河流的沿岸国作为共同体对于可航行河流具有共同的、平等的法律权利，该对案以后的国际法律实践产生了重要影响。虽然此处的“共同法律权利”仅针对河流的航行权，但背后所反映的尊重沿岸国主权、平等利用和共同合作的思想为国际环境法的国际河流制度确立了基础性的价值尺度。默兹河改道案在“共同法律权利”的基础上进一步提炼出了“共同权利”对“主权权利”的限制程度原则，即任何国家不得改变其领土的自然状况致使邻国的自然状况蒙受不利；沿岸国对其管辖下的河流行使主权权利时，不得妨碍其他沿岸国对于该河流行使主权权利。只要符合这个原则，一国的行为就应当被认为是合法的，如果违反这一原则，就应当承担国家责任。[1] 这一原则为1991年的《赫尔辛基规则》和1997年的《非航行利用国际水道法公约》进一步确认。可见，发端于联合国成立之前的国际环境保护实践为国际环境法的发展提供了最初的法律基础。

二、联合国成立至1972年联合国人类环境会议之前的国际环境法

20世纪中期，随着环境问题的日益显现，公众开始自发参与环境保护运动。随着环境保护运动的民意基础不断累积，国际组织由关注逐渐过渡到介入并最终成为国际环境保护实践的重要推动力量。特别是1945年联合国的成立标志着国际法在环境保护领域的发展进入了新的历史时期。虽然《联合国宪章》没有明确提及环境保护，但是宪章第1条第3款开宗明义，联合国的宗旨包括“促成国际合作，以解决国际间属于经济、社会、文化和人类福利性质的国际问题”。国际环境保护显然属于关乎“人类福利”的重大国际问题，因为人类有权享有健康和安逸的生活环境，也应当通过保护其生产和生活环境惠及自身。

早期的联合国专门机构中，有两个与环境保护关系密切：一个是1945年成立的联合国粮农组织，该组织在生物遗传资源的利用和惠益分享、转基因作物的开发和风险防范领域发挥着重要作用；另一个是1945年成立的联合国教科文组织，该组织在保护世界自然和文化遗产、国际湿地等方面发挥了重要作用。在联合国参与环境保护的历史上，1968年是值得纪念的年份，该年12月3日联合国大会通过2398(XXⅢ)号决议，决定召开关于“人类环境”的世界大会。这一决定提升了各国政府、政府间国际组织和非政府组织的环境保护意识，为1972年联合国人类环境会议

[1] 参见刘惠荣主编：《国际环境法》，中国法制出版社2006年版，第100页。

的召开做了大量铺垫。[1]

20 世纪 60 年代开始，陆续有其他国际组织开始参与到国际环境治理体系之中。欧洲理事会于 1968 年通过了《控制大气污染宣言》《欧洲水宪章》《欧洲限制在洗涤和清洁产品中使用某种去污剂的协定》，成为该时期大气污染防治和水污染防治的重要区际立法成果。

特别需要指出的是，尽管此时发展中国家的主要任务仍集中于经济领域，但是他们并没有在国际环境法的发展进程中缺席。例如，1968 年多位非洲国家元首和政府首脑签署了《非洲保护自然界和自然资源公约》。该公约涉及对水资源、土壤和动植物资源等环境要素的保护和合理利用，它不仅宣示了保护环境的一般原则，还包含具有操作性的实施规则，确立了建立自然保护区、限制狩猎和捕鱼的制度，并列出了需要实施特殊保护的物种名录。该公约对于促进早期国际环境法原则体系的形成也起到了重要作用，它确立了两项重要的一般性原则，一是对受威胁个别物种的保护应同时兼及它们的栖息地；二是对稀有物种的唯一栖息地，所在国负有保护的特殊责任。

联合国人类环境会议召开之前，环境恶化造成的若干起“生态灾难”，促使各国在区域范围内加速了国际合作。其中，偶发事件对国际环境法的作用不容小觑，比较典型的事例便是 1967 年托里坎荣号事件对后续国际油污立法的影响。[2] 1967 年 3 月 18 日晨，一艘悬挂利比亚旗帜的大型油轮在靠近英国海岸的公海上搁浅，导致英、法两国海域出现严重的“黑潮”，该事件以英国政府炸毁油轮暂告一段落，但事件的处理引发了国际上的强烈争议并最终带来了各国签订控制海洋油污相关公约的高潮。相关公约为适应环境安全的需要，尝试对传统国际公法的规则进行突破，作为其成果，1969 年 48 个国家在国际海事组织的主持下，共同签署了《国际干预公海油污事故公约》，确认沿海国在沿岸海域环境和安全存在迫切威胁时，有权对悬挂外国船旗的船只采取自保措施。该规则突破了早期海洋法中公海航行船舶只受船旗国专属管辖的基本制度。

---

〔1〕 有关联合国人类环境会议的筹备过程，参见联合国：《斯德哥尔摩宣言》，载 United Nations Audiovisual Library of International Law：http://legal.un.org/avl/pdf/ha/dunche/dunche_ph_c.pdf，最后访问日期：2019 年 5 月 2 日。

〔2〕 The Guardian，“Oil spills：Legacy of the Torrey Canyon”，Accessed May，3，2019. https://www.theguardian.com/environment/2010/jun/24/torrey - canyon - oil - spill - deepwater - bp? cat = environment&type = article&view = mobile.

三、从联合国人类环境会议到联合国环境与发展大会

联合国人类环境会议是国际环境法的第一个里程碑式事件,它标志着国际环境法作为处理多边环境问题的法律工具,开始从碎片化、低效化的状态走向系统化和规范化。会议高屋建瓴地对国际环境法的顶层架构及其运行机制进行了设计,指引和推动了国际环境法在其后20年间的发展。会议形成了《人类环境宣言》《行动计划》《关于机构和资金安排的决议》等3项不具有法律拘束力的文件,其中尤以《人类环境宣言》的意义最为重大。

宣言的多数条款是政策指引性的,仅有小部分条款具有规范效力。按照内容来划分,宣言的第一部分是与会的113个国家对于人类环境问题所达成的共识。共识的内容覆盖广泛,涉及人与环境的关系、发展和环境保护的重要性、人类改造环境能力对环境的影响、经济发展与环境保护之间的关系、人口与环境之间的关系、对保护环境的目标和任务的确认等重大议题。

宣言的第二部分是与会国家确认的二十六项指导人类环境保护事业的基本原则。这些原则虽然并无"硬法"的强制约束力,却得到了很多主权国家和国际组织的广泛认同,其内容已被大量的国际法和内国法文件所确认,具有极强的道德约束力,"不仅适用于当时,也依然适用于现在和未来"。[1]第二部分的核心成果可概括为以下几个方面:(1)首次在概念上尝试将环境保护与人权相结合,确认了人人享有在有尊严和福利的生活环境中获取自由、平等和充足生活条件的权利。与此同时,也明确了人人均有保护环境的义务和责任。为实现这一权利,必须消除种族主义、殖民主义和其他形式的压迫。(2)明确了需要保护的自然范围及于空气、水、土地、植物、动物等资源,甚至是生态系统自身。对于自然生态类中具有代表性的标本,也必须通过周密计划或适当管理加以保护。(3)正视了环境保护与经济和社会发展的关系,强调两者不是截然对立的。(4)指出了发达国家和发展中国家,在促进经济发展的同时各自所面对的环境保护问题,强调发达国家应在财政和技术上对发展中国家施以及时的援助,避免其环境政策损及发展中国家的发展潜力,同时强调发展中国家应该更有计划地应对环境问题。(5)提出了解决环境问题的关键在于委托国家机关对环境保护实行规划、管理和监督,应用科学技术,开展环境教育。(6)宣言第21项原则确立了各国在开发自然资源、进行环境保护事务上的权利和义务边界,明确提出:"按照联合国宪章和国际法原则,各国有按自己的环境政

---

〔1〕《珍贵的文献历史的见证:喜读〈环境觉醒〉一书》,载腾讯新闻网:https://news.qq.com/a/20100428/002522.htm,最后访问日期:2019年2月13日。

策开发自己资源的主权；并且有责任保证在它们管辖或控制之内的活动，不致损害其他国家的或在国家管辖范围以外地区的环境。”该原则为国际法中“禁止权力滥用”原则在环境保护领域的适用确立了更为清晰的依据。

《人类环境宣言》的重要意义在于首次将环境保护从国家主权治理的语境下，切换至国际问题和全球性视角。[1] 在《人类环境宣言》价值导向的引领下，联合国层面的环境治理工作出现了两方面的积极变化：一是关注的环境保护议题越发广泛，自20世纪70年代以降，联合国对环境问题的关注由此前的污染问题不断拓展至水资源、动植物栖息地、新能源与可再生能源、人口、海洋等领域；二是尝试创造出一种能够兼顾保护与改善环境和实现经济增长的更加科学的发展方式，这种尝试突出地反映在《国家经济权利义务宪章》之中，该宪章要求各国在开发自然资源时，必须互相合作，以实现资源的最优利用。上述努力为国际环境法发展至下一个阶段做了充分的理论准备和实践探索，经过这个时期的积累，指引未来国际环境法发展方向的“可持续发展”理念已经呼之欲出了。

四、联合国环境和发展会议及国际环境法的新阶段[2]

联合国人类环境会议之后的国际环境法，仍没有摆脱各部门单独发展的局限，但环境保护实践所提出的整体性保护仍渐渐受到了各国的认同并在国际法律文件中有所体现。例如，从20世纪80年代开始，国际社会就臭氧层保护与气候变化议题分别制定了1985年《保护臭氧层维也纳公约》、1987年《关于消耗臭氧层物质的蒙特利尔议定书》和1992年《气候变化公约》。为应对全球性环境问题的现实需求，推动国际环境法进入全新阶段的开端标志就是1992年在巴西里约热内卢召开的联合国环境与发展会议。里约会议通过了五项文件，分别是《关于环境与发展的里约宣言》（以下简称《里约宣言》）、《21世纪议程》、《联合国气候变化框架公约》、《生物多样性公约》以及《关于管理、养护和可持续发展各种森林的全球共识的无法律约束力的权威性原则声明》。

国际社会普遍认为《里约宣言》实现了对《人类环境宣言》的超越。它明确了人类是可持续发展问题的中心，可持续发展的目标应当是使人类以与自然和谐相处

---

〔1〕 参见李挚萍：《环境基本法的发展脉络——从“人类环境会议”到“环境与发展会议”》，载《中国地质大学学报》（社会科学版）2012年第2期。

〔2〕 关于《斯德哥尔摩宣言》和《里约宣言》的历史背景与法律意义，参见 Eberhard Deutsch：《1972年〈联合国人类环境会议的宣言〉和1992年〈关于环境与发展的里约宣言〉》，载 United Nations Audiovisual Library of International Law：http://legal.un.org/avl/pdf/ha/dunche/dunche_c.pdf，最后访问日期：2019年5月2日。

的方式过健康而富有生产成果的生活。《里约宣言》辩证地提出了环境保护与实现发展之间的关系,认为以破坏环境的方式发展经济或为了防止环境破坏而放弃发展,都是不可取的。该宣言所确立的“可持续发展”为保护自然环境和促进经济发展之间寻求折中和妥协提供了一种可采的方案,这种方式不再片面强调限制经济开发活动,而是探求经济发展中的公平价值。它为衡量公平确立了两个维度,即是空间上的公平(代内公平)和时间上的公平(代际公平)。正如其原则4所表述的那样:环境保护工作应是可持续发展进程的一个整体组成部分,不能脱离这一进程来片面追求缺乏物质基础的环境保护。

《里约宣言》对《人类环境宣言》的另一项超越,体现在对《人类环境宣言》中已经提及但未能完善的国际环境法原则的提炼与补充。例如,该宣言对国家跨界活动造成环境影响的责任、公众参与原则和污染损害赔偿责任原则等都进行了完善,在此基础上,通过进一步凝聚共识,《里约宣言》还提出了三项国际环境法领域的新原则,即预防原则(第15条)、污染者负担原则(第16条)和环境影响评价原则(第17条)。

《里约宣言》在国际环境合作方面的突破则体现在建立全球伙伴关系的构想上,主张以伙伴精神共同应对人类面临的环境与发展问题。在合作方式上,不再空泛号召发达国家对发展中国家提供经济及技术援助,而是通过确立“历史责任划分”学说为发达国家承担援助义务确立合理与公平的法理基础。《里约宣言》第7项原则规定:各国应本着全球伙伴关系的精神进行合作,以维持、保护和恢复地球生态系统的健康和完整。鉴于造成全球环境退化的原因不同,各国负有程度不同的共同责任。发达国家承认,鉴于其社会对全球环境造成的压力和它们掌握的技术和资金,它们在国际寻求持续发展的进程中承担着责任。宣言所确立的“共同但有区别的责任”是发展中国家与发达国家利益博弈与妥协的产物,这种既有一致又有分歧的基本立场,成为全球环境治理的合作基础。[1]

联合国环境与发展大会通过的另一重要文件是《21世纪议程》。与《里约宣言》内容的高度抽象性不同,《21世纪议程》的内容更为具体,也因此更具有实践价值。议程主要涉及如下四个方面:社会和经济方面、保存和管理资源以促进发展、加强各主要群组的作用、实施手段。为了便于施行,议程在篇章结构上按照“依据—目标—活动—手段”的逻辑关系编排,对包括大气、海洋、水资源、生物多样性、生物技术、有毒化学品、危险废物等问题的国际应对提出了明确的目标、重点领域和实

〔1〕 关于里约会议的重要意义,参见[法]亚历山大·基斯:《国际环境法》,张若思编译,法律出版社2000年版,第35~44页。

施手段。

联合国环境与发展大会,推动国际环境法在深度和广度的拓展取得了飞跃进步。尽管大会涉及的大多数领域未能按照《21世纪议程》规划的方向取得立法或政策上的实质性进展,但它却增进了各国政府对于环境问题的关注,促使更多的国家在国内和国际两个层面开始采取行动。当然,我们也应看到,推动国际环境法发展的两次国际环境会议成果均是以“软法”形式出现的,这既为国际环境法未来实现“软法”走向“硬法”指明了方向,也使我们更加深切地体会到在国际环境法领域达成国际社会均能接受的具有强制性的全球性共识并非易事。总体而言,1992年后国际环境法的发展,体现出了如下几方面的规律:

1.《里约宣言》诸文件创造了全球环境责任框架,它区别于区域性或跨界性的责任,不再以主权管辖范围作为划分责任的基础。当前,国际环境法调整的空间范围已经拓展至三个层面:既包括一国的内部环境,又涉及跨境的地理区域,还覆盖作为统一整体的全球环境和位于一切国家主权管辖范围外的“全球公域”。

2. 国家的环境责任范围从仅对受害国承担损害责任,逐渐扩展到对世义务。1974年“核试验案”[1]中,原告主张核试验对于所有国家的公海自由造成了侵扰,该案的结论对国际环境义务的承担产生了重要影响。此后,环境保护中的部分义务,便跳脱了仅仅指向单一受害国的范畴,而被视为是对国际社会整体所承担的一种对世义务,如生物多样性的保护义务、保证转基因技术安全的义务等,均具有对世性。这种“对世义务”的确立改变了国际公约与条约的传统履约机制,使得国际社会能够通过条约和国际治理机构,将一些领域内的私人行为和国家行为纳入国际法的规制和监督之下。

3. 国际环境法的渊源不断扩展,司法判例的造法功能在国际环境法领域得到了进一步的验证。20世纪90年代以来,国际法院先后作出了数个对国际环境法的原则与制度产生重要影响的判例或咨询意见。例如,“核试验案”讨论了风险预防原则对建立和完善环境影响评价程序的要求;“关于威胁或使用核武器的合法性咨询意见”进一步强化了国家对于保护自然资源不受武装冲突引发严重损害的义务;“拉基马洛水坝案”则触及了国家国际水道共同协作管理和可持续发展利用的义务。这些重要的司法判例或咨询意见,在一定程度上弥补了“软法”文件的强制力缺陷,将重要原则转换成了国际习惯法。[2]

---

[1] 参见邵沙平主编:《国际法院新近案例研究(1990~2003)》,商务印书馆2006年版,第258~290页。

[2] 参见那力编著:《国际环境法》,科学出版社2005年版,第49~60页。

4. 国际环境法的发展获得了多边主义的支持。伴随世界政治多极化与全球经济一体化的发展趋势，各国在提升本国可持续发展能力的基础上，也以不同的形式为国际环境治理提供着智慧与力量。例如，我国在总结生态文明建设普遍规律的基础上，提出的“人类命运共同体”思想便为国际环境治理提供了中国智慧。人类命运共同体这一全球价值观包含相互依存的国际权力观、共同利益观、可持续发展观和全球治理观，它提倡各国在追求本国利益时应兼顾他国合理关切，在谋求本国发展中促进各国共同发展。这一理念是对国际环境法领域“人类共同关切”和“人类共同遗产”等概念的进一步升华和发展，体现出了中国坚定维护多边体系，努力构建国际环境治理新秩序的负责任态度。法国政府于2015年巴黎气候变化大会后发起的《世界环境公约》制定议程也同样体现了维护多边环境治理体系，巩固全球环境治理框架的初衷。2018年5月11日，联合国大会通过了制定《世界环境公约》的动议，该公约生效后将成为国际环境法的重要法律渊源之一。

第三节 国际环境法的基本原则

典型案例 匈牙利和捷克斯洛伐克社会主义共和国(1993年1月1日已分别成立捷克共和国和斯洛伐克共和国)为了充分利用多瑙河的自然资源，促进双方水资源、能源、交通、农业以及国民经济相关部门的发展，于1977年9月16日签署了有关建设和管理盖巴斯科夫(Gabcikovo)和拉基玛洛(Nagymaros)水坝系统的条约(以下简称1977年条约)，条约约定该项建设主要是为了发电和促进通航，同时双方承诺确保多瑙河的水质不受工程的影响，并且遵守与水坝系统的建设和管理相关的保护自然的义务。该条约于1978年6月30日生效。

依据约定，条约项下的多瑙河部分大约长200公里，位于斯洛伐克境内的布拉迪斯拉发(Bratislava)和匈牙利境内的布达佩斯(Budapest)之间。为明确工程建设分工，两国政府于1976年5月6日签署的“联合合同计划”中约定，双方平等地负责工程的建设、投资和管理。1977年9月16日双方签署条约重申了上述义务并附加了工程进度表作为条约附件，明确工程应于1978年开工并于1991年完工。由于工程开工后，在匈牙利遭到了严厉批评，匈牙利政府于1989年5月决定暂停施工，后宣布终止工程建设。

停工期间，双方进行了谈判。捷克斯洛伐克照会匈牙利，如果匈牙利坚持不再恢复工程,捷克斯洛伐克将被迫采取单方措施。1990 年 9 月捷克斯洛伐克向匈牙利提出了七种建议方案,其中只有“替代方案 C”属于单方面措施,其余六种均需要两国合作。1992 年 5 月,匈牙利政府向捷克斯洛伐克政府递交了一份备忘录,声称替代方案对环境和自然造成了有害影响,捷克斯洛伐克构成了重大违约,并声明 1977 年条约终止。1993 年 4 月,各方签订有关争议解决的协定,同意将该争端提交国际法院裁决并明确请求裁决的问题为:(1)匈牙利是否有权暂停和终止在拉基玛洛的工程以及在盖巴斯科夫部分地段的工程;(2)捷克、斯洛伐克是否有权采取单方措施;(3)1977 年条约以及相关文件效力是否终止;(4)法院判决的影响和后果。

匈牙利主张,其暂停或终止条约是基于国家责任制度中的“危急情况”原则,在环境保护的紧迫压力下,不得不暂停和废止条约。法院认为,“危急情况”虽然在国际习惯法当中已成为被普遍认可的原则,但适用该原则需要非常严格的条件。国际法院援引了《国家对国际不法行为的责任条款案》第 33 条,认为“危急情况”的构成需要满足以下要件:(1)必须是实施不法行为的国家的根本利益与其某一国际义务相冲突;(2)利益必须受到了严重的迫切危险;(3)该不法行为必须是保护其根本利益的唯一措施;(4)该行为不能严重损害该义务所针对的另一方当事人的根本利益;(5)实施该不法行为的国家不得促成该危急情况的产生。本案中,匈牙利没有足够的证据证明其暂停或终止的行为符合上述各项条件。而且,即使行为是为了避免环境损害,其也可以通过协议放宽工程期限以及重新对工程评估,但没有足够强的理由必须终止工程,因此“危急情况”不能作为其免责理由。

捷克与斯洛伐克列举了两个理由证明它们的单方措施(替代方案 C)的正当性:(1)“近似适用”原则。即一方违约的情况下,为了不影响条约目的的实现或不影响继续善意履行义务,一方有权选择与原来的权利义务近似的做法继续履行条约。国际法院认为,替代方案与原工程的规定在物理性质上存在相似性,但在法律性质上相差太远,根本违反了条约的目的和宗旨,也违反了国际水道的利用规则,捷克斯洛伐克采取替代方案 C 构成了国际不法行为。(2)反措施。反措施是国际法上公认的规则,是指由对方的违约或不法行为,使遭受严重损害的一方必须努力采取措施以减少其所遭受的损害,斯洛伐克认为,它实施“替代方案 C”正是为了减少其所遭受的损害。法院认为,反措施必须具有相称性,其强度必须与对方国家行为的不法性成正比。法院进一步指出,1929 年国际常设法院对奥德河的航行权问题曾作出过如下声明:“通航河流上的共同利害构成一项共同合法权利的基础,其最主要特点是所有沿岸国在利用该河流整个水道时完全平等,排除任何一个沿岸国对另一沿岸国的任何优越的特权。”国际法的新近发展加强了这一原则，捷克、斯洛伐克通过单方面控制一项共享资源，从而剥夺了匈牙利平等合理分享多瑙河自然资源的权利，并利用河水改道对塞格特科兹(Szigetkoz)沿岸地区的生态环境造成持续影响，未能达到反措施的相称性要求。

法院最终判决如下：(1)匈牙利、捷克与斯洛伐克必须根据目前的形势善意地协商，根据各方协定和1977年条约的目的和宗旨采取必要的措施。(2)除非各方另有协议，必须根据1977年条约建立联合运作机制。(3)除非各方另有协议，匈牙利必须赔偿前捷克斯洛伐克和斯洛伐克由于匈牙利暂停和放弃其应承担的工程而遭受的损失。(4)斯洛伐克也应当赔偿匈牙利因前捷克斯洛伐克和斯洛伐克实施临时解决方案而遭受的损失和维修费用。

该案判决后，卫拉曼特雷副院长以"个别意见书"的形式发表了补充意见，用以阐释下述问题：第一，可持续发展原则在平衡发展和环境保护之间冲突的作用；第二，持续环境影响评价原则对匈牙利所提供的保护；第三，在解决环境损害等具有"对世"含义的问题时，在"当事人之间"应用"禁反言"等法律原则的合适性。他认为，如果此案唯一考量的因素是防止环境损害，那么匈牙利的主张是合理的，但在本案中发展作为一个重要因素也必须被考虑，可持续发展不仅是一个概念，而是一个具有规范价值、可决定本案判决的至关重要的原则。在重要的项目实施时，有必要衡量发展权和环境权之间的关系。而在本案中，双方的优先考虑则完全不同：斯洛伐克认为，该工程对于改善电力资源紧张的局面大有裨益，且工程可以有效阻止河床被侵蚀或防止洪水，改善境内环境，故它们投资大量资金和资源用以建设；匈牙利则主张，该工程的实施可能对河岸动植物、鱼类繁殖、地下水系统、农业、林业等造成损害。双方在主张适用"可持续发展"原则时侧重点不同，一个强调发展，一个强调环境。故在"可持续发展"原则的适用上，最关键的是找到两个权利的平衡点。[1]

与内国法的基本原则相仿，国际环境法的基本原则也是一种在国际环境法领域对立法、执法和司法实践起到宏观指引作用的抽象性准则。在适用位阶上，它高于国际环境法的一般原则和具体规则，后者需要以基本原则作为基础和依据。就内容而言，国际环境法的基本原则是指为国际环境法主体所普遍接受并自愿受其约束的，适用于国际环境法各个领域，对国际环境开发、利用、保护和改善等各类事项起宏观指导性的法律原则。对于国际环境法的基本原则与国际法基本原则的关

---

[1] 参见万霞编著：《国际环境法案例评析》，中国政法大学出版社2011年版，第53~68页；贺琼琼：《盖巴斯科夫—拉基玛洛工程案分析——从国际条约法的角度》，载《武大国际法评论》(第2卷)，武汉大学出版社2004年版。

系，学界存在争议。例如，艾伦·波义尔教授和帕特莎·波尼教授认为，国际环境法仅是国际法在国际环境领域的特殊应用，因此，国际环境法律关系只需遵循四项国际法的一般原则即可，即合理使用（在利用共同空间与共同资源时不得滥用该权利或不合理地妨碍其他国家的自由）；禁止权利滥用（禁止恶意、故意或任意行使权利）；公平和公平利用（资源的公平利用要求实现利益平衡并顾及所有相关因素）；非歧视（要求国家处理国内污染的标准不得严于其处理跨境污染所采用的标准），[1]而无须制定独有的原则。我们认为，国际环境法的基本原则不能等同于国际法的基本原则。国际法的基本原则适用于国家之间的一般法律关系，而国际环境法基本原则则适用于国际环境法律关系，由于国际环境问题既具有全球性、整体性的共益特点，又具有区际、国际个益关系交叉的特色，这导致了国际环境法在处理国家关系的过程中，对传统国际法所主张的"国家利益至上"学说存在一定程度的限制和超越，对推进国际合作并强化生态伦理抱有更多关切，因此国际环境法的基本原则具有独立存在的价值。

析言之，我们认为国际环境法基本原则体现出如下特征：(1)国际环境法基本原则既体现着国际环境法的基本价值理念，又区别于国际环境法的价值理念。它贯穿法律规范之中，直接反映法的内容和本质，为国际环境法具体原则的衍生和发展提供着依据。而后者则更多地体现为关于环境、社会、伦理的目的价值，具有高度的抽象性，不具备法律的规范与评价功能。(2)国际环境法的基本原则在国际环境法体系中具有普遍的指导意义，能够适用于国际环境法的各个领域而非只适用于单一环境保护领域，其下位的国际环境法律规则和原则，均不得违反基本原则的精神与内涵。(3)国际环境法的基本原则必须被各国所公认和普遍接受，作为各项基本原则表现形式的法律术语已经通过条约、国际习惯、司法判例、"软法"等形式被具体化。[2] (4)国际环境法的基本原则必须体现该学科的一般规律和特点，这些特点主要是围绕着"环境性"而存在的，包括国际环境法的边缘性、交叉性、公益性和科技性。[3]

---

[1] 参见[英]帕特莎·波尼、[英]艾伦·波义尔：《国际法与环境》，那力等译，高等教育出版社2007年版，第38页。

[2] "一般性、基础性的国际环境法造法机制的目标主要是制定硬法，保证规范的明确性和强制性。特殊性、补充性的国际环境法'造法'机制则主要是制定软法，以推动国家行动和国际合作。"关于在国际环境法法治中归属于不同的造法机制的"硬法"和"软法"的讨论，参见曹炜：《国际环境法造法机制研究》，载《中国人民大学学报》2016年第5期。

[3] 关于国际环境法基本原则与一般原则、具体规则的区别以及国际环境法基本原则的标准，参见刘中民、唐斌：《国际环境法基本原则研究评析》，载《中国海洋大学学报》(社会科学版)2007年第4期。

参照上述特征,我们认为国际环境法的基本原则应包括尊重国家主权和不损害国外环境原则、国际环境合作原则、可持续发展原则、共同但有区别责任原则和预防原则。

一、尊重国家主权和不损害国外环境原则

在国际法中,国家不得从事或许可在其领土范围内或者在共同空间内实施会给他国的权利或环境造成损害的活动,被称为"不得滥用权利原则"。国际环境法自产生以来,通过不断地国际实践、国际会议和国际法委员会的工作,明晰了这一传统国际法原则在环境领域的适用要求,具体包括:其一,国家对其自然资源拥有永久的主权权利,不受其他国家或国际组织的限制与干涉;其二,国家有义务防止、减少和控制污染及环境损害;其三,国家有义务在减少环境风险和紧急事件中进行合作,其方式包括通知、磋商、谈判以及一定情况下的环境影响评估。

该原则肇始于1972年《人类环境宣言》的第21条,之后在1992年《里约宣言》中被重申和发展,进而形成了现行的"尊重国家主权和不损害国外环境原则"。尊重国家主权原则是公认的国际关系基本准则和国际法基本原则,是处理现代国际关系的基石,它适用于包括国际环境领域在内的各国际法分支之中。虽然一国对于其国内环境和自然资源享有绝对性权利,但推己及人,其他国家的领土和资源主权也同样具有绝对性,也应当受到平等地尊重,一国环境不能因其他国家的主权行为而遭受损害。由于领土、领海、领空等国际法概念具有明确的边界,而环境的一些组成部分无法准确标示国界,这便会出现诸如海洋、大气、水体污染的跨界问题。这些跨界环境问题的规制极易导致主权权利冲突,因此,需要通过国际环境法律机制进行调整。实践中,在该原则的指导下,主权国家负有两方面的义务:一是确保国家行为不损害他国环境或损害共同空间;二是国家对其管辖控制下的一切私人行为也负有"适当注意"的义务,国家需要通过国内法履行对私人主体活动的监督义务。

如果国家违反了"不损害国外环境原则",则构成了国家责任的基础,但对于如何判定国家责任及判定国家责任所适用的标准,国际实践中尚未达成共识。如果将"适当注意义务"理解成为国家对于环境损害结果不得存在恶意行为或严重的疏忽大意,可能过于严苛,这会导致虽有损害事实发生,但受害国在多数情况下无法得到公平性救济的结果。例如,在特雷尔冶炼厂案中,损害国的国内法并没有禁止冶炼厂排放烟尘,排放行为是合法且经过许可的,此时,国家或私人存在"过错"便难以被证明,受害国也就难以得到救济。如果将严格责任或绝对责任适用在该原则中,则对损害国的责任标准便提高了:严格责任要求国家需承担证明其没有疏忽大意过失的举证责任,否则便推定其存在过错;而绝对责任则可能对损害国更为苛

刻,如果引入此种责任,则在某些存在高度危险性的活动中,只要损害后果实际发生,国家责任就成立了。例如,《空间物体责任公约》规定国家发射的空间物体如对地面造成损害,国家应承担绝对责任。应当承认,国际环境行为中越来越多地出现了包含高度风险且由于科技的高度复杂性而难以精确证明行为与损害之间因果关系的实例。[1] 在此种情况下,仅仅因为损害国尽到了所承担的适当注意义务,就豁免其国家责任,将损害后果分配给受损国承担,显失公平。因此,"不损害国外环境原则"在指导国际环境法实践中必将会发挥更重要的作用,通过对重大风险活动适用更为严格的责任标准、构建国家间关于公平赔偿方式的谈判机制、以保险等商业化手段分担国家责任等方式,更为积极和稳妥地解决跨境环境损害问题。

二、国际环境合作原则

以合作的方式解决国际社会普遍关切的问题或国际争端,是国际法的一项基本原则,也是各国参与国际事务时所负的共同义务。无论是处理双边关系、多边关系还是全球事务,都需要国家与国家之间的合作,目前不断发展的国际组织为国际合作提供了良好的平台,而不断发展的国际法理论则为国际合作提供了有力的支撑。在现有国际法理论的框架中,国际环境合作原则是指主权国家、国际组织、公司及个人等国际环境事务的参与者,应基于人类共同利益的考虑,[2] 为解决已经发生和未来可能发生的,对人类社会的可持续发展构成严重威胁的环境问题而采取集体行动。环境问题是诱发国际矛盾和冲突的典型场合,因此实现环境保护最有效的方式就是从维护环境利益整体性的角度,对解决环境冲突的国际规则进行顶层设计,并以此为基础搭建国际环境合作的有效平台与机制。需要注意的是,环境领域的国际合作不仅体现在规则制定时的广泛参与、平等协商与利益协调,还要求通过常设机制保证立法后国家持续性地履行其国际义务。[3]

国际环境合作原则作为国际环境法基本原则的地位,是通过一系列重要国际文件渐次确立的。《联合国宪章》第 1 条第 3 款规定联合国的宗旨为"促进国际合作,以解决国际间属于经济、社会、文化及人类福利性质的国际问题"。《人类环境宣言》原则 24 指出:"有关保护和改善国际环境的问题,应当由所有国家,不论其大小,在平等的基础上本着合作的精神来处理。"《内罗毕宣言》第 10 条指出:"国际社会庄严重申各国对斯德哥尔摩宣言和计划所承担的义务,重申要进一步加强和扩

---

〔1〕 参见何田田:《徘徊在法律与科学之间——国际法院的专家指定》,载《当代法学》2013 年第 1 期。

〔2〕 参见蔡守秋、张文松:《演变与应对:气候治理语境下国际环境合作原则的新审视——以〈巴黎协议〉为中心的考察》,载《吉首大学学报》(社会科学版)2016 年第 5 期。

〔3〕 参见史学瀛主编:《环境法学》,清华大学出版社 2005 年版,第 348 页。

大在环境保护领域内的各国努力和国际合作。"《里约宣言》第27条指出:"各国和人民应真诚的本着伙伴关系的精神进行合作,贯彻执行本宣言中所体现的原则,进一步制订持续发展领域内的国际法。"正是这一系列国际文件的不断重申与拓展,确立了国际环境合作原则在国际环境法体系中的地位。

在环境保护的具体领域,1982年《联合国海洋法公约》、1989年《环境领域的全球合作》以及1992年《里约宣言》都倡导"建立一种新的、公平的全球伙伴关系"。在制度实践上,《联合国海洋法》公约要求缔约国交流有关渔业资源保护、海洋污染方面的情报和数据;《保护臭氧层维也纳公约》《气候变化框架公约》和《生物多样性公约》均就情报交流作了相关规定。可见,国际环境合作原则不仅突出了人类共同利益的价值观,还为这一价值观的实现提供了具有可操作性的机制,在实践中实现了法律原则向法律制度与适法机制的转化。

三、可持续发展原则

自1987年《我们共同的未来》首次提出"可持续发展"这一概念至今,可持续发展的理念与原则可谓深入人心,它已经发展成为国际环境法的基本原则和国际环境治理的重要目标,在内国环境治理中也扮演着重要的角色。所谓可持续发展指的是:"既满足当代人的需要,又不对后代人满足其需要的能力构成危害的发展。"作为一项法律原则,尽管"可持续发展"的内涵和外延尚未有统一的规范性界定,但其在国际环境法领域已经产生了广泛效力,并得到众多国际环境法律文件的重申与认可。由于它高度浓缩了国际环境法的规律与特点,也获得了各国环境法学界的普遍认同,多数学者将其视为国际环境法的一项基本原则。[1]

《里约宣言》第一次系统地将"可持续发展"的要素在实体上和程序上做出了归纳。它所涉及的实体要素包括:环境保护和经济发展一体化、自然资源可持续利用、发展权原则、代内公平和代际公平原则、污染者付费原则等;所涉及的程序要素则包括了公众参与决策原则和环境影响评价原则。上述核心要素也得到了《21世纪议程》的认可与细化。

(一)环境保护和经济发展的整合

环境保护与经济社会发展的关系是历来拷问各国发展道路与发展意志的问题。多年来的实践表明,环境保护与经济社会发展是一体两面的关系,它们相互依存、相互促进、互为条件,而绝非对立的关系。环境保护和经济发展一体化的认识也

---

〔1〕 参见王曦:《论国际环境法的可持续发展原则》,载《法学评论》1998年第3期;潘抱存:《国际环境法基本原则的宏观思考》,载《法学杂志》2000年第6期。

成为拉基马洛水坝一案中,影响国际法院作出判决的决定性因素。[1] 环境保护和经济发展一体化要求制定经济发展规划和计划时必须考虑保护环境的需要,在追求环境保护目标的同时不可废弃发展的合理需要,经济与环境两部分需要协调统一,不可偏废。《21 世纪议程》提出:“在制订经济、社会、财政、能源、农业、交通、贸易和其他政策决定时能够更有系统地考虑环境问题。”《里约宣言》中对于发展权的承认以及根除贫穷是实现可持续发展必要条件等条款的设计,均彰显出对发展与环境之间辩证关系的高度认同。国际环境保护与促进发展的实践不断表明,纯粹追求环境价值并不是国际环境法规制的目的,可持续发展需要在经济与环境的竞争中寻求总体效益最大化的平衡点。

(二)自然资源的可持续利用与养护

自然资源的可持续利用与养护是可持续发展重要内容,“可持续利用与养护”要求人类采用合理的方式利用自然资源,不得对自然环境造成不可挽回的损害,也不得采用“竭泽而渔”的方式过度开发。自然资源的再生能力和速度具有差异性,对于可再生资源,应在保持其最佳再生能力的前提下利用;对于不可再生资源,则应以保存和不使其耗尽的方式利用。当然,可持续利用也并不意味着对资源开发利用施以不合理的限制,而是要求在可持续利用的理念与原则基础上探求“最适宜的可持续生产量”。

在如何判断“可持续利用”以及如何达到“最适宜的可持续生产量”方面,一些国际环境条约已经付诸实践。例如,《生物多样性公约》规定“使用生物多样性组成部分的方式和速度不会导致生物多样性的长期衰落,从而保持其满足今世后代的需要和期望的潜力”。《联合国海洋法公约》规定采取措施“使捕捞鱼种的数量维持在或恢复到能够生产最高持续产量的水平”和“应考虑到与所捕捞鱼种有关联或依该鱼种而生存的鱼种所受的影响,以便使这种有关联或依赖该鱼种的数量维持在或恢复到其繁殖不会受到严重威胁的水平以上”。通过上述国际法制实践,自然资源的可持续利用逐步成为国际环境法中的一项规范性标准,但该项原则在实践中如何对国家自然资源主权原则进行实质性干预却存在相当的局限性,原因在于国家对于其所拥有的自然资源及其利用政策享有实质性的自由裁量权,而在国际法局面该原则如何实现对国家义务的确定化还没有明晰的路径。较为可行的路径是在各国认识到自然资源的可持续利用与养护对本国可持续发展重要价值的基础上,通过建立适当的法律机制,改变过度生产和过度消费的现状,辅之以一定的可

[1] 参见贺琼琼:《盖巴斯科夫—拉基玛洛工程案分析——从国际条约法的角度》,载《武大国际法评论》(第 2 卷),武汉大学出版社 2004 年版。

持续性人口政策,减轻人类生产生活给自然环境与资源带来的巨大负担。

(三)代内与代际公平原则

代内公平原则与代际公平原则从时间维度阐释了“可持续发展原则”中的公平问题。代内公平指的是同时代的所有人,无论其国籍、种族、性别、经济发展水平和文化等方面的差异,对于利用自然资源和享受清洁、良好的环境均享有平等的权利。代内公平针对的是发达国家长期对发展中国家的自然资源进行剥削和掠夺,以获取自身发展利益的国际经济旧秩序。在当前条件下,基于发达国家和发展中国家在经济能力上存在巨大差别,它们在转变经济增长方式、消除贫困、获取先进技术与应对环境问题等方面的能力上也必然存在巨大差别,要实现可持续发展的目标,必须建立新的经济秩序和全球伙伴关系,从而为该目标提供适宜的国际环境。[1]《21 世纪议程》明确提出通过贸易自由化促进可持续发展、使贸易与环境相辅相成、向发展中国家提供充足的财政资源以处理国际债务和鼓励有利于环境与发展的宏观经济政策等四项措施以实现更加公平的代内发展。在现行国际体系中,代内公平更多地应体现在对发展中国家的特殊需求予以承认和支持的场合,例如《保护臭氧层公约》和《气候变化框架公约》中的财政帮助、能力建设和共同但有区别责任的确立等方面。

在现行的国际法框架下,代际公平理念更多地用来解释一代人在利用和开发自然环境、资源时与后代人之间的权利平等关系。对此,美国学者爱蒂丝·布朗·魏伊丝在其“行星托管理论”中做了较为深入的解析,她将代际公平细化为三项基本原则:(1)“保存选择原则”,即每一代人既应为后代人保存自然的和文化的资源多样性,以避免不适当地限制后代人在解决他们的问题和满足他们的价值时可得到的各种选择,又享有拥有可与他们前代人相比较的多样性的权利;(2)“保存质量原则”,即每一代人既应保存生态环境的质量,以使它在传递给下一代人时情况不会恶化,又享有与前代人同等的生态环境质量;(3)“保存取得和利用原则”,即每一代人应对其成员提供平等地取得和利用前代人的遗产的权利并为后代人保存这项取得和利用权。[2]

四、共同但有区别责任原则

共同但有区别责任原则是当代国际法所确立的有关全球环境义务分配与责任

〔1〕 刘中民、唐斌:《国际环境法基本原则研究评析》,载《中国海洋大学学报》(社会科学版)2007 年第 4 期。

〔2〕 Edith Brown Weiss, “The Plantetary Trust: Conservation and Intergenerational Equity”, *Ecology Law Quarterly*, Vol. 11, Issue 4, 1984, pp. 495 – 581.

承担的法理基础。[1]《人类环境宣言》提到的"有区别的义务和责任"和"共同责任"便是该原则的前身。[2] "共同但有区别的责任"具有双重内涵:[3]其中的"共同责任"强调全球环境应对义务的普世性,据此,世界各国对保护和改善全球环境均负有共同的责任;"区别责任"则着眼于发达国家的历史责任[4]和较高的经济技术水平,要求在全球环境治理的成本承担上给予发展中国家以适当的倾斜,因此允许各国际法主体在承担责任的强度与方式等方面存在差别,发达国家应当承担主要责任。自20世纪80年代以降,共同但有区别责任原则被广泛付诸国际法律实践。1987年《关于消耗臭氧层物质的蒙特利尔议定书》在序言中重申"考虑到发展中国家的情况和特殊需要""承认必须为发展中国家对这些物质的需要作出特别的规定",并在具体义务设定中赋予发展中国家某种特殊待遇,给予发展中国家削减消耗臭氧层物质方面长达10年的宽限期。到了1992年联合国环境与发展会议,共同但有区别责任原则被正式确认为国际环境法的基本原则之一。正如《里约宣言》第6项原则所指出的:"发展中国家,尤其是最不发达国家和那些环境最易受到损害的国家的特殊情况和需要,应给予特别优先的考虑。在环境和发展领域采取的国际行动也应当符合各国的利益和需要。"原则7进一步指出:"各国应本着全球伙伴关系的精神进行合作,以维持、保护和恢复地球生态系统的健康和完整。鉴于造成全球环境退化的原因不同,各国负有程度不同的共同责任。发达国家承认,鉴于其对全球环境造成的压力和它们掌握的技术和资金,它们在国际寻求可持续发展的进程中承担着责任。"正是基于此,共同但有区别责任被视为是本次联合国环境与发展会议最重要的成果之一。[5]

应当承认,自"共同但有区别责任原则"被确立为国际环境法的基本原则之一以来,它确实在国际环境治理,特别是在全球气候治理进程中扮演了重要的角色。这一方面是由于它准确地把握了发展中国家与发达国家在全球环境治理中的不同关切与不同实践能力,通过创造性地引入战略模糊的方式,为南北对话与南南合作

---

[1] Michael Weisslitz, "Rethinking the Equitable Principle of Common but Differentiated Responsibility: Differential Versus Absolute Norms of Compliance and Contribution in the Global Climate Change Context", 13 *Colorado Journal of International Environmental Law & Policy*, 2002, pp. 473, 476 – 477.

[2] 参见寇丽:《共同但有区别责任原则:演进、属性与功能》,载《法律科学》(西北政法大学学报)2013年第4期。

[3] Sands & Peel, "Principles of International Environmental Law", 3rd ed. 2012, pp. 236 – 237; Birnie, Boyle & Redgwell, "International Law and the Environment", 3rd ed. 2009, p. 136.

[4] See Anita M. Halvorssen, "Equality among Unequals in International Environmental Law: Differential Treatment for Developing Countries 4", 1999, p. 28.

[5] 寇丽:《共同但有区别责任原则:演进、属性与功能》,载《法律科学》(西北政法大学学报)2013年第4期。

创造了政治可能性与法律可能性，使得原来处于零和博弈的各方利益主体寻找到了合作与妥协的平衡点；另一方面，它紧密对接可持续发展的人类共同愿景，牢牢把握了追求环境正义这一终极价值目标，使得该原则的践行具有坚实的伦理依据和道德基础，团结了一切可以团结的国际力量。

但是我们也不能忽视由于各国对共同但有区别责任原则内涵与外延的解读不同，使得该原则在近年的国际实践中出现了战略模糊策略的局限性。“共同”和“区别”原本是对立统一的两个概念，应当具有平等的地位，然而从气候变化国际合作应对的进程来看，“区别”的内涵被过度解读了，这引发了一些法律后果。〔1〕作为一项法律原则，共同但有区别中“区别”的内涵无法预先确定，而必须在谈判的过程中具体确定以达到“公正”，〔2〕这种概念解释上的灵活性和多义性本是其生命力之所在，但过度的“灵活”反而导致了概念的模糊，使责任的分担缺少了具有操作性的指导标准，谈判各方站在各自的利益立场进行任意解释，模糊的区分标准使谈判沦为扯皮和推诿。1992 年便已通过的《联合国气候变化框架公约》在经历了《京都议定书》签字国的反复加入与退出的洗礼之后，直到 2015 年才因《巴黎协定》的签署而暂获实施机制，在相当程度上便囿于各国对共同但有区别责任原则的个性化解读。为此已有多位学者提出对该原则进行适时的补正，其间有学者提出了“共同但有区别的紧缩与趋同”理论，〔3〕也有学者提出了以“对等”替代“区别”的建议，〔4〕还有学者直接提出了“共同但对称的责任原则”。〔5〕相信这些理论探索对于完善共同但有区别责任原则会起到积极的作用。

五、预防原则

《里约宣言》第 15 条对预防原则的内涵做出了界定：“为了保护环境，各国应根据其能力广泛运用预防的方法。在有严重或不可挽回的损害的威胁时，缺乏充分

---

〔1〕 Michael Weisslitz, “Rethinking the Equitable Principle of Common but Differentiated Responsibility: Differential versus Absolute Norms of Compliance and Contribution in the Global Climate Change Context”, 13 *Colorado Jounal of International Environmental Law & Policy*, 2002, pp. 489 – 496. available at http://unfccc.int/resource/docs/cop3/07a01.pdf.

〔2〕 U. Beyerlin & T. Marauhn, “International Environmental Law”, 2011, pp. 63 – 65, 70 – 77.

〔3〕 Höhne Niklas et al., “Common but Differentiated Convergence (CDC): A New Conceptual Approach to Long – term Climate Policy”, *Climate Policy* 6.2 2006, pp. 181 – 199.

〔4〕 Lavanya Rajamani, “The Durban platform for enhanced action and the future of the climate regime”, I. C. L. Q. 2012, 61(2), pp. 501 – 518.

〔5〕 Haifeng Deng, Chiyuan Chen, “Common and Symmetrical Responsibility in Climate Change: A Bridging Mechanism for Adaptation and Mitigation”, *Journal of East Asia and International Law*, *Volume* 9, Number 1, 2016, pp. 99 – 119.

的科学确定性不应被用来作为延迟采取防止环境恶化的有效措施的理由。"它要求各国对于可能引发环境危险的活动，即使无法获得高度精确的科学证据以证实危险活动与损害间的必然因果关系，也应当采取应对性的预防措施。

预防原则是伴随科技高速发展而出现于晚近的国际环境法原则，〔1〕但其影响颇为广泛，20 世纪 90 年代后的大部分国际环境条约，都规定了预防原则，如《保护和利用跨界河流和国际湖泊的赫尔辛基公约》《保护波罗的海海洋环境公约》《东北大西洋海洋环境保护公约》等。

国际环境法会普遍确立预防性措施的原因在于，在应对严重或不可挽回的环境威胁时，通常要求相关措施必须能够预见、防止或排除潜在的破坏原因，但受到科学技术自身的限制和人类认识能力的限制，实践中上述因果联系往往难以精确证实。当决策者处于这种对致害原因无法取得科学界一致共识的场景时，法律要求决策者必须根据现有的最可靠的证据和最佳的科学方法作出决定。本于防范风险之目的，预防原则对经济活动施加了影响或限制，在效果上将会增加经济成本、延缓决策效率，因此在适用该原则时，需要建立判定"严重的""不可逆转"风险的必要标准。

国际环境法上的预防原则，针对的均为涉及全球或区域的重大环境风险，因此与传统的损害预防原则相比，应具有更加审慎的态度和更加合理的目标。理论上，这二者的区别在于：(1)预防原则重在采取预防措施以避免环境恶化的现实可能性，而损害预防原则重在避免环境损害的发生。(2)预防原则的适用条件要求环境损害和威胁达到不可逆转或严重的程度，例如生态环境的大规模退化或某一物种的灭绝，而损害预防原则针对的主要是环境污染，在范围上更为宽泛。(3)预防原则对于科学技术具有高度依赖性，在决策中需要科学家和公众的广泛参与。由于风险的科学不确定性，是否采取措施和采取何种程度的措施不易判断，决策者需要借助于科技支撑决策系统，并向公众进行普遍性的环境与科学教育，使针对风险的政策能够得到公众的支持。〔2〕 而损害预防原则的科技依赖性则远非预防原则这样强烈。

---

〔1〕 参见何志鹏、高晨晨：《跨界环境损害的事前救济：国际司法实践研究》，载《国际法研究》2014 年第 2 期。

〔2〕 参见胡斌：《试论国际环境法中的风险预防原则》，载《环境保护》2002 年第 6 期。

第四节 国际环境法的主体与客体

典型案例 全球金枪鱼捕捞量近年来逐渐增加，一些金枪鱼品种面临濒临灭绝的危险。日本属于世界金枪鱼消耗大国，每年消费北方、南方和太平洋三种蓝鳍金枪鱼约6万吨，占全球捕捞量的3/4。日本为满足国内消费需求而持续增量捕捞，引起了新西兰、澳大利亚的不满，对其提起了诉讼。这便是国际环境法中著名的蓝鳍金枪鱼案。〔1〕本案由国际海洋法法庭审理。原告主张依据预防原则，为保护自己专属经济区内的渔业资源，它们有权采取保护南方蓝鳍金枪鱼的措施，有权提出限制日本在公海捕捞量的动议。国际海洋法法庭认为，即使在欠缺科学证据的情况下，缔约国也需要非常谨慎地确保其采取的措施符合国际环境法的原意。法庭最终做出了有利于澳大利亚和新西兰的初步意见。此后，三方通过协商就此问题达成了协议。

一、国际环境法的主体

国际环境法的主体是指在利用、保护和改善环境的国际关系中，独立并直接享有国际法权利并承担国际法义务的国际法主体，包含国家和国际组织。与国际公法中个人在一定情况下可以成为法律关系的主体不同，在国际环境法的实践中通常其主体不包括个人，但承认在一定条件下，个人会间接地对有关利用、保护、改善环境的国际关系产生影响。

（一）国际环境法中的国家

在国际环境法律关系中，国家具有决定性的地位和作用，这也符合国际法的一般规律。国际法律关系的常态是以国家作为基本单元的，国家的存在和意志决定了国际法律关系产生、发展和终止的条件，决定了国际交往的外在形式和内在形态。国家通过缔结条约、承认国际习惯和其他有目的的行动设立、变更和终止有关利用、保护和改善国际环境的原则、机制和制度。国际环境法律关系的内容涵盖了

〔1〕 Southern Bluefin Tuna Cases (New Zealand v. Japan; Australia v. Japan), "International Tribunal for the Law of the Sea", Accessed May 5, 299. https://www.informea.org/en/court - decision/southern - bluefin - tuna - cases - new - zealand - v - japan - australia - v - japan.

国籍、国家领土、财产、不法行为、合同和国家的权利与义务等内容，这些事项存在的基础均是国家主权。

国家主权对外宣示的是它对内代表最高权力，对外具有国际法上的独立人格。国家对其自然资源与环境享有主权权利，是国际法的重要原则之一，[1]与此同时，国家主权在国际法层面也受到一定的限制，特别是对于诸如环境问题等全球共益性议题，国家也需要承担不对国家管辖以外的环境造成损害的国际义务。由于这两个原则在行使效果上是互逆的，后一项负担的成立实际上意味的是对国家行使主权的方式和程度的限制。《人类环境宣言》原则 21 和《里约宣言》原则 2 均确立了这两项紧密相关的国际环境法基本原则，因此，它们构成了国际环境法的基础，而在具体场景中协调这两项原则的适用，则成为国际环境法适法机制的主要内容之一。

主权反映的是国家作为国际社会主要成员的权利，这种权利因环境保护的需求而受到限制，主权国家与国际环境保护存在着辩证统一的关系：[2]其一，作为对国家主权性与环境整体性的协调，一国不得对其他国家或国家管辖范围以外地区的环境造成损害，已经作为一项国际习惯法上的义务被国际社会普遍接受。其二，主权的独立性具有阻遏其他国际法主体干涉本国内政的作用与效力，但与此同时，由于主权国家的治理目标通常会对环境保护的考虑劣后于国内政治与经济的安定性等优先事项，因此内国的治理实践可能会以牺牲中长期环境安全为代价，甚至危害到周边邻国，这使得国家主权原则往往成为协调国际环境保护的法理障碍。这种情况在国际环境法的实践中，早已屡见不鲜，例如美国是全球环境治理困境特别是气候治理困境的最大制造者，但凭借主权独立的理由，美国经常延迟或拒绝加入有关环境与资源保护方面的国际公约：美国继退出《京都议定书》之后，又退出《巴黎气候协定》的做法和对《海洋法公约》的拒绝加入便是明证。

前述蓝鳍金枪鱼案，便反映了国家行为与全球自然资源可持续利用之间的潜在冲突。作为主权国家的日本享有在公海上自由捕捞的权利，其依据是国际公法中的“公海自由原则”。但国家行使权利的边界，是不得损害他国的生物资源并应保护全球的生物多样性。该案的最终处理结果强化了国家所负的环境保护国际义务，进一步明确了即使科学上不能确认国家行为一定会导致实质性的损害后果，也需要采取谨慎措施以避免造成损害的风险。在该案后，世界范围内的蓝鳍金枪鱼

---

〔1〕 See Dieter Grimm, Sovereignty, *The Origin and Future of a Political and Legal Concept*, New York, Columbia University Press, 2015, pp. 167 - 181.

〔2〕 参见何晓妍：《论尊重国家主权和不损害管辖范围以外环境原则》，载《环境与可持续发展》2014 年第 3 期。

捕捞量稳步减少,2007 年大西洋金枪鱼国际保护委员会召开国际会议,决定在 2010 年前将地中海和大西洋的捕捞量配额减少 20%。[1]

除国家主权与国际环境保护之间的互逆特点之外,国际环境法主体中存在的另一对冲突关系发生在发达国家与发展中国家之间。在国际环境事务中,发达国家与发展中国家存在基于利益关切不同而产生的对立关系,这对关系实质体现的是发展中国家期待改变被压迫及不平等的国际政治、经济旧秩序,建立以平等的全球伙伴关系为基础的国际关系新秩序的诉求与发达国家维护既有国际关系格局意愿之间的矛盾。《人类环境宣言》原则 24 指出:"有关保护和改善环境的国际问题,应当由所有的国家,不论其大小,在平等的基础上本着合作的精神来处理。"但由于各国发展阶段、技术水平、成本承受能力等方面存在着巨大的差距,特别是对造成当前全球环境危机的原因存在认识上的差距,因此在国际环境法发展的早期,我们看到几乎所有的国际谈判均会陷入对发展与环境权重如何设定及发达国家应如何承担更多环保责任等问题的争吵中。事实上,贫穷与环境恶化有着不可分割的联系。城市污染、水资源匮乏、土壤荒漠化等在发展中国家普遍呈现的环境问题,除了有自然原因的因素之外,更多的还是受到不合理的国际政治经济旧秩序影响的结果。发达国家在历史上曾经创造的辉煌经济成果,在相当程度上是以污染全球环境、掠夺殖民地资源、向发展中国家转移污染或危险物质为条件的,因此其应当对环境恶化承担主要责任,对发展中国家提供一定的援助以促进可持续发展。

虽然在国际环境法的若干重要文件中,发达国家承诺对全球环境恶化负主要责任,但采取实际行动的力度却不容乐观。例如,《21 世纪议程》设立的财政援助目标,要求发达国家到 2000 年或尽快实现将国民生产总值的 0.7% 用于官方发展援助的目标,[2]同时加强全球环境基金对发展中国家的支持,但近年来发达国家对发展中国家的官方援助却呈现递减趋势;在气候变化控制等全球环境义务上,也未履行诸如《京都议定书》等国际条约所设定的减排承诺。这说明,即使在国际关系已实现较高程度平等化的今天,发展中国家在国际环境关系中,仍旧处于较为弱势的地位,尚需国际社会作出更大努力,以维护其合理的国际环境权益。

(二)国际环境法中的国际组织

在主权国家之外,越来越多的联合国专门机构和其他处理专门性环境事务的国际组织成为国际环境保护的重要主体。国际组织是国家间或政府间的国际机

---

〔1〕 参见乐家华:《日本远洋渔业发展现状及趋势》,载《世界农业》2013 年第 5 期。

〔2〕 参见《21 世纪议程》第四部分实施手段第三十三章财政资源和机制,载联合国公约与宣言检索系统:http://www.un.org/zh/documents/treaty/files/21stcentury.shtml. Retrieved,最后访问日期:2019 年 5 月 5 日。

构,它经由成员国通过协议方式,赋予其有限的权利能力和行为能力,它们的国际法主体资格已经得到国际法院的承认,能够独立地加入国际环境法律关系,并享有国际环境法上的权利和义务。目前参与国际环境保护实践的机构中,有全球性的,如联合国、世界贸易组织;也有区域性的,如欧洲委员会、美洲国家组织。它们各自在全球或区域环境治理中扮演着重要的角色。

1. 联合国与国际环境法

联合国是第二次世界大战后成立的一个由主权国家组成的国际组织,是国际社会最重要的代表,是协调国际关系的重要场所。联合国与国际环境保护之间的联系,来自《联合国宪章》中确立的促进各国在国际法、国际安全、经济发展、社会进步、人权及实现世界和平方面合作的宗旨与职责,由于环境保护蕴含在这些关键目标之中,因此参与并领导全球环境治理是联合国多元使命中的重要内容。联合国包括6个主要机构:联合国大会、安全理事会、经济及社会理事会、托管理事会、国际法院和秘书处。除《联合国宪章》规定的主要机构之外,联合国大会有权设立附属机构。[1] 联合国的各机关、机构之中,与国际环境保护事务联系最为密切的是联合国大会与联合国环境规划署。

联合国大会是联合国最重要的政治机构,尽管其没有立法权力,但有权通过决议、召开立法会议、提出法典编纂计划,这使其在有关环境与发展的国际法方面居于核心地位。联合国大会对于国际环境法的贡献主要体现于其作出的一系列决议之中:1962 年第 1803 号关于自然资源永远主权的决议、1968 年第 2398(XXIII)号关于召开联合国人类环境会议的决议、1972 年第 2997(XXII)号关于设立联合国环境规划署的决议、1980 年第 35/8 号关于国家保护自然的历史责任的决议、1982 年第 37/7 号关于通过《世界自然宪章》的决议、1987 年第 42/187 号关于确认《布伦特兰报告》的决议、1989 年第 44/228 号关于召开联合国环境与发展大会的决议、1990 年第45/212 号关于举行《气候变化框架公约》的决议、1992 年第 47/188 号关于举行《荒漠化公约》谈判的决议等重要文件都对全球环境治理法律框架的形成起到了基础性的作用。它通过的诸如《人类环境宣言》《里约宣言》等软法性文件以及它作出的关于深海海床、自然资源、全球气候变化的一些决议,对相关条约法和习惯法的产生发挥了重大影响。

联合国环境规划署作为联合国大会的附属机构设立于 1972 年,它是联合国唯一一个有权专门处理环境问题的机构。它的设立目的在于:"促进环境领域的国际

---

[1] 参见联合国网:https://www.un.org/zh/sections/about-un/overview/,最后访问日期:2019 年 5 月 5 日。

合作并为此目的而在必要时候提出政策建议;为联合国系统内部各种环境规划项目的指导和协调提供一般政策指南。”其总部位于肯尼亚内罗毕,由1个理事会和1个环境秘书处组成。理事会理事由联合国大会选出,通过联合国经社理事会向大会报告工作。自成立以来,环境规划署促成了若干重要的全球性环境条约的谈判和缔结,例如1985年《保护臭氧层维也纳公约》以及1987年《蒙特利尔议定书》、1989年《控制危险废物越境转移及其处置巴塞尔公约》和1992年《生物多样性公约》等。现阶段,环境规划署的工作重点包括以下几个方面:(1)确保将环境问题充分纳入国际议程;(2)致力于以协调一致、全面、综合和均衡的方式推动可持续发展;(3)支持和促进可持续的消费和生产模式、制定和实施可持续消费和生产模式方案框架;(4)预防和打击非法野生动植物及其制品贸易;(5)采取紧急行动,应对气候变化;(6)遏止生物多样性丧失和防治荒漠化;(7)促进合作伙伴关系,应对小岛屿发展中国家面临的环境挑战。2013年,联合国环境规划署通过决议将其原决策机关“环境署理事会”发展为“联合国环境大会”。[1]

2. 非联合国系统的国际组织与国际环境法

在联合国系统外,一些重要的政府间国际组织也是国际环境法的主体,它们包括一些以专业性事务为基础而组建的机构,也包括区域性机构。

(1)国际原子能机构。[2] 该机构旨在促进原子能的和平利用,它发起一系列有关原子能利用的国际条约,例如1963年《核能损害民事责任维也纳公约》、1980年《核材料实质保护公约》、1986年《核安全公约》,它同时负责制定有关核能利用的标准。

(2)国际标准化组织。[3] 该组织是一个包括政府和非政府成员的国际组织,它制定了大量有关空气、土壤、水等的环境标准,供各国参考使用。其制定的标准为各国环境立法与国际环境立法提供了重要的技术参照。

(3)世界银行。[4] 世界银行对国际环境保护事业的重要意义体现在它为环境保护提供了资金支持。1980年,世界银行发表了《有关经济发展的环境政策和程序宣言》,重申了支持联合国人类环境会议宣言和行动计划的立场,并加大了对贷款项目环境影响评价的审查力度。2016年8月,世界银行开始采用包含11项具体政策指引在内《环境和社会框架》,以确保其参与的投融资项目均符合环境友好的

---

〔1〕 关于联合国环境规划署的职能,参见 http://web.unep.org/zh-hans,最后访问日期:2019年5月4日。

〔2〕 参见国际原子能机构网:https://www.iaea.org/,最后访问日期:2019年5月4日。

〔3〕 参见国际标准化组织网:https://www.iso.org/home.html,最后访问日期:2019年5月4日。

〔4〕 参见世界银行网:http://www.worldbank.org/,最后访问日期:2019年5月4日。

要求。

(4)全球环境基金。[1] 全球环境基金是由183个国家和地区包括世界银行、联合国开发计划署和联合国环境规划署等国际组织共同组成的国际合作机构。作为托管基金,其宗旨是与国际机构、社会团体和私营部门合作,合力解决环境问题。全球环境基金为生物多样性、气候变化、国际水域、土地退化、化学品和废弃物有关的环境保护活动提供融资和赠款。目前,全球环境基金管理着《联合国气候变化框架公约》缔约方大会(COP)设立的最不发达国家基金(LDCF)、气候变化特别基金(SCCF)和按照《生物多样性公约》设立的名古屋议定书执行基金(NPIF)。自1991年以来,全球环境基金已为165个发展中国家的3690个项目提供了125亿美元的赠款并撬动了580亿美元的联合融资。

(5)经济合作与发展组织。[2] 经济合作与发展组织成立于1961年,总部位于法国巴黎,是由36个市场经济国家组成的政府间国际经济组织。该组织旨在共同应对全球化带来的经济、社会和政府治理等方面的挑战,并把握全球化带来的机遇。目前其成员国主要来自欧洲,也包括美国、加拿大、日本、墨西哥、韩国等其他区域国家。该组织鼓励世界贸易发展,通过帮助发展中国家来促进全球的环境保护。它的组成机构包括理事会、执行委员会和专业委员会。该组织下设的环境委员会负责分析成员国的环境政策并发表建议,在全球环境治理进程中,该组织的主要贡献包括:提出了具有影响力的"污染者付费原则";外国申诉人在国内法救济、程序和信息方面的"平等准入原则";提供了环境损失经济价值评估的方法。

国际组织对于国际环境法的建立、发展、实施具有重要的影响,它提供了国际环境治理的协作机制,使得处于不同发展阶段、具有不同立场的各国最终能够通过这一合作平台达成必要的妥协。国际机构拥有与主权国家完全不同的议决机制,与国家内部的议决机制相比,它对成员国之间的平等性及集体利益的诉求给予了更多关注。对于发展中国家而言,国际组织具有法律、经济和科技上的专业优势,它们提供的丰富培训资源对发展中国家提升各自的可持续发展能力建设多有裨益。

二、国际环境法的客体

国际环境法的客体指的是国际环境法律关系主体的权利与义务所指向的对象。它通常包括两个部分,一是环境要素与自然资源,如大气、水、土地等环境要素与自然资源;二是各国有关开发、利用、保护和改善环境与资源的行为,此类客体不

---

〔1〕 参见全球环境基金网:http://www.gefchina.org.cn/qqhjjj/gk/201603/t20160316_24275.html,最后访问日期:2019年5月4日。

〔2〕 参见经济合作与发展组织网:http://www.oecd.org/,最后访问日期:2019年5月4日。

仅包含以国家(或公权力行使机构)或国家集合名义做出的具有公权力性质的行为,还包含处于国家管辖或控制之下的“私”行为,如企业或个人污染环境、破坏资源的行为。

(一)环境要素与自然资源

以主权管辖范围为标准对此类国际环境法客体进行分类,可以将其分为国家管辖范围之内的环境与资源、处于两个或多个国家管辖下的环境与资源以及处于各主权国家管辖范围之外的环境与资源三类。

国家管辖范围之内的环境与资源是依据自然资源永久主权原则,完全处于某一国家主权管辖范围之内的环境与资源,如领土、领海、领空范围内的环境与资源。早期国际法所调整的与环境和资源相关争端,便主要是确认自然资源所属国的争议。20 世纪 70 年代,联合国大会通过的《建立国际经济新秩序宣言》和《国家经济权利义务宪章》,以国际法律文件的形式确立了“自然资源永久主权原则”,明确了国家对于其主权范围内的自然资源享有充分的主权权利。〔1〕 尽管如此,因经济安全、生态保护和人类共同利益的需要,一些在国家主权范围内的特殊环境与资源要素,仍成为国际环境法律关系的客体,比较典型的例子包括:《生物多样性公约》《自然保护非洲公约》和《濒危野生动植物物种国际贸易公约》中的生物资源和《保护世界文化和自然遗产公约》中被列为“世界遗产名录”的环境与资源。

处于两个或多个国家管辖范围之内的环境与资源,又被称为“共享自然资源”或跨境资源,是指由地理位置临近的国家群体所共享权利的环境要素与自然资源。〔2〕 联合国环境规划署于 1978 年通过了《保护与协调利用两个或多个国家共享资源的环境行为原则》,虽然这一文件没有明确该类共享资源的范围,但却提出利用“共享自然资源”不得对他国造成损害,并需受到跨境合作和公平利用义务的制约。1975 年,联合国环境规划署执行主任曾用列举的方式对由两个或多个国家共享的环境与资源进行描述,认为这类环境与资源包括国际水系统(含地表水和地下水)、在有限数额的国家上方的空气分界区或空气团、封闭或半封闭的海域和毗连的沿海水域、往来于数个国家领土或水域的迁徙物种、跨越于两个或多个国家之间的特别生态系统(如山脉系列、森林或具有特殊自然保护性质的区域)。该文件在建构“共享自然资源”的规则时,突出强调了“公平利用”和“共同管理”的原则,前者明确对区域内各国获取资源利用利益要进行平衡,而后者则要求以整体化、系统化的机制强化对“共享自然资源”的管理。“多瑙河委员会”“尼罗河流域联合技术

〔1〕 参见朱炎生:《论发展权与建立国际经济新秩序》,载《河北法学》2005 年第 11 期。

〔2〕 参见江伟钰、陈方林主编:《资源环境法词典》,中国法制出版社 2005 年版,第 140 页。

常设委员会”等国际河流管理机构,在沿岸国协商一致的基础上得以设立便凸显了该文件在国际河道与水道管理实践中的影响力。这些实践最终被1997年通过的《联合国国际水道公约》所认可并逐步向国际习惯法的方向发展。公约规定缔约方可考虑建立联合机制或联合委员会,作为履行就最佳利用和管理国际水道进行合作和协商的义务的一种方式。

在一切国家管辖范围之外的环境与资源,主要涵盖了国际法中的两个概念:“人类共同财产”和“人类共同遗产”。人类共同财产是指公海及公海上空空间及共同空间中的部分生物资源。它们开放给所有国家合理使用,没有任何一个国家可以对公海主张排他性的主权,这意味着各国既无权干涉其他国家对于“人类共同财产”的开发和利用,又需要在合理开发和利用“人类共同财产”的过程中防控污染、防止环境损害、防止过度开发。为此,各国通过制定一系列的多边条约,将共同财产纳入到了国际环境法的规制范畴之中,例如1982年《联合国海洋法公约》和1995年《高度洄游鱼类协定》等。“人类共同遗产”是指一些不能归属于任何一国管辖,并且必须以一种符合全人类利益的方式开发利用的区域及资源。[1] 对“人类共同遗产”的含义,各国尚未形成共识,学界通说认为,它包含四层含义:其一,“人类共同遗产”的整体和部分不得被任何国家进行主权性占有,也不得由任何个人所有;其二,“人类共同遗产”由国际机构管理并代表全人类行使权利;其三,禁止将“人类共同遗产”用于军事及武力目的;其四,开发获取的利益应当由全人类共享。在国际条约中,“人类共同遗产”被限定在两个区域:一是《联合国海洋法公约》规定的国家管辖范围外的海床、洋底及其底土;二是《月球条约》规定的月球及其他外层空间星体。与“共享自然资源”相比,“共享”强调的是若干国家间的集体利益,而两类“共同”财产强调的则是全人类的普遍性利益,后者的全球共益性显然更强。

(二)国家或私主体行为

国际环境法的调整机制包括直接和间接两种方式,直接方式指的是通过条约或习惯法等直接赋予国家在国际环境法上的权利与义务,这种方式调整的对象是国家行为;间接方式是指通过影响一国国内的环境立法,间接影响一国私人主体的环境行为。

近现代以降的环境问题往往具有跨界属性,越境的环境污染、濒危物种保护、文化遗产保护和跨国贸易中的环境保护问题为国际环境法提供了丰富的客体基础。现代科学技术的发展和应用,产生了传统国际法不曾面对的新问题,比如转基

---

[1] 参见黄异、周怡良:《人类共同遗产原则的性质及其在区域制度中的落实新论:一个自然法的观点》,载《中国地质大学学报》(社会科学版)2015年第3期。

因技术安全、危险化学品污染、核辐射与电磁污染等,这些新形态的环境负外部性的内部化通常需要建立在国际合作的基础上方能解决,这使它们具备了成为国际环境法潜在客体的可能性。

第五节 国际环境法律责任

国际环境法律责任的实质是国际责任的一种,国际责任是指国际法主体违反国际法上的义务,对国际不当行为、损害行为或者给其他国际法主体的利益造成损害性后果时所应承担的国际法上的责任。国际环境法律责任通常归因于一国所实施的行为引起其他国家或国际公共领域与环境资源或生态利益相关的损害所应承担的国际法律责任。

传统国际法国家责任的产生需要具备两个条件:一是行为可归因于国家,二是该行为违反了该国所承担的国际义务。申言之,产生国家责任的前提是国家实施了通常为国际法所禁止的行为。在国际环境法中,一些跨界行为可能会对他国环境或生态产生重大损害,但其本身却并不一定具备"违法性",如和平利用核能、卫星发射、石油运输等。为创造一种公平分担损害责任的国际法机制,国际法委员会于1996年制定了《国际法未加禁止之行为引起有害后果之国际赔偿责任条款草案》,其中规定了国际法不加禁止的行为引起损害性后果的国际赔偿责任,并明确该责任直接针对的是损害后果而非违法行为。据此,国际环境法律责任便被划分为两大类:一类是国家责任,在归责原则上通常适用过错责任原则;另一类是由国家未加禁止的行为所引发的国际赔偿责任,在归责原则上通常适用严格责任原则。[1]

在国际环境法律责任中,由废物跨境转移引起的国际环境赔偿法律责任最为常见,这是因为危险废物的生产和出口不得损害他国环境,作为一项法律义务已经成为国际习惯法规则,该义务的基础是1972年《人类环境宣言》第21条,即"各国有义务使其管辖范围内实施的活动不对其他国家的环境造成损害。"国家或生产者进行危险废物跨境转移有多种动机,例如废物生产国的法律严格限制在境内处理危险废物,而在其他国家特别是发展中国家,法律和监管措施并非特别严格,生产

〔1〕 关于国际环境法中的法律责任,参见伍亚荣:《国际环境保护领域内的国家责任及其实现》,法律出版社2011年版。

者通常会将废物跨境运输；另一考虑因素是处理废物的成本，例如在国外建设废物处理设施以及人工成本更为低廉，也会驱使生产者转移废物。为应对这种结构性的危险废物转移活动，1989 年联合国环境规划署制定了《控制危险废物越境转移及其处置巴塞尔公约》，为危险废物和其他废物的跨境转移确定了较为完整的法律框架：

首先，该公约明确了“废物”定义的产生途径，根据公约第 2 条，“‘废物’是指处置或打算予以处置或按照国家法律规定必须加以处置的物质或物品”。因此，废物的具体定义并不统一，而需依照各国国内法进行解释，公约要求各缔约国向缔约方大会秘书处通报有关废物的定义。

其次，公约设置了缔约国的一般义务，包括：缔约国应采取措施保证国内生产的危险废物和其他废物减至最低限度；应使转移的危险废物以对环境无害的方式进行处置；确保废物跨境转移只在公约规定的情况下才予以许可；不许可将危险废物和其他废物转移到南纬 60 度以南的地区；在缔约国之间转移危险废物，出口国须得到进口国的书面同意。

再次，公约通过附件的形式约定了一系列技术性规定，包括：应当控制的废物类别；需要特殊检查的废物类别；危险特性等级；处置行为；通知时应当提供的资料；应当列入转移文件中的资料。

最后，1999 年 12 月，《控制危险废物越境转移及其处置巴塞尔公约》缔约国会议第五次大会通过了责任与赔偿问题议定书，进一步解决了公约缔约国间废物跨境转移引起的国际赔偿问题。该议定书以严格责任为原则，以过错责任为补充，并规定了强制保险金、保证金等财务担保要求，这些规定保障了受害人获得经济赔偿的及时性与有效性。

■ 延伸阅读

关于国际环境法的概念，可以参见秦天宝：《论国际环境法的概念、体系和特点》，载《复旦国际关系评论》（第 7 辑），上海人民出版社 2007 年版；林灿玲：《论国际环境法的性质》，载《比较法研究》2005 年第 2 期。

关于国际环境法的发展，可以参见杨泽铭等：《国际环境法的十大趋势》，载《江苏大学学报》（社会科学版）2015 年第 6 期；杨兴：《国际环境法的早期性和协同性刍议》，载《中国地质大学学报》（社会科学版）2005 年第 3 期；李一丁：《里约 20 年来的国际环境法发展评述》，载《河北法学》2013 年第 2 期。

关于国际环境法的基本原则，可以参见高晓露、孙界丽：《论风险预防原则的适用要件——以国际环境法为背景》，载《当代法学》2007 年第 2 期；边永民：《论共同但有区别的责任原则在国际环境法中的地位》,载《暨南学报》(哲学社会科学版)2007 年第 4 期。

关于国际环境法的主体与客体,可以参见张梓太:《国际环境法主体浅析》,载《南京大学法律评论》1997 年第 1 期。

关于国际环境法律责任,可以参见那力、张炀:《国际环境损害责任的私法化》,载《当代法学》2004 年第 4 期;那力:《国际环境损害责任的两个重大变化》,载《法商研究》2006 年第 6 期。

■ 综合练习

1. 国际环境法与一般国际法规则的关系是什么?
2. 在各国政治、经济充满利益冲突的情况下,国际环境治理是否可以成为全人类共同追求的利益?
3. 国际环境问题按照地理范围划分包括几个层次?
4. 斯德哥尔摩大会确认了国际环境法的哪些重要原则?

后　记

按照学科组的安排，我从 2007 年秋季学期开始，为清华大学法学院法学专业的本科学生和第二学士学位学生讲授环境法总论课程。自此之后，先后有机会在几位师长的主持下，参与撰写了几本环境法教科书。基于我国生态环境保护形势的发展变化，环境法成为近年来立法供给速度最快的法律部门之一，而制度供给与变革的高频率给教科书的稳定性与体例安排带来了不同程度的挑战。值此时刻，清华大学批准了法学院"马工程"本科系列教材的建设立项，这促使我着手把环境法本科教学的点滴思考记录下来，求教于学界与学生。因此，本书的完成要衷心感谢学校和学院对本科教材建设的高度重视。

作为本科阶段的教材，本书力求在语言表述上做到通俗易懂，在拓展文献选取上做到贴切而不失实效性，在制度呈现方式上兼顾环境法与公法、私法均存借鉴的特点。但碍于水平所限，错漏之处在所难免，还请读者批评指正。

在本书撰写过程中，我曾就部分章节的内容与拓展文献组织清华大学法学院环境与能源法专业的研究生进行讨论。其中，俞黎芳、黄超、黄春潮、王涛、孙雪妍、马晓梅、孙雨珊等同学还协助我收集和整理了部分文献，使我受益良多并心存感激！

本书得以出版，得益于法律出版社编辑与出版团队的专业素养和敬业精神，在此也致以诚挚的谢意！

邓海峰

2020 年 6 月于清华园

图书在版编目(CIP)数据

环境法总论／邓海峰著. -- 北京 ：法律出版社，2020

ISBN 978-7-5197-4056-6

Ⅰ. ①环… Ⅱ. ①邓… Ⅲ. ①环境保护法－中国－高等学校－教材 Ⅳ. ①D922.68

中国版本图书馆 CIP 数据核字(2019)第 264901 号

环境法总论
HUANJINGFA ZONGLUN

邓海峰 著

责任编辑 吴 昉
装帧设计 乔智炜

出版 法律出版社
总发行 中国法律图书有限公司
经销 新华书店
印刷 三河市龙大印装有限公司
责任校对 李景美
责任印制 胡晓雅

编辑统筹 法律教育出版分社
开本 710 毫米×1000 毫米 1/16
印张 18.25
字数 332 千
版本 2020 年 9 月第 1 版
印次 2020 年 9 月第 1 次印刷

法律出版社／北京市丰台区莲花池西里 7 号(100073)
网址／www.lawpress.com.cn
投稿邮箱／info@lawpress.com.cn
举报维权邮箱／jbwq@lawpress.com.cn
销售热线／400-660-8393
咨询电话／010-63939796

中国法律图书有限公司／北京市丰台区莲花池西里 7 号(100073)
全国各地中法图分、子公司销售电话：
统一销售客服／400-660-8393/6393
第一法律书店／010-83938432/8433 西安分公司／029-85330678 重庆分公司／023-67453036
上海分公司／021-62071010/1636 深圳分公司／0755-83072995

书号：ISBN 978-7-5197-4056-6 **定价：**42.00 元
(如有缺页或倒装，中国法律图书有限公司负责退换)